キャリア教育体験活動事例集

―小・中・高・大学や教育委員会、
家庭や地域社会との連携・協力―

国立教育政策研究所生徒指導研究センター

実業之日本社

はじめに

　今日、日本社会の様々な領域において構造的な変化が進行しています。特に産業や経済の分野においてはその変容の度合いが著しく大きく、雇用形態の多様化・流動化にも直結しています。また、学校から職業への移行プロセスに問題を抱える若者が増え、社会問題ともなっている状況です。

　このような中で、一人一人が「生きる力」を身に付け、明確な目的意識を持って日々の学業生活に取り組み、激しい社会の変化に対応し、主体的に自己の進路を選択・決定できる能力やしっかりとした勤労観、職業観を身に付け、将来直面するであろう様々な課題に柔軟にかつたくましく対応し、社会人・職業人として自立していくことができるようにする、キャリア教育の推進が強く求められています。

　とりわけ、家庭や地域との連携・協力によるキャリア教育の推進は、今日の重要な教育課題の一つとなっています。例えば、平成18年に改正された教育基本法第13条は、学校、家庭及び地域住民その他の関係者相互の連携協力を求めており、今般改訂された学習指導要領もまた、キャリア教育の一環としての職場見学・職場体験・インターンシップ等の体験活動の充実を特に求めています。

　国立教育政策研究所生徒指導研究センターでは、このようなキャリア教育推進の重要性に鑑み、平成20年3月に『キャリア教育　体験活動事例集（第1分冊）―家庭や地域との連携・協力―』を、21年3月には『同（第2分冊）』をそれぞれ作成いたしました。

　これら2冊の事例集につきましては、都道府県教育委員会及び市町村教育委員会に配付するとともに、本センターのホームページに全文掲載いたしました。しかしながら、学校や教育関係機関にとどまらず、キャリア教育の推進に貢献して下さろうとする雇用・労働関係機関、特定非営利活動法人（NPO法人）など、多方面から、市販化のご要望を多く頂いたところです。

　この度、多くの皆様方のご要望にお応えするため、「第1分冊」「第2分冊」に掲載した35事例の中から、全国各地でのキャリア教育・体験活動の推進の上で特に参考になると思われる17事例を選定して1冊にまとめ、公刊することといたしました。本書の作成に御協力を頂きました多くの皆様に深くお礼申し上げますと共に、本書が広く活用されますことを心から願っております。

平成21年7月

国立教育政策研究所生徒指導研究センター長

作花文雄

目　次

はじめに……………………………………………………………………………… 3

1　キャリア教育と体験活動……………………………………………………… 7

2　学校を中核とした取組事例…………………………………………………… 19

　【事例1】　地域と協働した体験活動を通して進めるキャリア教育
　　　　　　　神奈川県川崎市立苅宿小学校 ………………………………………… 20

　【事例2】　地域の「人」「もの」「こと」を生かしたキャリア教育体験活動
　　　　　　　広島県庄原市立西城小学校 …………………………………………… 32

　【事例3】　友だち・家族・地域のみんなとつながり学び合うキャリア教育
　　　　　　　高知県安芸郡馬路村立馬路小学校 …………………………………… 44

　【事例4】　進路指導・学習指導・生徒指導を統合するキャリア教育の研究と実践
　　　　　　　東京都墨田区立寺島中学校 …………………………………………… 58

　【事例5】　社会人としての自覚と生き方をはぐくむ職場体験合宿
　　　　　　　島根県隠岐郡海士町立海士中学校 …………………………………… 71

　【事例6】　地域と連携した体験活動を中心にした
　　　　　　　全教育課程へのキャリア教育の導入
　　　　　　　福岡県飯塚市立頴田中学校 …………………………………………… 83

　【事例7】　総合的な学習の時間『まつナップ』における地域体験活動
　　　　　　　宮城県松島高等学校 …………………………………………………… 98

　【事例8】　群馬県立前橋高等学校における総合的な学習の時間
　　　　　　　『知のフロンティア──新しい学びの創造』の取組
　　　　　　　群馬県立前橋高等学校 ……………………………………………… 109

　【事例9】　キャリア教育の視点から発達段階に応じた地域と連携した体験活動
　　　　　　　大分県立日田三隈高等学校 ………………………………………… 121

　【事例10】　大学・学生の教育力を生かした「キッズビジネスタウンいちかわ」
　　　　　　　千葉商科大学 ………………………………………………………… 134

3　教育委員会を中核とした取組事例 …………………………………… 148

【事例１】 全公立中学校で５日間の職場体験が実現できるまで

〜「滋賀県中学生チャレンジウィーク事業」の立ち上げから〜

滋賀県教育委員会 ……………………………………………… 149

【事例２】 専修学校・各種学校との連携による「仕事のまなび場」の実践

神奈川県教育委員会・神奈川県専修学校各種学校協会 ……………… 166

【事例３】 地域連携と校種間連携による「ゆめ」をはぐくむ体験活動

新潟県上越市教育委員会 ……………………………………… 184

【事例４】「郷土を愛し、志高く、誇り薫る白鷹人」の育成を目指した体験活動の推進

山形県白鷹町教育委員会 ……………………………………… 196

4　地域社会との連携を中核とした取組事例 ………………………… 210

【事例１】 特別支援学校との連携による自立を目指した体験活動

八戸職親会 ……………………………………………………… 211

【事例２】 中学校・高等学校に対するキャリア教育支援の現状と展望

ジョブカフェ石川 ……………………………………………… 226

【事例３】 地域総がかりで取り組むキャリア教育支援

大阪商工会議所・大阪キャリア教育支援ステーション ……………… 239

5　参考資料 ……………………………………………………………… 254

小学校における体験活動 …………………………………………………… 255

中学校における体験活動 …………………………………………………… 258

高等学校における体験活動 ………………………………………………… 261

地域における取組 …………………………………………………………… 265

第1分冊作成協力委員　＜職名は平成20年3月31日現在＞

　　秋山　勝美　静岡県富士宮市立東小学校　教諭
　　鹿嶋研之助　千葉商科大学　教授
　　河俣久美子　栃木県芳賀郡市貝町立市貝小学校　教諭
　　今野　　晋　東京都墨田区立寺島中学校　主幹
　　坂野　慎二　玉川大学通信教育部教育学部　准教授
　　中前　耕一　和歌山県立和歌山工業高等学校　副校長
○　藤田　晃之　筑波大学大学院　准教授
　　堀川　博基　埼玉県ふじみ野市教育委員会学校教育課　指導主事
◎　吉本　圭一　九州大学大学院　准教授
　　和田美千代　福岡県立筑紫丘高等学校　教諭
　　　　　　　　◎…主査　○…副主査

国立教育政策研究所においては、次の者が担当した。

　　大槻　達也　生徒指導研究センター長（平成19年7月6日から）
　　惣脇　　宏　生徒指導研究センター長（平成19年7月5日まで）
　　宮下　和己　生徒指導研究センター総括研究官
　　藤平　　敦　生徒指導研究センター総括研究官
　　名取　一好　教育課程研究センター基礎研究部総括研究官
　　三好　仁司　生徒指導研究センター総括研究官
　　滝　　　充　生徒指導研究センター総括研究官
　　太田　敏彦　生徒指導研究センター企画課長
　　渡辺　桂子　生徒指導研究センター企画課企画係長
　　五十嵐　裕　生徒指導研究センター企画課指導係

第2分冊作成協力委員　＜職名は平成21年3月31日現在＞

　　秋山　勝美　静岡県富士宮市立東小学校　教諭
　　鹿嶋研之助　千葉商科大学　教授
　　河俣久美子　栃木県宇都宮市岡本北小学校　教諭
　　今野　　晋　東京都品川区立小中一貫校伊藤学園　主幹教諭
　　坂野　慎二　玉川大学大学院教育学研究科　准教授
　　中前　耕一　和歌山県立和歌山工業高等学校　教頭
　　堀川　博基　埼玉県ふじみ野市教育委員会学校教育課　指導主事
　　宮下　和己　和歌山県教育委員会生涯学習局　局長
◎　吉本　圭一　九州大学　教授
　　和田美千代　福岡県立城南高等学校　教頭
　　　　　　　　◎…主査

国立教育政策研究所においては、次の者が担当した。

　　中岡　　司　生徒指導研究センター長（平成20年7月11日から）
　　大槻　達也　生徒指導研究センター長（平成20年7月10日まで）
　　藤田　晃之　生徒指導研究センター総括研究官
　　藤平　　敦　生徒指導研究センター総括研究官
　　名取　一好　教育過程研究センター基礎研究部総括研究官
　　滝　　　充　生徒指導研究センター総括研究官
　　三好　仁司　生徒指導研究センター総括研究官
　　太田　敏彦　生徒指導研究センター企画課長
　　上島　和幸　生徒指導研究センター企画課企画係長
　　五十嵐　裕　生徒指導研究センター企画課指導係

編集協力・群企画

第一部

キャリア教育と体験活動

1. キャリア教育と体験活動

(第1分冊より)

1　キャリア教育の推進

　文部科学省関連の審議会報告等において、「キャリア教育」という文言が初めて登場したのは中央教育審議会答申「初等中等教育と高等教育との接続の改善について」（平成11年12月）である。この答申の基本テーマは、学校種間における接続をいかに改善するかということだけではなく、「学校教育と職業生活との接続」の改善も視野に入れたものであった。そして、その具体的方策として「キャリア教育を小学校段階から発達段階に応じて実施する必要がある」と提言した。その後、国立教育政策研究所生徒指導研究センター「児童生徒の職業観・勤労観を育む教育の推進について」（平成14年11月）の調査研究を経て、「キャリア教育の推進に関する総合的調査研究協力者会議」（文部科学省　平成16年1月）が、生涯にわたるキャリアを形成していく基盤を培う場として特に重要な意味を持つ、初等中等教育におけるキャリア教育の基本的な方向等について報告書を取りまとめた。この中で、学校教育に強く求められているのは「子どもたちが『生きる力』を身に付け、社会の激しい変化に流されることなく、それぞれが直面するであろう様々な課題に柔軟にかつたくましく対応し、社会人・職業人として自立していくことができるようにすること」であった。つまり、キャリア教育には、子どもたちが身に付けた能力や態度を、自己の現在及び将来の選択や生き方にどのように生かしていくかという、これまでの教育では視野に入れられることの少なかった視点に立って学校教育の在り方を改善していくことが求められたのである。

> 「キャリア教育」
> 　「キャリア教育の推進に関する総合的調査研究協力者会議報告書」（平成16年1月）では、キャリアとは「個々人が生涯にわたって遂行する様々な立場や役割の連鎖及びその過程における自己と働くこととの関係付けや価値付けの累積」、キャリア教育とは「『キャリア』概念に基づき『児童生徒一人一人のキャリア発達を支援し、それぞれにふさわしいキャリアを形成していくために必要な意欲・態度や能力を育てる教育』ととらえ、端的には『児童生徒一人一人の勤労観、職業観を育てる教育』」とされている。また、中央教育審議会答申「初等中等教育と高等教育との接続の改善について」（平成11年12月）では、「望ましい職業観・勤労観及び職業に関する知識や技能を身につけさせるとともに、自己の個性を理解し、主体的に進路を選択する能力・態度を育てる教育」としている。

これら文部科学省・国立教育政策研究所等における協議が進む一方、平成15年6月には政府の「若者自立・挑戦戦略会議」において、若者をめぐる様々な課題を背景に「若者自立・挑戦プラン」が取りまとめられ、この中で、キャリア教育の推進が重要な柱として位置付けられた。本プランに基づいて「若者の自立・挑戦のためのアクションプラン」（平成16年12月）が策定されるなど、16年度から18年度までの3年間にわたり政策・予算に反映された。また、平成19年度以降は、「再チャレンジ支援」として関係各府省が様々な施策を講じている。さらに、内閣府からは、「キャリア教育等推進プラン」（平成19年5月）が、また、教育再生会議「社会総がかりで教育再生を・第二次報告」（平成19年6月）、が出され、この中でキャリア教育の推進が提言されたのである。

　そして、これらの報告書等の中で、キャリア教育の推進を図るための重要な手立て・方法として、職場体験や就業体験（インターンシップ）等のキャリア教育にかかわる様々な体験活動を推進することが、一貫して強く提言されたのである。

　平成18年12月、制定以来約60年を経て教育基本法が改正され、ここに我が国の教育の目的、目標が一層明確にされた。この改正教育基本法第2条「教育の目標」の一つに、「個人の価値を尊重して、その能力を伸ばし、創造性を培い、自主及び自律の精神を養うとともに、職業及び生活との関連を重視し、勤労を重んずる態度を養うこと」とある。これは、今日キャリア教育に求められた基本的な理念にかかわるものであり、キャリア教育にはこの目標を達成するための一翼を担うことが期待されている。改正教育基本法に伴って、学校教育法が改正（平成19年6月）され、新たに義務教育の目標が明記された。その義務教育の目標（第21条）の一つに、「一　学校内外における社会的活動を促進し、自主、自律及び協同の精神、規範意識、公正な判断力並びに公共の精神に基づき主体的に社会の形成に参画し、その発展に寄与する態度を養うこと」とある。また、同目標には「十　職業についての基礎的な知識と技能、勤労を重んずる態度及び個性に応じて将来の進路を選択する能力を養うこと」とも示されている。また、高等学校においては、改正学校教育法第50条で「高等学校は中学校における教育の基礎の上に、心身の発達及び進路に応じて、高度な普通教育及び専門教育を施すことを目的とする」とされ、特に改正点として「進路に応じて」という文言が加えられ、教育において配慮すべき条件が明記された。高等学校の多様な生徒の様々な状況に応じた教育を為すために、義務教育の上に、「高度な普通教育及び専門教育」が位置付けられている。ここに、キャリア教育の果たすべき役割を見ることができる。

2　キャリア教育と体験活動

　体験活動については、平成10年に改訂された現行学習指導要領においても充実を図ることと

された。また、その後の学校教育法改正（平成13年7月）や中央教育審議会答申「青少年の奉仕活動・体験活動の推進方策について」（平成14年7月）等において、一層の充実が求められた。このような中で、職場体験、就業体験（インターンシップ）等のキャリア教育にかかわる体験活動についても、国、各教育委員会、各学校におけるキャリア教育の推進が図られる中で、特別活動の学校行事や総合的な学習の時間等において、実施されてきたところである。なお、平成18年度における公立中学校の職場体験の実施率は94.1％で、そのうち実施日数が5日間以上は約17％となっている。また、公立高等学校においても実施率は62.9％で、普通科の実施率も近年増加してきている（国立教育政策研究所生徒指導研究センター調べ）。

さて、キャリア教育における体験活動の意義については、「キャリア教育の推進に関する総合的調査研究協力者会議報告書」（平成16年1月）で、次のように述べている。

> **キャリア教育にかかわる体験活動等の意義**
>
> 　体験活動等には、職業や仕事の世界についての具体的・現実的理解の促進、勤労観、職業観の形成、自己の可能性や適性の理解、自己有用感等の獲得、学ぶことの意義の理解と学習意欲の向上等、様々な教育効果が期待され、事実、実施したほとんどの学校から、こうした面での大きな成果が報告されている。
>
> 　職業と生活の分離が進み、子どもたちが生き生きと働いている大人の姿を見ることが少なくなった今日、子どもたちは、仕事は我慢してやらなければならないもの、苦労するものといった意識だけを持ちがちであるが、職場体験やインターンシップ等を通して、やりがいを持って仕事をしている人たちから直接話を聞いたり、世の中にはこんな仕事がある、仕事にはこんなやりがいや面白いことがあると教えられたりすることは、子どもたちに新鮮な驚きと発見をもたらし、職業ひいては大人社会への認識を改めるきっかけになっている場合も少なくない。体験を通して得られるこのような自己への期待感や大人との信頼関係は、子どもたちが抱えている不安を解消し、次の段階に踏み出していくエネルギーの源となるものでもある。
>
> 　体験活動等には、このほか、学校と社会をつなぐという重要な役割がある。一面的な情報に流され、社会の現実を見失いがちな現代の子どもたちに、現実に立脚した確かな認識をはぐくむ上でも、体験活動等の充実は欠かすことのできないものである。

また、平成20年1月、中央教育審議会から、「幼稚園、小学校、中学校、高等学校及び特別支援学校の学習指導要領等の改善について（答申）」が出され、学習指導要領改訂の方向が示された。この中においても、キャリア教育の重要性、体験活動の大切さが次のとおり指摘されているところである。

> 社会の変化への対応の観点から教科等を横断して改善すべき事項「キャリア教育」から
>
> 　今後さらに、子どもたちの発達の段階に応じて、学校の教育活動全体を通した組織的・系統的なキャリア教育の充実に取り組む必要がある。
>
> 　すなわち、8．（各教科・科目等の内容）で示すとおり、生活や社会、職業や仕事との関連を重視して、特別活動や総合的な学習の時間をはじめとした各教科等の特質に応じた学習が行われる必要があり、特に、学ぶことや働くこと、生きることを実感させ将来について考えさせる体験活動は重要である。具体的には、例えば、
>
> - 特別活動における望ましい勤労観・職業観の育成の重視、
> - 総合的な学習の時間、社会科、特別活動における、小学校での職場見学、中学校での職場体験活動、高等学校での就業体験活動等を通じた体系的な指導の推進、など
>
> を図る必要がある。

　このように、キャリア教育は、小・中・高等学校を通じて、組織的・系統的に計画していくことが必要とされており、キャリア教育にかかわる体験活動についても、小・中・高等学校の各発達段階に応じて体系化することが極めて重要であるとされたのである。

　キャリア教育にかかわる体験活動においては、学校内外の教育資源を有効に活用し、子どもたちに学ぶことの意義を理解させ、望ましい勤労観・職業観をはぐくみ、さらには、将来に向けての主体的な進路設計を促し、その選択や決定を指導し、支援していくことが大切である。また、これら体験活動の体系化においては、小・中・高等学校の校種間の接続だけでなく、学校内の学年間の接続を見通した計画が必要である。そのためには、児童・生徒の成長・発達の現実を的確に把握することが大切であり、その上で体系的にキャリア教育を編成していくことが重要である。学校内での学年間の連携・協力、学校間の連携・協力を含めた、いわば「タテの接続」を充実させていくことが、体験活動の実践を進めていくための重要なポイントとなる。なお、小・中・高等学校の各学校段階の役割や、キャリア教育と体験活動の概要について、13頁に表としてまとめているので参考とされたい。

3　学校教育と地域の教育力

　キャリア教育を進めるための手立て・方法としての体験活動の体系化には、各学校・学年段階の「タテの接続」の充実だけではなく、学校外の教育資源を有効に活用していくという観点から、子どもたちを取り巻く学校・地域の現状や課題について学校と学校外の関係者との共通理解を図りながら実践を進めていくという、いわば「ヨコの連携・協力」が求められる。それは、職場体験等の直接的な受け入れなどだけではなく、例えば、産業構造や雇用形態、進路をめぐ

る環境の変化などについて、キャリア形成にかかわる専門的な知識や情報を持っている保護者、社会人、職業人などを、体験活動の事前指導、事後指導等の外部講師として招き、直接学んだりする機会を持つことなども大切である。

　改正教育基本法第13条「学校、家庭及び地域住民等の相互の連携協力」には、「学校、家庭及び地域住民その他の関係者は、教育におけるそれぞれの役割と責任を自覚するとともに、相互の連携及び協力に努めるものとする」とある。すなわち、教育については、学校のみならず家庭、地域に対してもその役割と責任を自覚することが重要であり、その上で、これら三者の連携・協力が求められたのである。

　キャリア教育が求められた背景の一つとして、子どもたちや若者の社会的な経験の不足とその結果としての進路意識形成の不十分さが指摘されている。この子どもたちの社会的経験の不足は、それぞれの地域社会における大人も含めた社会的なネットワークの希薄化とも連動したものとも考えられる。地域社会でのキャリア教育にかかわる体験活動は、子どもたちが地域において様々な仕事、人々に触れることで、自らの生活する地域社会への愛着を育て、職業生活場面にとどまらない、将来の地域社会を形成していくための力をもはぐくむことにもつながる。このようなことから、子どもたちが地域社会の理解を深め、参画していく活動を行う過程において、学校・家庭・地域のそれぞれの役割・責任を果たしていくことは、将来の地域社会を創造していく意味においても重要である。

　さらに、学校の役割は、キャリア教育にかかわる体験活動の実施を通して、単に子どもたちだけにとどまらず、地域の関係者や関係機関とのネットワークに対してより密接にかかわることで、「地域の教育力」をより高めることにもつながる。また、地域が学校の活動への支援を通して、その地域の子どもたちの様子を把握し、教育への参画の仕方、可能性についても考えていくための重要な手がかりともなる。学校が「地域の教育力」を活用し、かつそれを形成していくとともに、地域が学校を通して教育に参画する新たな方途を探索していくために、学校が家庭や地域との連携・協力、すなわち「ヨコの連携・協力」が重要となる。

　本事例集では、子どもたちの組織的・系統的なキャリア教育の学習を進めるための「タテの接続」についての参考事例であるとともに、もう一つの視点として学校が家庭や地域との「ヨコの連携・協力」をいかに効果的に行うかという視点で先進的な事例であり、また多くの学校において参考となる事例として紹介することとした。

小学校・中学校・高等学校の各学校段階における体験活動とキャリア教育

		小学校 低学年	小学校 中学年	小学校 高学年	中学校	高等学校
学校段階の役割 (教育課程審議会答申 平成10年7月)		個人として、また国家・社会の一員として社会生活を営む上で必要とされる知識・技能・態度の基礎を身に付け、「豊かな人間性」を育成するとともに、自然や社会、人、文化など様々な対象とのかかわりを通じて自分のよさ・個性を発見する素地を養い、自立心を培うことが求められていること。			義務教育の最終段階として、また、中等教育の前期として、個人として、また、国家・社会の一員として社会生活を営む上で必要とされる知識・技能・態度を確実に身に付け、「豊かな人間性」を育成するとともに、自分の個性の発見・伸長を図り、自立心を更に育成していくことが求められていること。	高等学校においては、義務教育の基礎の上に立って、自らの在り方生き方を考えさせ、将来の進路を選択する能力や態度を育成するとともに、社会についての認識を深め、興味・関心等に応じ将来の学問や職業の専門分野の基礎・基本の学習によって、個性の一層の伸長と自立を図ることが求められていること。
成長の過程と体験活動の工夫の観点		体験活動から「気づき」の生まれる時期 ・子どもの中で活動がつながるようにする。 ・場になじみ安心して活動できるようにする。 ・自分たちの生活や活動とつながるようにする。 ・物事の本質に根ざした気づきが生まれるようにする。	社会に広がっていく時期 ・自分とのかかわりを明確にし、主体的に取り組めるようにする。 ・社会に目を向け、多くの人々とかかわれるようにする。 ・体験活動と教科等での学習をつなげていく。 ・体験活動を振り返り意味を考える。		内面との結びつきが意味を持つ時期 ・自分の内面の世界を表現する。 ・級友と共に活動し心を揺さぶられる体験をする。 ・大人の世界に加わり一定の役割を果たす。 ・自分たちの取組を社会に発信していく。	大人の社会を展望する時期 ・自分の力を伸ばす挑戦をする。 ・実際の現場を知り社会の問題について考える。 ・人に尽くしたり、社会に役立つことに取り組む。 ・自分がかけがえのない存在であることを実感する。
教育課程上の位置付け		生活科 特別活動 各教科	特別活動 総合的な学習の時間 各教科		特別活動 総合的な学習の時間 各教科	特別活動 総合的な学習の時間 各教科・科目
キャリア教育関連	キャリア発達 段階	進路の探索・選択にかかる基盤形成の時期			現実的探索と暫定的選択の時期	現実的探索・試行と社会的移行準備の時期
	キャリア発達 課題	・自己及び他者への積極的関心の形成・発展 ・身のまわりの仕事や環境への関心・意欲の向上 ・夢や希望、憧れる自己イメージの獲得 ・勤労を重んじ目標に向かって努力する態度の形成			・肯定的自己理解と自己有用感の獲得 ・興味・関心等に基づく勤労観・職業観の形成 ・進路計画の立案と暫定的選択 ・生き方や進路に関する現実的探索	・自己理解の深化と自己受容 ・選択基準としての勤労観、職業観の確立 ・将来設計の立案と社会的移行の準備 ・進路の現実吟味と試行的参加
	活動例	・地域の探検 ・家族や身近な人の仕事調べ・見学 ・インタビュー ・商店街での職場見学 ・中学校の体験入学			・家族や身近な人の職業聞き取り調査 ・連続した5日間以上の職場体験 ・子ども参観日（家族や身近な人の職場へ） ・職場の人と行動を共にするジョブ・シャドウイング ・上級学校の体験入学	・インターンシップ（事業所、大学、行政、研究所等における就業体験） ・学校での学びと職場実習を組み合わせて行うデュアルシステム ・上級学校の体験授業 ・企業訪問・見学

参考：＊「高等学校インターンシップ事例集」（文部科学省　平成13年3月）
　　　＊「体験活動事例集」（文部科学省　平成14年10月）
　　　＊「中学校職場体験ガイド」（文部科学省　平成17年11月）

【参考】
中央教育審議会答申「幼稚園、小学校、中学校、高等学校及び特別支援学校の学習指導要領等の改善について」（平成20年1月17日）から抜粋

7．教育内容に関する主な改善事項
（5） 体験活動の充実

○ 子どもたちは、他者、社会、自然・環境の中での体験活動を通して、自分と向き合い、他者に共感することや社会の一員であることを実感することにより、思いやりの心や規範意識がはぐくまれる。また、自然の偉大さや美しさに出会ったり、文化・芸術に触れたり、広く物事への関心を高め、問題を発見したり、困難に挑戦し、他者との信頼関係を築いて共に物事を進めたりする喜びや充実感を体得することは、社会性や豊かな人間性、基礎的な体力や心身の健康、論理的思考力の基礎を形成するものである。

○ このように、親や教師以外の地域の大人や異年齢の子どもたちとの交流、集団宿泊活動や職場体験活動、奉仕体験活動、自然体験活動、文化芸術体験活動といった体験活動は、他者、社会、自然・環境との直接的なかかわりという点で極めて重要である。これらの体験活動の充実に当たっては家庭や地域の果たす役割が大きいことを前提としつつも、核家族化や都市化の進行といった社会の変化やそれを背景とした家庭や地域の教育力の低下等を踏まえ、学校教育における体験活動の機会を確保し、充実することが求められている。

○ このため、現在、特別活動や総合的な学習の時間などにおいて行われている様々な体験活動の一層の充実を図ることが必要である。その際、体験活動をその場限りの活動で終わらせることなく、事前に体験活動を行うねらいや意義を子どもに十分に理解させ、活動についてあらかじめ調べたり、準備したりすることなどにより、意欲をもって活動できるようにするとともに、事後に感じたり気付いたりしたことを自己と対話しながら振り返り、文章でまとめたり、伝え合ったりすることなどにより他者と体験を共有し、広い認識につなげる必要がある。これらの活動は、国語をはじめとする言語の能力をはぐくむことにもつながるものである。

○ また、体験活動についても、子どもたちの発達の段階に応じた充実が必要である。6．（4）で示したとおり、子どもたちの発達の段階として、個人差はあるものの一般的に見られる主な特徴については、例えば、
- 小学校においては、学年が上がるにつれて、自分のことも距離をもってとらえられるようになることから、自分と対象とのかかわりが新たな意味をもつ、
- 中学校になると、未熟ながらも大人に近い心身の力をもつようになり、大人の社会とかかわる中で、大人もそれぞれ自分の世界をもちつつ、社会で責任を果たしていることへの気付きへと広がっていく、
- 高校生になると、思春期の混乱から脱しつつ、大人の社会を展望するようになり、自分は大人の社会でどのように生きるかという課題に出会う、といったことが挙げられる。

○ このような発達の段階のほか、親や教師以外の地域の大人などとの交流の場や自然体験の減少といった子どもたちを取り巻く状況の変化を踏まえれば、学校教育においては、
- 自己が明確になり、自覚されるようになる小学校の時期においては、自然の偉大さや美しさに出会ったり、身近な学校の仲間とのかかわりを深めたりする自然の中での集団宿泊活動、
- 大人が社会で責任を果たしていることに気付き、進路を自分の問題として考え始める中学校の時期においては、職場での体験を通して社会の在り方を垣間見ることにより勤労観・職業観をはぐくむ職場体験活動、
- 自分と他者や社会との関係について考えを深める高等学校の時期においては、人に尽くしたり社会に役立つことのやりがいを感じることで、自分の将来展望や社会における自分の役割について考えを深めることが期待できる奉仕体験活動や就業体験活動をそれぞれ重点的に推進することが適当である。特に、職場体験活動や就業体験活動は、キャリア教育の視点からも重要な役割を果たすものである。

○ このため、現在においても、学習指導要領上、小・中・高等学校の特別活動において「旅行（遠足）・集団宿泊的行事」や「勤労生産・奉仕的行事」を行うこととなっているが、今回の学習指導要領の改訂において、体験活動の重要性を一層明確にし、その内容に即して小・中・高等学校でそれぞれ重点的に行う体験活動について記述することが必要である。また、必要に応じ、各学校において体験活動を総合的な学習の時間に位置付けて充実を図ることができることを学習指導要領上明確にすることが求められる。

特に、これらの体験活動は、学期中や長期休業期間中に一定期間（例えば、1週間（5日間）程度）にわたって行うことにより、一層意義が深まるとともに、高い教育効果が期待されるものであり、学校や保護者等の負担を招かないよう、受け入れ先の確保、宿泊等に要する費用などについて、国や教育委員会等の支援・援助の充実を図る必要がある。また、教育委員会や学校において自然の家などの社会教育施設や関係団体、企業、自治会等との連携を日頃から図ることが必要である。

○ なお、これらの体験活動を総合的な学習の時間において行うに当たっては、体験活動を通して、どのような問題解決や探究的な活動を行うのか、目的やねらいを明確にし、総合的な学習の時間の趣旨等に沿ったものとする必要がある。その際、その効果として、学習指導要領上、特別活動（学校行事）として掲げられている旅行（遠足）・集団宿泊的行事や勤労生産・奉仕的行事などと同様の成果が期待できることが考えられる。その場合には、総合的な学習の時間における体験活動をもって相当する特別活動に替えるこ

> とができるといった弾力的な取扱いが必要である。
>
> **(7) 社会の変化への対応の観点から教科等を横断して改善すべき事項**
> **(キャリア教育)**
> ○ 2．で示したとおり、「生きる力」という考え方は、社会において子どもたちに必要となる力をまず明確にし、そこから教育の在り方を改善するという視点を重視している。近年の産業・経済の構造的な変化や雇用の多様化・流動化等を背景として、就職・進学を問わず子どもたちの進路をめぐる環境は大きく変化している。このような変化の中で、将来子どもたちが直面するであろう様々な課題に柔軟かつたくましく対応し、社会人・職業人として自立していくためには、子どもたち一人一人の勤労観・職業観を育てるキャリア教育を充実する必要がある。
> ○ 他方、4．(1)で示したとおり、特に、非正規雇用者が増加するといった雇用環境の変化や「大学全入時代」が到来する中、子どもたちが将来に不安を感じたり、学校での学習に自分の将来との関係で意義が見出せずに、学習意欲が低下し、学習習慣が確立しないといった状況が見られる。さらに、勤労観・職業観の希薄化、フリーター志向の広まり、いわゆるニートと呼ばれる若者の存在が社会問題化している。
> ○ これらを踏まえ、現在においても、
> ・ 中・高等学校における進路指導の改善、
> ・ 職場体験活動、就業体験活動等の職業や進路に関する体験活動の推進、
> などの取組を行っているところであるが、今後更に、子どもたちの発達の段階に応じて、学校の教育活動全体を通した組織的・系統的なキャリア教育の充実に取り組む必要がある。
> すなわち、8．で示すとおり、生活や社会、職業や仕事との関連を重視して、特別活動や総合的な学習の時間をはじめとした各教科等の特質に応じた学習が行われる必要がある。特に、学ぶことや働くこと、生きることを実感させ将来について考えさせる体験活動は重要であり、それが子どもたちが自らの将来について夢やあこがれをもつことにつながる。具体的には、例えば、
> ・ 特別活動における望ましい勤労観・職業観の育成の重視、
> ・ 総合的な学習の時間、社会科、特別活動における、小学校での職場見学、中学校での職場体験活動、高等学校での就業体験活動等を通じた体系的な指導の推進、
> などを図る必要がある。

2．最近の教育施策とキャリア教育の携進

（第2分冊より）

　第1分冊の公表後、第2分冊の作成に至る間に、キャリア教育の推進にとって重要な教育施策が相次いだ。とりわけ、小学校・中学校の学習指導要領の改訂（平成20年3月告示）、教育振興基本計画の閣議決定（同7月）、高等学校の学習指導要領の改訂（平成21年3月告示）は、今後のキャリア教育の基本的方向性を示すものとして特筆に値する。各教育委員会及び各学校等においては、これらの施策の方針を踏まえた上でキャリア教育を推進することが求められている。
　以下、キャリア教育の推進の観点からそれぞれの施策のポイントを整理する。

(1) 小学校・中学校学習指導要領の改訂

　ここでは、道徳・総合的な学習の時間・特別活動に注目して、新しい学習指導要領が求めるキャリア教育実践の方向性を示す。
　小学校では、従来から「自己の生き方」を考えさせることを重要な課題の一つとしてきた総合的な学習の時間はもとより、道徳及び特別活動の目標に「自己の生き方についての考えを深め

（る）」ことが加えられている。特に道徳の内容では、低学年に「働くことのよさを感じて、みんなのために働く」、中学年に「自分の特徴に気付き、よい所を伸ばす」が新たに加えられるなど、道徳の時間を要とした道徳教育を通したキャリア教育の実践が求められている。各教科を含め、それぞれの教育活動の特性を生かした取組が必要である。

一方、中学校では、従来から道徳・総合的な学習の時間・特別活動において、「人間としての生き方についての自覚」を深めさせたり、「自己の生き方」を考えさせることが重要視されてきたが、新しい学習指導要領においてもこの点は引き継がれ、一層の充実が求められている。例え

小学校学習指導要領　道徳・総合的な学習の時間・特別活動　新旧対照表（一部抜粋）

新学習指導要領（平成20年3月28日告示）	平成10年版学習指導要領（平成10年12月14日告示）
第3章　道徳 第1　目標 　道徳教育の目標は、第1章総則の第1の2に示すところにより、学校の教育活動全体を通じて、道徳的な心情、判断力、実践意欲と態度などの道徳性を養うこととする。 　道徳の時間においては、以上の道徳教育の目標に基づき、各教科、外国語活動、総合的な学習の時間及び特別活動における道徳教育と密接な関連を図りながら、計画的、発展的な指導によってこれを補充、深化、統合し、道徳的価値の自覚及び自己の生き方についての考えを深め、道徳的実践力を育成するものとする。 第2　内容 [第1学年及び第2学年] 4　主として集団や社会とのかかわりに関すること。 （1）約束やきまりを守り、みんなが使う物を大切にする。 （2）**働くことのよさを感じて、みんなのために働く。** （3）父母、祖父母を敬愛し、**進んで家の手伝いなどをして、家族の役に立つ喜びを知る。** （4）先生を敬愛し、学校の人々に親しんで、学級や学校の生活を楽しくする。 （5）郷土の文化や生活に親しみ、愛着をもつ。 [第3学年及び第4学年] 1　主として自分自身に関すること。 （1）自分でできることは自分でやり、よく考えて行動し、節度のある生活をする。 （2）自分でやろうと決めたことは、粘り強くやり遂げる。 （3）正しいと判断したことは、勇気をもって行う。 （4）過ちは素直に改め、正直に明るい心で元気よく生活する。 （5）**自分の特徴に気付き、よい所を伸ばす。**	第3章　道徳 第1　目標 　道徳教育の目標は、第1章総則の第1の2に示すところにより、学校の教育活動全体を通じて、道徳的な心情、判断力、実践意欲と態度などの道徳性を養うこととする。 　道徳の時間においては、以上の道徳教育の目標に基づき、各教科、特別活動及び総合的な学習の時間における道徳教育と密接な関連を図りながら、計画的、発展的な指導によってこれを補充、深化、統合し、道徳的価値の自覚を深め、道徳的実践力を育成するものとする。 第2　内容 [第1学年及び第2学年] 4　主として集団や社会とのかかわりに関すること。 （1）みんなが使う物を大切にし、約束やきまりを守る。 （2）父母、祖父母を敬愛し、**進んで家の手伝いなどをして、家族の役に立つ喜びを知る。** （3）先生を敬愛し、学校の人々に親しんで、学級や学校の生活を楽しくする。 （4）郷土の文化や生活に親しみ、愛着をもつ。 [第3学年及び第4学年] 1　主として自分自身に関すること。 （1）自分でできることは自分でやり、節度のある生活をする。 （2）よく考えて行動し、過ちは素直に改める。 （3）自分でやろうと決めたことは、粘り強くやり遂げる。 （4）正しいと思うことは、勇気をもって行う。 （5）正直に、明るい心で元気よく生活する。
第5章　総合的な学習の時間 第1　目標 　横断的・総合的な学習や探究的な学習を通して、自ら課題を見付け、自ら学び、自ら考え、主体的に判断し、よりよく問題を解決する資質や能力を育成するとともに、学び方やものの考え方を身に付け、問題の解決や探究活動に主体的、創造的、協同的に取り組む態度を育て、**自己の生き方を考えることができるようにする。**	第1章　総則 第3　総合的な学習の時間の取扱い 2　総合的な学習の時間においては、次のようなねらいをもって指導を行うものとする。 （1）自ら課題を見付け、自ら学び、自ら考え、主体的に判断し、よりよく問題を解決する資質や能力を育てること。 （2）学び方やものの考え方を身に付け、問題の解決や探究活動に主体的、創造的に取り組む態度を育て、**自己の生き方を考えることができるようにすること。** （3）各教科、道徳及び特別活動で身に付けた知識や技能等を相互に関連付け、学習や生活において生かし、それらが総合的に働くようにすること。
第6章　特別活動 第1　目標 　望ましい集団活動を通して、心身の調和のとれた発達と**個性の伸長を図り、集団の一員としてよりよい生活や人間関係を築こうとする自主的、実践的な態度を育てるとともに、自己の生き方についての考えを深め、自己を生かす能力を養う。**	第4章　特別活動 第1　目標 　望ましい集団活動を通して、心身の調和のとれた発達と**個性の伸長を図るとともに、集団の一員としての自覚を深め、協力してよりよい生活を築こうとする自主的、実践的な態度を育てる。**

※下線は今回の改定による主たる変更箇所　　※**太字・網掛け**はキャリア教育に特に関連が深い記述の例

ば、中学校の総合的な学習の時間において積極的に取り入れるべき活動の一つに職場体験活動が組み入れられ、物事の本質を探って見極めようとする一連の知的営みとしての「探究活動」にふさわしい職場体験活動が求められている。また、特別活動における勤労生産・奉仕的行事の一環として職場体験を実施する場合においても、「体験活動を通して気付いたことなどを振り返り、まとめたり、発表し合ったりするなどの活動を充実」させることが求められる。このような事後学習を通して、他者と体験を共有し、広い認識につなげることが不可欠となろう。

中学校学習指導要領　道徳・総合的な学習の時間・特別活動　新旧対照表（一部抜粋）

新学習指導要領（平成20年3月28日告示）	平成10年版学習指導要領（平成10年12月14日告示）
第3章　道徳 第1　目標 　道徳教育の目標は、第1章総則の第1の2に示すところにより、学校の教育活動全体を通じて、道徳的な心情、判断力、実践意欲と態度などの道徳性を養うこととする。 　道徳の時間においては、以上の道徳教育の目標に基づき、各教科、総合的な学習の時間及び特別活動における道徳教育と密接な関連を図りながら、計画的、発展的な指導によってこれを補充、深化、統合し、道徳的価値及びそれに基づいた**人間としての生き方**についての**自覚を深め**、道徳的実践力を育成するものとする。	第3章　道徳 第1　目標 　道徳教育の目標は、第1章総則の第1の2に示すところにより、学校の教育活動全体を通じて、道徳的な心情、判断力、実践意欲と態度などの道徳性を養うこととする。 　道徳の時間においては、以上の道徳教育の目標に基づき、各教科、特別活動及び総合的な学習の時間における道徳教育と密接な関連を図りながら、計画的、発展的な指導によってこれを補充、深化、統合し、道徳的価値及び**人間としての生き方についての自覚を深め**、道徳的実践力を育成するものとする。
第4章　総合的な学習の時間 第1　目標 　横断的・総合的な学習や探究的な学習を通して、自ら課題を見付け、自ら学び、自ら考え、主体的に判断し、よりよく問題を解決する資質や能力を育成するとともに、学び方やものの考え方を身に付け、問題の解決や探究活動に主体的、創造的、**協同的に取り組む態度を育て、自己の生き方を考えることができるようにする。** 第3　指導計画の作成と内容の取扱い 1　指導計画の作成に当たっては、次の事項に配慮するものとする。 　(6)　各教科、道徳及び特別活動で身に付けた知識や技能等を相互に関連付け、学習や生活において生かし、それらが総合的に働くようにすること。 2　第2の内容の取扱いについては、次の事項に配慮するものとする。 　(3)　自然体験や**職場体験活動**、ボランティア活動などの社会体験、**ものづくり、生産活動などの体験活動**、観察・実験、見学や調査、発表や討論などの学習活動を積極的に取り入れること。 　(7)　**職業や自己の将来に関する学習を行う際には、問題の解決や探究活動に取り組むことを通して、自己を理解し、将来の生き方を考えるなどの学習活動が行われるようにすること。**	第1章　総則 第4　総合的な学習の時間の取扱い 2　総合的な学習の時間においては、次のようなねらいをもって指導を行うものとする。 　(1)　自ら課題を見付け、自ら学び、自ら考え、主体的に判断し、よりよく問題を解決する資質や能力を育てること。 　(2)　学び方やものの考え方を身に付け、問題の解決や探究活動に主体的、創造的に取り組む態度を育て、**自己の生き方を考えることができるようにすること。** 　(3)　各教科、道徳及び特別活動で身に付けた知識や技能等を相互に関連付け、学習や生活において生かし、それらが総合的に働くようにすること。 6　総合的な学習の時間の学習活動を行うに当たっては、次の事項に配慮するものとする。 　(2)　自然体験やボランティア活動などの社会体験、観察・実験、見学や調査、発表や討論、**ものづくりや生産活動など体験的な学習**、問題解決的な学習を積極的に取り入れること。
第6章　特別活動 第1　目標 　望ましい集団活動を通して、心身の調和のとれた発達と**個性の伸長を図り、集団や社会の一員としてよりよい生活や人間関係を築こうとする自主的、実践的な態度を育てるとともに、人間としての生き方についての考えを深め、自己を生かす能力を養う。** 第3　指導計画の作成と内容の取扱い 2　第2の内容の取扱いについては、次の事項に配慮するものとする。 　(3)　〔学校行事〕については、学校や地域及び生徒の実態に応じて、各種類ごとに、行事及びその内容を重点化するとともに、行事間の関連や統合を図るなど精選して実施すること。また、実施に当たっては、幼児、高齢者、障害のある人々などとの触れ合い、**自然体験や社会体験などを充実**するとともに、**体験活動を通して気付いたことなどを振り返り、まとめたり、発表し合ったりするなど活動を充実させるよう工夫すること。**	第4章　特別活動 第1　目標 　望ましい集団活動を通して、心身の調和のとれた発達と**個性の伸長を図り、集団や社会の一員としてよりよい生活を築こうとする自主的、実践的な態度を育てるとともに、人間としての生き方についての自覚を深め、自己を生かす能力を養う。** 第3　指導計画の作成と内容の取扱い 2　第2の内容の取扱いについては、次の事項に配慮するものとする。 　(3)　学校行事については、学校や地域及び生徒の実態に応じて、各種類ごとに、行事及びその内容を重点化するとともに、行事間の関連や統合を図るなど精選して実施すること。また、実施に当たっては、幼児、高齢者、障害のある人々などとの触れ合い、自然体験や**社会体験などを充実**するよう工夫すること。

※下線は今回の改定による主たる変更箇所　※**太字・網掛け**はキャリア教育に特に関連が深い記述の例

(2) 教育振興基本計画

平成20年7月1日、「教育振興基本計画」が閣議決定された。この計画は、教育基本法に示された教育の理念の実現に向けて、今後10年間を通じて目指すべき教育の姿を明らかにするとともに、今後5年間（平成20～24年度）に取り組むべき施策を総合的・計画的に推進するために、政府として初めて策定したものである。この計画でも、キャリア教育の推進が強く求められている。

「第2章　今後10年間を通じて目指すべき教育の姿」より	「第3章　今後5年間に総合的かつ計画的に取り組むべき施策」より
義務教育修了までに、すべての子どもに、自立して社会で生きていく基礎を育てる。幼児期から義務教育修了までの教育を通じて、学校、家庭、地域が一体となって、基本的な生活習慣の習得や社会性の獲得をはじめとする発達段階ごとの課題に対応しながら、すべての子どもが、自立して社会で生き、個人として豊かな人生を送ることができるよう、その基礎となる力を育てるとともに、国家及び社会の形成者として必要な基本的資質を養う。	子どもたちの勤労観や社会性を養い、将来の職業や生き方についての自覚に資するよう、経済団体、ＰＴＡ、ＮＰＯなどの協力を得て、関係府省の連携により、小学校段階からのキャリア教育を推進する。特に、中学校を中心とした職場体験活動や、普通科高等学校におけるキャリア教育を推進する。

(3) 高等学校学習指導要領の改訂

平成21年3月に告示された新しい高等学校学習指導要領では、教育振興基本計画でキャリア教育の推進が強く打ち出されたことを受け、総則において「キャリア教育の推進」が明示された。また、公民科においても「人間としての在り方生き方についての自覚を育て」ることが目標に組み入れられている他、総合的な学習の時間、特別活動において「自己の在り方、生き方」を考えることがそれぞれ目標の一部となっている。さらに特別活動における配慮事項として、「社会において自立的に生きることができるようにする」ことが新たに示された。ここでは、新しい学習指導要領において「キャリア教育の推進」が明示された総則の部分について抜粋した新旧対照表を以下に掲げる。

高等学校学習指導要領　総則　新旧対照表（一部抜粋）

新学習指導要領（平成21年3月9日告示）	平成11年版学習指導要領（平成11年3月29日告示）
第1章　総則 第5款　教育課程の編成・実施に当たって配慮すべき事項 4　職業教育に関して配慮すべき事項 (3) 学校においては、キャリア教育を推進するために、地域や学校の実態、生徒の特性、進路等を考慮し、地域や産業界等との連携を図り、産業現場等における長期間の実習を取り入れるなどの就業体験の機会を積極的に設けるとともに、地域や産業界等の人々の協力を積極的に得るよう配慮するものとする。 5　教育課程の実施等に当たって配慮すべき事項 (4) 生徒が自己の在り方生き方を考え、主体的に進路を選択することができるよう、学校の教育活動全体を通じ、計画的、組織的な進路指導を行い、キャリア教育を推進すること。	第1章　総則 第6款　教育課程の編成・実施に当たって配慮すべき事項 4　職業教育に関して配慮すべき事項 (3) 学校においては、地域や学校の実態、生徒の特性、進路等を考慮し、就業体験の機会の確保について配慮するものとする。 5　教育課程の実施等に当たって配慮すべき事項 (4) 生徒が自己の在り方生き方を考え、主体的に進路を選択することができるよう、学校の教育活動全体を通じ、計画的、組織的な進路指導を行うこと。

今後各学校では、これらの新しい施策に基づきつつ、児童生徒の発達段階、地域性、学校の実態等に応じた特色あるキャリア教育の取組が期待されるが、各教育委員会においては、支援組織・推進組織の設置等、様々な関連機関との連携・協力のための条件整備が不可欠となる。そのためにも、本事例集が広く活用されることを期待したい。

第二部

学校を中核とした取組事例

【事例1】
地域と協働した体験活動を通して進めるキャリア教育

神奈川県川崎市立苅宿(かりやど)小学校

《事例の概要と特色》

　学校の正門前には、苅宿商店街があり40店舗を超える様々な商店、飲食店が並んでいる(写真1)。「生きる力」の育成の一環として、商店会の協力をいただき「お店のお手伝い体験」を始めてから7年目になる。また、学区内には中小工場が散在しており、そこには様々な技能を有する人々が生産活動に携わっている。こうした地域の特色を生かして「生活科」「総合的な学習の時間」を中心に、キャリア教育の視点から各学年で地域と協働した体験活動を取り入れている。

1　学校概要

（1）学校の状況

　①住所　神奈川県川崎市中原区苅宿87番地
　②教職員数　28名
　③学級数・児童数（平成19年5月1日現在）
　各学年2クラス、特別支援学級1クラスの計13学級、児童数382名である。
　④研究の特色
　　本校は、平成13年度に「総合的な学習の時間」が導入されたことを受けて、地域の人々の力を借りて、地域から学び、自分たちの町が好きといえるような子どもを育てる教育の推進に力を入れてきた。地域の特色を生かした学習として、商店会の協力を得て「お店のお手伝い体験」を始めてから、今年で7年目を迎える。キャリア教育への取組は、神奈川県教育委員会の委託を受け、平成18年3月に、この実践の一部を報告したところから始まる。

○平成16・17年度　文部科学省「豊かな体験活動推進校」

【写真1　正門と苅宿商店街】

○平成18年度　　　神奈川県教育委員会
　　　　　　　　　　　特定の課題に関する調査研究委託（キャリア教育）
○平成19・20年度　川崎市教育委員会
　　　　　　　　　　　「生活科」「総合的な学習の時間」「キャリア教育」研究推進校

（2）地域の状況

　本校は、東京都と横浜市に挟まれた南北に細長く伸びる川崎市の中央部、中原区に位置し、東急東横線元住吉駅とＪＲ南武線平間駅の各駅から徒歩で10～15分ほどの場所にある。苅宿という名が示すように、この地は昔、米づくりと美しい花づくりを生業としていたといわれる。

　現在は大工場と散在する中小工場の間を住宅・商店・マンションなどでぎっしりと埋められている。比較的工場が多い川崎市の南部と住宅化が進む北部の両方の特徴を持っている地域である。学区域は、西加瀬・苅宿・市ノ坪の3つの町になっている。その町並みの上を新幹線が横断している。

2　キャリア教育の全体計画

（1）ねらい

- 子どもを取り巻く地域の人々とのかかわりを大切にした体験活動を通してよりよい人間関係を築く。
- 人々の思いや考え方、生き方に触れることで自分の思いや気持ちを伝えたり共感したりする。
- 自分の目標を持って、自ら行動する子どもを育てる。

（2）教育課程上の位置付け

　キャリア教育は学校のすべての教育活動を通して行われるものであるが、本校の場合は、小学校学習指導要領におけるキャリア教育に関連する主な目標・内容等（「キャリア教育推進の手引き」文部科学省　平成18年11月）を視点に各学年の「生活科」「総合的な学習の時間」の指導計画と他教科・道徳及び特別活動（主に学校行事）の年間指導計画との関連を図りながら見直しを進めてきた。

　実践に当たり、「生活科」「総合的な学習の時間」においてキャリア教育単元を設定し、キャリア教育が目指しているところの「4能力領域8能力」と本校が「総合的な学習の時間」で「育みたい資質・能力及び態度」との関連を次頁のような表を作成することで評価の観点を明確にし、実践を行ってきた。

「総合的な学習の時間で育みたい資質・能力及び態度」と「キャリア教育における能力領域」との関連（5年生の例）

キャリア教育における能力領域	総合的な学習の時間で育みたい資質・能力及び態度	関心・意欲・態度	考える力	表現する力	かかわり合う力
人間関係形成能力	【自他の理解能力】	・友達と協力しあって、体験したり調べたりしようとする。	・世界に貢献しようと活動している人々の願いや努力を理解する。 ・物作りに携わっている人々の仕事に対する願いや思いを共感的に受け止める。	・見学やインタビューでは相手の話や説明にうなずきながら聞いたり、質問したりする。	・相手の立場に立ったインタビュー計画を立てる。 ・見学やインタビューでは、相手の話の内容にうなずいたりメモをとったりしながら聞く。
人間関係形成能力	【コミュニケーション能力】	・自分で調べたことをもとに、進んで意見を述べている。	・友達の意見や考えを自分の考えと照らし合わせながら聞く。	・疑問に思ったことや分からないことがあったら質問し、聞かれたことにははっきりと答え、分からないことは分からないと言える。	・自分で調べたことやまとめたことを伝えながら、友達の意見や感想に耳を傾ける。 ・話し合いに積極的に参加し、相手の思いや考えをよく聞く。
意思決定能力	【選択能力】	・自分の調べたい工場を選んで調べようとする。	・提起された問題から課題を見つける。	・調べたことを報告するための手段として模造紙、プレゼン、ビデオなどの方法から選択する。	
意思決定能力	【課題解決能力】	・地域の工場や産業に携わる人から、進んで学ぼうとする。	・課題解決のための見通しを考える。 ・調べる内容や方法を考える。	・調べたことや体験したことを資料をもとにまとめ、発表する。	
将来設計能力	【役割把握・認識能力】		・自分の国や世界に貢献することの素晴らしさについて考える。		
将来設計能力	【計画実行能力】		・日本に学ぼうとする人、世界に貢献しようとする人の願いや努力を共感的に受け止め、今の自分にできることを考える。		・「JHP：学校をつくる会」の活動に参加するために、自分達にできることはないか考えて実行する。
情報活用能力	【情報収集・探索能力】	・世界に出て行って、その国のために活動している人々や組織について調べようとする。	・必要な情報を得るための方法を考える。	・集めた情報と見学やインタビューした資料などの両方を照らし合わせ、正確に伝える。	
情報活用能力	【職業理解能力】		・地域の工場で働く人々の姿から、技術の継承や鍛錬に努力し、生き甲斐をもって仕事をしていることを理解する。	・地域の産業に携わる人々の願い、工夫、努力などを写真やビデオを活用してまとめ、発表する。	・地域の産業に携わる人に進んでインタビューし、仕事に対する思いを聞く。

（3）生活科・総合的な学習の時間の年間単元配列一覧

＊　　　はキャリア教育に関連する単元

	4月	5月	6月	7月	9月	10月	11月	12月	1月	2月	3月
1年 102	はるのつうがくろ(4)	はないっぱいになあれ(15)				おおきくなったね(6)				もうすぐ2年生(10)	
		ともだちになろうよ(15)			学校ではたらく人おしえてあげる(10)						
			こうえんにとびだそう(10)			あきのつうがくろ(2)	すいすいさわやかきもちがいいね(15)				
								びゅうびゅうかぜとあそぼうよ(15)			
2年 105	わくわく2年生(3)							いっしょがいいね(10)		すてきな自分をしってほしい(10)	
	春をさがそう(4)	しぜんのふしぎをさがそう(10)	元気にそだってね(6)		秋を楽しもう(5)	わくわくドッキンかりやどランド(12)					
		おいしいやさいになあれ(15)									
		しゅっぱつ！なかよしたんけんたい(15)				もっとまちをしりたいね(10)					
3年 105		自然とあくしゅⅠ(10) ・学校の草花を調べよう ・春の生き物を調べよう			自然とあくしゅⅡ ・夏の生き物を調べよう ・多摩川の自然にふれよう		自然とあくしゅⅢ(5) ・生き物や植物の一生について調べよう			地域の人とあくしゅⅡ(25) 「達人に教わろう」 ・町の達人をさがそう ・達人に作り方を教わろう ・達人に教わったことをまとめよう ・町の達人をみんなに知らせよう	
		地域の人とあくしゅⅠ(15) 「商店街でお手伝い」 ・お店やお手伝いについて調べよう ・体験したことをまとめよう			身近な国の人とあくしゅ(20) ・韓国・朝鮮・中国の文化にふれよう ・体験したことを発表しよう	地域の人とあくしゅⅠ(10) ・お店のお手伝いをしよう ・お世話になったお店の人にお礼をしよう(商店会館でもちつきをしよう)					
	英語活動(10) ・英語であいさつしよう　・英語カルタで遊ぼう　・フルーツバスケットをしよう　・英語でジャンケンゲーム										

	4月	5月	6月	7月	9月	10月	11月	12月	1月	2月	3月
4年 105	住みよい町　苅宿 Part I （15） ・苅宿の町の環境を調べよう ・安全な町・花いっぱいの町（中原区パンジー会議に参加しよう） ・子ども環境会議を開こう				省エネ大作戦（20） ・省エネ教室（出前授業） ・ソーラークッカーを使って調理しよう ・水、光、電気エネルギーのエコについて考えよう		バリアフリーの町にしよう（20） ・バリアフリーについて考えよう ・車椅子体験をしよう ・アイマスク、点字体験をしよう ・バリアフリーマップをつくろう		住みよい町　苅宿 Part II （20） ・町の安全や暮らしを守る人々について調べよう ・町の防犯安全について、町会の方々の話を聞こう ・町会の方々の活動の様子を見学しよう ・調べたことや町会の活動をマップにまとめよう		
					10歳のわたし（20） ・家族や自分を取り巻く人の思いを知ろう　・親へのインタビュー　・二分の一成人式を開こう					
						英語活動（10） ・英語であいさつしよう　・これはなんでしょう　・好きなものは何？　・英語で福笑い　・英語で数えよ				
5年 110	生き生き自然体験 I （25） ・バケツ稲を育てよう ・カボチャ、インゲン豆を育てよう ・メダカの育つ環境を考えよう ・ビオトープの生物と環境について調べよう				生き生き自然体験 II （25） ・八ヶ岳の自然環境について調べよう ・身近な環境について考えよう ・稲刈りをしよう ・報告会をしよう				教室が世界の窓に（25） ・世界の子どもたちのくらしを調べよう ・調べたことをもとに話し合おう ・「カンボジアに学校をつくろう」（JHP：学校をつくる会）で活動している人の話を聞こう ・他の活動団体について調べよう ・今の自分たちにできることを考え、行動しよう		
					地域の産業をたずねよう（25） ・どんな工場があるんだろう ・工場の分布マップをつくろう　・工場見学に出かけよう ・ものづくりをしている人たちの思いや気持ちを考えよう ・調査やインタビュー、取材したことをビジュアルに伝えよう						
					英語活動（10） ・英語であいさつ　・今日は何曜日？　・好きなものは何？　・今日の天気は？　・英語で自己紹介						
6年 110		歴史探訪 I （15） ・鎌倉へいこう					歴史探訪 II （10） ・日光へいこう			歴史探訪III（江戸東京博物館）（5） ・江戸,明治,大正,昭和にタイムスリップ	
		12歳のわたし「いろいろな人の生き方にふれよう」（20） ・将来の職業について調べよう　・様々な仕事に携わっている身近な人に学ぼう							12歳のわたし（10） 「未来に向かって」 ・自分の未来をえがこう ・ビデオレターをつくろう ・中学校を見学しよう		
					和の心にふれる「日本文化を体験しよう」（25） ・生け花,落語,お囃子,茶道,日本舞踊,剣道,書道,柔道,俳句,短歌などグループ別に体験しよう　・ファンタジーフェスティバルでワークショップ							
	英語活動（10） ・買い物をしよう・世界の食べ物・外国人と英語で話そう									
	教室が世界の窓に II （5） ・JHP(学校をつくる会)の活動に参加しよう ・学校全体に広げよう				日本に来ている世界の人と交流しよう（10） ・日本文化を紹介しよう						

（4）各学年の主な取組

【第1学年の実践】

単元名「学校ではたらく人、おしえてあげる」

＜活動内容＞

学校生活に慣れた9月、学校で働く人々の学習を計画した。用務員、事務職員、給食調理員、栄養士、養護教諭などに、どんな仕事をしているのか、インタビューを(写真2)しながら名前を覚えた。そして、グループごとに分かったことを発表した。

【写真2　事務職員にインタビュー】

この学習の後には学校で働く人々の名前を呼んで挨拶をしたり、話しかけたりするようになった。

【第2学年の実践】

単元名「わくわくドッキンかりやどランド」

<活動内容>

「ファンタジーフェスティバル」で、1年生と協力して、自分たちで遊びやルールを考え、お客さんが楽しめるような遊びのコーナー(写真3)をグループで分担して作った。当日は幼稚園、他学年、地域の人々等、様々な立場の人とかかわりを持つことができた。

【写真3 1年生とのアクセサリー作り】

【第4学年の実践】

単元名「住みよい町 苅宿 Part Ⅱ ～町のくらしの安全を守る人々～」

<活動内容>

くらしの安全という視点で自分たちの町を見直し、マップにその様子を描き表した。そして、作成した地図をもとに町会の人と町の安全について話し合った(写真4)。町会の人は、子どもの疑問や提案に真摯に対応してくれ、子どもたちの提案に基づいて、実際にカーブミラーが1カ所設置された。

【写真4 町会の人と一緒に】

【第6学年の実践】

単元名「12才のわたし～未来にむかって～」

<活動内容>

職業観を育てるために、身近な人々の仕事の様子や仕事に対する取組についてインタビューや資料を使って調べた。自分の将来を描きながら、未来の自分に向けてのビデオレター(写真5)を作成した。

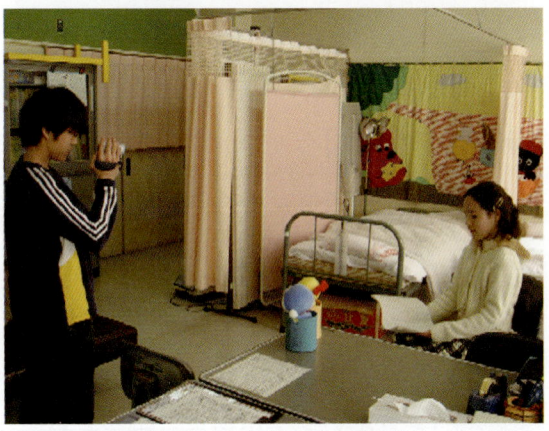
【写真5 ビデオレター作り】

3　キャリア教育にかかわる体験活動

【第3学年の実践】

「地域の人とあくしゅ Part Ⅰ～商店街でお手伝い～」

(1) 体験活動の趣旨

本単元は、社会科の学習の発展として位置付けている。町へ出かけ、店、工場、公共施設、

交通などの町の様子や特徴について調べる中で、子どもが自分の住む地域のことにあまり目を向けていないという実態が見えてきた。そこで、身近にある商店会の協力を得て商店での体験学習を計画した。

　商店での手伝い体験は、学校や家族以外の人とのかかわり方を学ぶ場としてとらえられる。商店の人やお客さんとの触れ合いを通して、自分の町のことを理解し、地域の一員としての自覚を育むとともに、商店で働く人の様子や工夫・努力に実際に触れることで自分の役割を果たすことの大切さや相手のことを考えた言動の重要性などを実感し、自分の生活に生かすことを目指している。また、この体験活動が自分たちの生まれ育った町を愛する心情を育んでいくことのきっかけとなることも期待している。

(2)　単元目標
○商店の仕事や働く人に興味を持ち、仕事の内容、働く人たちの思いや工夫などを進んで学ぼうとする。
○相手の立場を考えて会話し、友達と励まし合いながら協力して活動する。
○体験したことや学んだことなどをまとめ、友達に分かりやすく伝える。

(3) 評価の観点

育みたい資質 ・能力及び態度	評　価　の　観　点
関心・意欲・態度	・手伝い体験に興味を持ち、商店の様子や仕事内容などについて、進んで調べようとする。 ・挨拶や呼び込みなど、自分のできることを進んで行おうとする。
考える力	・友達の活動を参考にしながら、自分にできることを考える。 ・手伝い体験を通して、商店の人の仕事に対する思いや願いを考える。
表現する力	・初対面の人に対しても「おはようございます」「いらっしゃいませ」などの挨拶ができる。 ・体験で学んだことを、順序や内容を考えながら友達に分かりやすく伝える。
かかわり合う力	・教え合ったり、励まし合ったりしながら、友達と協力して手伝いを行う。 ・商店の人の工夫や努力などに気付き、そこで学んだことを生かす。

(4) 活動計画（２５時間扱い）

第１次『商店や手伝いについて調べよう』（９時間）
○商店街にどんな商店があるか、どんな仕事をしているかなどについて知っていることを出し合い、商店街の様子について考える。
○商店街にどんな商店があるのか、調べに行く。
○調べたことをもとに、商店マップを作成する。

○疑問点や詳しく知りたいことを出し合い、インタビューの計画を立てる。

○挨拶やインタビューの練習を行う。

○商店の人や手伝い体験を行った上級生にインタビューする。

○商店の様子や手伝い体験について調べたことを互いに伝える。

○情報交換して分かったことを、商店マップに書き込む。

第2次『手伝いする商店を決めよう』（3時間）

○手伝い体験をさせていただける商店の中から、様々な情報を活用し、目当てを持って手伝いの場所を決める。（写真6）

【写真6　手伝いたい商店を決める】

○商店の人に挨拶し、準備するものや心構えなどについて聞いてくる。

第3次『商店で手伝いをしようⅠ・Ⅱ』（7時間）

○商店での活動を想定し、手伝いの模擬体験の準備をする。

○模擬手伝い体験を行う。

○模擬体験で感じたことを交流し、手伝いの準備をする。

○商店に手伝い体験に行く。（写真7・8）　1回目

○体験したことを交流し合う。

○商店での活動を振り返り、次回への課題や目当てを持つ。

○商店に手伝い体験に行く。2回目

第4次『体験したことをまとめよう』（6時間）

○お礼の手紙に書く。

○相手の都合を伺うとともに、伝えたいことをまとめて、手紙を届けにいく。

○体験して、気付いたことや考えたことなどをまとめる。

○手伝い報告会を行い、まとめを行う。

※配慮事項

・1ヶ月前までに校長と担任が商店会長への挨拶と日程の調整を行う。正式な日程が決定後、手伝い体験依頼文書を作成する。

・手伝い体験受入れの可否・体験可能人数を取りまとめてもらう。

・受入れ可能な商店に対して、事前に校長と担任とで依頼文書を届け、手伝い体験に行く子どもの氏名を連絡する。事後にお礼の挨拶とアンケートの依頼に行く。

・1週間前までには、体験活動の様子の撮影許諾を得たり、子どもが挨拶に行く日時やインタビューの可能な時間帯の調整を行ったりする。

（5）体験活動の評価

　自分で商店について調べ、手伝いをする商店を決めたことによって、より責任感を持って真剣に活動（写真7）することができていた。見知らぬ人に話しかけられたり、お金を扱ったり、場合によっては厳しく声をかけられたりするなど、これまでになかったような緊張感を持って活動した分、ほめられたときやそれをやり終えたときには相当の満足感・達成感・自己有用感などを得ていたように感じた。

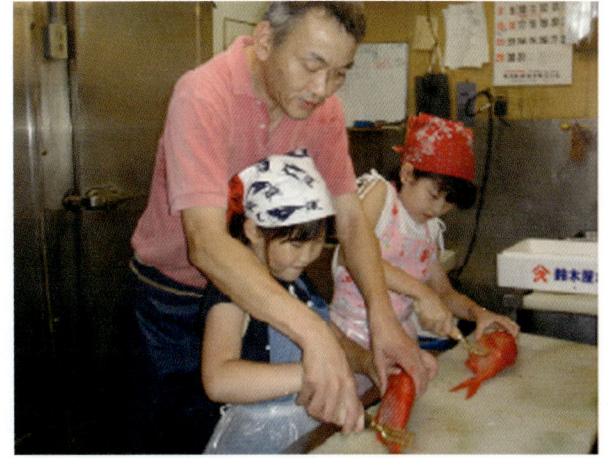

【写真7　魚のうろこ取り】

　また、体験を通して、商店の人の人柄に触れることができたことにより「仕事内容」だけでなく「人」に関心を持つことができたことは大きな収穫であった。これまであまりかかわりのなかった商店会の人たちの存在が、より身近な存在と感じられるように気持ちが変わっていったことは、「あいさつをするようになった」「買い物にいって話をするようになった」「町で会うのが楽しみ」という子どもの感想からも伝わってくる。

　子どもの手伝い体験を通して、保護者間に親密なつながりが生まれたとともに、地域の人々と保護者のかかわり方に広がりが見られたことは、この体験活動の一つの成果といえる。実際に子どもが真剣に一生懸命手伝い体験をしている姿を見てもらったことで（写真8）、体験活動への理解が深まった。

　「体験を引き受けてくださる商店の人の気持ちが大変ありがたかった」「温かい声かけに感動した」などの感想が寄せられるなど、この体験活動が保護者にとっても地域を見つめ直すよい機会ともなっている。

　また、体験活動を引き受けてくださった商店の人も、年を重ねるごとに子どもがより充実した体験活動となるよういろいろと工夫してくれている。「活気が出る」「新しい生き甲斐ができた」という声が寄せられるなど、大変好意的に受け入れてくださっている。

【写真8　お客として保護者が協力】

　課題としては、体験活動のねらいの明確化が挙げられる。この学習は、お店の仕事の手伝いをきっかけとして、挨拶の大切さを実感したり、相手の気持ちを考えた言動を心がけたりすることなど広い意味でのコミュニケーション能力の育成をねらっている。このことを常に意識しなければ、体験す

るのみが目的となってしまう恐れがある。

　また体験活動直後はともかくとして、数ヶ月も経過すると商店の人とのかかわりが薄れてしまう子どもも出てくる。体験活動で学んだことを次の学習や学年にどのように生かしていくのかという、体験活動や学びの系統性は今後の大きな課題といえる。

【写真9　先輩のアナウンサーの出前授業】

【第5学年の実践】
「地域の産業を訪ねよう～ものづくりに携わる人々～」

(1) 体験活動の趣旨

　小さいながらもそのフットワークのよさを生かして、すばらしいものづくりをしている工場が苅宿の地域にはある。ここではそれに触れることで、子どもにものづくりのよさを感じてもらいたいと考えている。また、ものづくりに携わっている人々の真剣な姿やものづくりにかける思いに触れ、その人の「生き方」に共感することを願って、本単元を設定した。

　ここでは、子どもの撮影したビデオ映像を編集し、番組を作るという活動を取り入れた。これは、社会科の「くらしを支える情報」の学習で学んだことを生かして、番組づくりをしようと考えたからである。そこで、民放でアナウンサーをしている本校の卒業生を外部講師として招く（写真9）ことを考えた。ご自身が出演している朝のニュース番組ができるまでを教えていただいたり、アナウンスの仕方や情報を伝える際の大切なことを教わったりした。「正しい内容を分かりやすく伝える」という先輩の思いが子どもに伝わり、それを生かしての工場の取材活動になればと期待した。

(2) 単元目標

○地域の産業に興味を持ち、地域にどんな工場があるか調べたり、調べたい工場を選び工場の人に話を聞いたりして、地域の産業に携わる人の願いや工夫、努力などを理解する。
○ものづくりに携わることのよさや楽しさに共感し、仕事をする大人の姿からその人の生き方を感じ取る。

（3）評価の観点

育みたい資質・能力及び態度	評　価　の　観　点
関心・意欲・態度	・地域の産業に興味を持ち、産業に携わる人の願い、工夫、努力などを進んで調べようとする。 ・自分で調べたことをもとに、進んで意見を述べる。
考える力	・自分の必要な情報を得るための方法を考える。 ・ものづくりに携わっている人々の仕事に対する願いや思いを共感的に受け止める。
表現する力	・調べたことを分かりやすく見る人に伝えるために、番組に載せる場面を選んだり、ナレーションやテロップを工夫したりする。
かかわり合う力	・調べる相手の立場に立って、適切にインタビューする。 ・自分の調べたことをみんなに伝えるとともに、他の人の意見をよく聞く。

（4）活動計画（25時間扱い）

第1次『苅宿の地域はどんな様子なのか調べよう』（3時間）

○学区の地図を見て、地域の土地利用の様子を調べる。

○調べた結果を情報交換する。

第2次『工場見学の準備をしよう』（6時間）

○見学したい工場を決める。

○見学の際の質問事項を考える。

○ビデオの使い方について知る。

○見学のマナーについて確認する。

第3次『工場見学に出かけよう』（4時間）

○何を作っているのか見学・撮影をする。

○工場の人の願い・工夫・努力についてインタビューする。（写真10）

○見学したことを報告し、交流し合う。

【写真10　工場の人にインタビューする】

第4次『見学したことを伝えよう』（10時間）

○見学したことをまとめる方法を考える。

○ビデオを見直して編集する場面を考えたり、テロップ、ナレーションなどを作ったりする。

○発表のリハーサルをする。

○発表会をする。（写真11）

【写真11　発表会】

第５次『学習したことを振り返ろう』（２時間）
　○地域の産業に取り組んでいる人の思いに触れ、ものづくりに取り組む楽しさに共感し、その人の生き方を感じ取る。

（5）体験活動の評価

　工場で見学したことをもとに、工場紹介のビデオを制作した。初めて自分たちでビデオ作品を作ることになり、工場の様子やそこで働く人の思いを正確に伝えたいという気持ちを持って活動できた。これまでは、模造紙にまとめたり、新聞にまとめたりして発表することはよくあった。しかし、番組にし、DVD に残すことで、自分たちの作品を繰り返し見られることは、子どもの学習の達成感を大いに高めた。「ビデオを撮ってみんなで編集したことは初めてだった。話し合う中でビデオを見直すことがあり、学習が深まった」と子どもも述べている。取材に出かけていく中で、子どもは工場の人が製品をただ作っているだけではなく、その製品に対する思いや使う人の身になって考えている姿にも触れることができた。「表情から一生懸命さが伝わってくるから、働いている人の表情を真剣に見つめた」「どこの工場でも『使ってもらう人に使いやすく』と考えていた」という子どもの感想にそのことが表れている。ビデオ制作は担任にとっては大変な作業ではあったが、ファンタジーフェスティバルでの上映や３年生の授業での活用、さらに子どもの達成感に満ちた表情を見ると「やってよかった」と感じている。この単元を通し、充分とはいえないが、学校の先輩であるアナウンサー、地域の工場で働く人という身近といえる人々に実際に会って話を聞いたり、体験したりするなどの学習活動から、「ものづくりに携わるということ」への子どもの認識が大きく変わったと感じている。

4　今後の展望と課題

『総合的な学習の時間コーディネーターの育成』

　キャリア教育を円滑に推進するには、家庭、地域社会等との連携・協力は必要不可欠となる。現在は地域や保護者との連絡調整を全て担任が行っているが、ともすれば個人的なつながりでの計画となり「○○先生がいないと・・・」といった体験となりがちである。体験や学びの系統性は大きな課題だが、組織的・系統的な取組としていくためには、体験全体を見通して、その体験をコーディネートする存在が不可欠であると感じている。

『教科との関連』

　キャリア教育を積み重ねることで、体験の重要性を再認識することができた。地域の人の生き方、思いなどに触れ、自分自身のことを見つめなおす機会となっている。課題としては、

その体験のよさをどのように伝え合うかということが挙げられる。全ての子どもが、全ての体験活動を行うことは不可能であり、各々の学びを伝え合うことが、さらに学びを広げ、深めていくことにつながる。生きる力を育んでいくためにも、教科での学びを「総合的な学習の時間」に生かし、「総合的な学習の時間」での学びを教科につなげることが不可欠である。その積み重ねの重要性を再確認することができた。

『学校と地域のコラボレイティブ・ラーニングへ』

　これまでは、学校と地域が連携する場合、教育の目的を達成するために決まった内容を依頼する学校発信型が多かった。しかし、これまで体験活動を積み重ねてきたことで、前述のように「活気が出る」「新しい生き甲斐ができた」と地域の人からの声をいただけるまでになってきた。また、活動の内容もさらに充実したものとなってきている。地域の人も大変協力的で、これまでの経験を生かしながらより充実した体験となるよう毎回様々な工夫をしてくれている。

　現在、体験活動を通して学校と地域がそれぞれのよさを生かした双方向型の連携へと進んでいる手ごたえを感じている。そこから生まれた協働学習（コラボレイティブ・ラーニング）としての体験活動を大切にしていきたい。

　学校と地域の協働学習とは、以下のような視点を持つと考えられる。

- 大人と子どものそれぞれに学びがある。
- 大人と子どもの学びが対等で、双方向性がある。
- 大人と子どもの学びが結びつくことに必然性がある。
- 価値の受け継ぎや次代の育成といった「学びの循環」が見られる。

（以上、「学校と市民館による生きた学びの創造」　2005年川崎市総合教育センター紀要より）

協働学習をこれからも発展させ、地域との良好な関係を築くには、教職員も含めて「地域の一員」であるという意識を持つことが何より不可欠となる。教職員が積極的に地域に出ることで、新たな人材の発掘・活用につながるとともに地域や保護者の声に耳を傾けることができる。本校では七夕飾り（写真12）や書初めの商店街への展示、地域の清掃、お祭りへの参加などを行っているが、こうした地域発信型の取組にも可能な限り応えることが必要である。相互に協力し合う体制と信頼関係を築いていき、双方向型の連携を強化することで、体験活動の一層の充実が図れると考えている。

【写真12　商店街に飾られた七夕飾り】

【事例2】
地域の「人」「もの」「こと」を生かしたキャリア教育体験活動

広島県庄原市立西城小学校

《事例の概要と特色》

　本事例の特色は、生活科・総合的な学習の時間を中心に、地域学習を核としたキャリア教育を実践していることである。自然と人材に恵まれた地域の特徴を生かし、地域の価値ある学習材に出会わせ多様な体験をさせることにより、地域の「人」「もの」「こと」に主体的にかかわり、学びの充実感・達成感を味わい、自分の伸びを自覚することのできる児童の育成を目指している。

　本校ではポートフォリオ評価を取り入れることで、児童一人一人の学びを見取り、「測る評価」から「育てる評価」への転換を図り、児童の学ぶ意欲を高めていきたいと考えて取り組んでいる。

1　学校概要

（1）学校の状況

　指定事業名：平成17年度広島県キャリア教育推進事業
　　　　　　　平成18・19年度広島県キャリア教育実践モデル開発事業
　所在地　　：広島県庄原市西城町西城281－1

　本校は、自然豊かな広島県北部の中山間地域に位置しており、学級数7、児童数116名の小規模校である。地域や家庭の協力により、児童は落ち着いた環境の中で生活し、素直で純朴な子どもに育っている。学習に関しては、学習課題を解決しようと真面目に取り組むことができるが、自分から進んで何かに挑

戦しようとする気持ちが弱かったり、人とのかかわりを積極的に持とうとする態度が十分に育成されていなかったりする実態がある。そこで、学校教育目標を、「『自分を育てる』児童の育成～気づく・行う・鍛え合う～」とし、「心豊かで、たくましい西城っ子」の育成を目指している。児童自らが「こうしよう・こうしたい・もっとこうしたい」と意欲を持つことができる教育活動に取り組み、目指す子ども像である、①創り出す子　②やりぬく子　③心豊かな子の実現に迫ろうとしている。

　研究主題は、「地域の『人』『もの』『こと』に主体的にかかわり、自分の伸びを自覚する児童の育成」とし、生活科・総合的な学習の時間を中心に取り組んでいる。地域の特性を生かした価値ある学習材を効果的に活用し、西城オリジナルプラン（カリキュラム）の開発を行っている。価値ある多様な体験活動や学習材に出会わせることにより、「ぜひ調べたい」「解決したい」という問いを自ら発し、主体的に学んでいくのではないかと考えて実践している。

　単元の終末ではポートフォリオを整理し、自分の学びを自覚させることで、「測る評価」から「育てる評価」への転換を図り、意欲的に課題を解決する児童の育成を目指して取り組みを進めているところである。

（2）地域の状況

　西城町は、自然豊かな山間の町である。地元の産業は、農林業が中心であるが、自然を生かした野外体験設備が充実している。

　本町は過疎地域であり、少子高齢化が進み、4年前には5校あった小学校は統合により現在では2校になっている。校区内に中学校・高等学校が各1校あり、小・中・高の連携が取りやすい状況にある。県の事業である平成17年度「広島県キャリア教育推進事業」の指定を受け、さらに平成18年度・19年度「広島県キャリア教育実践モデル開発事業」の指定を受け、西城町内の小学校・中学校・高等学校で連携しながらキャリア教育を実践している。「県北中山間地域の特色を生かした、小・中・高等学校の発達段階に応じた系統的な体験活動の学習プログラムの実践と改善」を研究テーマとし、西城町を誇りに思い、西城町を愛し、西城町に貢献できる児童生徒の育成を目指して、学校間の連携と地域との連携を行っている。学校間の連携では、校内授業研究会への相互参加や、陸上競技の合同練習会、地域のお祭り（どえりゃあ祭り）のパレードへの合同参加、町内一人暮らしのお年寄りへのプレゼント配布等を行っている。また、地域との連携では、ゲストティーチャーを活用した取組、職場見学・職場体験等を行っている。

2　キャリア教育の全体計画

（1）目標・ねらい

　本校のキャリア教育の目標は、地域の「人」「もの」「こと」に学び、豊かなかかわり合いを通して、社会性や協調性、感性を育み、夢と希望を持って、生き生きとした生活を創造していこうとする意欲や態度を育てることである。

○　自他のよさをお互いに認め合い、共に高め合おうとする意欲や態度を育てる。
○　いろいろな職業について学び、働くことのすばらしさを感じる心を育てる。
○　自ら進んで活動し、日々の生活をよりよくしていこうとする心情を養う。
○　目標を持って努力し、自ら課題を解決していく態度を育てる。

（2）教育課程上の位置付け

　キャリア教育は、特定の教科や領域の中で行うものではなく、すべての教科・領域等の中で実践していくものである。したがって本校では、教科・領域等におけるキャリア教育の指導内容を別表①のように考え、キャリア教育の視点で全教育活動を行っている。

別表①

平成19年度キャリア教育全体計画

地域において	学校教育目標	家庭において
・誰に対しても気持ちのよい挨拶ができる子ども ・礼儀正しい子ども ・ふるさと西城のよさを知っている子ども ・地域の行事へ進んで参加できる子ども ・地域で働く人々・地域のもの・地域のことから学ぶことができる子ども ・西城を誇れる子ども	「自分を育てる」子どもの育成 ● 気づく ● 行う ● 鍛え合う **めざす子ども像** 『心豊かで，たくましい西城っ子』 ○ 創り出す子 ○ やりぬく子 ○ 心豊かな子 **めざす学校像** 校訓「誠」 ○ 楽しい学校 ○ 親しまれる学校 ○ 感動を共有できる学校	・誰に対しても自分から進んで気持ちのよい挨拶ができる子ども ・礼儀正しい子ども ・家族の一員として，仕事を分担してやりぬく子ども ・家族のことを大切に思いやる子ども ・生活をよりよくしようとする子ども

キャリアの目標

地域のひと・もの・ことに学び，豊かなかかわり合いを通して，社会性や協調性，感性を育み，夢と希望をもって，生き生きとした生活を創造していこうとする意欲や態度を育てる。

○ 自他のよさをお互いに認め合い，共に高め合おうとする態度を育てる。
○ いろいろな職業について学び，働くことのすばらしさを感じる心を育てる。
○ 自ら進んで活動し，日々の生活をよりよくしていこうとする心情を養う。
○ 目標をもって努力し，自ら課題を解決していく態度を育てる。

学年部指導目標

	人間関係形成能力 【自他の理解能力】 【コミュニケーション能力】	情報活用能力 【情報収集・探索能力】 【職業理解能力】	将来設計能力 【役割把握・認識能力】 【計画・実行能力】	意思決定能力 【選択能力】 【課題設定・課題解決能力】
低学年 人とのつながりを大切にしよう！	・自分の好きなことや嫌いなことをはっきり言うことができる。 ・友だちと仲よく遊び，助け合うことができる。 ・自分の考えをみんなに話すことができる。	・趣味・関心をもって観察をすることができる。 ・必要な本や図鑑を見つけることができる。 ・いろいろな仕事があることに気づく。	・係や当番の活動をすることができる。 ・家でできる仕事を探し，進んで行うことができる。 ・みんなで活動する楽しさがわかる。	・自分の好きなこと，大切なものをもつことができる。 ・自分のことは自分で行おうとすることができる。
中学年 地域から学ぼう！	・自分のよさを見つけることができる。 ・友だちのよさを見つけることができる。 ・自分の意見をもち，相手の考えを理解しようとすることができる。	・わからないことを本や図鑑で調べたり，人に聞いたりすることができる。 ・いろいろな職業があることを知り，それらを進んで学ぼうとすることができる。	・係や当番の活動を工夫し，進んで取り組むことができる。 ・互いの役割や役割分担の必要性がわかる。 ・集団で楽しく活動するために大切なことを考えることができる。	・自分でやりたいこと，よいと思うことに進んで取り組むことができる。 ・自分の仕事に対して，責任をもって最後まで取り組もうとすることができる。 ・ふりかえり，次の課題や目標をもつことができる。
高学年 自分らしさを見つけ，生き方を考えよう！	・自分の長所や短所を知り，自分らしさを表現することができる。 ・友だちのよさを認め合い，励まし合うことができる。 ・思いやりの気持ちをもち，相手の立場になって考え，行動することができる。	・資料やインターネットを利用して必要な情報を集め，活用することができる。 ・体験を通して身近な産業や職業について学ぶ。 ・働くことの大切さや苦労を知り，生き方について考えることができる。	・若葉会の一員として自覚をもち，自発的に活動することができる。 ・社会生活にはいろいろな役割があることやその重要性がわかる。 ・集団で楽しく活動できることを考え，実行にうつすことができる。	・将来の夢や希望をもって，努力することができる。 ・くらしの中の課題をはっきりさせ，自分の力で解決しようとすることができる。 ・自己を見つめ，新たな課題に向かって，見通しをもって取り組むことができる。

教科・領域等における指導内容

各教科	道徳	特別活動	総合的な学習の時間
○基礎・基本の確かな学力を身につけ，学ぶ意欲を高める。 ○学習課題を設定し，課題解決に向けて取り組む態度を育てる。 ○自己評価，相互評価を通して，よりよく学ぼうとする意欲を高める。 ○学習集団づくりを通して，学び合い，高め合う態度を育てる。	○学校全体の教育活動を通して道徳的な心情，判断力，実践意欲と態度の道徳性を養う。 ○働くことの大切さを知り，進んで働く意欲を養う。 ○働くことの意義を理解し，社会に奉仕する喜びを知って，公共のために役立つ道徳的実践力を育成する。	【学級活動】 ○学級の一員として，役割を分担する。 ○話し合い活動を通して，自主的に諸問題を解決する。 ○生活の充実と向上を目ざして活動する。 【学校行事】 ○学校生活に秩序と変化を与え，集団への所属感を深め，学校生活の充実と発展に質する体験的な活動を行う。 【児童会活動】 ○児童一人ひとりの学校生活を充実したものにする。	○自然体験やボランティア活動などの社会体験，見学や調査，発表や討論，ものづくりや生産活動など体験的な学習を通して自ら課題を見つけ，学び，考え，主体的に判断し，よりよく問題を解決する資質や能力を育てる。 ○学び方やものの考え方を身に付け，問題解決や探究活動に主体的・創造的に取り組む態度を育て，自己の生き方を考えることができるようにする。

（3）6年間を通した全体計画(抜粋)

平成19年度各教科等を関連付けたキャリア教育学習計画

庄原市立西城小学校　第3学年

月	学級活動	総合的な学習の時間	道徳の時間	教科	特別活動・その他（学校行事，児童会活動）	育成したい能力			
						人間関係	情報活用	将来設計	意思決定
4月	3年生になって				入学式			●	
	学級づくり	オリエンテーション			春の遠足	●		●	
		テーマ決定	主題名「勤勉・努力」1-③		田植え			●	
5月	係活動について	西城のじまんを見つけよう〜「ひばごん丼」編〜・地域探訪・インタビュー・名人マップ・概念マップ	資料名「かかりのしごと」	社会「わたしの町はどんな町」	運動会	●			●
6月	友だちについて		主題名「思いやり・親切」2-② 資料名「みんなの遠足」	国語「『分類』ということ」	PTC	●	●		
7月	お楽しみ会				お楽しみ会	●			
9月	めあてをもとう	西城のじまんを見つけよう〜「比婆荒神神楽」編〜・鑑賞・インタビュー・概念マップ			児童会選挙			●	
10月	係活動の見直し		主題名「郷土愛」4-⑤ 資料名「もどってきたホタルの里」		研究大会				●
11月	生活ふりかえり	学んだことを表現しよう・ふるさと新聞・西城っ子祭りに向けて		社会「昔から伝わる行事を調べよう」	社会見学			●	●
				音楽「節の調子を感じよう」	西城っ子祭り	●	●	●	●
12月	2学期のまとめ			国語「調べたことを整理して文章にまとめよう」	お楽しみ会	●			
1月	新年の決意	学びをふりかえろう・ポートフォリオの整理・概念マップ・内容知・方法知・自分知	主題名「勤勉・努力」1-③ 資料名「はっきり言えるようになった」	国語「考えを整理して話そう」				●	
2月	6年生を送る会				児童会選挙			●	
3月	4年生に向けて				6年生を送る会	●	●	●	●
					卒業式				

平成19年度各教科等を関連付けたキャリア教育学習計画

庄原市立西城小学校　第5学年

月	学級活動	総合的な学習の時間	道徳の時間	教科	特別活動・その他（学校行事、児童会活動）	育成したい能力（人間関係／情報活用／将来設計／意思決定）
4月	5年生になって／学級づくり	オリエンテーション／テーマ設定	主題名「高学年として」4-⑥　資料名「今度はわたしたちの番」		入学式	●／／●／　　●／／●／●
5月		田んぼ大好きⅠ!!・種まき・田植え・お米について調べよう・草すり，草取り・観察・稲刈り・脱穀・米作りをとりまく環境		社会「米作り」	春の遠足／田植え	●／／●／●　●／●／●／●
6月	運動会に向けて／ハッピー若葉集会に向けて		主題名「公共の場でのマナー」1-③　資料名「遠足の子どもたち」	国語「千年の釘にいどむ」	運動会／PTC活動／交通安全教室	●／／●／　●／／／　●／／／
7月	1学期の生活について				水泳練習会・水泳記録会	●／／／●
8月	夏休みの生活				PTA奉仕作業	●／／／●
9月	2学期の目標／班・係の決定	スローライフin西城　昔の米作りの作業の様子や知恵を知ろう／西城の自然を知ろう・計画・情報収集・まとめ・発表	主題名「友達を大切に」2-③　資料名「美佳子さんのなみだ」		稲刈り／陸上記録会／児童会選挙	●／／●／●　　／／●／●　●／／／●
10月	若葉会選挙に向けて					
11月			主題名「責任のある行動を」4-①　資料名「ひとりだけならしないのに」	社会「日本の水産業・工業」	社会見学／西城っ子祭り	／●／●／　●／／●／
12月	西城っ子祭りに向けて／2学期の生活について	田んぼ大好きⅡ!!・しめ縄をつくろう				●／／／●
1月	3学期の目標		主題名「働くということ」4-④　資料名「母の仕事」		スキー教室	●／／●／●
2月	若葉会選挙に向けて	1年間のまとめをしよう・お礼の会をしよう・学んだことをまとめよう			児童会選挙	●／／●／●
3月	6年生を送る会／1年間をふりかえる				6年生を送る会／卒業式	●／／●／　●／／●／

37

3　体験活動の全体計画

本校では、地域の特性である豊かな自然環境と温かい人的環境を生かして、地域で本物の体験をさせることにより、児童の主体性を高めることができると考え、価値ある多様な体験活動を行っている。

学年	めあて	人間関係形成能力	情報活用能力	将来設計能力	意思決定能力
第1学年	人とつながる楽しさを感じよう。	いろいろなことにチャレンジしよう（生・学・道）			
		●昔の遊びをおしえてもらおう ●できるようになったよ	●仕事の内容 ●昔の遊びを知る ●花や野菜の育て方を知る	●家の人の仕事 ●お手伝い大作戦	●チャレンジしよう ●自分のことは自分でしよう
第2学年	人とのつながりの大切さに気づこう。	新しい一年生をむかえるじゅんびをしよう（生・学・道）			
		●異年齢交流	●プレゼントづくり	●一年生をむかえる会の計画	●歓迎会
		野菜をつくろう（生・国）			
		●地域の方々との交流	●野菜作り方法調べ	●野菜作りの計画・実行・観察	●野菜作り
		いろいろな人とふれあおう（生・国・体・学）			
第3学年	地域の名人から生き方を学ぼう。	●地域の方々や1年生等との交流	●お店の仕事地域の方々に学ぼう	●交流会の計画	●準備をする
		西城地域探訪（社・総）			
		●インタビュー	●郷土について	●地域調べの計画	●課題解決
第4学年	地域からやさしさを学ぼう。	西城のじまんを見つけよう「ひばごん丼」「比婆荒神神楽」（総・社・国・道）			
		●交流	●名人さがし	●仕事の苦労・夢	●郷土愛
		つなげよう　ふれあいの輪－しあわせ館見学－（総・道・学・国）			
		●インタビュー	●仕事内容	●生活を支える仕事	●働いている人・施設から学ぶ
第5学年	自分らしさをみつけ、夢をもとう。	深めよう　ふれあいの輪－ボランティア活動－（総・道・学・国）			
		●ボランティア体験	●手話について	●自分にできること	●自己決定
		田んぼ大好き！！（総・社）			
		●ゲストティーチャーとの交流・発信	●米作り調査	●計画・実行	●課題解決に向けて
第6学年	自分と対話し、生き方を考えよう。	スローライフｉｎ西城（総・理・図）			
		●ゲストティーチャーとの交流・発信	●昔の米作りの作業の様子や知恵・自然について	●ゲストティーチャーの生き方から学ぶ	●自分の生活と結びつけて
		感動だ！修学旅行（総・社）			
		●インタビュー	●ガイドブック作り	●ガイドブック作りの計画実行	●課題解決
		ファイトだ！菊作り（総）			
		●菊友会の方々との交流	●菊調べ	●菊作りから学んだこと	●目標達成に向けて

38

4　キャリア教育にかかわる体験活動

<事例Ⅰ>

体験活動「ひばごん丼を作ろう」

（1）体験活動の趣旨・校内外の組織

- ○　ひばごん丼についてゲストティーチャーへインタビューすることを通して、地域の食文化への関心を高める。
- ○　ゲストティーチャーの指導の下、「ひばごん丼」を作ることを通して、地域の食文化を再確認させ、地域への愛着心を高めると同時に、仕事に対する理解を深める。

> 「ひばごん丼」とは、1970年に広島県西城町に出没したとされ、巷を騒がせた謎の生き物である「ひばごん」から命名した丼で、地元の食材を使った栄養価の高い創作料理である。

<校内外の組織>

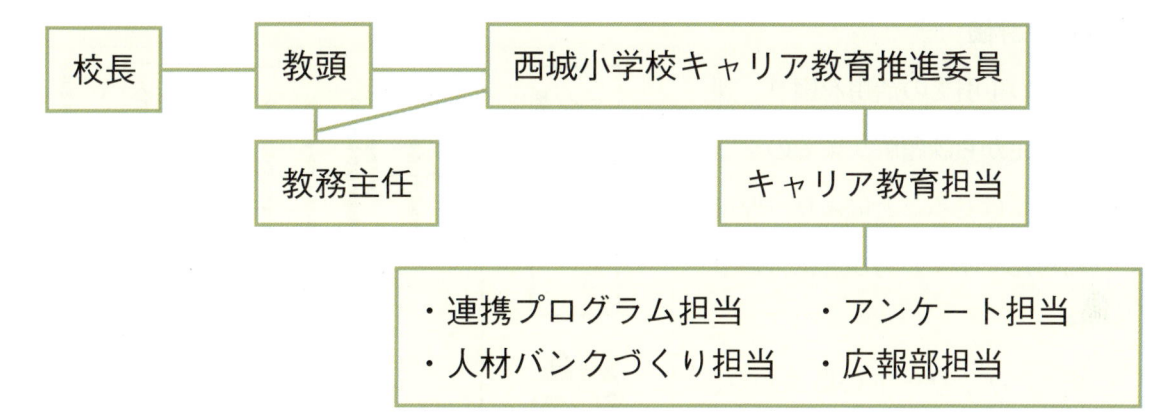

```
校長 ― 教頭 ― 西城小学校キャリア教育推進委員
        │              │
       教務主任      キャリア教育担当
                        │
            ・連携プログラム担当　・アンケート担当
            ・人材バンクづくり担当　・広報部担当
```

（2）計画・内容

<主な学習活動>（17）	<他教科との関連>
A　西城の地域じまんマップを作ろう（4）	私の町はどんな町（社会）
B　課題づくりをしよう（2）	分類について（国語）
C　「ひばごん丼」のひみつをさぐろう（3）	「インタビュー」の仕方（国語）
D　「ひばごん丼」を作ろう（2）	協力しよう（学級活動）
E　学びを広げよう（6）	パンフレットでしょうかい（社会）

(3) 地域・家庭の教育力の生かし方

○ 調べ学習の中ででてきた、インターネットやパンフレットの資料からでは解決できない課題を解決するために、地域で実際に「ひばごん丼」を作っておられる方をゲストティーチャーとして学級に招いた。インタビュー活動を行う中で、児童はゲストティーチャーの仕事に対する思いや考え、夢や生き方について知るなど、資料からでは分からない貴重なことを学ぶことができた。

○ 体験活動「ひばごん丼を作ろう」では、「ひばごん丼」の作り方のコツをゲストティーチャーから教えていただくことにより、「ひばごん丼」を作るうえでのゲストティーチャーのこだわりを学ぶことができた。また、そのことを通して、ゲストティーチャーの仕事に対する熱意を学ぶことができた。

(4) 効果・評価

○ 学習の手引きの活用を図り、課題設定から課題解決までの学び方を学ばせることにより、児童に進んで学ぶ姿勢が身に付いてきた。
また、アンケートの結果から、「分からない時、進んで調べたり、質問したりする。」「自分の考えを深めるために、人の意見や考えを聞きたい。」と答える児童が9割に達し、コミュニケーション能力、課題解決能力の向上が見られた。

○ 地域の特性を生かした価値ある教材を開発し、ポートフォリオ評価を取り入

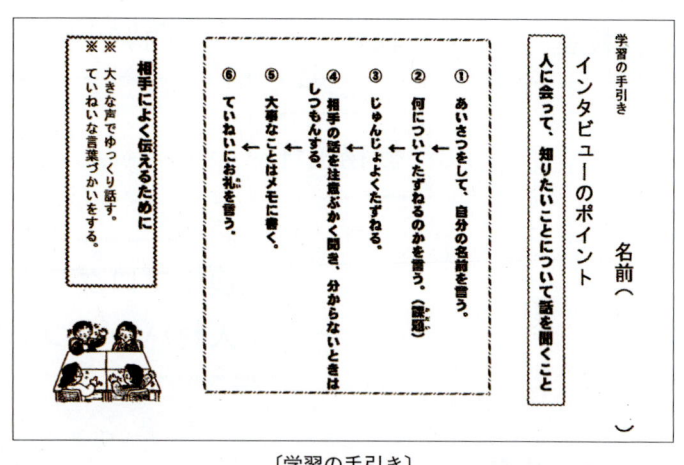

〔学習の手引き〕

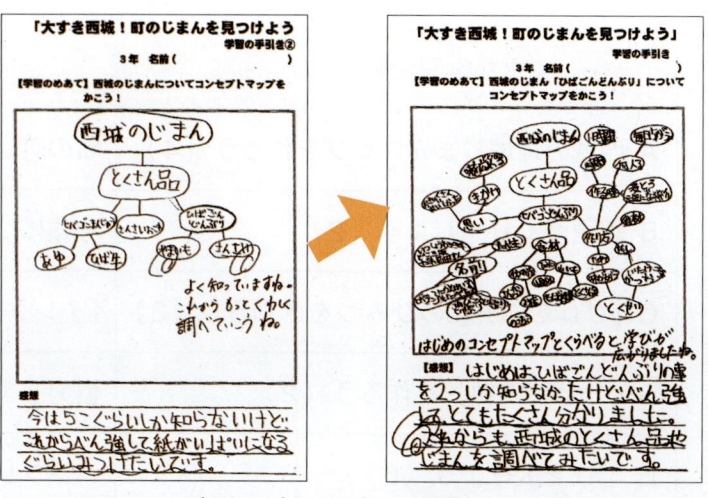

〔コンセプトマップによる評価〕

れ、児童との対話による評価を適切に行うことにより、自己の成長をよりよく見取らせ、学びの成果について自覚させることができた。
- ○ 体験活動の事前事後指導を充実させることにより、自己の学びの深まりを自覚させることができた。
- ○ 単元導入時と単元終了時のコンセプトマップを比較させることにより、自己の学びの深まりを自覚させることができた。

（5）今後の展望と課題
- ○ 地域・家庭の教育力を生かしていくため、地域の人材バンクを充実させ、学校・家庭・地域が一体となり、共通理解を図りながら児童の学びの環境づくりに励んでいく。
- ○ 価値ある多様な体験活動や学習材に出会わせていく中で、「調べたい」「解決したい」という、児童自らが「課題」を生むことのできる学びへと高めていく。

＜事例Ⅱ＞

体験活動「スローライフｉｎ西城」

（1）体験活動の趣旨
- ○ 米作りに関するいろいろな体験活動を通して、米は山から流れてきた栄養たっぷりの水・昔の人から引き継がれてきたどろどろの土・日光など多くの自然とかかわってできることを肌で感じ、地域の豊かな自然を再認識させ、地域への愛着心を高める。
- ○ ゲストティーチャーの生き方に触れ、自己の生き方について考えさせる。

（2）計画・内容

〈主な学習活動〉（２１）	〈他教科との関連〉
A 種まき・育苗・田植え・草取り・案山子づくり・稲刈りなどの体験活動を振り返ろう（2）	わが国の食料生産（社会）
B 課題づくりをしよう（3）	目的に向かって話し合おう（国語）
C 自分の課題を調べよう（8）	人とものの付き合い方（国語） わらぐつの中の神様（国語）
D 西城タウンミーティングを開こう（2）	世界にほこる日本の塔（道徳）
E 学びを広げよう（6）	工夫して発信しよう〜（国語） 西城っ子祭り（学校行事）

（3）地域・家庭教育力の生かし方

○ 体験活動の中でゲストティーチャーから、失われてゆく自然や生き物、心の豊かさと人とのつながり、たくさんの知恵や工夫について折に触れて話を聞いた。このことについて自分たちでより詳しく調べるため、ゲストティーチャーから紹介していただいた農政事務所の方、地域の水車のことに詳しい方、地域の歴史資料館の方、また祖父母から昔の様子について話を聞いて、学びを深めた。

○ 田植え・稲刈り・案山子作り・しめ縄作り等の活動の場面では、ゲストティーチャーをはじめ、地域の老人会の方や、その道に詳しい方に優しくていねいに育て方や作り方を教えていただいた。また学びを振り返る3学期には、「お礼の会」を企画し感謝の気持ちを表す活動を通して、これまでの学びを再確認し、自分たちの学習活動に満足感・達成感を持つことができた。

（4）効果・評価

○ ゲストティーチャーと1年間を通して深く関わる中で、ゲストティーチャーの「自然を大切に思う気持ち」や命の大切さについての「思い」を聞いたり、そのことを実践されている様子を見たりして、自己を振り返り自己の生き方について考えることができた。

〜児童の感想より〜（内容知に関わるふり返りからの抜粋）

「ぼくは、ゲストティーチャーの方の話を聞いて、一番伝えたいことが分かりました。それは、『自分の命や自然の命などをつないだり大切にしたりすることは、ぼくたちのルールだ。』ということです。ぼくは、まとめて考えてみて、人間は自然から食べ物をつくって食べて命をつないでいるのに、自然をどんどん壊しているのはルール違反だと思うし、ぼくたちと同じように、たった一つの命しかもっていない木や草、自然を壊すのはとてもおかしいということを感じました。ゲストティーチャーの方がぼくたちに教えてくださったから、この大切なことはもっともっと広がっていくと思います。」

○ 学習したことをポートフォリオとして積み重ね、個々に応じて次の活動に期待すること

を赤ペンで書き入れることにより、児童はそのことを意識して活動に取り組むことができた。また、肯定的評価を赤ペンで繰り返し書き入れることにより、学習後の凝集ポートフォリオでは「〇〇の力がつきました。」「〇〇ができるようになりました。」と自信を持って言える児童がでてきた。

（5）今後の展望と課題

○ 学習に見通しを持たせ、身に付けさせたい力を明確にして学習活動を行わせ、学習後には児童に自己の学びを自覚させ、自己肯定感の向上へとつなげていく。また、コミュニケーション能力を高める手立てを行い、より深く地域の方と触れ合い、学びを深めさせていく。

【事例3】
友だち・家族・地域のみんなとつながり学び合うキャリア教育

高知県安芸郡馬路村立馬路(うまじ)小学校

《事例の概要と特色》

　本事例では、キャリア教育の視点で学校の教育活動を見直し、各教科等での指導に盛り込み、キャリア教育で育てる4つの力を意識して指導している。また、「ひとり学び」「共学び」「一斉学び」の場を適宜設定して「学び合い」のある学習を展開し、意思決定能力やコミュニケーション能力を育てるとともに、自分の課題に向かって意欲的に取り組む子どもを育てようとしている。さらに、地域の力を借りながら、生活科や総合的な学習の時間を中心に、「地域を知り、地域に学ぶ」活動を充実させ、働くことや仕事に対する理解を深めようとしている。そして、保育所・小学校・中学校と地域や家庭が一丸となってキャリア教育を推進しようとしていることなどが挙げられる。

1　学校概要

（1）学校の状況

所 在 地：〒781-6201　高知県安芸郡馬路村大字馬路502

規　　模：学級数5（複式1＝3・4年），児童数52名

環　　境：本校は、村民の77％が住む馬路地区のほぼ中央部にある標高250〜260mほどの小さな盆地状の集落の高台にある。集落の中央部には清流・安田川が流れ、周囲の山々の急斜面には杉の人工林が広がり、緩斜面には特産の柚子畑が広がっている。就労する保護者の90％以上が村内の公的機関、農協や森林組合などの各種団体、土木建設業等で働いており、現役で働いている元気な祖父母も多く、地域全体としても学校教育に協力的である。

教育目標：『なかよく　元気に　がんばる子』（協調の精神・健全な心身・強い意志）

特　　色：平成14年度より3年間、文部科学省の「学力向上フロンティアスクール」の指定を、さらには、平成17年度から高知県教育委員会の「学力向上フロンティア事業」の指定を3年間受け、学力向上を図ってきた。それに加え、平成17年度には、文部科学省の「キャリア・スター

ト・ウィーク推進地域」の指定を村ぐるみで受け、キャリア教育の視点で教育活動を見直し、キャリア教育を意識した授業を展開するとともに、保育所・小学校・中学校・家庭・地域が連携したキャリア教育の推進に励んでいるところである。

（2）地域の状況

　本校のある馬路村は、高知県東部の安田川及び奈半利川の上流域にあり、周辺とは標高1,000m級の山々で隔てられている。古来より魚梁瀬杉に代表される杉の産地として知られ、総面積165.52km^{2}の96％が山林で、しかもこの山林の75％を国有林が占めるという特異な構造の村であった。しかし、林業の衰退とともに国有林野事業も経営合理化を余儀なくされ、村内に2つあった営林署もその看板を下ろしてしまった。

　このような中、村は観光や林業、柚子産業などの地場産業の振興をめざした村づくりに取り組み、馬路村農協が始めた柚子加工品の産直システムでの販売が軌道に乗るとともに、村のイメージそのものを売り出すことにも成功し、元気のある村のイメージが定着してきている。また、村が第三セクターの会社を立ち上げ、造林、育林、間伐、搬出、運搬、貯木等、いわゆる森の仕事をするとともに、間伐材を木製トレーやバッグなどの自然循環型商品として加工・販売するなどして林業の活性化も図っている。

　なお、平成19年7月31日現在の村の総人口は1,118人で、本校のある馬路地区には、360世帯、863人が住んでいる。

2　キャリア教育の全体計画

（1）キャリア教育推進のねらい

　先に述べたように、馬路村は、村全体としては前向きな元気な村としてとらえられることが多くなったが、必ずしも明るい将来だけが待っているのではない。少子化に伴って、子どもの人間関係が固定化されたり、子どもをとりまく大人たちが世話をやきすぎたりすることが原因となっていると思われる課題も多く見受けられる。こうした課題は、子どもの自立や大人になった時の社会人としての自覚の形成に、負の影響を及ぼすと考えられる。

　平成16年度までも、保育所・小学校・中学校が保護者や地域と連携し、子どもたちの自立を促すための取組を進めてきたが、平成17年度に馬路村が文部科学省の「キャリア・スタート・ウィーク推進地域」の指定を受けたことにより、「キャリア教育推進協議会」を立ち上げ、これまでの取組をキャリア教育の視点で見直し、研究するようになった。その後も、キャリア教育を馬路村の教育行政の重点課題として位置付け、キャリア教育が学校や地域・家庭に定着するよう引き続き取り組んでいるところである。

そこで、子どもたちが「生きる力」を身に付け、社会の激しい変化に流されることなく、それぞれが直面するであろう様々な課題に柔軟にかつたくましく対応し、社会人・職業人として自立していくことができるようにすることをねらい、次のような取組を行っている。

（2）キャリア教育推進のための主な取組

①キャリア発達にかかわる諸能力（人間関係形成能力・情報活用能力・将来設計能力・意思決定能力＝４つの力）を育成するために、学校教育目標等との関連を踏まえながら、キャリア教育の視点で学校の教育活動を見直す。

②キャリア教育で育てる「４つの力」を意識して指導し、子どもたちの望ましい勤労観・職業観を高める。

③「ひとり学び」「共学び」「一斉学び」の場を適宜設定して「学び合い」のある学習を展開し、意思決定能力やコミュニケーション能力を育てるとともに、自分の課題に向かって意欲的に取り組む子どもを育て、基礎学力の向上を図る。

④地域の方の力を借りながら、生活科や総合的な学習の時間を中心に、「地域を知り、地域に学ぶ」活動を充実させ、働くことや仕事に対する理解を深める。

⑤保育所・中学校と情報交換しながら連携し、キャリア教育を推進する。

⑥家庭や地域と連携し、「馬路っ子６つの約束」を中心に基本的生活習慣の確立を図るとともに、家事労働にも目を向けさせ家族の一員としての役割を果たせるようにする。

（3）キャリア教育で育てる４つの力

キャリア教育で育てる４つの力	めざす子どもの姿	発達段階ごとの解決すべき課題 低学年	中学年	高学年
★人間関係形成能力 （人間関係を築く力） ○自己理解力 ○他者理解力 ○コミュニケーション力	☆他者の個性を尊重し、自己の個性を発揮しながら、様々な人々とコミュニケーションを図り、協力・協働して物事に取り組むことができる。	＊友だちと仲良く遊び、助け合う。	＊友だちと協力して、学習や活動に取り組む。	＊異年齢集団の活動に進んで参加し、役割と責任を果たそうとする。
★情報活用能力 （働くことや仕事を理解する力） ○職業理解能力 ○情報収集・探索能力	☆学ぶこと・働くことの意義や役割及びその多様性を理解し、幅広く情報を活用して、自己の進路や生き方の選択に生かすことができる。	＊身近で働く人の様子に興味・関心を持つ。	＊いろいろな職業や生き方があることが分かる。	＊学んだり体験したことと、生活や職業との関連を考える。
★将来設計能力 （将来を設計する力） ○役割把握・認識力 ○計画実行力	☆夢や希望を持って将来の生き方や生活を考え、社会の現実を踏まえながら、前向きに自己の将来を設計することができる。	＊家事の手伝いや割り当てられた仕事・役割の必要性が分かる。	＊互いの役割や役割分担の必要性が分かる。	＊社会生活にはいろいろな役割があることやその大切さが分かる。
★意思決定能力 （意思決定する力） ○選択力 ○問題解決力	☆自らの意思と責任でより良い選択・決定を行うとともに、その過程での課題に積極的に取り組み克服していくことができる。	＊自分の好きなもの、大切なものを持つ。	＊好きなもの、大切なものを、理由とともに説明することができる。	＊自分の好きなもの、大切なものの傾向を知ることができる。

（注）2002 年 11 月「国立教育政策研究所生徒指導研究センター調査研究報告書」をモデルとして作成。

（4）教科・道徳・特別活動等で育てたいキャリア発達にかかわる諸能力（抜粋）

教科・道徳 特活・総合	教科・道徳・特活 総合で育てたい力	キャリア発達にかかわる諸能力
算　数	◆見通しをもって、課題解決を行う。	＜人間関係形成能力＞ ＊数学的な考え方の良さを活用し、相手が納得できるように自分の考えを表現する。 ＜情報活用能力＞ ＊数量に関する様々なデータを目的に応じて収集し、表現する手段を的確に選択し、判断や分析を行う。 ＜将来設計能力＞ ＊学習課題を設定し、課題解決へ見通しをもって筋道を立てる。 ＜意思決定能力＞ ＊解決方法や結果への見通しをもち、筋道を立てて課題解決する。
総合的な学習の時間	◆自分自身の現在及び将来の生き方について探求する。	＜人間関係形成能力＞ ＊他者の個性を尊重し、自己の個性を発揮しながら、様々な人々とコミュケーションを図り、協力・共同してものごとに取り組む。 ＜情報活用能力＞ ＊学ぶこと・働くことの意義や役割及びその多様性を理解し、幅広く情報を活用して、自己の進路や生き方の選択に生かす。 ＜将来設計能力＞ ＊夢や希望を持って将来の生き方や生活を考え、社会の現実を踏まえながら、前向きに自己の将来を設計する。 ＜意思決定能力＞ ＊自らの意思と責任でよりよい選択・決定を行うとともに、その選択での課題や葛藤に積極的に取り組み克服する。

（5）キャリア教育と教科・道徳・特活における指導との関連（抜粋）

＜第3学年＞

月	キャリア教育でめざす子どもの能力	教科	総合的な学習の時間	道徳	学級活動	学校行事
4	人 相手のことを考えた挨拶や返事ができる。	理 季節と生き物 飼育・栽培	↑ 大好き！わたしたちの馬路村 (80)時間 ↓	◆生きた礼儀（節度ある生活態度）	＊学級組織作り ＊係活動 ＊当番活動 ＊春の遠足	＊入学式 ＊春の遠足
5	将 役割分担をして学習を進めることができる。 将 見学や調査の計画を立てることができる。	国 出来事をスピーチしよう 国 お礼の手紙を書こう		◆空き缶の投げ捨て（規則の尊重）	＊交通のきまり ＊自転車の乗り方 ＊野菜や花を育てよう ＊雨の日の過ごし方	＊交通安全教室 ＊防犯教室 ＊校区ちり拾い ＊合同学習会
6	情 身近な人にインタビューすることができる。 情 メモをとることができる。	国 電話で伝えよう 国 自分新聞を作ろう		◆点字メニューに挑戦（勤労・奉仕）	＊水泳のきまり ＊特別教室の利用	＊プール清掃 ＊プール開き ＊社会見学
7	意 根拠をもって選択することができる。	算 整理の仕方		◆花子さんの七夕さま（思いやり・親切）	＊お楽しみ会 ＊1学期の反省 ＊夏休みのくらし	＊選書会
9	将 係活動や当番活動に進んで取り組み働くことの大切さが分かる。	国 筋道を立てて説明しよう 社 消防や警察の仕事や働き	英語活動 (15)時間 情報教育 (10)時間	◆となりの席（信頼・友情）	＊夏休みの反省 ＊学級の組織作り ＊係活動 ＊運動会への取組	＊ワックスがけ ＊校内水泳大会 ＊合同運動会
10	情 自分に必要な情報を得るための方法を知ることができる。 人 インタビューなど周りの人に関わりをもつことができる。	理 季節と生き物		◆けんか（思慮反省）	＊読書への取組 ＊県展作品作り	＊日曜参観日 ＊読書感想文 ＊県展作品作り
11	人 同じ班の友だちと協力しあって活動をすることができる。	社 地域の発展につくした人		◆どっちにしようか（思慮反省）	＊下校の時刻 ＊お楽しみ会の計画	＊自由参観日
12	人 友だちの調べた内容や発表について良さを見つけることができる。	国 活動を報告しよう		◆なんにんも仙人（勤労）	＊校内持久走大会 ＊2学期の反省 ＊冬休みのくらし	＊校内持久走大会
1	情 身近にある仕事の大切さが分かる。	社 わたしたちの住んでいる県		◆年老いた旅人（規則の尊重）	＊冬休みの反省 ＊学級組織作り ＊係活動 ＊避難訓練	＊ワックスがけ
2	意 自分の考えや気持ちをはっきり言うことができる。	社 わたしたちの住んでいる県のようす		◆人間愛の金メダル（生命の尊重）	＊ひな祭り発表会への取組	＊一日先生
3	将 自分の興味や関心、特技、将来の夢について話すことができる。	算 変わり方調べ		◆おもちゃもリサイクル（節度ある生活態度）	＊ひな祭り発表会の反省 ＊お別れ遠足 ＊1年間の振り返り ＊春休みのくらし	＊ひな祭り発表会 ＊お別れ遠足 ＊卒業式 ＊修了式

人 人間関係形成能力　　情 情報活用能力　　将 将来設計能力　　意 意思決定能力

（6）キャリア教育の中で行われる体験活動

本校では、全教科全領域でキャリア教育で育てる４つの力を意識した指導を行うようにしているが、その中で、体験活動を組み込んで行っているものには、次のようなものがある。

＜キャリア教育に関わる体験活動＞

学年	教科・領域等	単元・活動名等	時間	内容	備考
1・2年	生活科	生き物や植物の観察と栽培	4月～3月	＊ナス、キュウリ、ピーマンなどの野菜を育て、その野菜を使って料理をする。 ＊育てた野菜を、先生などに売り、次の野菜の苗や肥料代にする。	＊栽培実習と調理実習をする。 ＊校内で販売実習をする。
1・2年	生活科	みんなで作ろうフェスティバル（あきまつり）	11月	＊「もぐらたたきやさん」「わなげやさん」「すごろくやさん」等のお店を作り、保育園児を招待して楽しんでもらう。	＊馬路保育所の年中・年長組を招待する。
3・4年	社会科	昔体験学習	10月	＊天保時代に建てられた古民家である「天保の家」で昔の生活を体験する。 ・竹を削って箸を作る。 ・足踏みの石臼で米をつく。 ・かまどでご飯や味噌汁を炊く。 ・大豆を煎り、手回しの石臼できな粉を挽く。	＊地域の方や児童の祖父母等が講師になる。
3・4年	総合的な学習の時間	ゆず大研究！	4月～11月	＊柚子畑の観察をする。 ＊柚子の収穫を体験する。 ＊農家にある手作り搾汁器で柚子の搾汁を体験する。 ＊柚子を使った料理を作る。「柚子ジュース」「柚子ゼリー」「マーマレード」「柚子味噌」「すし」etc.	＊村長さんの柚子畑を使って、観察や収穫の体験をする。 ＊地域の方や児童の祖父母等が講師になる。
5年	総合的な学習の時間	森林学習	9月～2月	＊魚梁瀬杉の原生林「千本山」への登山と植林の体験をする。 ＊間伐体験をする。 ＊製材所や木製品の加工場を見学する。 ＊杉板を使って木製品を作る。 ＊ドングリで「樫豆腐」を作る。（平成17年度） ＊「杉の実採り」の見学をする。（平成18年度）	＊安芸森林管理署、魚梁瀬森林事務所の森林官、魚梁瀬森の案内人、森林組合職員、地域の方等が講師になる。
5年	社会科	米作り	5月～10月	＊伝統的な「ころがし」を使って田植えの体験をする。 ＊鎌で稲を刈る体験をしたあと、「はで」にかけて天日干しをする体験もする。 ＊脱穀を体験する。	＊毎年、その学年の児童の祖父母が耕作する水田で、米作りの体験をする。
6年	総合的な学習の時間	「食」について考えよう	6月～2月	＊梅の収穫を体験する。 ＊梅干や梅ジャム作りを体験する。 ＊自分で作るお昼ご飯や、本格的な味噌汁の作り方の実習をする。 ＊田舎寿司などの郷土料理を作る。	＊地域の方や児童の祖母等が講師になる
6年	総合的な学習の時間	先人の「生き方」に学ぼう	11月～2月	＊「うらしま太郎体験」で高齢者の生活を体験する。 ＊地域の高齢者施設を見学し、「ほっとサロン」に集う高齢者と交流をする。	＊社会福祉協議会と連携しながら行う。
1～6年	学校裁量の時間	サツマイモ栽培	6月～11月	＊初夏にサツマイモの苗を植え、夏場には雑草を引き、秋に収穫をし、伝統的ないも料理等を作る。	＊地域の方や児童の祖母等が講師になる

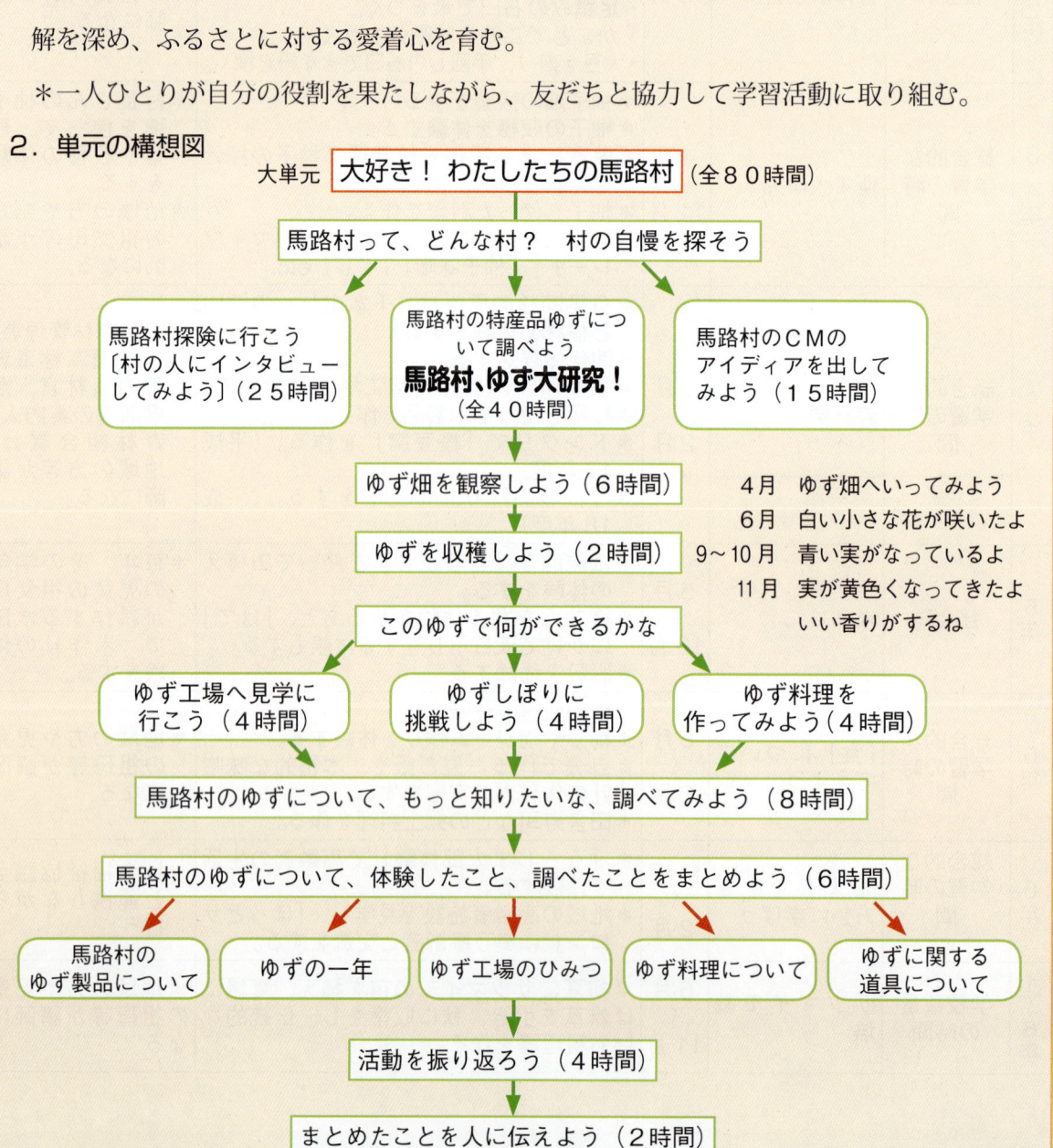

3　キャリア教育の実際

（1）生活科や総合的な学習の時間でのキャリア教育

　家庭や地域の方の力を借り、学習の場を構えてもらったり、教えてもらったりしながら、生活科や総合的な学習の時間を中心に、「地域を知り、地域に学ぶ」活動を充実させ、働くことや仕事に対する理解を深め、いわゆる職業観や勤労観を育てるとともに、ふるさと馬路の人や物、環境のすばらしさを知り、ふるさとに対する愛着を育てようとしている。

＜3年生　総合的な学習の時間の例＞

馬路村、ゆず大研究！

1．単元目標

＊馬路村の特産物であるゆずをテーマにした体験学習を進めることによって地域への理解を深め、ふるさとに対する愛着心を育む。

＊一人ひとりが自分の役割を果たしながら、友だちと協力して学習活動に取り組む。

2．単元の構想図

大単元　大好き！わたしたちの馬路村（全80時間）

馬路村って、どんな村？　村の自慢を探そう

- 馬路村探険に行こう〔村の人にインタビューしてみよう〕（25時間）
- 馬路村の特産品ゆずについて調べよう　**馬路村、ゆず大研究！**（全40時間）
- 馬路村のCMのアイディアを出してみよう（15時間）

ゆず畑を観察しよう（6時間）

4月	ゆず畑へいってみよう
6月	白い小さな花が咲いたよ
9〜10月	青い実がなっているよ
11月	実が黄色くなってきたよ　いい香りがするね

ゆずを収穫しよう（2時間）

このゆずで何ができるかな

- ゆず工場へ見学に行こう（4時間）
- ゆずしぼりに挑戦しよう（4時間）
- ゆず料理を作ってみよう（4時間）

馬路村のゆずについて、もっと知りたいな、調べてみよう（8時間）

馬路村のゆずについて、体験したこと、調べたことをまとめよう（6時間）

- 馬路村のゆず製品について
- ゆずの一年
- ゆず工場のひみつ
- ゆず料理について
- ゆずに関する道具について

活動を振り返ろう（4時間）

まとめたことを人に伝えよう（2時間）

3. キャリア教育の視点から

【到達目標】

＊身近な人々が生き生きと働く姿を見て、働くことの大切さや楽しさを感じ、自分の将来の姿をイメージすることができる。

【将来設計能力】

＊自分の興味や関心、アイディアを生かしながら、見学や調査の方法、まとめ方、伝え方などの計画を、グループの仲間や教師と共に立てることができる。

＊役割分担して学習を進めることができる。

【情報活用能力】

＊自分の必要な情報を得るための方法を知ることができる。

＊質問を整理して、インタビューすることができる。

＊メモをとることができる。

【意思決定能力】

＊自分がなぜこのテーマを選んだのか、この調べ方がよいと思ったのかなどについて、理由を説明できる。

＊自分の考えや気持ちをはっきりと言うことができ、学習活動に生かすことができる。

【人間関係形成能力】

＊見学やインタビューの際、気持ちのよい挨拶や返事ができ、基本的なルールやマナーを守ることができる。

＊友だちの調べた内容や発表についてよさを見付けることができる。

＊同じグループの友だちと協力し合って活動することができる。

4. 活動の様子から

○柚子の収穫

- 馬路村全体に柚子の甘酸っぱい香りが漂うようになる季節、秋も深まる11月中旬に、柚子の収穫と柚子搾りを行った。
- 学級通信での呼びかけに応じて、大勢の保護者や地域の方が協力して下さった。

高枝ばさみを使って柚子の収穫

- 高い枝の実が多くて苦労したが、自宅の柚子の収穫を手伝っている児童も多く、長い高枝ばさみを上手に使って採っていた。また、実のへたやとげをはさみで切ってコンテナ

に入れる作業も慣れたものだった。

○柚子搾り
- これも呼びかけに応じて、各家庭から、何種類もの柚子搾り器が集まり、保護者や地域の方に教えてもらいながら、子どもたち全員が自分たちの手で柚子を搾ることができた。小学校の玄関入口を柚子の香りでいっぱいにしながら、一升瓶に6本余りの柚の酢が搾れた。

おじいさんと一緒に柚子搾り

○柚子料理に挑戦
- 柚子を搾ったら、次はその柚の酢を使った料理をしてみようということになり、料理名人の「うまうまクラブ」の方々に講師になってもらって柚の酢の効いた五目ずし、柚子ジャム、柚子ゼリーと、3種類の柚子料理に取り組んだ。

○柚子搾汁工場の見学
- 収穫した柚子は、柚の酢を搾ったあと、残りの約45kgを搾汁工場に出荷した。児童の中に、馬路村で収穫した柚子がどのように集められ、どのようにしていろいろな柚子製品になっていくのかという興味が生まれ、まずは搾汁工場を見学してみようということになった。
- 多い日には、1日に5000リットルも搾っていると聞いてびっくり。自動式の機械で大量の柚子が搾られるだけでなく、皮や種も利用されていることがわかって、さらにびっくり。

「うまうまクラブ」のおばあさんと柚子料理

柚子が搾られている工場の見学

（2）保育所・小学校・中学校＋家庭・地域の連携によるキャリア教育

　馬路地区にある保育所・小学校・中学校は、例年６月と２月に「保・小・中連絡会」をもって、保・小・中各発達段階での子どもたちの様子や各場での取組について情報交換していたが、平成17年度末の連絡会で、キャリア教育の根っことなる基本的な生活習慣や社会的なルールやマナーを身に付けさせるために、「馬路っ子６つの約束」を策定した。そして、それぞれの場でそれぞれの子どもたちの発達段階に応じた取組を行うとともに、家庭や地域をも巻き込んだ取組にしようと、平成18年度の馬路地区ＰＴＡの総会で次のようなプリントを配布して、協力を要請した。

＜平成18年度　馬路地区ＰＴＡ総会資料＞

保・小・中 ＋家庭・地域 連携で子どもにつけたい力

　馬路村では、子どもたち一人ひとりが将来、社会人・職業人として自立し、それぞれが幸せな人生を築いていくために必要な基礎的・基本的な能力の育成をめざした「キャリア教育」に取り組んでいます。

　そこで、子どもたちが自立していくために必要不可欠な項目を設定し、保育所、小学校、中学校が子どもの発達段階等に応じ、共同で指導していくことによって、基礎的・基本的な能力の育成に努めていくことになりました。しかし、こうした能力は、保育所や学校だけで育成できるものではなく、保育所・学校と家庭・地域が、それぞれの立場で教育力を発揮し、連携しながら育んでいかなければなりません。

　今までも、学校、家庭、地域が連携しながら子どもたちの成長を図ってきましたが、これからは、キャリア教育を中心にして、保育所、学校、家庭、地域が共通理解を図りながら、子どもたちの健やかな成長と自立していくために必要な能力を育成していきたいと思います。ご支援・ご協力をお願いいたします。

「馬路っ子　６つの約束」

1. 早寝・早起き・朝ご飯で元気なからだ。
　　＊元気なからだが意欲的な生活や学習意欲の向上の源（みなもと）です。
2. 笑顔であいさつができる。
　　＊元気なあいさつ、明るいあいさつ、気持ちのよいあいさつ、その場にふさわしいあいさつが、よい人間関係をつくります。
3. 約束や時間を守ることができる。
　　＊約束や時間を守ることで信頼される人になります。

>   ＊3分前には行動できるようになりたいですね。
> 4．整理整頓や掃除ができる。
>   ＊整理整頓ができる人、掃除が一生懸命できる人は、仕事のできる人になります。
>   ＊ゴミを捨てないだけでなく、ゴミを拾う人になりたいですね。
> 5．話を静かに聞くことができる。
>   ＊話す人を見て、姿勢に気をつけ、静かに、内容を考えながら、また、自分の意見と比べながら、うなずくなどの表情を入れて話を聞くことは、相手を思いやる気持ちにつながります。
> 6．考えや思いを話すことができる。
>   ＊自分の考えや思いを、自分の言葉で、相手に分かるように、正しい言葉遣いやその場にふさわしい表現で話ができるといいですね。

　さらに、ＰＴＡ研修部が、「早寝・早起き・朝ごはんで元気なからだ」を推進するために、学校栄養士の協力も得ながら、「朝食づくり研修会」を開催したところ、37名もの親子が参加し、味噌汁や卵料理、簡単野菜料理など、手軽にできて栄養バランスの取れた朝ごはんを作り、みんなでおいしく試食をした。

　また、平成19年度のＰＴＡ総会では、ＰＴＡ会員が10人前後の小グループに分かれて「早寝・早起き」についての意見交換を行った。それぞれの家庭での早寝早起きの実態や親としての思いなどを出し合って話し合う中で、子育てのヒントももらうことができた。

　もう一つの取組としては、「あいさつ運動」がある。これは、ＰＴＡ企画部を中心にした取組で、毎月20日、交通指導も兼ねて保護者と教職員が集落のあちこちに立って子どもたちに声がけをしている。それに加えて、村の地域活性化グループ「にっこりの会」のみなさんも、学校と連携しながら月2回程度、朝の声がけをしてくれている。

（3）家庭との連携で行うキャリア教育

　家庭と学校の間には、様々なパイプが通っており、そのパイプを使って情報や意思のやりとりを行っている。そのような中で、学校から家庭に向けてお願いしているのは、「心の居場所づくり」「生活リズムの確立」「家庭学習習慣づくり」「お手伝い」の4つである。そのうち、「生活リズムの確立」「家庭学習習慣づくり」「お手伝い」の3つに関しては、学期に一度、1週間程度「生活カード」による生活点検を実施して、より良い生活習慣への意識づけと改善を図っている。

（4）馬路村キャリア教育推進協議会の取組

　平成17年度の「キャリア・スタート・ウイーク推進地域」としての指定をきっかけに、村ぐるみのキャリア教育を推進するため、村内の産業関係者、ＰＴＡ関係者、実践校関係者、教育行政関係者等20名ほどが集まって「キャリア教育推進協議会」を立ち上げた。

　この「キャリア教育推進協議会」には、「系統学習開発部会」と「啓発推進部会」の２部会があり、次のような取組を行っている。

①系統学習開発部会…（ア）「能力・態度」の育成を軸とした学習プログラムの開発
　　　　　　　　　　（イ）よりよい職場体験学習推進のためのシステムづくり
　　　　　　　　　　（ウ）キャリア・アドバイザーの確保と活用

②啓発推進部会………（ア）保護者・企業等への効果的な啓発のシステムづくり
　　　　　　　　　　（イ）教職員、保育所職員等への研修

4　キャリア教育に関する児童アンケート

キャリア教育で子どもたちにつけたい「４つの力」に関係する内容についてたずねた。

	質問	年度	Ａ そう思う	Ｂ 少しそう思う	Ｃ あまり思わない	Ｄ 思わない
1	あなたは、自分の気持ちや考えを友だちに伝えることができていますか。	17	66	18	9	7
		18	42	45	8	5
2	あなたは、友だちの気持ちや考えをしっかり聞いていますか。	17	51	40	9	
		18	60	32	8	
3	あなたは、自分の良いところがわかっていますか。	17	28	21	41	10
		18	38	22	30	10
4	3の質問で、ＡかＢに○をつけた人に聞きます。あなたの良いところはどこですか。	自分の意見が言える・発表ができる：8　手伝いをする：5　足が速い：3　けんかを止める：3　その他：14（人の話が聞ける、やさしい、絵が得意　等）				
5	あなたは、だれとでもなかよくできていますか。	17	35	44	13	7
		18	55	30	12	3
6	あなたは、あいさつや返事ができていますか。	17	73		19	4
		18	75		23	
7	あなたは、「ありがとう」や「ごめんなさい」がすなおに言えていますか。	17	64	28	6	
		18	52	35	12	
8	あなたは、知りたいことやわからないことがあったら、自分から進んで聞いたり調べたりしていますか。	17	46	28	15	9
		18	42	35	22	
9	あなたは、自分なりの思いや考えを持って行動していますか。	17	55	32	10	
		18	55	37	8	
10	あなたは、自分のことは自分でするようにしていますか。	17	59	26	9	4
		18	57	32	12	
11	あなたは、係や当番の仕事を責任を持ってやっていますか。	17	51	28	13	7
		18	65	25	10	
12	あなたは、おうちでお手伝いをしていますか。	17	38	33	10	17
		18	48	22	12	18
13	12の質問で、ＡかＢに○をつけた人に聞きます。あなたがよくするお手伝いは何ですか。	食事の準備：27　洗濯物たたみ：15　食器洗い：8　犬の散歩：4　風呂掃除：3　肩もみ：2　その他：4（雨戸開け、電気消し、弟の世話　等）				
14	あなたは、夢や希望を持っていますか。持っている人は、その夢や希望を書いてください。	プロ野球選手：8　保育士：3　パティシエ：3　花屋：2　大工：2　先生：2　その他：32（看護師、料理人、獣医、森林を守る人、馬路温泉の人　等）				
15	14の質問で、夢や希望を書いた人に聞きます。夢や希望がかなうように、何かがんばっていることがあったらそのがんばっていることを書いてください。	勉強：15　野球の練習：6　ピアノの練習：4　からだをきたえる：3　スポーツの練習：3　菓子作り：3　その他：12（本を読む、絵を描く、虫を見つけたら調べてみる、年下の人にやさしくする、ノコギリの練習、友だちを作る、やさしくする、習い事をする、貯金、親の仕事の手伝い　等）				

平成18年11月実施　グラフの単位：％　その他の単位：人

5　終わりに

　本校の教職員は、キャリア教育の視点で学校の教育活動を見直すことによって、目の前にある教材をどう教えるかということも大事にしながら、目線をもっと前の方に移し、長いスパンで物

事を考え、子どもたちがよりよい人生を送るために必要な力をつけていくにはどうしなければならないかということも考えるようになった。この教職員の意識の変化が、上記の児童アンケートに見られるように、少しずつ子どもたちの意識を変え始め、保護者や地域の方々の意識をも変え始めているように思う。今後も、くり返しキャリア教育の視点で見直しをしながら、よりよい取組をしていきたいと考えている。

【資料】 教科等の授業の中でのキャリア教育

　本校では、学校教育目標等との関連を踏まえながら、キャリア教育の視点で学校の教育活動を見直すとともに、キャリア教育で育てる4つの力を意識した指導を行うようにしている。そのため、学習指導案には、その教科の単元目標や評価規準だけでなく、キャリア教育の視点から見たねらいや評価規準を書き込むようにし、授業者が常日頃キャリア教育を意識した授業を行うようにしている。

　また、本校児童の課題となっているコミュニケーション能力や意思決定能力を育てるために、授業の中に、「ひとり学び」「共学び」「一斉学び」の場を適宜設定して「学び合い」のある学習を展開しようとしている。そして、自分の課題に向かって意欲的に取り組む子どもを育て、基礎学力の向上も図っていきたいと考えている。

＜算数科学習指導案の例＞

第1学年　算数科学習指導案

1．単元名　　たしざんと ひきざん　「はるよ、こい」
2．単元について
　　本単元では、これまでに学習してきた数や計算、長さなどの内容を総合的に活用し、生活の中に生かしていく態度を育てることを意図としている。生活の場面として、児童に共通の場面と思われる校庭の様子を取り上げた。自分の体験と結びつけながらさし絵を見せて、動物の数や遊んでいる子どもたちの集合の場面や人数、砂場でのとんだ長さなどを話題とし、日常生活の中でも算数が使える場面がたくさんあることに気づかせたい。
　　本学級の児童は、いろいろなことに興味を持って学習に取り組むことができる。これまで、となり同士や班の話し合い活動などをできるだけ取り入れ、学級全体で学習を深められるよう学び合いの場を大切にしてきた。友だちの考えやよさをお互いに認め合いながら学習する雰囲気ができつつある。
　　また、自分の考えたことを、自分の言葉で伝えることができるようにもなってきた。
　　本時では、今まで学習してきた加法・減法を適用し、お話作りをする。まず、全体でたし算やひき算が判断できる言葉や数字、文末表現の表し方など問題作りに必要な条件を確認し、たし算とひき算の問題を1つずつ考えさせたい。そして、友だちの作った問題を解く活動を入れることで、自力で課題解決する力と考えた過程を順序よく説明する力を育てたい。また、さらに発展的な問題作りの意欲にもつなげるようにしたい。
3．目　標
（1）単元目標と評価規準
　　　＊既習事項を総合的に適用して問題を解決することを通して、問題解決の能力を高める。
　　【算数への関心・意欲・態度】
　　　＊絵を見て、いろいろな問題をつくろうとしている。
　　【数学的な考え方】
　　　＊日常的な場面を算数的な視点でとらえている。
　　【数量や図形についての表現・処理】
　　　＊加法・減法の問題をつくり、それらを解決している。
　　【数量や図形についての知識・理解】
　　　＊日常的な場面を算数的な視点でとらえることで、いろいろな集合がつくれることを理解している。
（2）キャリア教育の視点から

【人間関係形成能力】
　＊数学的な考え方の良さを活用し、相手が納得できるように自分の考えを表現する。
【情報活用能力】
　＊様々なまとまりをもとに考え、表現する方法を的確に選択し、判断する。
【将来設計能力】
　＊学習問題をしっかりととらえ、課題解決へ見通しをもって筋道を立てて考える。
【意思決定能力】
　＊解決方法や結果への見通しを持ち、課題解決をする。

4．指導計画…全3時間（本時2／3）…省略
5．本時の学習
（1）本時の目標
　＊絵を見て、たし算やひき算の問題をつくり、解決することができる。
（2）評価規準
　【数量や図形についての表現・処理】加法・減法の問題をつくり、それらを解決している。
　【算数への関心・意欲・態度】　　　問題作りに取り組もうとしている。
（3）キャリア教育の視点
　【人間関係形成能力】自分の考えを順序よく発表することができる。
　【意思決定能力】　解決方法や結果への見通しを持ち、課題解決をする。
（4）準備物：教科書の絵・ホワイトボード
（5）展　開

時間	学　習　活　動	指導上の留意点	評価（教科○、キャリア□）
5分	1．課題をとらえる。 ＊問題作りに必要な条件を確認する。	○意欲を持って、学習に取り組めるような雰囲気をつくる。	
	たしざんやひきざんのおはなしをつくりましょう。		
20分	2．問題作りをする。 (1) たし算とひき算の問題を考える。 (2) ホワイトボードに問題を書く。 (3) となり同士で話し合う。 (4) 作った問題を発表する。	○1つずつ問題が作れるようにする。 ○2枚に1問ずつ書かせる。 ○話し合いの支援をする。 ○問題作りに必要な条件がそろっているか、確認させる。 ○たし算・ひき算の問題を1つずつ紹介する。	関 絵を見て、いろいろな問題をつくろうとしている。 表 加法・減法の問題をつくりそれらを解決することができる。 人 自分の考えを伝えることができる。
5分	3．友だちの問題を選択し、答えを求める。	○わかっていること、たずねていること、答えの単位、さんすう言葉に着目させる。（線引き）	意 解決方法や結果への見通しを持ち、課題解決をする。
10分	4．考え方を順序よく発表する。	○発表者に自分の考えを伝えられるよう支援する。 ○出題者に確認させる。	人 友だちに分かるように、自分の考えを発表している。
5分	5．今日の学習を振り返る。	○ふり返りカードに記入させる。	

6．授業の様子

まずは、自分で問題を作り、その後、隣と問題を見せ合い、説明し合う。

友だちの問題を選んでその問題を解き、全体の場で説明する。

57

【事例4】
進路指導・学習指導・生徒指導を統合するキャリア教育の研究と実践

東京都墨田区立寺島中学校

《事例の概要と特色》

　本事例は、新世紀に向かって変化に富んだ社会の中で、教育が新たな課題を担いはじめた平成12年度から6年間をかけて研究と実践を重ねてきた教育活動の報告である。

　学校では、それぞれのねらいに基づいた多くの学習や教育活動がそれぞれで実施されてきた。生徒の社会的な自立を意図的・計画的に教育するには、もともと実施してきた教育活動をキャリア教育の視点から整理し、体系付けることが必要であった。キャリア教育では、進路指導の側面、あるいは職業教育の側面だけでなく、学校と社会の接続をかんがみて、学校で学ぶことが社会でどう役立つかという観点で学校教育活動全体を見ることが大切である。

　学校で日常的に行われている学習指導や生徒指導が、将来、生活につなげて社会的な自立・職業的な自立という観点・ねらいを付加することで、それら指導の意義に重みを増してくるのである。

1　学校概要

（1）学校の状況

　所在地：東京都墨田区八広1丁目17番15

　生徒数：160名　7学級（1年2、2年2、3年2、特別支援学級1）教職員数24

　学校の教育目標に、『1深く考え自ら学ぶ生徒　2心あたたかく礼儀正しい生徒　3たくましく明朗な生徒』を掲げ、人間尊重の精神と国際社会人としての資質・能力を身に付け、心豊かで生きる力を持った生徒の育成を目指す。

　本校の教育の特色として、次のことが挙げられる。

○二人担任制で行う行き届いた学級経営。

○一日４５分×７時間、週３３時間の授業。

○早起き・あいさつ・清掃の奨励。

○国語・数学・英語・理科（３年生）の少人数・習熟度別授業。

○全学年、週２時間の基礎習得時間（ベーシック・スキル：ＢＳ）の設定。

○スクールカウンセラーと連携した定期的な教育相談による、きめ細かな生徒指導。

○特別支援学級・墨田養護学校との交流を通した、思いやりの心の育成。

○キャリア教育を推進し、自らの生き方を考える資質・能力の育成。

（２）地域の状況

　墨田区は震災と戦災で焼かれて新しく建てられた本所地区と、昔ながらの町並みのままの向島地区に分かれている。本校は向島地区の東寄りに位置し、隅田川と荒川に挟まれた東西に広い学区域を持っている。京成電鉄と東武鉄道の２路線の駅があり、最寄りの駅から徒歩２分・８分、近くには明治通り・水戸街道があり、交通の至便な地域である。地域は町工場が多く、祭り好きで隣近所で醤油を貸し借りするような、下町の風情が残っている。区内には３０名ほどの伝統工芸士が居を構えていて、小・中学生に出張授業や工芸体験を積極的に受け入れる。職場体験の受け入れをはじめ、地域の協力が得られる学校である。

　生徒たちはとても人なつこく、はじめて会う教員にもすぐに親しく接し、行事に燃えて情に厚い、江戸っ子気質（かたぎ）な雰囲気を持っている。

２　キャリア教育の全体計画

（１）目標と考え方

　「現代から将来にかけて、自己を取り巻く社会の中で、自分を生かしていける生徒」「自分のよさを知り、目標を掲げて、自分を高めていける生徒」の育成を目指している。

　本校では、キャリア教育を、進路指導を中核としながらも学習指導と生徒指導（東京都では生活指導）の３つの指導を結び付けるも

進路指導
- ◇総合的な学習の時間
  - ・人間関係つくり　・現代社会の課題を踏まえた生き方
  - ・学校から社会（将来）への継続
- ◇特別活動
- ◇交流教育・心障学級と通常学級との交流
  - ・養護学校との交流

キャリア教育の充実が３つの指導を結びつける

生活指導
- ◇安定した生活習慣の定着
- ◇危機管理力の育成
- ◇人間関係力と信頼関係づくり
- ◇道徳
  - ・自分を見つめるメタ認知力
  - ・模範意識の向上や価値観の育成
- ◇ボランティア活動

学習指導
- ◇３つの学力の視点で「確かな学力」
  - ・達成する力（やりきる）
  - ・検証する力（確かめ振り返る）
  - ・相合する力（創りあげる）
- ◇教科の授業の工夫
  - ・学習の意義の理解
  - ・将来の職業につながる教科指導
- ◇基礎学習・ＢＳ　・朝読書　・補習
- ◇応用学習・検定試験への取り組み
  - ・選択教科

のとしてとらえている。

　学習指導においては、学校で学ぶことが将来、社会でどのように役立つのかを理解させることに力を注ぐ。これは、学校と社会の接続がキャリア教育の大きなねらいであることから、ぜひとも押さえるべきことと考えている。「学習の意義、目的」の理解により意欲的な学習を促進させ、各教科の授業においてねらいを自覚させた学習を推進している。

　生徒（生活）指導においては、将来の職業的な自立・社会的な自立を長期的な目標にすえた指導をする。将来への展望を持たせることで現在の生活を振り返らせると、生徒は、現在の生活の改善の意義に気付き、意図的・計画的な生活を送ろうとする。キャリア教育は、長いスパンを前提にした健全育成にも大いに有効であると考えている。

　また、キャリア教育を進める学習進路指導部では、進路指導以外の活動の中にも、次のような点でキャリア教育にかかわることを教員・生徒に示し、推進している。

1　学級組織や行事の取り組みにおいては、分担した仕事を遂行することを通して、仕事の段取りを考えて取り組む計画性・実践力、責任感が養われる。また、他者との共同作業等を通して協力性や人間関係の調整力が養われる。他に、他者への貢献の価値を知ること、成就感や成功感、そこからくる他者からの信頼や受容感、自己肯定感や自信は、進路を選択決定する上で大事な要素となる。
2　定期試験の取り組みにおいては、計画立案力・実践力・計画の修正力が養われる。
3　選択教科の決定においては、将来の希望や自己の適性等を考慮することがそのまま進路につながる。
　また、選択・決定の機会を通して、選択力・決定力が養われるので、他にも多くの「選択の機会」を設定する。
4　自己を振り返ることによって、自分の成長を確認し、以後の生活を意図的・計画的に送る意欲を持たせる機会とすることができる。
5　新しい学級等に適応できる力は、人間関係調整力にかかわり、選択とともに進路の大きな視点とする。
6　面談の際の観点として、進路に関わる発達（自己理解、上記の各能力）も考慮する。

　なお、学習活動における学びを通して育成する能力については、次のものを基本にとらえている。（「第２９回関東甲信越地区中学校進路指導研究協議会」研究より）

能力１：自分を理解し、高める能力	1　自分のことが分かること 2　自分の生き方や将来に興味を持つこと 3　自分の能力を伸ばし、ものの見方や考え方を育てること
能力２：人生を設計する能力	4　生活上の役割がわかること 5　学ぶ目的や意義がわかること 6　職業や働くことに関する望ましい考え方を持つこと 7　計画を設計する大事さがわかること 8　計画を作成・見直し・修正すること
能力３：情報を収集・選択・活用する能力	9　メディアを活用した情報を収集すること 10　自分の進路に合わせた情報の評価や選択をすること 11　情報の発信や活用をすること
能力４：進路を選択・実現する能力	12　悩みや葛藤を解決する方法がわかり決めること 13　自分の責任で進路選択すること 14　夢や希望を選択するための課題を発見して解決すること 15　自己実現に向けて努力すること
能力５：学校・社会生活に適応する能力	16　自分と他者を受け入れること 17　いい対人関係を作ること 18　集団生活が上手に送れること

（2）地域の協力と他校種との接続・連携

　キャリア教育は中学校だけでは、成立しない。むしろ、地域と保護者に支えられ、幼稚園・保育所・小学校・高等学校・専修学校・大学等の各発達段階に応じた教育活動があって初めて中学校でのキャリア教育活動が生きると考えている。そこで、本校では地域の協力や他校種との連携を積極的に進めている。

学校のキャリア教育を支える家庭と地域のキャリア教育

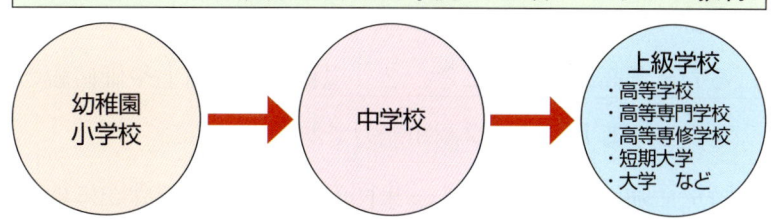

幼稚園・小学校 → 中学校 → 上級学校
・高等学校
・高等専門学校
・高等専修学校
・短期大学
・大学　など

キャリア教育（発達段階に応じた学習プログラム）

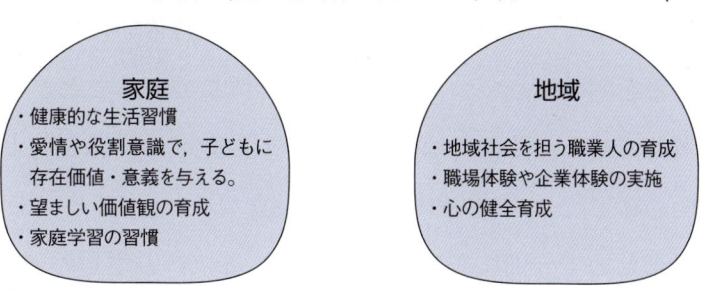

家庭
・健康的な生活習慣
・愛情や役割意識で、子どもに存在価値・意義を与える。
・望ましい価値観の育成
・家庭学習の習慣

地域
・地域社会を担う職業人の育成
・職場体験や企業体験の実施
・心の健全育成

〇地域・家庭の協力

　1年次の職場体験で地域の事業所の絶大な協力が得られていることに加えて、本区では、墨田区伝統工芸マイスター、工芸ショップの体験等の事業が整備されていて、学校への出張講演・体験実習や生徒の訪問による体験実習の機会を提供できる。地域の伝統工芸の理解は大変意義あることである。また、1年次、2年次の夏休みには3日間の家事体験を課している。親のありがたみがわかり、家庭での自分の役割に気づく効果がある。

〇他校種との連携

　地域の小学校と関連する体験学習は、中学卒業前の2月に実施する「アシスタント・ティーチャー」体験がある。小学校の授業に参加して、補助で教えるものである。5年間、継続していて、小学校でも年間授業計画に組み込んでいる。算数の少人数指導の補助、本の読み聞かせ、理科の実験補助、音楽での合奏、体育のマット運動での試技、図工でパソコンを使った描画の文字入力（ローマ字変換）補助、英語で自己紹介などの事例がある。

　上級学校（高等学校・専修学校・大学）との連携には、2年次での授業体験（普通科・商業科・工業科に学年全員が訪問し科目を選択して授業を受ける）、上級学校訪問（高等学校・専修学校・大学に小グループで訪問・体験）と3年次での出前授業体験がある。

　今年度から、区内の都立本所高等学校と協力してキャリア教育推進活動を進めている。

（3）教育課程上の位置付け

　キャリア教育に関わる主な学習活動は、総合的な学習の時間に位置付けている。しかし、道徳や特別活動、各教科においても、キャリア教育の視点から意義付けて進めている。
〇総合的な学習の時間は、テーマを「自己を生かす－今も、そして将来も－」とし、①人間関係

○形成能力と適応能力を高める、②生涯という長いスパンで生き方（ライフプラン）を考える、という視点で、学習活動を組み立てている。

○道徳においては、道徳の授業を自分を見つめる機会の一つとしてとらえ、１「自分を見つめる力」を高めさせること、２「規範意識の向上や価値観の育成」をねらいとしている。「自分を見つめる力」はメタ認知能力である。

○特別活動においては、１「集団の中で協力して課題に取り組める自分を作る」こと、２「自分自身と他人のことを知る」ことをねらいとしている。

○教科の学習においては、各教科としてのねらいの中に前述の１８の能力育成が含まれていることを明確にしつつ、今、学校で学習していることと将来との関連を理解させたうえでの学習をさせる。そのために、「学習の意義」（１「教科として学習の意義〈知識や技能・思考・関心など〉、中学生時代において役立つこと」、２「将来・職業において役立つこと」）を各教科まとめて一冊にして、今年度は「各教科の学習の意義１９」として生徒・保護者に渡し、面談や学活での学習のガイダンスに使用している。授業でも、ことあるごとに語る機会を持つようにしている。

◎中学校で学習する意義とは？
（授業を受けるにあたって）……「教科の学習」以前に
授業を通して、次の点を身につけることは、将来仕事をする上で役立ちます。
　１．他人(ひと)の話を、きちんと聞くことができること。
　２．板書を書き写すことや提出物（宿題も）を出せるなど当たり前のことができること。
　３．つらいことでも我慢したり、工夫して取り組むことができること。
（教科の学習）
　・教科の知識や技能を身に付け、普段の生活や将来の仕事に役立てる。
　・教科特有のものの考え方を知り、生活や仕事に役立てる。
　・意欲的にものごとに取り組める自分を作る。　・地道に努力できる自分を作る。
（特別活動）
　・集団の中で協力して課題に取り組める自分を作る。　・自分自身と他人のことを知る。
（道徳の学習）
　・自分の考えを知る。　・自分の行動を考える。　・実践の心構えをもつ。
（総合的な学習の時間）
　・自分自身と他人との、よりよい関わり方を身に付ける。
　・現代社会の課題を知り、それを踏まえた自分の生き方を考える。
　・現在と将来の自分自身の生き方を考えることができる自分になる。
〔「各教科の学習の意義１９」表紙より抜粋〕

（４）３カ年を通した全体計画

本校では、小学校で学んだ力を基に、①人間関係作り　②現代社会の課題　③学校から社会・将来への継続（進路学習）という３つのテーマについて、８つのステージに分けて学習する。

＜3年間の敬愛学習の計画＞

開始月	テーマ①②③とステージ1〜8			
		③	②	①
第1学年	6月〜12月〜2月〜	7 職業理解Ⅰ	2 環境自然体験学習Ⅰ / 3 文化理解Ⅰ	1 人間関係作り
第2学年	5月〜9月〜10月〜	7 職業理解Ⅱ / 8 上級学校理解Ⅰ	2 自然体験学習Ⅱ / 4 健康 / 3 文化理解Ⅱ	1 人間関係作り
第3学年	4月〜6月〜7月〜10月〜	8 上級学校理解Ⅱ	3 文化理解Ⅲ / 5 国際理解 / 6 生涯生活を考える	1 人間関係作り

■3つのテーマと8つのステージ

キャリア教育としての学習プログラム

■①人間関係作り

主なテーマは「人間関係を上手に作る力・維持する力を身に付ける。互いに解り合う自分になる。」である。

1年：「自己理解」や「他者への意思伝達の方法の学習」（アサーション・トレーニング）などを体験も入れながら学ぶ。車イス・ガイドヘルプの体験を通して、他者とともに生きる自分や他者に活かされる自分に気づく。「互いに支え合うこと」や「信頼すること」を通して、他者との関係をとらえるきっかけとして実施している。

2年：アサーション・トレーニングの他に、保健師さんの講演で「命」について考える。「薬物などの誘惑から身を守るには」という学習を行う。

3年：「留学生が先生」のプログラムを通して、文化の違い・ものの考え方の違いを知り、互いの違いを認め合うことを学ぶ。

■②現代社会の課題

主なテーマは「現代社会におけるいくつかの課題を踏まえて、君たちはこれからどんな生き方をする？」である。

1、2年の自然体験やエコプロダクツ体験で環境について考える。

文化理解：「墨田の伝統文化を知る」（1年）、「江戸東京の伝統工芸体験」（2年）、「古都の文化体験」（3年）を通して文化を創る人の生き方を学ぶ。発展させて、国際社会での課題（飢餓や差別など）について考えることもある。

健康分野：「健康や薬物」、「思春期の心と体の成長」（2年）。そして 生涯生活を考える （3年）で、将来の「家庭生活」「職業生活」「介護生活」「高齢者生活」など一生のライフステージにおける多くの課題について学び、小学校でのアシスタント・ティーチャーや清掃活動などの地域への貢献活動を行い、3年間の学習の総まとめとする。

■③進路学習〜学校から社会へ〜

主なテーマは「学校での学びが社会・将来にどう役立つのか？」「将来の職業希望から今の生活を考えよう」

1年：5月にトレーディング・ゲームで仕事の疑似体験。夏休みの宿題で、伝記や新聞記事・インタビューを基に「いろいろな生き方を知る」のレポートと発表。これらを踏まえて、秋に「職場体験」を5〜7日連続で朝から夕方まで実施する。

2年：夏休みに自主的な「職場体験」、冬に企業に訪問して「企業体験」。グループでの「上級学校への訪問調査」（大学や専修学校にも行くのが特色）。出かけて行っての「授業体験」を都立単位制普通科高校・都立商業高校・工業系専修学校で実施。上級学校での学習について知り、就職の途中経過としての進学の意義を知り、選択の基準を考える。

3年：「上級学校出前授業」の体験。「上級学校の教員と生徒とのパネルディスカッション」で、社会の変化を知って、長いスパンでの進路選択を考える。「集団面接体験」「疑似面接」で自己の希望を明確化する。進路決定後は、「進路先での新しい生活での適応」と「将来の希望の実現」に向けた、講演と学習をする。

ステージごとに、それぞれの学習を新聞形式等にまとめて発表する。学習活動の時間ごとに振り返りで学びの確認をする。３年間の学習のまとめとして、３年生の後半から「生涯生活を考える」で、これからのライフステージにおける課題について考え、卒業後の長い人生に自己を生かそうという展望をもって卒業する。

3　体験活動の全体計画

全体計画（前のページのテーマ①②③とのかかわりを色別にして表示）

① 「信頼体験」　　　　　　　[第１学年]　（５月・車椅子体験・ガイドヘルプ体験）
② 「職場体験学習」　　　　　[第１学年]　（１１月・職業理解学習）
③ 「自然体験」　　　　　　　[第１学年]　（１月・スキー教室）
④ 「伝統工芸体験」　　　　　[第１学年]　（２月・墨田の文化を知ろう）
⑤ 「フィールド学習」　　　　[第１学年]　（３月・社会科・墨田の文化を知ろう）
⑥ 「農業体験」　　　　　　　[第２学年]　（５～７月・移動教室・民泊）
⑦ 「職場体験・家事体験」　　[第２学年]　（７～８月・職業理解学習）
⑧ 「上級学校授業体験」　　　[第２学年]　（９、１０、１２月・上級学校理解）
⑨ 「企業体験学習」　　　　　[第２学年]　（１１月・職業理解学習）
⑩ 「伝統工芸体験」　　　　　[第２学年]　（２月・江戸東京の文化を知ろう）
⑪ 「伝統文化体験」　　　　　[第３学年]　（５～６月・９月・修学旅行）
⑫ 「上級学校出前授業体験」　[第３学年]　（７月・上級学校理解）
⑬ 「商い体験」　　　　　　　[第３学年]　（９月・寺島まつり）
⑭ 「保育実習」　　　　　　　[第３学年]　（１１月・「生涯生活を考える」の一環）
⑮ 「育児体験・妊婦体験」　　[第３学年]　（１１月・「生涯生活を考える」の一環）
⑯ 「高齢者疑似体験」　　　　[第３学年]　（１２月・「生涯生活を考える」の一環）
⑰ 「集団面接体験」　　　　　[第３学年]　（１２月）
⑱ 「伝統音楽体験」　　　　　[第３学年]　（１２月・伝統音楽鑑賞教室）
⑲ 「アシスタント・ティーチャー」[第３学年]（２月・地域貢献活動）
⑳ 「地域ボランティア清掃」　[第１～３学年]（学年ごとに年２回・地域貢献活動）

4　キャリア教育にかかわる体験活動

（1）体験活動の趣旨・校内外の組織

○体験活動の趣旨

　　体験学習は、体験そのものの学習価値が高い。「体験したか、しないか」だけで、学習に差が出る。しかし、体験を体験だけで終わらせない学習の計画が重要である。それが、体験の学習化である。そのために本校では、「学びの振り返り」を重視する。体験で感じたことを文字化する過程で、体験から得られた自分自身の課題は何か、これからどう解決していくか、を自問自答する。体験は、こうして学びを深める契機でもある。体験なくしては、同じ学びはできない。だからこそ、体験は重要である。

○校内外の組織

　　校内体制としては、学習進路指導部が3年間の計画を立案し、それに基づいて、実施計画・生徒指導を学年所属の学習進路指導部員及び学年会が中心に進める。

　　学校外との連携協力は、体験学習活動ごとの該当者及び施設に対して、学習進路指導部主任と学年担当が連絡調整にあたっている。学校外部者の参加する実行委員会等の組織は特に設けていない。特に、職場体験学習については、区教育委員会からの体験事業所の紹介や、地域の商工会青年部役員の協力が得られる。

　　また、区内伝統工芸士との連絡協議会が、区教育委員会生涯学習課主催で年一回実施されている。体験学習を実施している小・中学校の教員（各校1名）と伝統工芸士多数が、前年度に実施した学習活動の価値や成果について評価し、今年度の実施内容について協議する機会になっている。

（2）計画・内容(事前指導・事後指導等を含む)

Ⅰ　職場体験学習（第1学年の実施例）

①ねらい

・職業の一端を実体験することで、職業や将来の希望に関心を持ち、現在の生活を充実させる機会とする。

　　生徒向けには、次の4点を提示した。

> 1．仕事のやりがいや大変さを身をもって知る。　2．自分の将来の姿を考える機会とする。
> 3．今の生活をより充実したものにする。　4．社会人としてのルールを身に付ける。

②指導事項と計画

段　階	指導事項
(第1段階) 課題を発見・設定する活動	1. 講演会を聞く「すみだで働く・すみだで生きる」 2. 職業の全体像を知る(職業ハンドブックOHBYなどを使用する) 3. 伝記・新聞記事・町でのインタビューからいろいろな人々の生き方を取材し、掲示物にまとめる 4. 3のまとめを発表し、さまざまな生き方を知る
(第2段階) 課題を追究する活動	5. 体験する職業を選び、決定する 6. 体験する職業について、調べる 7. あいさつの言葉遣いの準備や質問事項、職場での課題について考える 8. マナー講座で社会常識の講演を聞いて、職業人として仕事をする心構えをもつ 9. 体験事業所に事前に訪問して、諸注意・宿題を聞いてくる 10. 学習のまとめ方について説明を受ける 11. 職場体験をする（木曜から翌週水曜までの5～7日間） 12. 体験の報告を提出する 13. お礼状を作成し、発送する
(第3段階) 課題追究をまとめる活動	14. 学習のまとめの計画を立てる 15. 体験学習のまとめをする（新聞罫模造紙を使用する） 16. 働くことについて再度考える（道徳・社会科） 17. 学習の発表の練習・リハーサルをする 18. 体験学習発表会をする
(第4段階) 学びや成長を自覚し、次の学習につなげる活動	19. 学習活動を自己評価し、学習の意義を振り返る 20. まとめの冊子を作成する 21. 学校生活での自己改善策を考える 22. 将来の生き方を考え、スピーチ発表会をする（国語科）

Ⅱ 企業体験（第2学年の実施例）

①ねらい

・職場体験ではできなかった企業での仕事を理解し、多くの仕事・職種が連携して仕事を成立させていること、社会を成立させていることに気付かせる。

・仕事に必要なコミュニケーション能力の重要性に気付かせる。

②指導計画

　　　夏休み：職場体験実習3日間以上

　　　12月：学級活動：「学校選択と職業」

　　　1月　：企業体験実施　　学級活動：「フリーターを考える」

③内容

　　企業人向けの研修を実施している企業が、新人社員研修の一部を中学生用にアレンジしたもので、チームで仕事をする体験研修である。

　◇1．日　　時　平成17年1月16日（日）10:00～15:30（翌月曜振替休日）

　◇2．体験生徒　本校2年生3クラス106人

　◇3．場　　所　六本木のオフィス（グループで最寄り駅まで往復）

　◇4．セミナーのスケジュール

内　容	ねらい	標準時間
1 はじめに	学習内容の確認	5分
2 情報把握力Ⅰ	情報把握のポイントを知る	10分
3 情報把握力Ⅱ		15分
4 キツネの絵	情報伝達のポイントを知る	20分
昼食	昼食　弁当	40分
5 ミニ企業ゲームの導入	学習内容の確認	5分
6 第1ラウンド	仕事の目的・目標を知る	65分
7 第2ラウンド	表現力・把握力の重要性を知る	30分
8 まとめ	学んだことを振り返る	10分
9　計	————	200分

　◇5．準備

・打ち合わせ

・講師と生徒との出会いの機会として、授業参観と会食（給食を一緒に）

・保護者への通知、引率補助の協力依頼

◇6. セミナールーム図

セミナールーム (SR) 1

2年1組 (35)	

マスタートレーナー	○○さん

年組	メイン	サブ
2-1	○○さん	○○さん
2-2	○○さん	○○さん
2-3	○○さん	○○さん

事務局	○○さん・○○さん

※生活班で1テーブルとするが、当日の人数で合併もある。

2年2組 (36)	SR3 SR4
2年3組 (35)	SR5 SR6
プレゼンルーム	

④生徒の学び

【「企業人として仕事をする上で大事なこと」はどんなことだと学んだか】

○今日やったゲームのように、コミュニケーションを必要とする仕事が多いんじゃないかと思った。社会に出てからも、人と人とのコミュニケーションは大切にしていきたいと思う。　○みんながひとりひとり助け合う。　○責任感を持って仕事すること。　○いかにしてよりわかりやすく、より早く仕事をするということが大事だと思った。　○熱心にその仕事をすること。　○自分がどんな仕事をするのかをきちんと把握すること。　○自分の言葉が、相手にどう受け取られるかを考えながら、伝える。

【学校で行うことや学ぶことの中で「仕事につながるなあ」と気づいたこと】

○会社で仕事するのは、チームワークとか、コミュニケーションを必要としている。学校で班行動するのは、将来の仕事につながると思う。　○クラスでの班の活動。委員会や係活動。　○人間関係と「何事も最後までやる」ことです。　○すべて将来に役立つと思う。　○学校では、友達とのコミュニケーション、家では家族とのコミュニケーション。どこでも大切なことだと思います。　○自分に与えられた仕事をきちんと理解しこなしていくこともつながる。○運動会や文化祭や合唱コンクールは、みんなとうまくコミュニケーションをとれるようになるための練習として、仕事につながると思いました。　○他人(ひと)の話はちゃんと聞く。　○国語の読み取りや数学の計算などが役立つことがわかった。○先生の指示などに従うことなど。　○上下関係。　○人と人とのつながり合いとか、チームワークとか。○生活態度とか。遅刻などが多いと仕事に就いても、同じことをしてしまうと思う。　○事務系なら計算力。体育、体力なきゃやってけない。総合、職場体験行ったりするし。　○スピーチとか発表とかは、自分で考えて自分の言葉で言うから、絶対仕事についても役に立つと思う。○授業は研修に、委員会は会議に似ている。

Ⅲ　商い体験（第３学年の実施例）

①ねらい　・実際の商いを通して、商売に必要な多くのことを学ぶ機会とする。

②指導計画

　　　　７月：扱う商品を決める。仕入れ先、方法を決める。

　　　　８月：原材料費・輸送費・利益などから適正な価格を決め、予算書を作る。

　　　　　　　原材料を仕入れ、商品を作成する。包装を決める。

　　　　９月：販売広告ちらしを作成し、掲示・配布する。

　　　　　　　販売体験実施。決算。学びの振り返りをする。

③内容

　　　　ＰＴＡ主催で校内で行う「寺島まつり」には、地域・学区域小学校ＰＴＡの店が出て、例年、

生徒は販売や調理・客の呼び込みなどを手伝っていた。今回、試行として、3年生徒学年委員会が、生徒だけの店を出して商い体験をした。扱った商品はアクセサリーである。当日は、出足不調で不安になり、店から出て実物をもって販売し、みごと完売。純利益はＰＴＡに寄付した。

（3）効果・評価

○職場体験を例に

「Ⅱ企業体験」の生徒感想でも明らかだが、ページ下の職場体験後の生徒評価を見ると、多くの項目で9割以上の生徒が肯定的な評価をしていて、意欲・社会性・人間関係力・自己肯定感・働く意義の理解など、多くの効果があったことが分かる。また、１９「職場体験が今後の学校生活になんらかの形で、プラスになる」と２０「機会があれば、また体験してみたい」を肯定的に回答した生徒も9割以上で、以後の生活へのよい影響が期待される。実際、その期待通り、日常の生活において挑戦したり、それまで以上に積極的に活動する生徒が増えてきた。

体験終了以降実施している「3分間スピーチ」では、毎週の学年朝礼時に学年全員の前で一人ずつ意見を述べる言わばスピーチ体験である。発表力の育成と生徒が互いにより理解し合うことを第一のねらいにしている。1巡目は多くの生徒が原稿をもって行ったが、2巡目には原稿を見ずに行うようになっている。この意識調査でも、活動の意義がよく理解されていて生徒たちが楽しみにしている。

＜平成１８年度の職場体験後の生徒評価＞

A：十分できた（とてもそう思う）　B：だいたいできた（そう思う）　C：あまりできなかった（少し思う）
D：できていなかった（思わない）

評　価　項　目	A＋B(%)	C＋D(%)
1．社会に学ぶ『職場体験』に意欲を持って取り組めたか。	98	2
2．事前に準備や学習は十分にできたか。	90	10
3．『職場体験』期間中は、充実していたか。	90	10
4．事業所の方や地域の方々との交流を深めることができたか。	92	8
5．新しい自分を発見することができたか。	81	19
6．社会性に関することが身についたと思うか。	75	25
7．将来の生き方や自分が描く夢の実現の参考になったか。	75	25
8．辛いことや苦しい場面を乗り越えることができたか。	85	15
9．周りの人に対する感謝の気持ちを持つことができたか。	90	10
10．活動について家族と話し合う時間を持ったか。	75	25
11．班の仲間と仲良く協力できたか。（一人の場合は事業所の方と）	94	6
12．時間を守り、自ら進んで行動することができたか。	90	10
13．期間中、健康管理に注意し、毎日元気よく出勤することができたか。	88	12
14．一日を振り返り、実習日誌を丁寧にまとめることができたか。	73	27
15．校則に従い、決まりを守ることができたか。	94	6
16．トラブルに適切に対処することができたか。	77	23
17．働くことの意義を自分なりに見つけることができたか。	96	4
18．事業所の方々に言われた印象深い言葉があるか。	100	0
19．今回の体験は、今後の学校生活になんらかの形で、プラスになると思うか。	92	8
20．機会があれば、また体験してみたいと思う。	90	10

<「項目18」の印象深い言葉>
- コミュニケーション！
- 大声、しっかり、ハキハキと。
- お客さまにはいつも笑顔。
- 子どもたち一人一人のことを見てあげてね。
- 誰に見られても恥ずかしくない態度で！！
- 何日までに出すという日を守る。
- 人とふれあうことはとても大切なことです。
- 強くなりなさい。困ったことがあったら、うちに来なさい。
- うちは厳しいよ。
- 笑顔で挨拶。
- 臨機応変に対応する。

<生徒の感想>
○この5日間はとっても思い出深い体験になり、またこの5日間で得たものは決して忘れないと思います。とてもいい体験になりました。こういった体験をさせていただいた学校の先生方にも感謝しています。正直な自分に巡り会えたような気がします。
○挨拶の次に教わったことは、時間を守ることです。職場先で、私が企画書を提出しなくてはならず、とても困りました。でもなんとか提出できた日の夕方頃、仕事場の方が時間のことについて話してくれました。もし提出期限を守らず、この仕事が重要な仕事だったとしたら、「忘れました」は通用しないと言うこと。最悪の場合は、どこかへ異動されるか、クビになることもあると聞きました。見た目は楽そうに見える仕事でも、仕事の内容はすごく厳しくて、難しいものだということを学びました。

（4）今後の展望と課題

体験学習は体験そのものに大きな価値があるが、事前学習でのねらいの十分な理解、体験での学びを深めるための振り返り、学びを生活に生かす事後学習の充実によって、体験の学習効果はより大きくなると考えられる。また、学んだことを踏まえて、次の学習活動に生かせるような学習活動のつながりを持たせることで、能力育成の重層性が高まり、より大きな効果が期待できる。これらの点の充実が今後の課題である。

4　その他

<評価「振り返りシート」の活用>

一年間の学習活動を通してどのような学びをし、どのような力が身についたかを、生徒自身が気がつくように評価シートを工夫して、導入した。生徒一人一人が、それぞれの学習活動ごとに、自分がどの程度学んだかという判断をして○△×を記入し、能力ごとに集計して自覚を促すように作ったものである。

「総合的な学習」振り返りシート

1年 ___ 組 ___ 番 氏名 ___

☆今まで、あなたがどんな学習活動をしてきたのかを、これから振り返ってみよう。
【やりかた】・①～⑬の項目ごとに、あてはまるもの（やった、気づいたなど）の数字1～18に大きく記号をつけていきます。全部終わったら、1と2を読んでください。

記号：とてもあてはまる：◎　まあまああてはまる：○　少しあてはまる：△

1. ○を付けおわったら1～18の数字ごとに、つけた○の行方をながめてみよう。一人一人ちがっていて当然です。それが、あなたがこの一年間学んできたおおまかな様子です。
他の人と比べてみてもいいですね。○の数で競わなくていいです。なるほどどう受け入れましょう。

2. ところで、1～18は、それぞれ下のような能力をおおまかに意味しています。この学習活動の意味がわかりました。こんな学習をしたんだ、ちょっとむずかしかったかな。

1 自分のことがわかること
2 自分の生き方や将来に興味をもつこと
3 自分の能力を伸ばし、ものの見方や考え方を育てること
4 生活上の役割があること
5 学ぶ目的や働くことの意義を望ましい考え方を持つこと
6 職業や働くことに関する大事なことがわかること
7 計画を設計・作成・見直し・修正すること
8 メディアを活用した情報を収集すること
9 自分の将来にあわせ活用や発信をすること
10 自分の評価や選択・決定をすること
11 情報の発信や活用を活用すること
12 悩みや葛藤を解決するために進路を選択すること
13 夢や希望を実現するために努力すること
14 自己実現に向けて努力すること
15 自分や他人を受け入れること
16 自分と他者とを作ること
17 いい対人関係を作ること
18 集団生活がうまく送れること
【教師からのひとこと】

	⑧職場体験を通して	⑨まとめの計画を立てるときに	⑩まとめの新聞を作ったときに	⑪働くことを考える社会科の授業を通して	⑫発表原稿作成と発表の練習を通して	⑬体験学習発表会を通して
能力1	1 自分の興味・関心に気づいた 2 仕事をやりきってうれしかった 3 仕事に対する考え方を学んだ	1 上手に計画を立てられる力がある ことに気づいた	1 自分の得意なことを発揮したいと 思った 2 感想を書くことで将来への希望に気づいた	1 自分は成長したと思った 2 将来の自分の夢を実現させたいと思った 3 何かがしたい仕事を見つけた	1 将来の自分の夢を実現させたいと思った 2 将来の自分の夢を実現させたいと思った	1 将来の自分の夢を実現させたいと思った
能力2	4 意欲的にやった 5 仕事において、いろいろな役割があることが分かった 6 この体験が将来に役立つと思った 7 働いている人の考え方が分かった	4 意欲的にやった 5 新聞作りの手順を理解して、見通しをもって計画を立てられた 6 計画を立てることで大事だと気づいた	4 意欲的にやった 5 体験が将来役立つと思った 6 働く人の気持ちが分かった 7 作業の過程で計画を修正することができた 8 働く人の気持ち（大変さ）や働くことの意義が分かった	4 社会の中のいろいろな仕事を見つけ 5 学校の授業が将来役立つと気づいた 6 働く人の気持ちが分かった 7 職業体験が将来役立つと気づいた	4 意欲的にやった 5 作成や練習を通して気づいた 6 作業の過程で計画を修正することができた 7 発表のやり方が分かった 8 作業の過程で計画を修正することができた	4 社会の中でつながっている大な仕事に気づいた 5 学校の授業の先に職業がある 6 働く人の気持ちが分かった 7 職業体験が将来役立つことに気づいた
能力3	10 仕事をする上で気づいたことや 職場の人に学びたい、見習いたいと解決した 11 調査によって自分のやるべきことやみんなのためになることやようになった	8 計画立案の為に必要な情報を得ることができた	8 いろんな案を比較・検討して計画を立てた	10 悩んだことに対処して計画を立てた 11 自分のやるべき役割分担を知った	11 発表の仕方を工夫した	11 自己実現に向けて内容ややり方を考えた
能力4	12 調査の中で自分のやるべきことや みんなのためになることや ようになった 13 生活に対する考え方を持った	12 いろんな案を比較・検討して計画を立てた 13 自分の分担や責任を持った 14 困ったことに対処してやった 15 自分のやるべきことを立てた	14 困ったことに対処してやった 15 自分のやるべきことを立てた	13 好きなことを仕事にもちたいと思った 14 困ったことに対処してやった 15 大変だったがやりきった	12 うまくいかないところに気づいて練習した 13 自分のやるべきことを実行した 14 困ったことに対処して 15 大変だったがやりきった	13 自分のやるべきことを実行して 14 困ったことに対処して 15 大変だったがやりきった
能力5	16 仕事をする上での失敗を素直に認めることができた 17 人と支えあうことを感じた 18 職場の人や参加者で気になった	16 人の意見と自分の意見をまとめて協力して進めた 17 人の意見を協力した 18 みんなと協力してやった	16 人の意見と自分の意見をまとめて協力してやった 17 人の意見を協力した 18 みんなと協力してやった	16 人の意見と自分の意見をまとめて協力して進めた 17 人の意見を協力した 18 みんなと協力してやった	16 人の意見と自分の意見をまとめて発表した 17 人の意見を協力した 18 みんなと協力してやった	16 他の発表したよいところがあった 17 人の意見を協力した 18 みんなと協力してやった

	①講演「くらしを支える町工場」を聞いて	②人々の生き方を調べ、まとめの提出を通して	③発表して、生き方を考えたときに	④将来の職場体験の職業を選んだ ときに	⑤職業を調べてまとめる時の課題を考えたとき	⑥あいさつの準備や質問課題を考えたとき	⑦職場訪問時のリハーサル・体験の依頼のときに
能力1	1 自分の興味・関心に気づいた 2 自分の将来について考えようと思った	1 自分の興味・関心に気づいた 2 自分の将来のことについて考えようと思った	2 自分自身の課題に気づいた 3 自分の理想の生き方について考えてみた	3 将来の夢や職業やアルバイトする ことを考えて選んだ	2 仕事や社会のかかわりなどについて質問や課題を考えることができた	1 意外によくできた 2 自分自身の課題に気づいた	1 職場訪問時のリハーサルの様子を理解してやってみることができた
能力2	4 町工場がくらしを支えていることに気づいた 5 学校の勉強が将来役立つと気づいた 6 町工場で働いている人のこと	5 将来の夢の実現に向けて向上心をもった 6 調べた人の生き方の手順を持った 7 作業の手順を持った	6 いろいろな人の生き方とつながった 7 8 発表の計画や手順を、見通しを持った	5 7 その体験が自分の将来役立つと考えて選んだ 6 職業の特色や体験の内容をより連想に気づいた	5 何かの教科学習とのかかわりに気づいた 6 働く人の役割や仕事役立つと気づいた	4 何かの分担を理解してやることができた 7 計画や手順を考え、見通しを持ってできた	5 自分の分担を理解してやることができた 7 計画や手順を考え、見通しを持ってできた
能力3	9 本や新聞、町の人のインタビューによって、いろいろな調べ方やまとめ方を知った	9 本や新聞、町の人のインタビューによって、いろいろな調べ方やまとめ方を知った	10 発表の仕方が分かった 11 調べたことに自分の考えを入れて発表した	10 いくつかの職場、仕事を比べて決定した 11 自分の決定に意義を感じながら選んだ	9 本やPCなどを利用して調べた 10 調べたことから必要なことを選んだ	9 本やPCなどを利用して課題を考えた	10 他人のリハーサルの様子を評価し、自分の参考にした
能力4	14 自分の興味・関心から将来の生き方を考えるようになった	12 課題から自分の悩みなどを解決しようという意欲を持った	15 生活の中で自分のやるべきことや人のためになることができるようになった	12 いくつかの職場、仕事を比べて決定した 13 自分の決定に意義を感じながら選んだ	11 調べたことから必要なことを選んだ	14 自分が体験するときの課題について考えた 15 自分の役割を考えてできた	14 うまくいかないところを練習してよく努力した 15 自分で努力した
能力5	17 人々は互いに支え合って生活していることに気づいた	18 グループ協力してまとめた	16 人の話を聞き、自分の気持ちを相手に伝えることができた	17 自分のやりたい理由が書けた	18 グループの中で話し合ったり、協力したりできた	18 グループの中で話し合ったり、協力したりできた	16 他人の前で堂々とできた 18 協力して練習した

能力1：自分を理解し、高める能力（1～3）　能力2：人生を設計する能力（4～8）　能力3：情報を収集・選択・活用する能力（9～11）　能力4：進路を選択し実現する能力（12～15）　能力5：学校・社会生活に適応する能力（16～18）

【事例5】
社会人としての自覚と生き方をはぐくむ職場体験合宿

島根県隠岐郡海士町立海士中学校

《事例の概要と特色》

　本事例は、従来、公民館が主催する社会教育として行われていた生活学校と、中学校の教育活動である職場体験とを統合し、「職場体験合宿」として実践していることが大きな特色となっている。6泊7日で行われるこの生活学校は、炊事洗濯、身の回りのことをすべて自分たちで行いながら、自分たちの責任において生活することで自立心の向上を育てる取組である。一方、職場体験では、5日間実施することで職業観を養うだけでなく、自己有用感を獲得させ、働く意義を考えさせる。そして地域の人たちと積極的にかかわりながら、コミュニケーション能力や、将来社会人・職業人として自立していくために必要な意欲や態度を育てることをねらいとして行い、自らの生き方を考えさせることに重点を置いた取組である。この二つの取組を同時に行い、社会人・職業人を疑似体験させることによって、相互の教育効果を上げることをねらっている。

1　学校概要

（1）学校の状況

住所	684－0403　島根県隠岐郡海士町海士944番地
学校規模	5クラス　　全校生徒62名
教職員	12名

　本校は町内でただ一つの中学校である。豊かな自然と温かい地域の人たちに見守られ、全校62名の生徒は伸び伸びと活動している。生徒は明るく素直で、学習や部活動、学校行事などに真面目に取り組む。地域・保護者・学校が協力し、一人一人を大切にした個に応じた教育を行うことのできる恵まれた環境である。

　恵まれた環境である反面、生徒が将来の進路を考える際のモデルとなるものが町内には少なく、選択肢の幅も限られている。そこで、専門的知識や技能を持つ外部講師を招いたり、特色ある職

場体験を行ったりすることにより、視野を広げさせ、自らの「生き方」を考えることができる生徒の育成を目指している。また、教職員も島内の小学校や高等学校に一日研修に出かけ、異校種体験研修を行うなど教職員自身の資質の向上にも努めている。

（2）地域の状況

本校のある海士町は、島根県・隠岐諸島に位置し、人口2,500人、少子高齢化が進む小さな島である。本町は『自立・挑戦・交流』というスローガンのもと、「人づくり、物づくり、健康づくり」を重要課題として、町の活性化のために取り組んでいる。とりわけ、この島の将来を担って立つ子どもたちの教育を充実させることが、島の将来を豊かなものにするという考えのもと、地域ぐるみで子どもたちの教育を行っている。

特に地域・公民館行事が盛んで、子どもたち対象のアドベンチャーキャンプや社会福祉協議会主催による老人福祉施設でのボランティア活動、また、教育委員会との連携事業である日本語学校で学ぶ外国人や県内外の大学生との交流など、年間を通して多くの体験的活動が展開されている。

2　キャリア教育の全体計画

（1）目標
① 望ましい勤労観、職業観を育成する。
② 生徒が自らの生き方について考え、将来に対する目的意識を持って主体的に自己の進路を選択決定し、生涯にわたる自己実現を図っていくことができるような能力や態度を育成する。

（2）教育課程上の位置付け

各教科、道徳、特別活動、総合的な学習の時間等、全ての教育活動の基底に位置付け、「生きる力の育成」を目指して指導する。
（資料「キャリア教育全体計画」参照）

（3）3カ年を通した全体計画

キャリア教育で育てたい能力（人間関係形成能力、情報活用能力、将来設計能力、意思決定能力）を体験活動と関連付けながら系統的に育成する。

（資料「キャリア教育に関する体験活動と特別活動題材表」参照）

3　キャリア教育にかかわる体験活動（職場体験）

（1）目標
○　町内の職場で実際に仕事を体験することによって、「勤労観」や「職業観」について理解を深める。
○　将来の自分の職業や在り方、生き方について考えていく態度を養う。
○　自ら課題を見付け、主体的に取り組むとともに、地域の人との交流を通して、物事の考え方や自分の生き方を考えようとする態度を養う。
○　ふるさとへの愛着を深めるとともに、海士町に暮らす一員として地域の発展に役立とうとする意欲を養う。

（2）体験活動の重点
　離島へき地のため職種が限定されている状況から、単なる職種体験の場としてではなく、体を精一杯動かし、汗を流して懸命に働くことの尊さや、職種にかかわらず、働くことに対する意欲や充実感を得ることに重点を置く。また、職場体験活動と生活学校（公民館事業）と統合して行うことにより、子どもたちの自立心を向上させることに重点を置く。

（3）期待される学習効果
①　望ましい勤労観・職業観の育成ができる。
②　将来の自分の職業や在り方について考えるきっかけになる。
③　働くことの厳しさを知ることで、自分の生き方や考え方を振り返るきっかけになる。
④　働く体験を通して、家族や地域の人達とのコミュニケーションが図られる。
⑤　生活学校と統合して行うことで、自立心の向上が図られる。
⑥　地域で働くことで将来の海士町を担っていこうとする意欲を喚起することができる。

（4）実施期間　　　平成18年10月22日（日）～10月28日（土）
（5）場　　所　　　海士町開発センター（生活学校）　各協力事業所（8事業所）
（6）対　　象　　　第2学年　20名
（7）体験日数　　　6泊7日（職場体験5日間）
（8）内　　容　　　職場体験及び生活学校

① 職場体験合宿の日程

時＼日	（月）	（火）	（水）	（木）	（金）	（土）
6:00～8:15	起床・朝食作り・食事・片づけ・清掃					
1校時	職　場　体　験　　〈事業所〉社会福祉協議会　特別養護老人ホーム　グループホーム　肥育牧場　保育所　海産物ＣＡＳ凍結センター　学校給食共同調理場　汽船場					閉校式（解散）
2校時	
3校時	
4校時	
5校時	
6校時	
16:00～16:30	移　動　時　間					↑生活学校↓
16:30～19:00	入浴・洗濯・夕食準備					
19:00～20:30	夕食・片づけ					
20:30～21:30	学習会					
22:00	消　灯					

＊日曜日：入校式（ガイダンス・諸準備）

○留意点　・職場体験と生活学校のねらいを踏まえ実践する。
　　　　　・事業所、行政側、学校側が連携を深め、より高い教育効果を生み出すように実態に合わせて対応する。

② 実施計画

学校および生徒の動き	実　施　日　時	時数
◇◆職場体験学習について　　（意義・内容）	【9月26日（火）・2校時】	1
◇◆職場体験学習について（職場希望調査・決定）	【9月29日（木）・2校時】	1
◇事業所への依頼（電話）	【9月27日（水）～29日（金）】	
◇体験先へ説明のため訪問・事前打ち合わせの日程決め		
◆生徒へ生活学校の説明　　＊公民館担当者から	【10月2日（月）】	
◆体験先への連絡	【10月4日(水)・5日(木)放課後等の活用】	
◇保護者説明会（職場体験・生活学校）	【10月5日（木）・19:30～】	
◇◆職場事前訪問の指導	【10月10日（火）・2校時】	1
◆職場訪問（事前打ち合わせ）	【10月18日（水）・3・4校時】	2
◇◆直前指導	【10月20日（金）・6校時】	1
◆生活学校を兼ねた職場体験学習の実施	【10月23日（月）～27日（金）】	28
◇◆実習のまとめ	【10月30日（水）より】	6
備　考　　　　◇・・・教員の動き　　◆・・・生徒の動き		計40

③ 主な事前指導

活動内容	生徒の主な活動	育成したい力
1 職場体験について （意義・内容・心構え）	○キャリアカウンセリング ○体験先の決定	「自他の理解能力」 「選択能力」 「情報収集・探索能力」
2 職場事前訪問の指導	○事前打ち合わせの内容確認・対応の仕方	「コミュニケーション能力」
3 生活学校について	○準備計画 ○グループ作り	「コミュニケーション能力」 「役割把握・認識能力」

○留意点　……職場選びでは体を精一杯動かし、一生懸命に働くことの尊さや働くことに対する意欲や充実感を得ることに重点を置く。

④ 主な事後指導

活動内容	生徒の主な活動	育成したい力
1 礼状の送付	○礼状作成	「コミュニケーション能力」
2 体験文集の作成	○職場体験文集作り	「自他の理解能力」

4　成果

（1）教員の評価より

○　働くことの厳しさを感じながらも、自己有用感を持つことができた。

○　体験を通して、あいさつの大切さや人とのかかわり方について学び、相手の立場に立って考えを深めるなどコミュニケーション能力を高めることができた。

○　職場や地域の人との交流を通して、将来の自分の職業や在り方について考えるきっかけとなった。

○　生活学校との職場体験の結び付きにより、自立心の向上をより高めることができた。また、家族への感謝を改めて感じ、家族の一員としての自分の役割について考えた生徒が多かった。

○　体験を通して学んだことを、今後の日常生活に生かそうとする姿が多く見られた。

○　地域の中で働くことで、ふるさとに対する愛着や誇りなどを育てることができた。

（2）生徒のアンケート結果より

　　生徒の感想では20名全員が「仕事の大変さや働くことの喜びを実感した。」と書いていた。また、コミュニケーションに関して書いている生徒が半数の10名、そのうち「難しさを感じた。」とだけ答えていた生徒は3名、「難しかったができるようになり嬉しかった。」という喜びを感じていた生徒は7名であった。そして、20名全員が「学んだことをこれからの生活に

生かしていきたい。」と書いている。このことから、この実践は目標達成のために効果的な取組であったと考える。

（3）職場体験先のアンケート結果より

体験終了後に事業所にアンケートを実施した。どの事業所からも「あいさつがきちんとできていた。」「はじめは接し方に戸惑いが見られたが、徐々に笑顔で接していた。」などコミュニケーション能力について良い評価を得た。

評　価　項　目 A・大変よくできていた　B・まあまあできていた　C・あまりよくできていなかった	A	B	C
① 職場の方々に敬語を使い、丁寧に対応できていたか。	18	2	0
② 勤務開始時刻を守るなど、時間に対して厳しく行動できていたか。	20	0	0
③ 集中し、積極的に自分から進んで仕事に取り組んでいる様子だったか。	16	3	1
④ つらさを表情や口に出さずに、仕事ができていたか。	18	2	0
⑤ 接客の時や外部の人たちに応対する時、きちんとした態度で接することができていたか。	16	3	1
⑥ わからないことなど、はっきりとした口調で職場の方に話すことができていたか。	15	3	2

5　まとめ

生活学校に併せて実施した5日間の職場体験（職場体験合宿）は、「勤労観の育成」「コミュニケーション能力の育成」において大きな成果が見られた。時間・礼儀・あいさつなどの大切さを学び、「働くことの喜び」や「親に対する感謝の気持ち」を得た生徒も多い。その後の学校生活でも確かに生徒の言動に変化が見られ、例えば来校者へのあいさつや総合的な学習の時間の電話の応対など、堂々と臆せずに対応することができるようになり、コミュニケーション能力の向上につながったと考えられる。また積極的に行動することや、力を合わせることの大切さを認識したり、改めて相手の立場に立って考えを深めたりすることでコミュニケーションの重要性を感じ取り、これからの中学校生活に生かしていきたいという意識の向上も見られた。生徒は、「外部人材」との交流や地域での体験的な学習を通して、飛躍的に視野を広げるとともに、ふるさとや自分自身を改めて見つめ直すことができた。そして、自分自身の将来に対する夢や希望を持つことができた。職場体験活動と生活学校を通して自己理解を深め、より具体的に自分の将来の「生き方」について考え、「今をどう生きるか」ということを考えながら日常の生活に結び付けて実践できる生徒が増えてきた。

このような成果が得られたのも、体験を通して子どもたちに考えさせ、気付かせ、自分たちの責任のもとで生活させたことが大きな要因であると考える。学校が個々の生徒の体験活動のねらい等を公民館や各事業所に十分理解してもらい、それを共有できたことによって、教育効果を高めることができた。教師の生徒に対する想いや、生徒一人ひとりに付けさせたい力を各事業所に理解していただき、教師と同じ視点で育てていこうとする共通の想いを構築する大切さを感じた。

　今後の課題としては、職場体験を通して培った能力をいかに日常生活の中に結び付け、発揮させていくかが挙げられる。そのためにも生徒の意識を継続させるための手立てと、他の教育活動とつなげた指導が重要である。事前活動と体験活動中だけでなく、事後活動にも事業所や公民館と連携しながら、生徒一人ひとりの成長を見守り、育てていくことができれば、地域と連携した体験活動がより有意義なものとなるであろう。今後も、生徒一人ひとりが自分なりの確固とした勤労観・職業観を持ち、自らの責任で進路を選択、決定していくために必要な能力・態度を身に付けていけるよう、地域、家庭と連携を深め、取り組んでいきたい。

職場体験学習の様子　　　　　　　　　　生活学校の様子

平成19年度　キャリア教育に関する体験活動と特別活動題材表

海士町立海士中学校

進路発達にかかわる諸能力	1年	2年	3年
人間関係形成能力 【自他の理解能力】 ・自分のよさや個性がわかり、他者の良さや感情を理解し、尊重する。 【コミュニケーション能力】 ・他者に配慮しながら、積極的に人間関係を築こうとする。 ・人間関係の大切さを理解し、コミュニケーションスキルの基礎を習得する。 ・リーダーとフォロアーの立場を理解し、チームを組んで互いに支えあいながら仕事をする。	・自己の特色 ・個性の理解 ・悩みとその解決 ・コミュニケーションを豊かに ・スキー教室に向けて ・連合音楽会への取組 ・男女の協力 ・学級生活の向上　　　〔スキー教室〕	・学級生活の向上 ・学園祭への取組 ・連合音楽会への取組 ・悩みとその解決　　　〔修学旅行（大学との交流体験）〕 学園祭　　連合音楽会 出張出前講座（コミュニケーション）	・自分を見つめなおそう ・悩みとその解決 ・学級の充実と改善 ・学園祭への取組 ・連合音楽会への取組
情報活用能力 【情報収集・探索能力】 ・ふるさと、環境、職業などについての様々な視点から調べ、獲得した情報を掲示、発表できる。 ・生き方や進路に関する情報を、様々なメディアや体験を通して収集、整理し活用する。 【職業理解能力】 ・上級学校の種類や特徴、職業に求められる資格や学習暦の概略が分かる。 ・生き方に関する情報や体験等を通して、今の学習の必要性や大切さを理解し、勤労の意義や働く人々様々な思いが分かる。	・個性と職業 ・働く人々に学ぶ ・勉強の意義と仕方 ・不得意教科の克服 ・身近な職業 ・職業調べ　　　〔出張出前講座（生き方を考える）〕	・充実した学習 ・将来の生き方 ・学ぶための制度と機会 ・職業の世界　　　〔職場体験および生活学校〕〔出張出前講座（生き方を考える）〕	・進路を考える ・3年生としての学習 ・職場・上級学校などの進路先の理解　　　〔高校訪問体験（遠足）〕〔出張出前講座（生き方を考える）〕
将来設計能力 【役割把握・認識能力】 ・自分の役割やその進め方、よりよい集団活動のための役割分担とその方法が分かる。 ・日常の生活や学習と将来の生き方との関係を理解する。 【計画実行能力】 ・将来の夢や職業を思い描き、自分にふさわしい進路への関心・意欲を高めることができる。 ・将来の進路希望に基づいて当面の目標を立て、その達成に向けて努力することができる。	・学級組織と自分の役割 ・将来の希望	・活動目標・組織の見直し ・生き方を考える ・自分の適性と進路	・社会の一員として ・学級の組織と自分の役割 ・将来の生き方と進路を考える
意思決定能力 【選択能力】 ・自己の個性や興味・関心等に基づいて、よりよい選択をしようとする。 ・選択の意味や判断・決定の過程、結果には責任が伴うことなどを理解する。 【課題解決能力】 ・よりよい生活や学習、進路や生き方などを目指して自ら課題を見出していくことの大切さを理解することができる。 ・課題に積極的に取り組み、主体的に解決していこうとする。	・自己理解 ・将来の希望　　　〔ふるさと体験学習〕	〔立春式〕 ・新たな学年を迎えて ・自己の課題発見とその解決に向けて ・職場体験合宿に向けて	・自己理解 ・進路最終決定　　　〔環境学習体験講座〕

平成19年度　キャリア教育全体計画

参考資料		
・日本国憲法 ・教育関係諸法規 ・学習指導要領	**学 校 教 育 目 標** 「２１世紀を心豊かに、たくましく生きる人間の育成」 かしこく―進取・自学　　やさしく―友愛・感謝 たくましく―健康・自立　　人のために―協力・勤労	
・生徒の実態　・地域の実態 ・保護者の願い　・教師の願い		

外部人材の活用
・地域の人材 ・Ｉターン者講師 ・各方面の専門家 ・新宿日本語学校 ・大学生ボランティア

キャリア教育目標
・望ましい勤労観・職業観の育成 ・生徒が自らの生き方について考え、将来に対する目的意識を持って主体的に自己の進路を選択決定し、生涯にわたる自己実現を図っていくことができるような能力や態度の育成

海士町の人間力の視点
持続可能な地域社会をつくる力 ・健：自己認識力・生活習慣 ・結：受容力・調整力・表現力 ・知：論理的思考・知識力・想像力 ・志：行動力・チャレンジ精神・忍耐力 ・地：継承力・共生力・健康 ・情：思いやり・奉仕・畏敬

生 き る 力
自己概念の形成（夢・希望）勤労観・職業観の形成 自立　　　　　　共生

キャリア教育をとおして育成すべき能力
☆人間関係形成能力　（自他の理解能力・コミュニケーション能力） ☆情報活用能力　　　（情報収集探索能力・職業理解能力） ☆将来設計能力　　　（役割把握認識能力・計画実行能力） ☆意思決定能力　　　（選択能力・課題解決能力）

小中高の連携
○学力向上の基盤作り「小中学習規律規準表」 ○異校種交流研修 ○小中連絡会の開催 ○中高連携推進プロジェクト

内 容 別 重 点 目 標

学 級 活 動	総合的な学習の時間	学 校 行 事
○互いに協力しあって、生活上の諸問題の解決を図りながら、自主的・実践的な活動を進めていく。 ○生徒の抱える諸問題を通して、生徒の自己指導力を育成する。 ○集団への所属感や連帯感を育て、集団としての望ましい資質や能力・態度を育てる。 ○自発的・民主的な共同生活を通し、社会の成員としての資質を養う。	○自分の生活と地域の人・もの・こととのより良い関わり方について課題を持ち、解決のために見通しを持って主体的に追究活動に取り組み地域社会の一員としての役割や自己の学びの良さを自覚することができる、人間力にあふれる生徒の育成を目指す。 ○外部の人材を活用した様々な体験活動を通して、自己をみつめ、現在や将来について考え、主体的に自己の生き方を選択していこうとする態度を養う。	○連帯感・成就感を体験することによって、学校生活をより豊かで充実したものにしようとする態度を育てる。 ○大きな集団による活動を通して、広い人間関係を得るとともに、集団への所属感を育て、秩序を守り、望ましい集団行動について理解し、体得させる。 ○自主的・実践的な活動を通して、集団に必要な基本的な行動様式を習得させる。

主 な 活 動 内 容

○学級や学校生活の充実と向上に関する事項 ○個人及び社会の一員としての在り方、健康や安全に関する事項 ○学業生活の充実、将来の生き方と進路の適切な選択に関する事項	○ふるさと学習（1年）　地域に根ざしたふるさとの自然や施設などを活用した体験学習 ○職業（2年）　職場体験合宿 ○環境学習（3年）　地域の環境に関する体験活動 ○表現力（全校）　縦割り活動での演劇 ○出張出前講座（全校）　体験型ワークショップ	○儀式的行事 ○学芸的行事 ○健康安全・体育的行事 ○旅行・集団宿泊的行事 ○勤労生産・奉仕的行事

学 年 別 指 導 目 標

第１学年	第２学年	第３学年
○集団生活の基礎・基本を身につけさせるとともに活動方法や在り方を習得させる。 ○自己をよく理解し、将来の進路への関心を高め、進んで自己の進路を計画しようとする態度を養う。	○自己の役割を自覚し、協力して集団を向上しようとする態度を育てる。 ○自己理解を深め、上級学校や職業などに関する進路情報を理解して、明確な進路の希望や計画を吟味し、実現しようとする態度を養う。	○リーダーとしての資質を高め、集団活動に積極的に参加し、実践しようとする態度を育てる。 ○自己の特性や希望する進路の情報を確かめ、自分にふさわしい職業や学校を選択するとともに、その進路に適応し向上しようとする態度を養う。

各教科	道徳	特別活動	人権教育	その他の教育活動
○学年の相互作用やグループ学習を取り入れて、指導内容の効果的な定着を図る。 ○一人ひとりの能力、適正を発見し、伸長する。 ○選択教科の指導・援助の充実を図る。 ○授業で「分かる・できる」（成就感・自己有用感）を感じさせる。 ○授業を大切にし、目標を持って計画的に学習できるようにさせる。 ○積極的に授業に参加し、発表できる場を作る。	○計画的・発展的な指導による道徳の学習内容を実践する場として、特別活動を効果的に活用し、道徳的な実践への意欲や態度の向上を図る。 ○よりよい生き方について様々な角度から考えることを通して価値観を高め望ましい進路選択の態度を育てる。	○自発的・民主的な共同生活を通し、社会成員としての資質を養う。 ○積極的に活動に参加することによって、学校生活の充実・向上を図ろうとする態度を養う。 ○自治的・自発的な活動を通して、個々の生徒の自主性の発達や個性の伸長を図るとともに、積極的に自分の考えを表現しようとする態度と表現力を養う。	○将来をたくましく切り拓いて生きていこうとする意欲を養う。 ○生活の中にある問題に気づき、活動を通して自己を生かす能力を培うとともに、願いの実現のためにみんなで力を合わせて問題を解決していこうとする主体的な態度を育てる。 ○生徒一人ひとりが自己存在感を持って、楽しく生活できる集団づくりをする。	○生徒による自主的実践的な活動を充実させる。 ○保護者・地域社会・小学校高等学校との連携を図り、生徒を取り巻く教育環境を充実させる。 ○学社融合の教育活動を有効活用し、ボランティア活動や奉仕作業などの体験を充実させる。

キャリア教育実践のための基盤

生徒指導の充実　　外部人材・地域の教育力を生かした体験活動の充実　　小・中・高校と連携したキャリア教育の充実　　保護者との連携

資　料

～職場体験を終えて～　生徒の感想

□ 職場　保育所　　男子
□ 5日間の仕事内容
　保育士の手伝い、子供とのふれあい、食事手伝い、誕生日会進行、草刈り、倉庫掃除、保育所内掃除、教材作成、安全管理、検温
□ 感想
　10月23日から5日間、僕は保育園で職場体験をさせてもらいました。僕が保育園で職場体験させてもらった理由は、「人に気を配る」と「積極的に行動する」の二つのことを達成するためでした。1日目や2日目は、積極的に行動したり、人に気を配ることなど意識できませんでしたが、3日目ぐらいから余裕も出てくるようになり、この二つのことを意識して行動できるようになりました。自分から子どもの方へ近寄っていくと子どももとてもうれしそうにして、最終日に近づくにつれ、積極的に子どもとかかわれるようになりました。積極的に行動できるようになると、子どもたちが怪我をしないかなどを気にかけるようになり、自然と人に気を配ることができるようになったと思います。5日間の職場体験で自分に足りなかった2つの目標を達成できてよかったです。また僕には夢がまだなく、しかも仕事の種類もあんまり知りません。この職場体験で実際に体験をさせてもらい、職場では、一つ一つの仕事の責任がとても大きく、どんなことでもおろそかにできないということがわかりました。また、保育士という仕事はいつでも子どもに気を配り、何よりも子どもを心配するような仕事でした。保育士という仕事は、子どもがとても好きじゃないとできない仕事だということもわかり、将来の夢を見つける大きな手がかりになったと思います。僕にとってこの職場体験は、自分を進歩させてくれた、とてもいい機会になりました。

□ 職場　肥育牧場　　男子
□ 5日間の仕事内容
　掃除、餌やり、芝草集め、餌作り、機械の清掃
□ 感想
　僕は、1週間の体験で、いろいろなことを学びました。
　1つ目は、集中力の大切さについてです。僕は毎日、牛のえさ箱の掃除、餌やり、通路の掃除をしました。同じことを何回も繰り返すことで、集中力が高まり、以前よりも集中できるようになりました。

肥育牧場の様子

2つ目は、周りを見ること・自分から積極的に行動することです。毎日同じ作業をすることで、次にどの仕事をすればいいかわかるようになり、積極的に行動する力が高まりました。また周りを見て、ほかの仕事を手伝うこともできるようになりました。3つ目は、わからなかったら素直に聞くことの大切さです。今回の職場体験での仕事は、はじめてするものでした。だからわからなかったら素直に聞かないと、大変なことになるからです。また聞くことによって確実に仕事ができます。
　職場体験でよかったことは、職場の皆さんがわかりやすく教えてくださったことです。2日目ぐらいまでは、まだ仕事の手順も完璧には覚えてなくて、たくさん聞いたりしていたけど、職場の人は、丁寧にわかりやすく教えてくださいました。
　職場体験で見つかった自分の課題は、集中力だと思います。まだまだ集中しきれていなくて最後のほうになるとおろそかになっていたから、これから勉強などで集中できるように努力していきたいです。今回の職場体験で学んだ、「自分から積極的に行動すること」を日常の学校生活や部活動、社会に出てからの生活で生かしていきたいです。

□ 職場　社会福祉協議会　　女子
□ 5日間の仕事内容
　掃除、食事の準備、片付け、シーツ交換、食事介助、ドライヤーかけ、デイサービス

□ 感想

　　この職場体験で私が一番学んだことは、笑顔の大切さです。一緒に運動会をしたとき、名前も知らないお年寄りの人ににっこと笑いかけると、相手の方も笑顔を返してくれました。そのときに「言葉をかわさなくても表情で気持ちが伝わるんだ」ということを学びました。

　　そして何より、この職場体験での一番の収穫は、私のとても苦手なことであった『人とコミュニケーションをとる』ということが、克服できたことです。私は昔から人見知りだったため、初めて会う人とは緊張して全然話すことができませんでした。この職場体験でも、最初の日はそうでした。知らない人ばかりだし、お年寄りの方だからどんなことを話していいかがわからなかったからです。でも、職員さんが話しているところを見たり、入居者の方の名前を覚えたりしているうちに、自分から積極的に話せるようになっていきました。相手のお年寄りの方からも話しかけてきてくれてとても嬉しかったし、話すのが楽しくなっていきました。

　　あっという間に過ぎてしまった5日間だったけど、その中でたくさんの楽しい思い出が作れました。この職場体験で学んだ笑顔の大切さ、人見知りをせず自分から積極的に話しかける、ということを、これからの学校生活や将来などたくさんの場面に生かしていきたい思います。

特別養護老人ホーム

～生活学校を終えて～　生徒の感想

○　私は生活学校を通して、いつも親に頼ってばかりだったけど、自分の事は自分で出来るようになりました。食事の準備なども皆で分担して、おいしいご飯が出来ました。準備をしている時に、テーブルがふけてないと思ったら自分から動き、皿洗いなども自分から進んで動けてよかったです。洗濯も、自分で洗濯機をかけて干しました。ごく普通のことで、自分も出来るのに、親に任せていて気が向いた時にしかしないので、親の大変さがあまりよくわかっていませんでした。でも、生活学校を通し、家事の大変さもわかったので少しは親の力になるように家でも家事をしたいです。あと、ご飯を作る時など、みんなで協力しないとできないから、みんなの仲も深まったと思います。また、生活学校は集団なので、時間を守って動くのも大変でした。戸惑う時や面倒になってしまった時もあったけど、6泊7日の生活学校がとてもよい時間で、終わったときに達成感がありました。

○　僕はこの生活学校で様々なことを学びました。それは、時間の大切さと、自ら行動する事、協力することの大切さです。この生活学校は、食事・洗濯・風呂など様々なことが短い時間に組み込まれているため、いつも時間を気にしておく必要がありました。最初は少し大変でしたが、少しずつ時間を大切にするということが身に付きました。また、この生活学校では、ほとんど自分自身の責任で行動しなければいけませんでした。普段人に言われたことしかしていないことがあるので、これはとてもよい経験になりました。自分で考えてやった事がよい結果につながった時はとても嬉しかったです。これからもできる限りは自分から行動したいです。他にも、食事作りも友だちと協力しながら出来たし、洗濯などの家事も出来るようになってきました。これからもこの経験を生かしていけたらいいと思います。

生活学校での様子

保護者の感想

● 今回は生活学校と職場体験とが一緒になったこともあり、生活学校終了後、「俺が行った現場に行ってみようよ」と言い、ドライブがてらに出かけました。「ここはね…」とその現場がどのような作業をしていて、完了時にはどうなるのか…等、体験中に学んだ事、大変だった事、楽しかった事、またかかわった人達との出来事を熱心に教えてくれました。生活学校、職場と両方を体験したことで、お金を稼ぐ大変さと、日常の生活との両立、また今自分がたくさんの大人に見守られて生活しているという事を実感したようです。今回の体験で得た事をいつまでも忘れずに、もっともっと成長していってほしいと思います。ご協力してくださった教育委員会の方々、職場の皆さんに感謝します。ありがとうございました。

● 生活学校を体験し、少し変わったように思います。今までは「ちょっと手伝って…」と言うと『えぇ〜』で終わっていたのが、この頃は「手伝って…」、『は〜い』になってきました。とても嬉しいことです。とてもいい経験をしてきたんだなぁと思います。職場の皆様、公民館の皆様、いろいろおせわになり、ありがとうございました。これからも続けて欲しいと思います。

各協力事業所からの声

★学校給食共同調理場★

　普段毎日食べている給食を、生徒が職場体験を通して様々な点を感じてもらうとてもよい機会となりました。不安の中、一生懸命に取り組む姿はとても頼もしく思いました。

　長いようで短い5日間ですが、調理場は共同作業であり「人と人とのかかわり」が大切で、コミュニケーションがとても重要となってきます。あいさつも、ただ「さようなら」というのではなく、「お先に失礼します」「お世話になりました」の一言がとても大切です。そのことをぜひ学び取って欲しいと思っています。

　職場では様々なことに驚き、感動を覚えると思いますが、このような機会を通して、心を動かされ、そして将来の夢へのきっかけになって欲しいと思います。こちらもよい経験をさせて頂きました。ありがとうございました。

★特別養護老人ホーム★

　初日から掃除、シーツ交換を覚えてもらったが、嫌がらず2日目から自分たちで積極的に動いてくれて、お年寄りからも喜ばれていました。お年寄りとの話は言葉のわからないところもあり難しかったと思いますが、やさしく話しかけたり、話をゆっくり聞いてあげることができたと思います。仕事の大変さ、お年寄りとの関わり方の大切さを感じてもらえた気がしました。お年寄りの介護は、生徒さんにとっては初めての経験で不安だったと思います。この1週間でお年寄りとの接し方、話の聞き方の難しさを学んだと思います。今回体験で学んだことが、少しでも生徒さんの身につけばと思っています。

★グループホーム★

　グループホームという職場がどのような仕事をしているのか、理解してもらうのにはよい機会だったと思います。この5日間を通し、働くことの大変さ、お年寄りとの関わり方の難しさや大切さを感じてもらえたと思います。今回の職場体験学習で学んだことが、少しでも子どもたちが自分の将来を考えていく上で、何かの役に立ってもらえれば、と思っています。

★社会福祉協議会★

　この度の職場体験はこちらにとっても大変有意義な体験をさせて頂いたと思っています。生徒さんは福祉という特殊で複雑な現場において大変元気がよく、そして楽しく仕事を行っていました。その明るさは、利用者の皆さまのみならず我々にも元気をもたらしてくれました。生徒さんにいろいろな形でかかわって頂いた19名の高齢者の皆さんが、口を揃えて「何かぽっかり穴が空いたようで、寂しくなったわい……」といっておられます。これを契機に、社会福祉協議会にふらっと遊びに来て頂けると幸いです。

【事例６】
地域と連携した体験活動を中心にした 全教育課程へのキャリア教育の導入

福岡県飯塚市立頴田(かいた)中学校

《事例の概要と特色》

　本事例は全教育課程にキャリア教育をいかに導入していくかに焦点をあて、取り組んだ３年間の研究の報告である。キャリア教育において４能力領域を育てる土台は総合的な学習の時間、特別活動、道徳を関連化させた啓発的体験学習が中心となるが、それだけでは不十分である。全教育課程にキャリア教育の観点を導入することで、はじめて効果的に４能力領域の育成を行うことができる。また、教育課程を編成していく際に生徒の実態を反映させていくことは当然であるが、生徒の変容に合わせて教育課程も見直していかなければならない。そのためにはマネジメントサイクルの観点を導入し、PDCAサイクル化を確立する必要がある。

　本事例の特色は、体験活動を効果的に実施するための教育課程の編成と生徒の実態からその見直しを常に行えるよう工夫したところにある。

1　学校概要

（1）学校の状況

　人口約6500人であった旧嘉穂郡頴田町にある生徒数170名の小規模校である。旧産炭地である筑豊地区の中核である飯塚市と平成18年３月に合併した。現在、構造改革特別区域「教育のまち頴田」として学力向上を目標に、20人学級が措置されている。１学年50～66名を３学級にしているため、１学級16名～22名と非常に恵まれた状況にある。また、福岡県のキャリア教育部門の重点課題研究委嘱校にも指定されている。学校の教育目標は「人間としての基礎・基本に培い、学力の向上を図り、心身ともに健康な生徒の育成」である。

　本校は10年前に生徒指導に課題が多い状況にあり、５年前までそのような状況が続いていた。この原因は将来に対する夢や希望がないことからくる自分に対するイメージの低さにあった。５年前から学校も落ち着いてきたが、より生徒一人一人が主体的に学習活動に取り組む意欲の育成が課題である。

　将来への夢や希望、思い等から、学習意欲の向上、基本的生活習慣の確立、豊かな心等を育成

するため、7年前より職場体験学習やボランティア体験学習など様々な体験学習を実施してきた。以上のような実践を通して昨年度から学力の向上に成果が現れてきている。

（2）地域の状況

　旧産炭地である筑豊地区の例に漏れず、本校区も石炭産業なき後の産業構造の転換がうまくいっていない。そのため、基幹産業と呼べるものがなく、強いてあげれば農業・建設業ということになる。このように多様な課題が、炭坑閉山後からずっと続いている。緑が多く、閑静な環境にあるが、高齢化が進むなど、過疎地域に見られる問題が山積している。

　本校の保護者や地域の人々は、ＰＴＡ活動や、学校行事に対して協力的である。また、地域を挙げて旧穎田町のシステムづくりとその機能化を図り、本校の生徒はもとより、地域の青少年の健全育成に取り組んでいる。このように教育に対する関心は高く、期待も大きい。

　また、平成17年度末に穎田町は飯塚市と合併した。この市町村合併に関連して、地域では、合併後を見据えて構造改革特別区域を平成16年度に申請し、認可され、平成17年度から「教育のまち穎田」特区として動き出した。

　この特区の大きな目標は、子どもたちが生涯にわたって幸せな人生を送るための基礎の力を養うということである。望ましい勤労観、職業観の育成を目標とするキャリア教育は、生涯を通して幸せに生きるためのライフプランづくりの基礎となるものである。そこで、小中一貫した9年間のキャリア教育を構築し、その成果を検証していくことになった。

2　キャリア教育の全体計画

（1）ねらい

　校内研究テーマを「夢や希望を持ち、自らの生き方を考え、自分の可能性を伸ばそうとする生徒の育成」、副主題を「キャリア教育の観点からの教育課程の見直しと小学校・地域・家庭と連携したキャリア教育の推進を通して」とし、様々な実践に取り組んでいる。研究目標は「キャリア教育の観点からの教育課程の見直しと小学校・地域・家庭との連携を通して、夢や希望を持ち、自らの生き方を考え、自己の可能性を伸ばそうとする生徒の育成を究明する」である。この研究のねらいは、キャリア教育を導入することで学校で学ぶことの意味をしっかりとらえさせ、学習意欲を高めるというもので、最終的には学力向上にある。

（2）教育課程上の位置付け

　キャリア教育の推進に関する総合的調査研究協力者会議報告書によれば、「進路指導はキャリア教育の中核をなす」と記されている。進路指導は、中学校学習指導要領の総則において「生徒

が自らの生き方を考え主体的に進路を選択することができるよう、学校の教育活動全体を通じ、計画的、組織的な進路指導を行うこと」と規定されていることから、キャリア教育も教科・領域を問わず、全教育課程で行うべきものである。

キャリア教育の基盤である「学習プログラム」に示された4能力領域は、教科・領域などと互いに関連しながら、相互が補完し、相乗的な効果を生む。そこで、本校では効果的に4能力領域を育成するため、キャリア教育の4能力領域を全教育課程で育成することを目指すこととした。

そこで、学習指導要領に示されている各教科・領域の目標や内容を、キャリア教育の4能力領域と照らし合わせて分析・検討し、キャリア教育を全教育課程に位置付けていった。

(3) 3カ年（6カ年）を通した全体計画と指導の工夫点

本校では7年前より啓発的体験学習を導入した「生き方」指導を実践しており、昨年度は各学年の系統性を明確にした上で、キャリア教育の4能力領域と関連させた年間指導計画を立案した。（別紙資料　平成18年度キャリア教育全体計画参照）

この年間指導計画を作成するに当たって工夫したことは、総合的な学習の時間、道徳、特別活動の関連化である。人間としての生き方を深めるためには道徳との関連化を図ることが大切であり、啓発的体験活動や学校行事などの前後において、その内容に関連した道徳を実施するようにした。

また、本校で実施した学習状況適応検査において、学習計画の立案ができない生徒が多いことが明らかとなった。そこで特別活動において、将来の人生を考えた長いスパンの計画を作るだけでなく、大きな学校行事や定期考査・夏季休業中の計画づくりなど短いスパンの計画づくりを丁寧に指導し、計画が実行できたかどうかを評価するようにした。

次に工夫したことは、教科の授業においてキャリア教育の4能力領域の育成を図ったことである。教科と4能力領域をクロスさせることにより、協力して学び合う力、学習計画を立てる力、学ぶための資料や情報の収集力、学ぶ対象を決める力などが確実に身に付くと考える。キャリア教育が領域だけではなく、教科も含めた教育活動全体において計画的・組織的に行うことで学習効果が相乗的に高まり、生徒が主体的に生き方を考え、進路にかかわる行動に取り組む力が育成されるのである。

キャリア教育の観点に立った授業づくりでは、生徒が「学校における学び」と「将来の職業生活」との関連を、しっかり理解して授業に臨めるようにすることが大切である。そこで、キャリア教育の観点に立った教科指導を推進するため、4能力領域の授業への導入の手順を作成した。なお、その概要については次のページの資料1を参照していただきたい。

また、各学年のキャリア教育年間指導計画に各教科のキャリア教育と関連した単元名を記入していく欄を設け、指導の充実を図るようにした。

> 資料1　キャリア教育の4能力領域の授業への導入の手順
>
> ①各教科での学習内容と児童生徒の将来の職業生活との関連の明確化
>
> 　　各教科には、教科の目標があるため、授業者は、教科の目標の達成と生徒の将来の職業生活との関係を明確に押さえておく必要がある。授業の中で、生徒が「現在の学習」と「将来の職業生活」との深いかかわりを理解するように援助することで、学習意欲が向上する。
>
> ②各教科で育むキャリア諸能力の明確化
>
> 　　各教科の目標や内容、生徒の実態を考慮し、各教科が最も大きくかかわる「キャリア諸能力」を明らかにする。次に教科ごとに重点的に育むキャリア諸能力を確認し、キャリア教育全体計画に明記する。授業をするにあたっては、設定した「キャリア諸能力」を育成できるような展開を心掛けていくことが大切である。
>
> ③扱う単元や題材と「キャリア諸能力」との関連を明確化
>
> 　　重点を置く「キャリア諸能力」をどのように育てていくのか、授業の展開を考える。単元や題材の内容やねらいを考慮し、どのような能力をどのように育成していくのかを教科年間計画に明示し、それが達成できるような授業の展開を考えることが重要である。
>
> ④「キャリア諸能力」の評価規準の作成
>
> 　　扱う単元や題材を通して、児童生徒のキャリア発達を促すためにどのような能力や態度を目指すのか、具体的に表す。これが、キャリア諸能力の具体的な評価規準となる。設定した具体的な児童生徒の姿を目指すために、どのような指導や援助を加えていくのか吟味していく。
>
> ⑤授業展開の構想
>
> 　　単元や題材に応じた評価規準を作成し、その達成を目指すための活動や指導・援助の方法を考える。コミュニケーションの図り方、課題の設定の仕方などを指導することにより、生徒の諸能力が育まれる。効果的に諸能力を育むことができるよう、授業づくりを行うことが大切となる。
>
> ⑥評価について
>
> 　　キャリア教育としての評価は「キャリア諸能力」の具体的な評価規準に基づいて行う。重点をおいて育む「キャリア諸能力」の育成を図る活動をできる限り設定し、その都度評価する。

3　体験活動の全体計画（詳細は資料の平成18年度キャリア教育全体指導計画を参照）

（1）活動内容

①1年生（4日間の福祉ボランティア体験）

　○希望をとらず、生徒の自宅近辺の事業所に割り振る。

　○1カ所10人前後で、5カ所程度の施設を確保する。

　○交通費がかからない、旧頴田町内での活動を中心とする。

②2年生（5日間の職場体験）

　○事業所はこちらの決めた事業所の中から選択し、働くことの厳しさや喜びを実感

　　させることを中心に活動させる。

　○1カ所10人前後で、6カ所程度の職場を確保する。

　○活動の範囲は飯塚市内に拡大し、学校の予算で送迎する。

③3年生（3日間の職場体験）

　○将来就きたいと思っている職業を選ばせ、場合によっては職場の開拓までさせる。

　　（全60カ所の事業所で実施）

　○1～3名までの少数のグループ編成を中心とする。

　○通勤可能な範囲であればどこでもよい。但し、交通費は自己負担とする。

（2）活動の目的

①1年生（福祉・ボランティア体験学習）

○ボランティアを体験することで、役割を遂行することの大切さを学び、働くことに対する見方や考え方を深める。

　　○調査活動の方法などを知り、2・3年生時の学習に必要な基礎的能力の育成を図る。

　②2年生（職場体験学習5日間）

　　○「働くこと」を実際に体験することにより、「働くこと」の喜びや生きがい、苦労などを直接感じ取り、社会の中でその仕事が果たす役割を知る。

　　○仕事に関する多くの情報を収集することで、今後の進路選択に役立てる。

　③3年生（職場体験学習3日間）

　　○実社会という日頃体験できない環境に身を置くことにより、自分自身を見つめ直すとともに、社会的・職業的視野を広げ、進路を深く考える機会とする。

　　○自らの目的に合わせ、職場体験活動の全体計画を作成し実行することで、計画力、実行能力を育てる。

（3）学習の進め方

　①事前学習―――自分が体験する職業や事業所、ボランティアなどの調べ学習を行う。（どのような仕事なのか、資格の有無、魅力、ボランティアの種類、社会福祉事業所の種類など）マイキャリアプラン（人生設計図）を作成する。

　②体験学習―――実際に仕事やボランティアを体験し、働くこととはどんなことかを実感する。現場で働く人たちの「生の声」を聴き、情報収集する。

　③まとめの学習――事前学習や体験学習で学んだことをまとめ、報告書を作成する。（将来このような気持ちで仕事をしたい、このような職場を作りたいなどの将来に向けての構想を考える）マイキャリアプランを学んだことに照らし合わせて、見直しを行う。（自分は本当にこの職業に合っているのか、この職業に就くためには現在の生活で何を頑張らなければならないのかなど）

4　キャリア教育にかかわる体験活動

（1）体験活動の趣旨

　平成17年度は事前指導において、職業調べ学習、事前アンケートによる希望職場取り、職場別集会や職場代表者会、事前打ち合わせの実施を行った。また、事後指導においては、まとめのワークシート記入や礼状書き、文化発表会での発表、毎年協力していただいた事業所に対してはアンケートをお願いして、生徒の態度や学校への要望などを記入していただくなどの工夫を行った。また、自己の生き方を見つめさせる根幹として、マイキャリアプランと称した将来

設計図を作成する活動を位置付け、年度はじめと年度末の2回作成させるようにした。
　平成18年度は、発達段階に合わせ、全学年で行っている体験活動の系統化に取り組んだ。平成17年度は、3日間の職場体験学習に全学年で一斉に取り組むという形で実施した。しかし、受け入れ事業所側から同じ職場に違う学年の生徒が行くことから一斉指導が難しいことや同じ事業所に3年間行く生徒の意識の低下が大きいなどの問題点を、指摘された。
　そこで、今年度は勤労観から職業観へ意識を高めていくということを目標に、活動内容を1年生は3日間の社会福祉体験学習、2年生は5日間の職場体験学習、3年生は3日間の職場体験学習とした。そして、各学年の目標については1年生はボランティア体験を通して役割を果たすことの重要性を学ぶこと、2年生は学校が用意した中から職場を選び、5日間の長い職場体験で勤労の尊さや厳しさ、重要性を学ぶこと、3年生は、自分が本当に興味をもっている職場を選び（場合によっては職場の開拓まで）、3日間の職場体験を通して仕事をするために大切な能力とは何かなどを考えさせることとした。また、活動する事業所の範囲も1年生は旧頴田町内、2年生は飯塚市内、3年生は実際に通勤できる範囲内ならどこでもよいというように徐々に広げていくように工夫した。

（2）地域・家庭との関連

　職場体験学習を実施する際に、地域やその近隣に大きな事業所が少ないため、職場開拓には苦労している。しかし、今年で7年目と職場体験学習も定着してきたため、協力していただける事業所も年々増加してきた。また、職業人からの講話などの活動も実施してきたことで、多くの地域の方々に協力していただくことができている。さらに、家庭において、職業に関する話を聞く機会が少ないことが、生徒が将来に展望を持てないことにつながっていると考えられることから、事業所選択については家庭で話し合って決定させるなどの工夫を行っている。また、家庭や地域向けに『特区かわら版』という学校だよりを月1～2回のペースで発行しており、様々な構造改革特別区域としての取組を掲載することで、キャリア教育についての啓発を行っている。

（3）他校種や行政機関との関連

　①小学校との連携について
　　平成17年度から小学校と連携したキャリア教育を推進するための組織づくりと小・中学校9年間のキャリア教育のプログラム化を図るための発達段階に合わせたカリキュラムの作成に取り組んだ。プログラム作成においては、発達段階を考慮することや、内容の重複がないことなどを考えて行った。
　　また、月に1回程度教育特区推進委員会が小中合同で実施されており、その中でキャリア教育の連携についても話し合いを持っている。
　②高校との連携について

校区内に高校がないため、連携を深めることは難しいが、進路学習の一環として毎年6月に高校説明会を実施している。これは本校の生徒が主に進学する公立高校5校と私立高校4校の教員に来ていただき、学校の概要などについて説明してもらうというものである。公立高校と私立高校の2日間に分けて実施しており、公立高校の説明会は全学年対象で、私立高校の説明会は3年生だけを対象として実施している。

（4）効果・評価
　この体験学習をキャリア教育全体指導計画の中心に位置付け、事前と事後の指導を丁寧に行い、道徳・特別活動との関連化を図るなどして実施したことから大きな効果が上がってきた。生徒が作成した活動後の報告書の記述からは、職業に関する理解や働くことの重要性、働くことの厳しさや喜びなどの理解が深まった様子がうかがえる。また、職業に就くために必要な様々な力が自分に備わっていないことに気づき、現在の生活を充実させなければならないという意識が高まった。これらの効果が標準学力検査におけるポイントの向上として現れてきている。また、この体験学習を評価するため、前述の生徒の報告書やキャリアプランなどのポートフォリオによる評価のほかに、教員が行う活動の評価や事業所からのアンケートも実施している。その他にも昨年度末からキャリア教育全体の評価を行っている。評価に際しては、全教科・全領域についての分析及び反省と来年度に向けての取組という2点で記述してもらっている。これらの評価活動により、体験学習の内容やキャリア教育の全体指導計画の内容が年々充実してきている。

（5）今後の展望と課題
　この体験学習のプログラムは評価を行いながら、改善を加えつつ、今後も継続して実施していきたい。課題としては生徒一人ひとりの発達段階を考慮しながら、指導の個別化を推進していくことが挙げられる。職場体験学習において、職場を選択する理由も生徒一人ひとりによって違う。職場の選択の理由は、「将来就きたい職業を体験したい」という理由が最も望ましいが、生徒によっては「楽な仕事」であったり、「昼食が出る職場だから」という理由の場合がある。また、「将来どんな仕事に就くか」や、「どんな生き方をするのか」について考えを持たない生徒もいる。そんな生徒に対して、キャリアカウンセリングを実施するなどの手立てを臨機応変に行っていくことは今後一層必要であろう。また、家庭や地域との連携を今以上に進めていくためにはどうすればいいかを考え、具体的な手立てを打てるようにすることも大切である。

5　その他
（1）各学校段階における能力・態度の目標設定
　校内研究テーマを具現化し、今年度の校内研究全体計画を作るためには、生徒に付けたい力を明

らかにする必要がある。

そこで、資料2に示すようにキャリア教育の4能力領域と関連させ、生徒に付けたい力を「計画する力」、「関係する力」、「行動する力」の3つの能力領域として設定した。これは校内研究テーマを3つに区分し、作成したもので、それぞれ「夢や希望を持つ」が「計画する力」、「自らの生き方を考える」が「関係する力」と、「自分の可能性を伸ばそうとする」が「行動する力」と定義した。「計画する力」はキャリア教育の4能力の中で将来設計能力と情報活用能力と関連し、具体的な力としては役割把握力・計画力・情報収集力からなっている。また、「関係する力」は情報活用能力・人間関係形成能力と関連し、具体的には表現力・自他の理解力・コミュニケーション力となっている。そして、「行動する力」は意思決定能力と関連し、具体的には選択力・課題解決力・忍耐力としている。

この最後の忍耐力に関しては生徒の実態から必要であると考え、本校独自のものとして設定した。具体的な能力の定義については資料3の表にまとめているので参照していただきたい。

資料2　キャリア教育の能力領域と生徒に付けたい力の関連

能力領域		生徒に付けたい力
将来設計能力	計画する力	役割把握力
		計画力
情報収集探索能力		情報収集力
	関係する力	表現力
人間関係形成能力		自他の理解能力
		コミュニケーション能力
意思決定能力	行動する力	選択力
		課題解決力
		忍耐力

資料3　各能力の定義

役割把握力	生活・仕事上の多様な役割や意義及びその関連等を理解し、実践を通して自己の果たすべき役割などについての認識を深めていく能力
計画力	目標とすべき将来の生き方や進路を考え、それを実現するための進路計画を立てていく能力
情報収集力	進路や職業等に関する様々な情報を様々なメディアを使って収集・探索するとともに必要な情報を選択・活用し、自己の進路を設計していく能力
表現力	様々な手段を使って集めた情報を多様な表現手段を用いて、わかりやすく表現することで他者との理解を深める力
自他の理解能力	自己理解を深め、他者の多様な個性を理解し、互いに認め合うことを大切にして行動する力
コミュニケーション能力	他者の個性を尊重し、自己の個性を発揮しながら、様々な人々とコミュニケーションを図り、協力・共同して物事に取り組む力
選択力	様々な選択肢について比較検討したり、葛藤を克服したりして、主体的に判断し、自らにふさわしい選択・決定を行う力
課題解決力	希望する進路の実現に向け、課題を設定してその解決に取り組む力
忍耐力	意思決定に伴う責任を受け入れ、選択結果に適応するとともに、どんな困難があっても負けず、最後までねばり強く地道に努力する力

（2）目指す具体的な生徒の姿と評価項目の作成

平成17年度に作成した生徒に付けたい力をより具現化するために、各学年において育成したい生徒の具体的な姿の検討を行った。そして平成18年度、提出された生徒の姿を発達段階から見直し、系統化して完成させたのが資料4の目指す生徒の姿である。この目指す生徒の姿をもとに、生徒に付けたい力がついているかどうかを判断するための評価項目を作成した。この評価項目の作成に当たっては、目指す生徒の姿に近づいているかどうかを評価者が明確に判断できるよう、具体的な生徒の姿を細分化し、評価項目を増やすなどの配慮を行った。この作業を通して、付けたい力をつけるための手立てが明確になった。

（3）実態調査の実施とその分析・対策

現在の生徒がどんな状況にあるかを探るために実態調査を実施した。各学年の目指す生徒の姿

資料4　キャリア教育で育成したい具体的な生徒の姿と能力の表

能力領域	生徒につけたい力		それぞれの能力で求められる具体的な生徒の姿		
			1年	2年	3年
将来設計能力	計画する力	役割把握力	①学級活動の中で自分の役割やその進め方、よりよい集団活動のための役割分担やその方法などを理解し、責任をもって果たそうとする。	①日常の生活や学習と将来の生き方との関係を理解する。②中堅学年としての役割を理解し、自分の所属する集団がどうすればいい方向に向かうのか積極的に考え、行動することができる。	①様々な職業の社会的役割や意義を理解し、自己の生き方を考える。②最高学年としての自分の役割に気づくとともに、周囲にも目を配り、目標遂行に力を尽くすことができる。
		計画力	②将来の夢や職業を思い描き、自分にふさわしい職業や仕事への関心・意欲を高める。③定期考査に向けての計画を立てることができる。	③計画を立てる意義や方法を理解し、自分の目指すべき将来に向けて様々な場面で計画を立てる。	③将来の進路希望に基づいて当面の目標を立て、その達成に向けて努力する。④進路目標達成のための一年間の計画を立てることができる。
情報収集探索能力	関係する力	情報収集力	④自分の身近な職業について、その特徴やそこから得られる生きがいなどを調べ、理解する。⑤インターネットを使って情報収集することができる。	④上級学校・学科の種類や特徴及び職業に求められる資格や学習歴の概略がわかる。⑤必要に応じ、獲得した情報に創意工夫を加え、提示、発表、発信する。	⑤産業・経済などの変化に伴う職業や仕事の変化のあらましを理解する。⑥課題解決のために必要な情報を適切な方法で意欲的に集め、取捨選択することができる。
		表現力	①調べたり、聞き取ったりしたことを整理し、グループで交流してまとめる。②音楽や美術などで自己表現に積極的に取り組むことができる。	①日常の生活や学習の中で自分の思いを伝える工夫ができる。②様々な教科の中で自己表現に積極的に取り組むことができる。	①調べたり、わかったことを発表形態を考え、視聴覚機器などを使って分かりやすく伝えることができる。
人間関係形成能力		自他の理解能力	③自分のよさや個性がわかり、他者のよさや気持ちを理解し、尊重する。	③自分のよさや個性がわかり、他者のよさや感情を理解し、尊重する。	③自分の能力や適性を受容し、伸ばそうとする。④自分の悩みを話せる人をもつ。
		コミュニケーション能力	④集団の中で他者に配慮しながら積極的に話しかけるなど人間関係を築くことができる。⑤TPOに合わせた言葉づかいができる。	④人間関係の大切さを理解し、コミュニケーションスキルの基礎を習得する。	④学校のリーダーとしてフォロアーである下級生に配慮し、仕事を遂行することができる。⑤TPOに合わせて正しいマナーで行動することができる。
意思決定能力	行動する力	選択力	①自分の個性や興味・関心に基づいて、よりよい選択をしようとする。	①選択の意味や判断・決定の過程、結果には責任が伴うことなどを理解する。	①暫定的な進路選択をするための職業観・勤労観をもつ。②周囲の大人と相談しながら、当面の進路を選択し、その結果を受け入れ、責任を果たす行動をする。
		課題解決力	②学習や進路選択の過程を振り返り、次の選択場面に生かす。③適切な自己評価ができる。	②よりよい生活や学習、進路や生き方を目指して、自ら課題を見出していくことの大切さを理解する。③適切に自己評価や他者評価ができる。	③進路希望を実現するための現在の課題を見いだし、その解決に向かって全力で取り組む。④自己評価と他己評価からの次の課題をもつことができる。
		忍耐力	④自分で決めたことを途中で投げ出さず、最後までやりとおす。⑤将来の進路決定に向けて地道に毎日の家庭学習に取り組むことができる。	④自ら立てた目標や計画を粘り強く取り組み、実行していく。	⑤進路目標の達成に向けてねばり強く取り組むとともに、自分の限界を高めるべく努力を続けることができる。

が違うため、学年ごとに1枚の計3枚を準備した（下図参照）。この集約結果をもとに各学年で学年会議を開き、分析を行った。資料5は分析結果から明らかになった「各学年の生徒の課題となる力」をまとめたものである。ここから、全学年においてほぼ共通している課題が計画力・自他の理解能力・忍耐力であることがわかる。

この分析結果からそれぞれの学年で対策を立て、様々な取組を実施し、年度末に再度実態調査を行い、成果が挙がったのか検証した。1年生については、課題である力のうち、選択能力・忍耐力については向上したが、計画力、自他の理解能力については課題を残した。2年生については役割把握力・計画力・表現

力は向上したが、情報収集力や忍耐力に課題が残る結果となった。また、3年生については自他の理解能力・課題解決力などは向上したが、計画力・忍耐力に課題が残った。

（4）キャリア教育推進のためのPDCAサイクルの確立

　キャリア教育は学校の全教育課程を通して行うものである。このキャリア教育によって目指す生徒の姿を具現化するためには、学校の人的、物的、財的などの諸資源を組織化して活用し、カリキュラムの編成・実施・評価・改善活動に一定の成果と効率をもたらすための組織的・動態的な活動を行わなければならない。これは効果的なPDCAサイクルを確立するということである。平成17年度は初年度ということもあり、カリキュラムを編成・実施するだけで精一杯であり、評価・改善活動が十分にできなかった。そこで、平成18年度の重点項目の一つとしてキャリア教育カリキュラムの評価・改善をあげた。そして、キャリア教育の自己点検・自己評価を、学校の教育目標と研究主題に照らして、以下の項目で計画・実施・評価・改善を実施した。

①目指す生徒像から作成したキャリア教育アンケートによる生徒の自己評価結果を使った学年ごとの教育課程の見直し

　（3）において、実態調査を実施し、その分析から対策を立てたことについて述べた。生徒の変容を見るために2月末に同じ内容で実態調査を実施した。その集約結果をグラフにしたものをもとに9月に行った実態調査時に作成した分析と対策が

資料5　各学年の課題である力

学年	課題である力
1年	計画力・自他の理解能 選択力・忍耐力
2年	計画力・役割把握力 情報収集力・表現力・忍耐力
3年	計画力・自他の理解能力 課題解決力・忍耐力

有効であったかどうかを各学年ごとに評価を実施した。【計画する力】【関係する力】【行動する力】といった本校で考えた三つの能力の分析と来年度に向けての対策もあげるようにした。資料5に示す力の中で、計画力と忍耐力についてはどの学年においても向上が見られたことは、行事や定期テストなどにおいて必ず計画を立てさせ、実行させていくよう粘り強く指導した結果と考えられる。しかし、変容が見られなかった力も各学年ごとにあり、今後の対策に改善が必要であることが明らかとなった。

②各教科・道徳・特別活動・総合的な学習の時間の具体的なカリキュラムの編成状況・実施状況についての評価の実施

　キャリア教育を全教育課程で進めるためには資料2で示した力をどの教科・領域で担い育成していくのかを明確化する必要がある。そこでキャリア教育で身に付けさせたい力の評価項目と教科の関連を整理した表を作成した（前頁参照）。3月にはこの表と2月末に実施した実態調査の分析結果を照らし合わせ、全教職員でそれぞれの教科・領域の取組の状況や、取組の有効性などを明らかにした。1年間の取組の結果、成果が上がったかどうかを分析し、平成18年度の分析及び反省・来年度に向けての取組などを確認していった。上記の表を全

キャリア教育で生徒につけたい力の評価項目と教科・領域との関連（1年生）

		具体的な生徒の姿	評価項目	国語	社会	数学	理科	音楽	美術	保体	技家	英語	道徳	総合	特活
計画する力	役割把握力	①学級活動の中で自分の役割やその進め方、よりよい集団活動のための役割分担やその方法などを理解し、責任をもって果たすことができる。	①学級において日常生活や行事などに協力しようという気持ちで参加している ②係活動や清掃・日直などを最後までやりとげる ③係決めや選手決めなどのとき、楽な役ではなく自分にあった役になろうと考えることができる							○			○		○
	計画力	②将来の夢や職業を思い描き、自分にふさわしい職業や仕事への関心・意欲を高めることができる。	④将来の夢ややりたい職業がある ⑤自分にふさわしい職業や仕事を見つける意欲をもっている				○				○		○	○	○
		③定期考査に向けての計画を立てることができる。	⑥定期考査（中間考査や期末考査）に向けての計画は立てることができる ⑦定期考査に向けての計画を実行することができる												○
	情報力	④自分の身近な職業について、その特徴そこから得られる生きがいなどを調べ、理解することができる。	⑧自分のなりたい職業や身近な職業について、その特徴やそこから得られる生きがいなどを調べたことがある	○									○	○	
		⑤インターネットを使って情報収集することができる。	⑨インターネットを使った調べ学習において、調べたい情報を見つけることができる		○	○								○	
関係する力	表現力	①調べたり、聞き取ったりしたことを整理し、グループで交流してまとめることができる。	①調べ学習をした後、得た情報をまとめることができる ②一つの問題を班で分担して調べた後、それを班の意見として一つにまとめることができる	○	○		○			○	○	○		○	
		②音楽や美術などで自己表現に積極的に取り組むことができる。	③音楽や美術、技術や家庭科などにおいて表現活動に積極的に取り組んでいる					○	○		○				
	自他の理解能力	③自分のよさや個性がわかり、他者のよさや気持ちを理解し、尊重することができる。	④自分のいいところをあげることができる ⑤教科の学習や部活動・習いごとなどを感張り、自分の個性を伸ばそうと努力している	○	○							○		○	○
	コミュニケーション能力	④集団の中で他者に配慮しながら積極的に話しかけるなど人間関係を築くことができる。	⑥友達のよいところをたくさんあげることができる ⑦友達の個性を認めたり、相手の立場を大切にすることができる ⑧自分勝手な発言や行動をしないように努力している		○					○		○	○		○
		⑤TPOに合わせた言葉づかいができる。	⑨進んだ自分から挨拶をすることができる ⑩先生や親などの大人に、時と場合に応じた言葉づかいができる	○						○		○	○		
行動する力	選択力	①自分の個性や興味・関心に基づいて、よりよい選択をすることができる。	①物事を決めるときに思いつきではなく、自分の個性や興味などをしっかり考え、決めることができる ②自分で決めたことが失敗に終わっても、自分のせいだから仕方がないと思える							○	○		○		○
	課題解決力	②学習や進路選択の過程を振り返り、次の選択場面に生かすことができる。	③なりたい職業に就くために今の自分に足りない点（課題）をあげることができる ④③であげた課題を克服するために努力している								○		○	○	
		③適切な自己評価ができる。	⑤各教科の学習で自己評価をするときによかったことや悪かったことをきちんと書くことができる	○	○	○	○	○		○		○			
	忍耐力	④自分で決めたことを途中で投げ出さず、最後までやりとおすことができる。	⑥自分で決めたことを最後まで投げ出さずにやり遂げようとする	○	○	○	○	○		○		○	○	○	○
		⑤将来の進路決定に向けて地道に毎日の家庭学習に取り組むことができる。	⑦毎日決められた時間に家庭学習をすることができる												○

　員で作成したことで、年間2回の実態調査の結果を全教員が共通理解できた。また、自分の取組に成果があったのかどうかを考え、今後の具体的な取組を考えるきっかけとなった。このようなプロセスを経ることで教育課程を教員全員でつくっているという意識を共有化することができた。

③全教科・全領域ごとの平成19年度キャリア教育プランの作成

　今年度は昨年度取り組んだ教育課程のPDCAサイクル化をさらに充実させることを目標とした。そこで、まずキャリア教育のPDCAサイクル化にあたっての課題を明らかにした。その結果、

　ア　昨年度当初は生徒に付けたい力をどの教科・領域で担っていくのかを明確にしただけで、具体的にどのような手立てを講じていくのかが明らかでなかったこと

　イ　評価を出すのが年度末だけだったため、年度途中で生徒の実態に合わせて計画を再考することができず、手立てが有効でない場合があった。

などが明らかとなった。

そこで、これらの課題を克服するために、具体的なキャリア教育プランを全教科・全領域でつくることにした（前頁表参照）。その際には、自分の担当する教科・領域で身に付けさせることができる力の欄だけを記入することとし、具体的な取組の評価については学期ごとにしていくことにした。このようにして、1年間という長いスパンではなく、学期ごとの短いスパンで評価・改善を行い、生徒の実態に合わせて取組を修正していけるよう工夫した。

平成19年度　キャリア教育プラン（各教科・各領域）社会2学年

		具体的な取組	1学期 反省と具体的な改善策	2学期 反省と具体的な改善策	3学期 反省と具体的な改善策	年間の反省と次年度への課題	
						年間の反省	次年度への課題
計画する力	役割把握力			評価	評価	評価	
	計画力		評価	評価	評価	評価	
	情報力	・自学ノートに調べたい県や国などをそれぞれが選び、テーマを設定してまとめる学習課題を課す。 ・歴史学習において、自分の調べたい人物や事件を選び、仮説を設定して調べる学習課題を課す。 ・上記の学習の際にインターネットや図書館の書籍などを使って、情報を収集させる。	地理的分野のまとめとして自学ノートに自分の調べたい県や国を選び、その地域の特徴を調べる活動を設定した。その際にはまとめ方としてレポート、イラストマップ、地図やグラフなどのやり方で行うように指導した。また、授業においてできるだけインターネットを使う活動を導入することができ、自分の調べたいことをすばやく調べられるように生徒はなってきた。 評価 A	授業中にインターネットを使って必要な情報を検索する活動を5回行った。また、全国の小京都から興味のある都市を一つ選び、名物や景観の特徴などをあげさせるなどの調べ学習を通して、情報を収集し、まとめる力は1学期よりもついていると考える。また、自学ノートに地理のまとめとして日本が豊かな原因を探るテーマ学習も設定し、取り組ませた。 評価 A	評価	評価	
関係する力	表現力	・自学ノートでの調べ学習において、よい作品は生徒に発表させ、表現力を身につけさせる。 ・日頃の授業の中で発言者に発表カードを渡すことで発表の意欲を高めるとともに、発表のポイントについての指導を適時行っていく。 ・調べ学習のまとめ方について、生徒のよくできている作品を例にまとめ方のポイントを指導する。	自学ノートの調べ学習でよい作品は特区かわら版にのせ、何がよいのかを全学級において指導した。また発表カードの取組も1年からの継続ということもあり、たくさんの生徒が発表しており、今後も継続していきたい。 評価 A	自学ノートについては学期中に1回しか提出させることができなかった。しかし、授業中に様々な情報を収集しまとめる活動を実施できたことは表現力を養う上で有効であった。また、発表カードの取組は1学期同様実施することができた。 評価 B	評価	評価	
	自他の理解能力		評価	評価	評価	評価	
	コミュニケーション能力		評価	評価	評価	評価	
行動する力	選択力		評価	評価	評価	評価	
	課題解決力	・定期考査の結果から、次の考査に向けての改善点を評価表評価表に書かせる取組を実施し、課題解決能力の育成を目指す。 ・各学期ごとに評価表を出し、本人の学習上の課題を捉えさせ、来学期の改善点を明確化する。	学期末の評価表は今学期も昨年度同様出すことができたが、定期考査の結果の評価表については実施できなかった。 評価 B	1学期同様2学期末も評価表を出すことができた。そのことで生徒自身の課題について認識させることができた。また、提出物についてはその都度評価し、生徒一人ひとりの課題を明確化させるよう努めた。 評価 A	評価	評価	
	忍耐力	・課題をできるだけ出すとともに、最後まで必ず出させるようにする。 ・各種テストにおいては、基準に満たないものは再テストを繰り返し、習熟するまでやらなければならないという気持ちを育成する。	学期中に17回課題を出すことができた。また,自学ノートの調べ学習も2回実施することができた。提出についても全員遅れても必ず出させることができた。また定期考査や小テストにおいて基準点に満たない生徒は合格するまで再テストを実施した。 評価 A	今学期も各学級15回以上課題を提出させた。その都度、必ず提出させるようにした。また、各種テストについては基準点に満たない生徒は合格するまで再テストを実施した。 評価 A	評価	評価	

平成１８年度　１年生キャリア教育全体指導計画

月	日	曜日	道徳	総合的な学習の時間	特別活動	教科・その他	段階
4	12	水			学級組織作り（役割把握）	【数学】正負の数《情報収集・探索能力》 【英語】Lesson1〈人間関係形成能力〉 【美術】澄んだ目と心で〈自他の理解能力〉	課題発見
	17	月		○オリエンテーション		【国語】新しい世界へ「声を届ける　みんなに聞こえるように」〈自他の理解能力〉 「発見したことをつたえよう」「わかりやすく説明しよう」〈コミュニケーション能力〉	
	20	木	おはよう2-(1)礼儀			【保体】運動能力テスト＜自他の理解能力＞ 心身の発達と心の健康〈自他の理解能力〉	
	24	月		○自分史をつくろう1		【技術】産業をさせる技術の発達＜職業理解力＞技術と私たちの生活＜役割把握・認識能力＞技術とものづくりの未来＜計画実行力＞	
5	25	木		○自分史をつくろう2		【数学】正負の数《情報収集・探索能力》 【英語】Lesson 2〈人間関係形成能力〉 【保体】運動能力テスト＜自他の理解能力＞ 【音楽】イメージをふくらませて聴こう〈コミュニケーション能力〉旋律と和声の関わりを感じ取ろう〈コミュニケーション能力〉	
	29	月		○ふれあい学習の準備をしよう1			
6	2	金		○ふれあい学習の準備をしよう2			
	5	月		○高校について知ろう		【数学】正負の数、文字と式　《情報収集・探索能力》	
	6	火		○進路説明会（2時間）		【英語】Lesson3〈人間関係形成能力〉 【美術】色との出会い〈コミュニケーション能力〉 【家庭科】わたしたちの食生活	
	8	木	無人スタンド4-(3)公徳心				
	20	火			期末考査の取り組み（学習計画）		
	21	水	木箱の中の鉛筆たち1-(5)向上心				
	29	木		○自分史をつくろう3・「私の将来の青写真」			
	30	金		○自分史を交流しよう！			
7	3	月		○ボランティアに挑戦しよう！		【数学】文字と式《情報収集・探索能力》 【理科】光、音、力でみる世界《情報収集・探索能力》《課題解決能力》 【国語】心の歩み「紙を書こう」「話し合って考えよう」〈コミュニケーション能力〉	情報収集
	6	木		○社会福祉施設について調べよう1			
	10	月		○社会福祉施設について調べよう2			
	14	金		○社会福祉施設について調べたことを交流しよう	家庭訪問		
9	4	月		○施設別集会			準備・計画
	5	火			福祉体験に向けて（心構え）		
	6	水	席替え4-(1)社会的役割・責任				
	7	木		○ボランティアテーマ設定			
	8(2)	金		○事前の打ち合わせに行こう		【数学】方程式《情報収集・探索能力》 【英語】Lesson4〈人間関係形成能力〉Lesson6〈情報活用能力〉 【美術】自然の形や色を生かして《計画実行力》 【理科】光、音、力でみる世界《情報収集・探索能力》《課題解決能力》 【保体】バレーボール＜コミュニケーション能力＞＜課題解決能力＞ 【家庭科】わたしたちの食品の選択と調理 【音楽】合唱の喜び＜コミュニケーション能力＞	情報収集
	11(4)	月		○車椅子・アイマスク体験をしてみよう			
	12	火					
	13	水		○社会福祉ボランティア体験学習（3日間）18時間			
	14	木					
	15	金		○お礼状を書こう			
	19	火			福祉体験のまとめ（意見交流）		
	20	水	山奥の請け合い配達夫さん4-(5)勤労・社会奉仕				
	21	木		・社会福祉体験学習報告書作成 個人のまとめ			まとめ
	25	月					
	28	木		・グループのまとめ1			
10	2	月		・グループのまとめ2		【数学】方程式《情報収集・探索能力》 【英語】Lesson7〈将来設計能力〉 【理科】光、音、力でみる世界《情報収集・探索能力》《課題解決能力》 【国語】真実を語る「未来をひらく微生物」 【保体】バレーボール＜コミュニケーション能力＞＜課題解決能力＞健康と環境＜役割把握・認識能力＞ 【音楽】合唱の喜び＜コミュニケーション能力＞	
	3	火		○文化発表会テーマ決め			
	5	木		・グループのまとめ3			
	12	木		・グループのまとめ4			
	16	月		・グループのまとめ5			
	17	火		・グループのまとめ6			
	23	月		○文化発表会の準備をしよう			
	26	木					
11	2	木		○発表の準備をしよう		【社会　地理的分野】第1部　世界と日本の地域構成　第1章　地球の姿　第2章　世界の姿と様々な地域《情報収集・探索能力》 【数学】比例・反比例　《情報収集・探索能力》《課題解決能力》 【英語】Lesson8〈人間関係形成能力〉 【保体】マット運動＜課題解決能力＞＜選択能力＞ 【家庭科】わたしたちの消費と環境 【音楽】曲の雰囲気を感じ取ろう＜自他の理解能力＞アンサンブルにチャレンジ＜コミュニケーション能力＞	情報発信
	8	水	アジアの子どもたち4-(10)国際理解				
	9	木		○発表の準備をしよう			
	13	月					
	15	水			期末考査の取り組み（学習計画）		
	20	月					
	24	金		○発表の準備をしよう			
	27	月					
	30	木					
12	4	月		○発表会をしよう		【社会　地理的分野】第1部　世界と日本の地域構成　第3章　日本の姿と様々な地域《情報収集・探索能力》 【数学】比例・反比例《情報収集・探索能力》 【美術】見ることと描くこと〈自他の理解能力〉 【音楽】日本の音楽に親しもう〈自他の理解能力〉	
	7	木					
	12	火			年賀状書き（ボランティア）		
	13	水	山に来る資格がない1-(1)基本的な生活習慣		三者懇談会		
1	16(3)	月		○マラソン大会		【数学】平面図形《課題解決能力》 【英語】Lesson9〈人間関係形成能力〉 【音楽】アンサンブルにチャレンジ〈コミュニケーション能力〉 【美術】文字を生かしたデザイン〈役割把握・認識能力〉 【理科】大地の変化《情報収集・探索能力》《課題解決能力》 【国語】自分を見つめる「体験を伝え合おう」〈職業理解能力〉〈自他の理解能力〉	
	19	金		○キャリアプランをつくろう			
	23	火		・職業調べ	自分の夢を持とう（将来設計）		
	24	水	「し」をかく日2-(2)思いやり・親切				
	26	金		・職業調べ			
	30	火		・生き方を考えたキャリアプランをつくろう！			
2	1	木	ぼくのふるさと4-(8)郷土愛			【社会　地理的分野】第2部　地域の規模に応じた調査　第2章　都道府県の調査　①岩手県　②福岡県《情報収集・探索能力》 【数学】空間図形《課題解決能力》 【国語】生活と言葉「言葉を探検する」《情報収集・探索能力》 【英語】Reading《情報活用能力》 【理科】大地の変化《情報収集・探索能力》《課題解決能力》 【保体】バスケットボール＜コミュニケーション能力＞＜課題解決能力＞ 【音楽】映画音楽を楽しもう＜自他の理解能力＞＜コミュニケーション能力＞	未来構築
	2	金		・キャリアプランをつくろう!2			
	7	水		○発表会			
	8	木	日本から来たおばさん4-(10)国際理解と親善				
	12	月		○発表会			
	13	火			期末考査の取り組み（学習計画）		
	14	水		○総合的な学習を振り返ろう			
3	7	水	合唱コンクール4-(7)学校愛好心			【社会　地理的分野】第2部　地域の規模に応じた調査　第2章　都道府県の調査　③東京都《情報収集・探索能力》 【数学】空間図形《課題解決能力》 【理科】大地の変化《情報収集・探索能力》《課題解決能力》 【音楽】映画音楽を楽しもう＜自他の理解能力＞＜コミュニケーション能力＞	
	13	火			1年間のまとめ		

平成１８年度　２年生キャリア教育全体指導計画

月	日	曜	道　徳	総合的な学習の時間	特別活動	教　科・その他	段階
4	11	火			学級組織作り（役割把握）	【数学】式の計算《情報収集・探索能力》	
	17	月		○オリエンテーション		【英語】Lesson1《自他の理解能力》, Do it Talk1《コミュニケーション能力》	
	18	火			体育会の意義（連帯感を養う）	【理科】電流とその利用《情報収集・探索能力》《課題解決》	
	20	木	ごあいさつのすすめ2－(1)			【国語】心を探る《自他の理解能力》《コミュニケーション能力》	
	24	月		○マイ・キャリア　プランⅠ		【保体】運動能力テスト＜自他の理解能力＞	
						【技術】環境や資源、エネルギーと技術＜計画実行力＞	
	27	木	僕の旅立ち1－(1)			【社会】世界の国々（中国・ドイツ）《情報収集・探索能力》	
5	17	水				【数学】式の計算、連立方程式《情報収集・探索能力》	
	25	木		○職場の選択		【英語】Lesson2《自他の理解能力》, Do it Talk2《コミュニケーション能力》	
	29	月		○職種発表・グループ編成		【理科】電流とその利用《情報収集・探索能力》《課題解決》	
						【保体】運動能力テスト＜自他の理解能力＞障害の防止＜役割把握・認識能力＞	
	31	水	わが四万十川4－(8)郷土愛			【社会】世界の国々（ドイツ）《情報収集・探索能力》	課題発見
6	1	木		○職業調べ			
	5	月		○職業調べ			
	6	火		○公立高校説明会	進路説明会に向けて（情報の収集）		
	7	水	体力も精神力も鍛えられて強くなった1－(2)			【数学】連立方程式《情報収集・探索能力》	
	12	月		○職業調べ		【英語】Lesson3《自他の理解能力》, Do it Talk3《コミュニケーション能力》	
	20	火			期末考査の取り組み（学習計画）	【理科】電流とその利用《情報収集・探索能力》《課題解決能力》電流とその利用《情報収集・探索能力》《課題解決能力》	
	21	水	伝統の味4－(7)			【社会】世界の国々（アメリカ）《情報収集・探索能力》	
	22	木				【国語】事実を探る《情報収集・探索能力》	
	26	月		○職業調べ		【美術】楽しく効果的に表そう〈コミュニケーション能力〉	
	28	水	日本から世界へ世界から日本へ4－(10)				
	29	木					
	30	金		○期末考査の取り組みについて			
7	3	月		○体験準備			
	4	火			期末考査の反省（学習計画）	【数学】1次関数《課題解決能力》	
	5	水	姉の生き方に学ぶ2－(5)			【英語】Lesson4《自他の理解能力》、Do it Talk4《コミュニケーション能力》	
	6	木				【国語】人間のきずな《自他の理解能力》《コミュニケーション能力》	
	10	月		○質問内容の検討		【美術】手づくりの楽しみ《課題発見能力》	準備・計画
	14	金				【社会】人口の特色・自然や産業の特色《将来設計能力》	
	18	火			夏休みの計画	家庭訪問	
9	4	月		○職場への挨拶と事前指導			
	5	火			職場体験に向けて（心構え）		
	6	水	小さな一歩4－(3)				
	7	木		○職場への挨拶と事前指導			
	8	金		○事前指導			
	11	月				【数学】1次関数《課題解決能力》	
	12	火		○職場体験（5日間）		【英語】Let's Read 1《コミュニケーション能力》	情報収集
	13	水		※30時間		【美術】北斎と遠近法《計画準備・実行能力》	
	14	木				【保体】バレーボール＜コミュニケーション能力＞＜課題解決能力＞	
	15	金				【社会】自然や産業の特色・地域間の結びつきの特色《将来設計能力》	
	19	火			職場体験のまとめ（他の考えにふれる）		
	21	木		○お礼状書き			
	25	月		○報告書作成			まとめ
	28	木					
10	2	月		○報告書作成			
	3	火		○文化祭テーマ決め			
	5	木				【数学】1次関数、図形の性質と合同《課題解決能力》	
	12	木		○文化祭準備		【英語】Lesson5, Do it Write 1《計画実行能力》	
	16	月				【国語】事実と意見《情報収集・探索能力》	
	17	火		○修学旅行の取り組み		【保体】バレーボール＜コミュニケーション能力＞＜課題解決能力＞	
	18	水	私の存在4－(1)			【社会】生活と文化の特色・世界と比べてみた日本の特色《将来設計能力》	
	19	木				【家庭】わたしたちの生活と住まい《選択能力》	
	23	月		○職場体験発表会の準備			
	26	木					
11	2	木				【数学】図形の性質と合同《課題解決能力》	
	8	水	生きるつとめ3－(2)			【英語】Lesson6《自他の理解能力》, Do it Talk 5《コミュニケーション能力》	
	9	木		○職場体験発表会の準備		【理科】化学変化と分子・原子《課題解決能力》	情報発信
	13	月				【国語】生きる姿《自他の理解能力》《コミュニケーション能力》	
	14	火				【美術】鑑賞《自他認識能力》	
	21	火			期末考査の取り組み（学習計画）	【保体】マット運動《コミュニケーション能力》《選択能力》	
	24	金				【社会】日本の国内の特色《将来設計能力》近代国家へのあゆみ・自由民権運動と国会開設《役割把握・認識能力》	
	27	月		○修学旅行の取り組み			
	30	木					
12	6	水	賞状4－(1)			【数学】三角形と四角形《課題解決能力》	
						【英語】Lesson7《自他の理解能力》, Do it Talk6《コミュニケーション能力》	
	7	木		○職場体験発表会		【理科】化学変化と分子・原子《課題解決能力》	
						【社会】日清日露戦争とアジア情勢　近代日本の社会・第一次世界大戦と世界《役割把握認識能力》	
	12	火			年賀状作成（ボランティア活動）	三者懇談会	
1	16	火		○マラソン大会		【数学】三角形と四角形《課題解決能力》	
	23	火			ピアサポート	【英語】Lesson8《課題解決能力》	
	30	火			ピアサポート	【理科】天気とその変化《情報収集・探索能力》	
						【社会】大正デモクラシーの時代・世界恐慌と日中全面戦争・第二次世界大戦と日本《役割把握認識能力》	
2	13	火			ピアサポート	【数学】確率《課題解決能力》	未来構築
						【保体】バスケットボール《コミュニケーション能力》《課題解決能力》	
	20	火			期末考査の取り組み（学習計画）	【英語】Do it Write2《情報収集・検索能力》	
						【理科】天気とその変化《情報収集・探索能力》	
						【社会】平和と民主化への動き・冷たい戦争と日本の独立・国際化する世界と日本《役割把握認識能力》	
3	6	金			期末考査の反省（学習計画）	【数学】確率《課題解決能力》	
	13	火			ピアサポート	【英語】Let's Read 2《コミュニケーション能力》	
	19	火			学年の反省	【理科】天気とその変化《情報収集・探索能力》	
						【保体】バスケットボール《コミュニケーション能力》《課題解決能力》	
	22	火			1年間の反省	【国語】広がる言葉《情報収集・探索能力》《役割把握・認識能力》	

平成18年度　3年生キャリア教育全体指導計画

月	日	曜日	道徳	総合的な学習の時間	特別活動	教科・その他	段階
4	11	火			学級組織作り（役割把握）	【社会】現代社会とわたしたちの生活《情報収集・探索能力》	
	17	月		○オリエンテーション		【数学】式の計算《情報収集・探索能力》	
	20	木	M君のこと2－(4)健全な異性観			【国語】心の在り方《自他の理解能力》《コミュニケーション能力》	
	24	月		○マイ・キャリア　プランⅠ		【保体】運動能力テスト＜自他の理解能力＞	
	27	木	缶コーヒー4－(3)公徳心　社会連帯			【技術】情報通信ネットワークの利用＜情報収集・探索能力＞	
						【英語】Do it Talk1《コミュニケーション能力》	
5	17	水	兄からのメッセージ2－(5)寛容　謙虚			【数学】式の計算《情報収集・探索能力》	
	25	木		○進路学習		【国語】社会をとらえる《情報収集・探索能力》	
	29	月				【保体】運動能力テスト＜自他の理解能力＞	
	31	水	日本海の落日4－(8)郷土愛			【英語】Do it Talk2《コミュニケーション能力》	
6	1	木		○学習のテーマとゴールの設定			課題発見
	5	月		○領域・グループ編成 ○グループのテーマ設定			
	6	火		○公立高校説明会			
	7	水	夢をかなえるバトン(奨学金制度)			【社会】人権の尊重と日本国憲法《情報収集・探索能力》《役割把握・認識能力》	
	8	木			進路説明会に向けて(情報の収集)	【数学】平方根《情報収集・探索能力》	
	9	金		○私立高校説明会		【国語】状況に生きる《自他の理解能力》《コミュニケーション能力》	
	12	月		○体験活動場所の検討		【美術】気持ちの形・思いの色《計画・実行能力》	
	20	火			期末考査の取り組み(学習計画)	【音楽】アンサンブルを楽しもう＜コミュニケーション能力＞	
	21	水	失敗は自立の母1－(3)			【英語】Do it Talk3《コミュニケーション能力》	
	22	木		○企画書作成		【家庭】わたしたちの成長と家族、地域《役割把握認識能力》	
	26	月		○進路説明会			
	28	水	早朝ドリブル1－(1)				
	29	木		○進路について考えよう			
	30	金		○期末考査の取り組みについて			
7	3	月		○企画書作成		【社会】現代の民主政治と社会《役割把握・認識能力》《選択能力》	準備・計画
	5	水	めぐやん1－(2)強い意志			【数学】2次方程式　《情報収集・探索能力》	
	6	木		○体験活動の具体的な計画作成		【音楽】アンサンブルを楽しもう＜コミュニケーション能力＞	
	10	月		○質問内容の検討		【英語】Lesson4《職業理解能力》	
	14	金		○職場決定	三者懇談会		
9	4	月		○職場との打ち合わせ			情報収集
	5	火			職場体験に向けて(心構え)		
	6	水	「労働」って何？4－(5)勤労				
	7	木		○職場との打ち合わせ			
	8	金		○事前指導		【数学】関数y＝ax2《課題解決能力》	
	11	月				【理科】物質と化学変化の利用　《情報収集・探索能力》《課題解決能力》	
	12	火		○職場体験(3日間)※18時間		【国語】生き物として生きる《情報収集・探索能力》《役割把握・認識能力》	
	13	水				【保体】バレーボール＜コミュニケーション能力＞＜課題解決能力＞	
	14	木		○報告書作成○お礼状書き		【技術】情報と私たちの責任《計画実行力》	
				○報告書作成		【音楽】合唱の喜び＜コミュニケーション能力＞	
	15	木		○報告書作成○調べ学習		【英語】Lesson5《情報収集・探索能力》Do it Write1《課題解決能力》	
	19	火			職場体験の交流(他の考えにふれる)		まとめ
	21	木					
	25	月		○調べ学習			
	28	木					
10	2	月		○報告書作成		【社会】地方の政治と自治《役割把握・認識能力》《選択能力》	情報発信
	3	火		文化発表会テーマ決め		【数学】図形の相似《課題解決能力》	
	5	木				【理科】物質と化学変化の利用　《情報収集・探索能力》《課題解決能力》	
	12	木				【美術】暮らしや生活を彩る《コミュニケーション能力》学校や地域への発信〈コミュニケーション能力〉	
	16	月		○発表資料作成			
	18	水	相手の立場を考える4－(5)			「保体」バレーボール＜コミュニケーション能力＞＜課題解決能力＞	
	19	木				〔音楽〕合唱の喜び＜コミュニケーション能力＞	
	23	月		○発表練習		【英語】Lesson6《計画実行能力》Do it Talk4《コミュニケーション能力》	
	26	木					
11	2	木		○学年発表会①		【社会】私たちの暮らしと経済・市場経済と金融・国民生活と福祉《役割把握・認識能力》《情報収集・探索能力》	
	9	木		○学年発表会②			
	13	月		○発表会評価活動		【数学】図形の相似　《課題解決能力》	
	20	月		○報告書集作成		「保体」マット運動＜コミュニケーション能力＞＜課題解決能力＞	
	21	火		○報告書集作成	期末考査の取り組み(学習計画)	【技術】マルチメディアの活用＜情報収集・探索能力＞	
	24	金				〔音楽〕オペラ・バレエの名曲《自他の理解能力》	
	27	月		○マイ・キャリア・プランⅡ		【英語】Lesson7《課題解決能力》Do it Talk5《コミュニケーション能力》	
	30	木		○今後の進路を確認しよう			
12	4	月		○親子ふれあい活動		【数学】三平方の定理　《課題解決能力》	未来構築
	6	水	雪ん子のうた1－(4)真理愛　理想の実現			【英語】Lesson8《役割把握認識能力》Do it Talk5《コミュニケーション能力》	
	7	木		○振り返り学習 ○「総合学習」振り返りアンケート		【国語】人間と言葉《情報収集・探索能力》《役割把握・認識能力》	
	12	火			年賀状作成(ボランティア活動)	三者懇談会	
1	16	火		卒業文集作成		【理科】自然と人間《情報収集・探索能力》《課題解決能力》	
						「保体」健康な生活と病気の予防＜役割把握能力＞	
	23	火			受験を目前にして(進路実現のためにできること)	〔音楽〕日本の伝統芸能＜自他の理解能力＞	
						【英語】Do it Write2《課題解決能力》	
2	13	火			キャリア教育3年間のまとめ	【理科】科学技術と人間の生活　《情報収集・探索能力》《課題解決能力》	
						「保体」バスケとボール＜コミュニケーション能力＞＜課題解決能力＞	
	20	火			卒業式に向けて	〔音楽〕アンサンブルを楽しもう2＜コミュニケーション能力＞	
3	2	金			新たな生活に向けて	「保体」バスケとボール＜コミュニケーション能力＞＜課題解決能力＞	
						〔音楽〕アンサンブルを楽しもう《コミュニケーション能力》	

【事例7】
総合的な学習の時間
『まつナップ』における地域体験活動

宮城県松島高等学校

《事例の概要と特色》

　本校では、総合的な学習の時間を「まつナップ」と称し、進路指導とリンクさせて実施している。「まつナップ」とは、「松島ナビゲーションプログラム」の略称である。この名称には、地域の教育力を生かし、地域とともに歩みながら自己の在り方、生き方について考え、成長するという意味合いが込められ、その目的は、地域の人の話に耳を傾け、体験を生かして考え、行動できる生徒を育成することにある。

　本校での体験活動は、平成9年の職場体験を皮切りとしており、立ち上げの当初は、落ち着かない当時の学校の実態を体験活動によって打破するという意図もあった。「まつナップ」はその延長上にあり、平成15年に現在の基礎がつくられた。

　本事例は、「まつナップ」として実施している、1年次の職場インタビュー、2年次の職場体験、3年次の社会人模擬面接の要項の一部を紹介するものである。

1　学校概要

（1）学校の状況

　住　所　宮城県宮城郡松島町高城字迎山3の5
　規　模　全日制課程普通科、15学級、全校生徒数579名。
　環　境

　本校は、江戸日本橋から百里目に当たる。国宝瑞巌寺から北東に二十七町（約3km）に位置し、『奥の細道』で松尾芭蕉が旅した旧石巻街道沿いにある。住宅地の最奥に立つため、松島湾を直接望むことはできないが、海鳥の鳴き声と観光汽船の汽笛は、すぐそこに海のあることを教えてくれる。また校舎の周辺は季節の花に彩られ、豊かな自然に恵まれている。最寄り駅はJR東北本線松島駅またはJR仙石線高城駅である。松島駅から本校までは徒歩20分、高城駅からは徒歩15分ほどである。地元松島町から通学する生徒は全体のほぼ1割で、残り9割の生徒は電車

を利用して隣接する市町から通学してくる。

教育目標
 Ⅰ 自ら学ぶ意欲と能力を高め、社会の変化に主体的に対応できる**自律**の精神を持った人間を育成する。
 Ⅱ 勤労と責任を重んじ平和を尊び他を思いやる**友愛**の精神に満ちた人間を育成する。
 Ⅲ 自らの個性を磨き、豊かな文化を探求する**創造**の精神を備えた人間を育成する。

【校訓】創造・友愛・自律

特 色

本校は昭和23年、宮城県塩釜高等学校定時制課程松島分校として開設され、平成21年度に創立60周年を迎える。昭和32年、宮城県松島高等学校となり、その後昭和57年まで定時制を併設した女子高校として地域の教育に貢献してきた。昭和58年に男女共学校となり、現在に至っている。

生徒の男女比は、男子4割女子6割であり、入試の倍率は例年2倍近い。卒業生の進路状況は、進学と就職がほぼ同じ割合と多様である。そのため、教育課程では類型制と選択科目によって、生徒の多様なニーズに応じる工夫をしている。また、数学や英語では、生徒の学力に合わせた習熟度別授業を展開している。さらに、総合的な学習の時間とLHRを弾力的に運用し、1年次より進路を意識した指導を行っている。

（2）地域の状況

日本三景の一つとして知られる松島町の産業は、観光産業と農水産業が中心である。また、交通の便がよいため、仙台市等への通勤や通学者も少なくない。

2　キャリア教育（進路指導）の全体計画

（1）目標・ねらい
 ○「在り方・生き方」指導の一環としての進路指導
 ○生徒の進路選択能力の育成
 ○計画的・組織的・継続的な指導

（2）教育課程上の位置付け
教育課程上の位置付けとしては、総合的な学習の時間として展開している。

（3）3カ年を通した全体計画
（例）総合的な学習の時間（まつナップ）実施計画（案）（平成19年度）

月	日	曜	1学年	2学年
4	13	金	まつナップオリエンテーション 進路希望調査①	まつナップ Stage2 オリエンテーション 進路希望調査①
	18	水	委員会決め（3、4組）	インターンシップ先確認①
5	9	水	進路講話Ⅰ（高校生活と進路全般） 講師：キャンパスネットワーク	挨拶・マナー学習（講師：ジョブ・カフェ）、 インターンシップ先確認②
	16	水	進路マップフィードバック	進路マップフィードバック
	23	水	卒業後の進路と科目選択Ⅰ・ガイダンス	インターンシップ事前学習①
	30	水	進路講話Ⅱ卒業後の進路＜進学編＞ 講師：キャンパスネットワーク	インターンシップ事前学習②
	30	水	進路講話Ⅲ卒業後の進路＜就職編＞ 講師：ジョブカフェ	インターンシップ事前学習③ 卒業後の進路と科目選択Ⅰ・ガイダンス
6	6	水	卒業後の進路と科目選択Ⅱ	卒業後の進路と科目選択Ⅱ・希望調査
	6	水	卒業後の進路と科目選択Ⅲ（希望調査）	インターンシップ事前学習④
	20	水	卒業後の進路と科目選択Ⅳ（調整・決定）	インターンシップ事前学習⑤
	26	火	まつナップゼミガイダンス①進め方	インターンシップ事前学習・事前訪問
	26	火	まつナップゼミガイダンス②班編制	
7	4	水	まつナップゼミガイダンス③訪問先決定	インターンシップ（当日）
9	5	水	まつナップゼミナール①	進路ガイダンス
	5	水	まつナップゼミナール②	講師：キャンパスネットワーク
	12	水	まつナップゼミナール③	進路達成に求められる学習①
	19	水	まつナップゼミナール④	進路達成に求められる学習②
10	17	水	まつナップゼミナール⑤	修学旅行事前学習①
	24	水	まつナップゼミナール⑥	修学旅行事前学習②
	31	水	まつナップゼミナール⑦	修学旅行事前学習③
11	7	水	まつナップゼミナール⑧（終日現地学習）	進路達成に求められる学習③
	14	水	まつナップゼミナール⑨	進路達成に求められる学習④
	21	水	まつナップゼミナール⑩	修学旅行事前学習④
	28	水	まつナップゼミナール⑪	修学旅行事前学習⑤
12	特編		まつナップゼミナール⑫（発表会）	
1	11	金	2年生への展望・職場体験学習希望調査	キャリアプランニング①
	18	金	職業への理解を深める（職種の理解）	進路別ガイダンス
	18	金	職業への理解を深める（業種の理解）	
2	1	金	キャリアプランニング①	キャリアプランニング②
	6	水	キャリアプランニング②	仮エントリー・仮申し込み
	13	水	キャリアプランニング③	キャリアプランニング③
	20	水	キャリアプランニング④	キャリアプランニング④
3	特編		まつナップアカデミー（模擬体験授業） インターンシップ事前学習	まつナップアカデミー（模擬体験授業）

月	日	曜	3学年大学・短大	3学年専各学校	3学年就職・公務員
4	13	金	まつナップFinalオリエンテーション・進路希望調査①		
	18	水	受験に向けて（大学研究）	受験に向けて（専各研究）	働くとは・就職までの手続き
5	9	水	志望校を決める前に	志望校を決める前に	求人票の見方と職種・就業形態・就職試験について
	16	水	卒業生を迎えて	受験計画書の作成 （要項・願書・受験先・入試手続き等について）	就職試験対策① （ＳＰＩ・クレペリン・職業適性検査・一般常識等）
	23	水	受験計画書の作成	面接の受け方について	面接の受け方について
	30	水	ＡＯ・推薦入試対策	進路別ガイダンス 講師：キャンパスネットワーク	就職講話 講師：ハローワーク

6	6	水	面接の受け方について AO・推薦入試対策	資格・職業研究 （志望校を探る）	社会人講話 （地元ホテル総務課長）
	20	水	進学者学校見学練習会	進学者学校見学練習会	就職試験対策②
	26	火	志望校を選択する 受験計画書、夏休みの過ごし方について	専門学校進学相談会 講師：キャンパスネットワーク、専門学校・大学の先生方	業種・職種研究①（履歴書の書き方と志望動機）
7	4	水	個別進学相談会	学校見学会事前学習 個別進学相談会	業種・職種研究② （求人票を読む）
	5	水	オープンキャンパス報告	願書の記入方法	就職試験対策③
9	5	水	入試対策①	面接・作文・志望動機対策	志望動機発表会準備
	12	水	入試対策②	入試対策	志望動機発表会
	19	水	入試対策③	出願手続き確認・準備	就職情報交換会
10	17	水	SOTSURON①	SOTSURON①	SOTSURON①
	24	水	SOTSURON②	SOTSURON②	SOTSURON②
	31	水	SOTSURON③	SOTSURON③	SOTSURON③
11	7	水	進路決定者・未決定者ガイダンス①		
	14	水	SOTSURON④	SOTSURON④	SOTSURON④
	21	水	SOTSURON⑤	SOTSURON⑤	SOTSURON⑤
	28	水	SOTSURON⑥	SOTSURON⑥	SOTSURON⑥
1	11	金	SOTSURON⑦	SOTSURON⑦	SOTSURON⑦
	18	金	進路決定・未決定者ガイダンス②		

3　体験活動の全体計画（実施要項）

　本校の体験活動の全体計画は、上記の「まつナップ」実施計画に集約される。代表的な体験活動としては、１年次の職場インタビュー、２年次の職場体験、３年次の社会人模擬面接などがある。そのほか、模擬体験活動としては、様々な外部講師の講話を聞く機会を各学年に設けている。

4　キャリア教育にかかわる体験活動

（1）体験活動の趣旨及び校内の組織

　体験活動の趣旨は、「まつナップ」の考え方に基づいている。それは、地域の人の話に耳を傾け、地域の教育力を生かし、地域とともに歩みながら自己の在り方、生き方について体験を生かして考え行動できる生徒を育成することである。その結果、生徒が自ら気づき、また、自ら進路選択をすることができるようになることが、本校の体験活動の目的である。

　組織としては、進路指導部と学年が連携して企画立案し、外部の関係機関と連絡・調整を図りながら計画的に実施している。

（2）計画・内容

◇第1学年「職場インタビュー『松島町の業人（わざびと）を探る』」実施要項　（平成16年度実施例）

① 目　的（観点：イ）ふるさと学習　ロ）ハ）進路学習　ニ）調査研究の方法）

　イ）地元松島の産業を支える人々の仕事の内容を探る。

　ロ）長年の経験によって培われた巧みな業を自らの目で確かめる。

　ハ）働く人々が、その職業に就いた動機や仕事上の喜びや苦労した点などを取材することにより、自らの職業観を育てる。

　ニ）取材した内容をレポートにまとめて提出したり、図や映像、音などを駆使して全体に発表することにより、企業人として必要な想像力や企画力を養うとともに、プレゼンテーション能力をも養う。

② 対象生徒　　1年生全員

③ 実施期間　　9月1日から第3期考査前まで

④ 実施方法

　イ）授業について

　　○職業インタビューは、原則として「総合的な学習の時間（まつナップ）」と「情報」の時間に設定して実施する。

　　○取材・編集等のため、必要に応じて校外学習を伴う。

　　○編集やプレゼンテーションについての指導は、情報科目担当者が中心となるが、学年主任、担任、副担任とも連絡を密にし、学年全体の協力体制のもとに指導する。

　ロ）評　価

　　編集やプレゼンテーションについては、情報科目の評価とする。

　　内容：提出物（ワークシート・レポート）、出欠、発表、取組（意欲）を総合的に評価する。ワークシートは個人で提出する。

　ハ）取材対象について

　　取材対象は、松島町内で働く一人の人（業人（わざびと））とする。

　ニ）取材先の決定について

　　○配布された『松島の主な会社等一覧』の中から、自分たちが調べる職種を中心に会社を選択し、各グループ毎に電話で依頼する。

【写真①】第一学年職場インタビュー発表風景

　　　　○取材先への連絡は、その職種や取材先（会社等）を取り巻く環境について、インターネットや図書を通じてよく調べてから行う。
　　　　○取材先から承諾を得られた段階で決定とする。
　　ホ）取材方法について
　　　　○各クラス毎に10グループを作る。（原則1グループ4人。）
　　　　○各グループ毎にカメラかビデオカメラを準備し、映像として記録する。
　　　　○あらかじめ授業で取材対象についてインターネット等で十分に下調べを行う。
　　　　○取材先の担当者とよく打ち合わせをしてから取材に赴く。
　　ヘ）各グループについて
　　　　○各グループ毎に責任者と副責任者を決める。担当になった者は責任を持ってグループをまとめ、計画、取材、報告（レポート）・発表までがスムーズに進むように努力する。
　　　　○各グループ毎に役割分担を決める。（※分担はあっても全員が助け合って行うこと。）
　　　　　◎カメラ・ビデオ準備係、撮影係、記録係、インタビュー係等
　　ト）発表について
　　　　○取材したビデオテープの編集は、「せんだいメディアテーク」等の公共施設を利用して行い、発表できるように形式を整える。
　　　　○取材した写真は、パワーポイントやＯＨＰなどを使って、発表できるように形式を整える。
　　　　○発表は初めクラス単位で実施し、代表グループを選出する。選出された代表グループによる学年発表を行う。
　　チ）注意すべきこと
　　　　○取材する上で、相手方に対して失礼のないよう言葉遣いや、あいさつに十分注意すること。
　　　　○相手方のプライベートや会社の機密事項等を侵すことがないよう、十分に注意すること。
⑤ その他
　イ）交通費等について
　　取材等、この学習に関する交通費は自己負担とする。
　ロ）編集場所
　　取材したビデオの編集は「せんだいメディアテーク」で行う。

◇第2学年「職場体験学習」実施要項（平成19年度実施例）

① 目　的

　イ）職場体験学習を通して、学校での学習と実社会との関連を学び、広い職業意識を養う。

　ロ）職業人の仕事に対する情熱や誇り、働く喜びや厳しさに接して、職業・勤労の意義や目的について深く考えさせる。

　ハ）自分の興味・関心、適性、能力について自己理解を深めさせ、さらに自分の希望する進路を探求するための一助とする。

② 対象生徒

　2年生全員

③ 実施期間

　平成19年7月3日（火）～5日（木）

　3日間（原則）

　（実習時間については該当事業所・施設へ一任する。）

　学校側の目安は8：30～16：00とする。

【写真②】第二学年職場体験学習の様子

④ 体験学習先

　生徒の希望に基づき選定された協力事業所・施設

⑤ 実施方法

　イ）1事業所につき1～2名の生徒を受け入れていただく。（原則1人1社）

　ロ）可能な範囲で、生徒を通常実施されている職務内容に組み込んでいただく。

　ハ）職場体験事前学習等においても、学校側が事業所・施設担当者と連絡を取り合う。

　ニ）事前、事後の指導並びに実施中の巡回指導を学校側が十分に行う。

　ホ）本校において、体験学習終了後、生徒に報告書を提出させる。

⑥ その他

　イ）事前学習について

　　実習に向けて、以下の日程で事前指導を実施する。

　　　〇4月18日（水）電話のかけ方・クラス指導

　　　〇5月9日　（水）みやぎジョブ・カフェ講師のインターンシップに向けた講話

　　　〇5月11日（月）電話による依頼、生徒へのマナー・挨拶・電話のかけ方指導

　　　〇6月6日　（水）インターンシップ実習計画書作成

　　　〇6月20日（水）インターンシップ事前訪問指導

　　　〇6月26日（火）インターンシップ事前訪問

　ロ）体験学習を校外学習として取り扱い、独立行政法人　日本スポーツ振興センターを適

用し、災害時に対応する。またこの他に、財団法人 産業教育振興中央会の賠償責任保険に加入し、経費は学校側が負担する。

※賠償責任保険内容　　対人賠償　　　1名1事故　　　　1億円限度
　　　　　　　　　　　対物賠償　　　期間中　　　　　250万円限度

◇第3学年「社会人模擬面接」実施要項（平成18年度例）
① 目　的
　イ）来るべき就職試験に備え、面接試験の予備知識を正確に身に付けさせる。
　ロ）模擬面接を通して、就職に対する意識を高めさせ、併せて本校生としての自覚と誇りを持たせる。
　ハ）松島町商工会並びに松島町内の事業所の皆さんの協力を得ることで、社会の第一線で活躍される方々から、実社会の厳しさや社会人としての心構えを直接学ぶことができる。
② 対象生徒・実施期間
　イ）対象生徒：就職校内推薦会議で推薦を受けた3学年生徒全員
　ロ）実施期間：計4日間
　　　平成18年9月7日（木）13：20～15：20
　　　　　　　9月8日（金）13：20～15：20
　　　　　　　9月11日（月）13：20～15：20
　　　　　　　9月12日（火）13：20～15：20　計4日間
　　　※原則、1日1クラスずつの展開とし、当該クラスの5・6校時の授業時間をこれに充てる。
　ハ）面接講師：松島町商工会並びに町内事業所の方々約20名
③ 実施方法
　イ）1日1クラスの展開とし、1日当たりの面接講師数は約8名で、面接官1人当たり4～5名の生徒をお願いする。
　ロ）面接会場として会議室を使用し、掲示用ボード等で、8つのブースに区切る。
　ハ）面接形式は個人面接とするが、その他の面接生徒は各ブースの後方で待機する。
　ニ）面接における質問事項と礼法については、進路指導部でマニュアルを用意する。
　ホ）各対象生徒の応募職種等については事前に面接官に提示する。
　ヘ）面接結果については、各面接官に「評価表」を記入していただく。
　ト）事前・事後指導については学校側が責任を持って行う。

④ 当日の教員・生徒動態

▼該当生徒の動き

13：10　視聴覚室へ移動開始（面接順3以降の生徒も含む）

13：15　視聴覚室へ移動完了（厳守）

13：15　諸注意を受ける

13：25　面接順1の生徒は会議室へ移動

▼各担当者の動き

担　当	動　き
5校時授業担当者 6校時授業担当者	模擬面接を行わない生徒及び模擬面接を終了した生徒の指導
視聴覚室	視聴覚室で待機している生徒の指導 面接開始時刻5分前に次の面接順の生徒を会議室へ出す
諸注意	視聴覚室で社会人模擬面接の心構えと手順を説く

⑤ 会場見取図

【会場（会議室）見取り図】

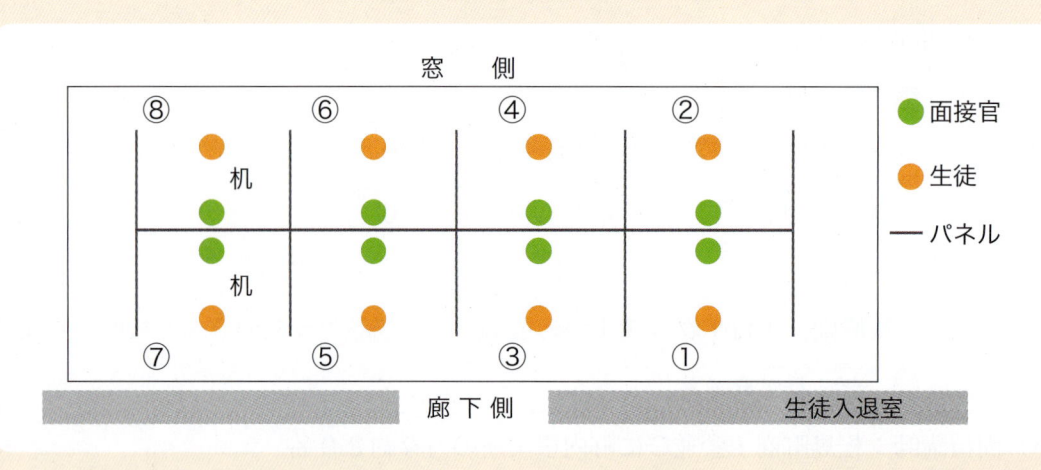

（3）地域・家庭との連携

　1年次の「職場インタビュー」の受入先や3年次の「社会人模擬面接」の模擬面接講師については、地域の団体や事業所に依存するところが大きい。依頼時の反応は常に協力的であり、本校の教育活動は地域の人々に支えられているといっても過言ではない。また、2年次の「職場体験学習」については、体験先が近隣の市町にまで及ぶことと、生徒が自ら選んだ事業所や施設に対して、生徒自らが依頼をすることから、時には体験希望先の理解が得られないこともある。しかし、生徒にとっては断られることもまた勉強であると考えている。むしろこのよう

な場合に大切なことは、それまで本校と関連のなかった事業所や施設に対して教師がフォローし、今後の関係を築き上げることではないかと考える。

（4）他校種や行政機関との関連

それぞれの体験活動に至るまでに、生徒の見識や心構えを育成するために、適宜外部から講師を招へいし、当該学年に対してガイダンスや講話を実施している。

平成１９年度６月現在においては、以下のとおりである。

○１年生

5／9(金) 進路講話Ⅰ「高校生活と進路について」
　　　　講師：キャンパス・ネットワーク・オフィス

5／30(水) 進路講話Ⅱ「卒業後の進路について(進学編)」
　　　　講師：キャンパス・ネットワーク・オフィス

5／30(水) 進路講話Ⅲ「卒業後の進路について(就職編)」
　　　　講師：みやぎジョブ・カフェ　キャリアカウンセラー

○２年生

5／9(金) 職場体験事前学習「挨拶・マナー講座」
　　　　講師：みやぎジョブ・カフェから２名

○３年生大学・短大進学希望者

5／16(金)「卒業生を迎えて」
　　　　講師：平成１６年度本校卒業生　幼稚園教諭
　　　　講師：平成１６年度本校卒業生　東北学院大学３年生
　　　　講師：平成１６年度本校卒業生　東北工業大学１年生

○３年生専門学校進学希望者

5／30(水)「専門学校の選び方について」
　　　　講師：キャンパス・ネットワーク・オフィス

○３年生就職希望者

5／30(水)「就職講話・就職の現況と具体的な準備について」
　　　　講師：地元職業安定所所長

6／6(水) 就職講話「社会で求める高校生とは」
　　　　講師：地元ホテル総務課長

（5）効果・評価

① 総合的な学習の時間としての評価

　これら体験活動は、地域の理解と様々な人々の協力がなければ成り立たないものである。

その点についてはまず、支援いただけることに感謝申したい。

　総合的な学習の時間としての評価は概ね良好であり、それは生徒の報告集や受け入れ先からのアンケート調査からも知ることができる。報告集では、体験活動の中から、働く喜びや社会の厳しさを知ったことや、職業人の仕事に対する情熱や誇り、また人の温かみに直に接することで、授業だけでは補いきれない職業観と生きる力を学んだことが大半の報告から読み取れる。また、受け入れ先のアンケートからみても、概ね好評である。しかし、少数ではあるが、生徒のマナーやコミュニケーションについての苦言も見られたため、今後も真摯に受け止めて善処していきたい。その他、外部の人に会うという機会は、少なからず生徒に緊張感と継続的な目標を与えており、自らを律するきっかけにもなっているように見て取れる。

② 進路指導としての評価

　進路指導としての評価については、以下の「（6）今後の展望と課題」に記述した。

（6）今後の展望と課題

　平成18年度卒業生を対象にした「進路指導評価アンケート」によれば、1年次の「職場インタビュー」が「役に立った」と答えた生徒は全体の約38％、「役に立たなかった」と答えた生徒は約18％、「どちらとも言えない」と答えた生徒は約44％であった。また、2年次の「職場体験学習」が「役に立った」と答えた生徒は全体の約47％、「役に立たなかった」と答えた生徒は約11％、「どちらとも言えない」と答えた生徒は約42％であった。

　同じく、平成18年度卒業生の進路別状況では、無業者・アルバイト等で卒業した生徒が全体の約14％近くにも及び、これらの結果から鑑みると、体験活動が役に立たないと答えた生徒と無業者・アルバイトで卒業した生徒との間には、何かしらの因果関係があるのではないかと考えている。とりわけ、原因の一つとして考えられることは、体験活動を支えるディテールの不足である。特に、職種研究の部分が不足し、自らの気づきに至れない生徒が出てしまったのではないかと考えている。

　そこで、これからの体験活動では、十分な職種や業種研究を重ねて実施していきたいと考えている。職種研究を重ねることは、生徒にとって、職種に対する造詣が深まり、就職はもちろん、進学についても目標と自信をもって取り組み、適切な職業に就くことができるようになり、その結果、就職率や進学率も上がり、離職率も低下していくのではないかと予想している。

　既に、進路指導部では、現在の1年生と連携して、「まつしまマイスタープラン」として、計画の見直しを図っている。その内容としては、職種・業種研究を中心に、1年次では、徹底して自己理解力の向上に努め、2年次の早期から進路別学習に発展させ、3年次には生徒が自信を持って希望する職種を選択できるようにしていきたいというものである。この流れの中で、より体験活動を進路指導に近づけ、生徒にとって役に立つものにして行きたいと考えている。

【事例８】
群馬県立前橋高等学校における総合的な学習の時間『知のフロンティア──新しい学びの創造』の取組

群馬県立前橋高等学校

《事例の概要と特色》

　本事例は、総合的な学習の時間の本校での取組についての報告である。

　この取組は、「知のフロンティア──新しい学びの創造」を学校テーマとして、生徒の内発的な学びの集団を形成し、自主的な学習能力の育成を図ることを目的としたものである。サブテーマとして１～３学年の各学年ごとにテーマを設け、自己の興味・関心・進路希望等に応じた課題を自ら設定させる。その課題解決を通し、成就感と自信を持たせながら、自己の在り方・生き方についての考察を深めさせ、学ぶ意欲の向上と学ぶ手法の体得を図り、自己実現のための能力と態度を培わせるものである。

　ここでは、特に生徒の活動に焦点を当てて報告することにする。１年生では、「現代社会を見つめる」をテーマに、２年生では、「自己を見つめる」をテーマに、それぞれ課題を自ら設定させる。そしてその解決策を探りながら、１年間、調査・研究を行い、最後には論文という形でまとめさせる。その過程において、講演会や研修旅行等の体験学習を行い、調査・研究を深める一助としている。また、３年生では、「将来を見つめる」をテーマに、学習や生き方についての理解の深化を図り、将来の自己を考察させることを目的に、英語論文まで作成させ、３年間の総合学習の総まとめとしている。

　本事例は、以上の３カ年計画のもと、新しい学びの方法を模索させ、将来の自己実現に向けて、自己教育力を身に付けた、創造力・表現力豊かな生徒の育成をねらいとした取組である。

1　学校概要

（１）学校の状況

　本校は、明治１０年９月に第１７番利根川学校として創立され、平成１９年度に創立１３０年を迎えた県下随一の伝統校である。「質実剛健・気宇雄大」を校訓とし、理想主義に基づく全人教育の伝統が、文武両道の追求という形で今も生きている。生徒数は１学年８学級３２０名の男

子校で、２年次より文理分けがなされ、毎年文系３クラス理系５クラスの比率である。近年特に進路実績及び部活動の成績の両面において非常に優れた成果を上げており、昨年度の進学実績は、全国的にも、トップクラスにランクされ、また、部活動でも、２００２年の硬式野球部の選抜大会出場をはじめ、毎年複数の部がインターハイ出場を果たしている。文化部の活動も大変活発であり、全国レベルの活躍をしている部も多い。生徒の部活動加入率が非常に高く、生徒会活動等諸行事への取組も熱心で、活気あふれる男子校である。

（２）地域の状況

前橋市は、群馬県の県庁所在地で、隣の高崎市とともに群馬県の中心をなす都市である。隣接する位置に同規模の市（高崎市）が存在するのは全国でも大変珍しく、お互い市同士でのライバル意識が強い。前橋高校も高崎高校（同じく１学年８学級３２０名の男子校）とは、文武両面で競いあっている。毎年、伝統行事の１つである「定期戦」が全校をあげて両校間で行われ、さながら早慶戦のような盛り上がりを見せ、全国版のマスコミでもしばしば取り上げられている。

２　本校の「総合的な学習の時間」の取組

（１）ねらい

新しい学びの方法を模索させることを目標とし、将来の自己実現に向けて、自己教育力を身に付けた、創造力・表現力豊かな生徒の育成の追求を目指している。

本校の「総合的な学習の時間」は、自己の興味・関心に応じて自ら課題を設定し、その課題の解決を図る主体的学習を推進すること、及び自主的な研修を進めていく中で生徒自身の自己実現を図る

出前授業の様子

力・生きる力を培うことを目標としている。「総合的な学習の時間」は、そのような主体的な学習態度を育成する上で重要な役割を担う時間と位置付けられ、その力が養われる時間となるように学習計画を立てている。

また、本校の「総合的な学習の時間」では、体験学習を通して最終的にレポートや小論文の作成、パワーポイントを使用したプレゼンテーション発表という形で結実させている。

（２）「総合的な学習の時間」の位置付け

本校に対する多くの生徒・保護者及び地域の期待は、生徒に社会で有為な人材として活躍で

る実力を身に付けさせること、そしてその基礎を築くことにある。生徒が、課題探究能力や学習意欲、学習への姿勢や態度が貧弱であっては、卒業後の社会で十分な成果を期待することは困難である。そのため、「総合的な学習の時間」を主体的な学習態度を育成する上で重要な役割を担う時間と位置付け、その力が養われる時間となるような学習計画を立てている。

（３）本校の具体的な「総合的な学習の時間」の取組

①概　要

　生徒の内発的な学びの集団を形成し、自主的な学習能力の育成を図る意味を込めて、学校テーマを『知のフロンティア——新しい学びの創造』とし、１～３学年の各学年ごとにサブテーマを設けている。生徒に自己の興味・関心・進路希望等に応じた問題や課題を自ら設定させ、その問題・課題解決を通し、成就感と自信を持たせることを基本としている。また、自己の在り方生き方について考察を深め、学ぶ意欲の向上と学ぶ手法の体得を図り、自己実現のための能力と態度を培うことを目標としている。

【１年生】「現代社会を見つめる」をテーマにしている。生徒には現代社会が抱えている様々な問題や課題を自ら選ばせ、『日本の論点』（文藝春秋社）をテキストとしてゼミ単位の授業を行っている。最終的には、生徒に自分の研究テーマの論文を提出させ、優秀論文集を作成し、さらに、優秀者には学年生徒を対象にしたプレゼンテーションを行わせている。ま

社会人（OB）講演会の様子

た、６月に社会人（OB）講演会を開催し、１１月には、研究テーマについての１泊２日の京浜方面を中心とした「自主研修」活動を実施、キャリア教育講演会等も開き、個人の研究の一助となる体験学習を実施している。

【２年生】「自己を見つめる」をテーマにしている。生徒に自己の興味・関心・進路希望等に応じた課題を自ら設定させる。ゼミ単位の授業形態で、最終的には、生徒に自分の研究テーマの論文を提出させ、優秀論文集を作成し、さらに、優秀者には学年生徒を対象にしたプレゼンテーションを行わせている。また、１０月に大学の先生による出張授業を開催し、１１月には、１泊２日で関西方面への大学訪問や企業・研究所訪問を実施、キャリア教育講演会等も開き、個人の研究の一助となる体験学習を実施している。

【３年生】「将来を見つめる」をテーマにしている。生徒に各教科で学習した個々の知識や技能を、前年までの「総合的な学習の時間」で取り組んだことと関連づけさせ、学習の深化や在り方生き方についての理解の深化を図り、将来の自己を考察させることを目標としている。２年生までに取り組んできた研究テーマを基に、進路志望分野の課題テーマを「論

文」として和文・英文両方で結実させ、3年間の総合学習の総まとめとしている。また、英文による論文の優秀論文集を作成している。

②「総合的な学習の時間」の内容

　総合的な学習の時間は、生徒個々が自己の興味・関心・進路希望等に応じた課題を自ら設定し、1年間調査・研究を行い、論文にまとめ、プレゼンテーションとして発表する活動の時間である。さらに、課題テーマについて講演会や研修旅行等の体験学習を実施している。授業時間は、テーマ別編成、調べ学習に必要な施設の収容量、教室移動等を考慮し、学年一斉時間割とし、学年毎に曜日を変え、第5限(最終時限)を充てている。(本校は、65分授業5時限を基本としている)

　各学年の年間計画では、第1学期を課題発見活動として、課題テーマの設定や研究計画の検討、ゼミ、グループ編成に充てる。第2学期は課題探究活動として、自己の課題テーマについて調査研究と体験学習の事前学習を行う。第3学期はまとめと発表活動として、論文作成とプレゼンテーションを行い、1年間の「総合的な学習の時間」を結実させる。また、学年進行とともに進路学習の観点を強めていくように構成されている。学習指導要領のねらいに問題解決能力の育成があるが、問題意識のないところに解決能力は生まれないということで、特に1年生では、現代社会の問題点を考えることに力点を置き、生徒の問題意識の喚起を促している。

　また、1年生では、中学校段階で様々な「総合的な学習の時間」が行われてきており、1学期は本校の「総合的な学習の時間」の趣旨を理解させることに注意を払う必要を考え、構成している。1年間の活動においても、1学期の課題発見活動が重要なポイントと考え、テーマ設定に向け、教師側からゼミ分野に関する講演を行い、投げかけ(問題意識の種まき)をしている。1年生の研究テーマは将来大学へ進学して学問を行う基礎をつくる観点から広い意味の進路学習ととらえているが、学年進行とともに進路学習の観点を強め、将来の進路希望を踏まえた学部系統的色彩を強めた進路学習へと発展させている。

③テーマ設定の条件

　毎年、各学年ごとに作成される優秀論文集には、全生徒の研究テーマを載せている。研究テーマは、生徒自らが決定している。自分自身の力で問題解決が可能な、長期的な、基本的に学校内で取り組める課題、及び学術文化的な課題を設定させている。また、「総合的な学習の時間」の目的の一つに、学び方を学ぶ(スキル学習)があり、研究において、内容よりも学び方、スキル学習にポイントを置いているのも特徴の一つである。

④ゼミ、グループの編成

　生徒の研究テーマは多岐にわたっている。高校生らしい新しい感性に富んだテーマのものから、現代社会についての高度な問題や最先端の科学技術に取り組んだものまで、様々な研究がなされている。年度末に提出される論文は、Ａ４サイズ(４０字×４０行)で6〜7枚程

度、長いものになると１５枚に及ぶものもある。また、ユニークな感性、視点、考察があり、本校生の非凡な能力を、提出された論文からうかがい知ることができる。「優秀論文集」は、その中から、特に力作を集めたものである。

多岐にわたる生徒の研究テーマに対応するため、各学年に、ゼミをさらにそのゼミ内でテーマの近い生徒によるグループの編成を行っている。調査研究ではグループ内での研究議論を深め、互いに刺激しあえる集団作りに努めるため、ディベート、討論会や中間発表会等を織り交ぜている。課題テーマの研究という縦糸に対し、これら議論の場を横糸として絡め、活動を活性化するねらいである。個人研究ではあるが、生徒の内発的な学習集団が、生徒個々の成長を促すと考えている。学年所属の教員数、教室数等を考慮し、１学年あたり１０前後のゼミを基本とする。そして、１ゼミあたり２０人～４０人を標準とし、２、３年次にゼミの組み替えを行う。各学年に所属する担任団が、ゼミ担任という形でこの生徒集団を指導していく。

１つのゼミは２０～４０人を基本とするが、１年生に比べ２年生ではゼミ間の人数のアンバランスが生じやすい。これは、本校は理系進学希望者が多いためで、２年の物理系では、さらに細分化し２～３つに分割して授業を行っている。

３年生では、論文作成を中心に据えており、その都度テーマ別編成で行っている。進路選択の微妙な段階に差し掛かり、固定的なゼミ所属は避けている。論文の書き方指導を行ったうえで、それぞれの進路分野で話題となっている問題について、基本的な見識や自己の見解をもたせることに主眼を置いている。日本語論文の他に、英文での論文の提出も求めている。

優秀論文集

ゼミの配属状況（平成１９年度）

	１年生			２年生	
1	地球科学系	42	1	法律政治系	37
2	生物化学系	40	2	経済系	31
3	物理工学系	43	3	人文社会系	29
4	情報工学系	30	4	教育体育芸術系	30
5	人間社会系	30	5	数学情報系	17
6	政治学系	24	6	物理系	51
7	経済学系	32	7	生物化学系	40
8	国際学系	22	8	医学系	47
9	心理教育系	30	9	歯学薬学医療系	38
10	文化系	11			
11	芸術系	16			

⑤体験学習の内容

体験学習の内容は次のようなものである。１年生の６月に行われる社会人講演会は主に本校ＯＢを講師に招いている。生徒に職業観を持たせることを主眼とし、平成１９年度は、検察庁検事・労務管理士・新聞記者・会社社長・医師・衛生管理士・建築士・情報関係の方々を講師として招いた。１１月の１年生の自主研修は１泊２日で京浜地区を中心として大学・企業研究所等を訪問している。２年生の１１月に１泊２日で行われる関西方面での研修旅行

では、京都大学・大阪大学・神戸大学・京都教育大学での模擬講義も体験した。本校の恵まれている点は、こういった機会を設営するにあたり、各方面で卒業生の協力が得られることである。生徒の様子を理解し、特別な配慮をしてもらうことも多い。伝統校であることのメリットを活かしている。

研修旅行（理系）の様子

また、平成１９年度は全学年を対象にした「外務省高校講座」を実施した。外務省経済局政策課の首席事務官を講師として迎え、「外交官の心構えと業務」という演題で、全校生徒に講演をしていただき、また、希望者による座談会も実施した。生徒の進路啓発を促す良い機会となった。

⑥総合的な学習の時間の評価

「総合的な学習の時間」の評価については、試験の結果によって数値的に評価することはせず、活動や学習の過程、報告書や発表などに見られる学習の状況及び成果などを評価し、意欲や態度、進歩の状況をふまえて総合評価している。このため、本校では、ポートフォリオ評価法を実施している。

ポートフォリオ評価法とは、生徒の一定期間の学習活動の履歴をできるだけ多く収集し、生徒の学習活動全体を把握するとともに、生徒の伸長や変容を見ようとする評価法である。各時間ごとの自己評価や資料を全て１冊のファイル『個人研究計画書』に保存していく。日常の学習過程において、あまり綿密な評価を行おうとすると、評価そのものが負担になり、かえって学習の障害になりかねない。しかし、本評価法は、その時間のグループや個人の学習が記録され、ホームルーム担任やゼミ担当教員がそれを確認して、意見や助言、感想を学習ノートや記録などの形で生徒にフィードバックできるシステムである。簡単な文章であっても、活動を記録することが『自己評価』、『相互評価』の原形になっていき、その積み重ねのうえに中間・まとめの総括的な評価が可能になる。また、記録することによって、グループや個人の活動が意識化され、形成的な態度を育てることにもなる。具体的な各時間ごとの評価資料として、次のようなものを実施している。

研修旅行（芸術）の様子

　　ア　研究テーマ選定理由書（１学期をかけて指導し、テーマ決定後に記入提出）
　　イ　各時間ごとの学習記録表

ウ　自己評価票（各学期・年度末）

　　　エ　講演会のまとめ（講演会等の感想記録）

　　　オ　相互評価票（他者の発表・論文に対する評価）

　これらの資料と研究過程で使用・作成した資料をすべて『個人研究計画書』にファイリングしていく。生徒は毎回の授業後に提出し、ゼミ担当教諭のチェックを受ける。

　評価は次のような個人内評価を行う。

　　　ア　学習内容に興味・関心が持てたか（関心・意欲・態度）

　　　イ　課題を発見し、調査研究することができたか（思考・判断）

　　　ウ　調査・研究を分かりやすくまとめることができたか（知識・理解）

　　　エ　発表や討論に参加できたか（技能・表現）

　　　オ　新たな発見があり、自分自身の考えを持つに至ったか（自己の生き方在り方）

　以上の観点に基づき、生徒自身が毎回の授業で、活動内容とともにA～Dの4段階（Aが良い）で自己評価する（ポートフォリオ）。担当者はこれらの様々な資料を参考にして、絶対評価をする。

3　まとめ

本校の「総合的な学習の時間」の特徴をまとめると、次のような点が上げられる。

①オーソドックスかつアカデミックな内容である。
　学習指導要領の趣旨の実現を目指したものであり、生徒全員がそれぞれ論文を作成し、プレゼンテーションまで行う。

②ねらい理念が明確である。
　導入初年度から約10ページからなる指導計画を作成し、3カ年の全体計画のもと実施している。

③プロジェクトチームのもと職員の協力体制が構築されている。
　実施3年前から準備し、個人運営ではなく、組織運営のなか、教職員全員への周知徹底を図った。（「総合学習だより」の定期的な発行等）

④評価においてポートフォリオ法を活用している。
　ねらい理念が明確であるから、教師側の評価が平易であること。さらに、ポートフォリオ法を活用し、自己評価、生徒相互評価を繰り返しつつ、生徒の学習集団を形成することによって、全体として活力ある「総合的な学習の時間」につながっている。

⑤体験学習の内容がアカデミックである。

最前線にある大学、企業、研究所を訪問し、生徒の啓発につながっている。国公立大学も独立行政法人化が進み、以前より受入れを歓迎する方向にある。
　　また、本校の訪問を大学のホームページやパンフレットに紹介していただいたりしたことも、さらに、生徒のやる気につながっている。

　本校の「総合的な学習の時間」の取組は、進路実績においても、部活動等課外活動の成績においても、県下トップクラスの成果を収めつつ、上述のように綿密な計画のもと確実に実施している。体験学習を取り入れながらのこのいわば大学のゼミ形式による「総合的な学習の時間」の取組は、将来の日本の中枢を担って欲しい生徒たちの育成という面で、また、新しい学びの創造という点で、ひいては、キャリア教育という観点においても、生徒たちにとって大変貴重な経験の場を提供していると自負する。
　今後も常に改善の姿勢を持ち、さらなる取組を目指していくつもりである。

参　考

1年生の研修旅行訪問先　（平成18年度）	
研修旅行訪問先（平成18年11月14日～15日　　首都圏）	
地球科学系	海洋研究開発機構・筑波宇宙センター・日本科学未来館・農業技術総合研究所
生物科学系	葛西臨海水族館・国立科学博物館・キューピー五霞工場
物理情報系①	リニア見学センター・葛野川水力発電所・日本科学未来館・ソニーエクスプローラサイエンス
物理情報系②	シャープハイテクノロジーホール・東芝科学館・日本科学未来館
人間社会系	東芝科学館・国立科学博物館・日本科学未来館・MEGAWEB
政治学系	東京地方裁判所・検察庁・防衛庁・JTB
経済学系	日本銀行・野村総合研究所・東京証券取引所・築地市場・JTB
国際学系	JICA広尾・ユニセフ協会・国連広報センター・カナダ大使館
心理教育系	東京地方裁判所・ベネッセコーポレーション・早稲田大学
文化系	横浜税関・東京地方裁判所・川村記念美術館・国立歴史民俗博物館
芸術系	岡本太郎美術館・テレビ局・相田みつを美術館・尚美学園芸術学部

2年生の大学・企業・研究所訪問（研修旅行）訪問先　（平成19年度）	
研修旅行訪問先（平成19年11月14日～15日　　関西方面）	
法律政治系	大阪高等裁判所・神戸大学法学部（模擬講義）
経済系	毎日新聞大阪本社・神戸大学法学部（模擬講義）
人文社会系	京都大学文学部（模擬講義）・奈良県立橿原考古学研究所
教育体育芸術系	京都教育大学（模擬講義）・ミズノ　スポートロジー
数学情報系	京都大学理学部（模擬講義）・日本原子力研究開発機構
物理情報系	京都大学理学部（模擬講義）・関西光科学研究所
生物化学系	大阪大学理学部（模擬講義）・須磨海浜水族園
医学系	京都大学再生医学研究所・京都大学医学部（模擬講義）
医・歯・医療系	武田薬品工業大阪工場・京都大学医学部（模擬講義）

平成19年度 第1学年「総合的な学習の時間」年間計画

（1コマは65分授業）　　　　　　　　　　　　「知のフロンティア――新しい学びの創造」

学期	授業回	月	日	曜日	コマ数	学習テーマ	学習内容	学習形態	学習場所	備考
1	1	4	13	金	1	総合学習オリエンテーション	総合的な学習の時間のねらいについて理解を深める	学年	記念館	
	2	4	20	金	1	講演会（各ゼミ研究テーマ紹介）	現代社会の諸問題を把握する（各ゼミの研究テーマ紹介）	学年	記念館	各ゼミ担当教員が説明する
	3	5	18	金	1	クラス内での現代社会の諸問題について議論	自己の問題意識の把握 希望ゼミの決定	クラス	教室	ゼミ希望調査
	4	6	1	金	1	ゼミ配属とゼミ内での議論	ゼミ所属の確認 個人テーマの決定作業	ゼミ	教室	
	5	6	15	金	1	ゼミ内での議論	個人テーマの決定とグループ化、調査研究の意義と方法、見通しを確認、参考文献の把握、個人計画書の提出	ゼミ	教室	
	6	6	20	水	1	先輩に学ぶ（進路講演会）	社会人講演会	選択	教室	
	7	7	13	金	1	調査研究及び研修旅行先についての検討	調査研究 研修旅行先の希望調査	ゼミ	教室	
	8	7	19	木	1	外務省高校講座	講演を聴く	全校	体育館	
2	9	8	31	金	1	調査研究及び研修旅行訪問先についての検討	調査研究 研修旅行先の検討・絞込み	ゼミ	教室	
	10	9	14	金	1	調査研究及び研修旅行訪問先の決定	調査研究 研修旅行先の決定と事前学習	ゼミ	教室	
	11	10	12	金	1	調査研究及び研修旅行事前学習	調査研究 研修旅行先の事前学習	ゼミ	教室	
	12	10	26	金	1	調査研究及び研修旅行事前学習	調査研究 研修旅行先の事前学習	ゼミ	教室	
	13	11	9	金	1	研修旅行実施に向けて	研修旅行内容の最終確認	ゼミ	教室	
	14～23	11	14～15	水～木	10	研修旅行	大学・企業・研究所等の見学研修	学年	首都圏	
	24	12	7	金	1	研修旅行のまとめ及びレポート作成について	研修のまとめとレポートの作成方法	ゼミ	教室	研修旅行事後アンケート
	25	1	18	金	1	調査研究とレポート作成	レポート作成	ゼミ	教室	
3	26	2	1	金	1	レポート作成（クラス単位）	レポート作成（コンピュータ入力）	クラス	コンピュータ室	
	27	2	4～8	月～金	1	レポート作成（クラス単位）	レポート作成（コンピュータ入力）	クラス	コンピュータ室	2／8(金)レポート提出
	28	2	15	金	1	レポート自己評価及び輪読会	提出したレポートを自己評価する。また、グループごとにレポートを輪読し互いに評価しあい、ゼミ代表者を決める	ゼミ	教室	
	29	3	4	火	1	レポート発表会（ゼミ内）と1年間のまとめ	ゼミ内で選抜者のレポート内容を発表する　1年間のまとめ	ゼミ	教室	
	30・31	3	14	金	2	代表者によるプレゼンテーション（学年）	学年での発表会（各ゼミ1つ程度）	学年	記念館	

平成19年度 第2学年「総合的な学習の時間」年間計画

（1コマは65分授業）　　　　　　　　「知のフロンティア——新しい学びの創造」

学期	授業回	月	日	曜日	コマ数	学習テーマ	学習内容	学習形態	学習場所	備考
1	1	4	13	金	1	ガイダンス 希望ゼミ再構成説明会	ゼミの系統を再度説明し、再度アンケートをとる→進路（学部）別にゼミ編成する	学年	記念館	
	2	4	27	金	1	系統別ゼミ編成とテーマの概略発表	新たなゼミごとに集まり、1年間の研究したい予定テーマについて発表しあう	ゼミ	教室	
	3	5	11	金	1	テーマの深化Ⅰ	予定テーマをより詳細なものにし、具体的にどう研究をすすめていくのか、研究計画を立てる	ゼミ	教室	
	4	6	8	金	1	テーマの深化Ⅱ 個人計画書の提出	予定テーマをより詳細なものにし、具体的にどう研究をすすめていくのか、研究計画を立てる	ゼミ	教室	
	5	6	22	金	1	テーマ発表会と評価	詳細なテーマおよび研究方法・意義など研究計画の発表会をゼミごとに行う	ゼミ	教室	
	6	7	6	金	1	企業研究所・大学などの訪問研修の検討会	企業研究所・大学などの訪問研修についての検討会（訪問候補地についての意見を生徒から募る）	ゼミ	教室	
	7	7	17	火	1	企業研究所・大学などの訪問研修の検討会	企業研究所・大学などの訪問研修についての検討会、候補地の決定	ゼミ	教室	
	8	7	19	木	1	外務省高校講座	講演を聴く	全校	体育館	
2	9	9	7	金	1	大学企業研究所訪問研修先の説明会	生徒に訪問可能な企業研究所・大学などについて知らせ、見学内容などを説明する	ゼミ	教室	
	10	9	21	金	1	大学企業研究所研修先の研究	ゼミごとに集まり、訪問先での研修内容について研究する	ゼミ	教室	
	11	10	5	金	1	大学企業研究所研修先の研究及び各自テーマの調査研究	ゼミごとに集まり、訪問先での研修内容について研究する。文献などをもとに、自己のテーマについて研究する　ゼミ	ゼミ	教室	
	12	10	31	水	1	大学教授による出張授業	自分の研究テーマに関連した分野や近接した分野の教授から講義を受ける	選択	教室	
	13	11	2	金	1	大学企業研究所訪問準備	日程や目的の再確認	ゼミ	教室	
	14〜23	11	14〜15	水〜木	10	大学企業研究所訪問（研修旅行）	各大学・企業・研究所などを訪問する	学年（ゼミ単位）	関西方面	
	24	11	16	金	1	大学企業研究所訪問のまとめ	訪問した大学企業研究所についてまとめを行う　事後アンケート調査を行い、ゼミ内で討議する	ゼミ	教室	研修旅行事後アンケート
	25	12	14	金	1	レポートの作成準備と評価	冬休みから学年末にかけてのレポート作成について、なすべきことの確認、2学期の個人内評価	ゼミ	教室	
3	26	1	11	金	1	レポートの作成Ⅰ	これまでの研究成果についてまとめる	クラス	コンピュータ室	
	27	1	25	金	1	レポートの作成Ⅱ	これまでの研究成果についてまとめる	クラス	コンピュータ室	レポート提出日2月1日(金)
	28	2	8	金	1	レポート講読会と評価1	ゼミ内でレポートの講読会と評価を行う	ゼミ	教室	
	29	2	22	金	1	レポート講読会と評価2	ゼミ内でレポートの講読会と評価を行い、ゼミ内の代表者を決める	ゼミ	教室	
	30・31	3	21	金	2	代表者によるプレゼンテーション（学年）	学年での発表会（各ゼミ1つ程度）	学年	記念館	

平成19年度 第3学年「総合学習」年間計画

（1コマは65分授業）　　　　　　　　　　「知のフロンティア――新しい学びの創造」

学期	授業回	月	日	曜日	コマ数	学習テーマ	学習内容	学習形態	学習場所	備考
1	1	4	24	火	1	ガイダンス	論文の構成を知る	学年	記念館	
	2	5	8	火	1	論文の書き方Ⅰ	論文の書き方を理解する	クラス	教室	
	3～5	5	11	金	3	論文の書き方Ⅱ	論文の書き方についての演習をする	クラス	教室	
	6	5	22	火	1	論文作成準備	論文作成の準備をする	クラス	教室	
	7	6	5	火	1	論文作成Ⅰ	課題問題について論文作成 ①国際理解 ②情報社会 ③現代社会 ④環境 ⑤科学技術 ⑥生命医療	テーマ	教室	論文提出
	8	6	19	火	1	論文作成Ⅰの評価	他人の論文を評価してみる	テーマ	教室	
	9・10	7	17	火	2	キャリア教育講座	講演を聴き、その後でディスカッション等をする	学年 クラス	記念館 教室	
	11・12	7	18	水	2	進路を考える	進路について考え、夏休み中の計画を立てる	クラス	教室	
	13	7	19	水	1	外務省高校講座	講演を聴く	全校	体育館	
2	14	9	4	火	1	論文作成Ⅱ	志望分野について論文作成 ①法学 ②経済 ③人文 ④教育 ⑤社会心理 ⑥都市計画、居住空間 ⑦情報社会 ⑧ナノテクノロジー ⑨遺伝子組み換え ⑩生命医療	テーマ	教室	論文提出
	15	9	18	火	1	論文作成Ⅱの評価	他人の論文を評価してみる	テーマ	教室	
	16	10	2	火	1	論文作成Ⅲ	学術的な課題について論文作成 ①日本史分野論述 ②世界史分野論述 ③物理分野論述 ④化学分野論述 ⑤生物分野論述 ⑥国語分野論述 ⑦国際語学 ⑧現代社会 ⑨教育 ⑩生命医療	テーマ	教室	論文提出
	17	10	16	火	1	論文作成Ⅲの評価	他人の論文を評価してみる	テーマ	教室	
	18	10	30	火	1	英語論文の作成Ⅰ	英語論文の書き方の理解と自分の論文を英文化する	クラス	教室	
	19	11	13	火	1	英語論文の作成Ⅱ	自分の論文を英文化する	クラス	教室	
	20～22	11	14	水	3	英語論文の作成Ⅲ	自分の論文を英文化する	クラス	教室	
	23～25	11	15	木	3	英語論文の作成Ⅳ	自分の論文を英文化する	クラス	教室	論文提出
	26	12	11	火	1	英語論文の評価	他人の英語論文を評価してみる	クラス	教室	
3	27	1	22	火	1	総まとめ	前橋高校3年間の総合学習の総まとめをする	クラス	教室	

【事例9】
キャリア教育の視点から発達段階に応じた地域と連携した体験活動

大分県立日田三隈高等学校

《事例の概要と特色》

　本校の進路指導の目標は、「確かな学力（進学力・就職力）の伸長を図るとともに、将来の進路や自己の在り方・生き方を主体的に考える力を育てる」である。これを具現化するために、3年間の教育活動を通して生徒に身に付けさせたい力として、「4つの力」（調べる力、まとめる力、発表する力、聞く力）と「6つの力」（発見する力、分析する力、判断する力、計画する力、表現する力、行動する力）の合わせて「10の力」を定めている。

　本事例は、1年次に履修する「産業社会と人間」の単元「この人に学ぶ」と、2年次の「総合的な学習の時間」の単元「夏の活動」で行われるインターンシップに焦点をあて、地域と連携した体験活動やその運営方法等について紹介するものである。

1　学校概要

（1）学校の状況

　本校は大分県日田市の西部に位置する高台にあり、1964年（昭和39年）に大分県立日田三隈商業高校（商業科4クラス・家政科2クラス）として創立し、昭和58年に普通科を併設して現在の校名に変更した。その後、平成8年には3学科を統合して、大分県下で初の総合学科高校として改編設置され、今年で12年目を迎えている。地域には総合学科高校としてのイメージが定着しており、「自立・実践・信頼」の校訓の下、教職員・生徒が一丸となって、特色ある学校づくりに励んでいる。

【生徒数】（平成19年8月1日現在）

	1学年	2学年	3学年	全学年
男　子	45	48	55	148
女　子	149	150	141	440
合　計	194	198	196	588

（2）地域の状況

本校のある日田市は、九州北部のほぼ中央部に位置しており、福岡県と熊本県に接する盆地である。江戸時代には天領として栄え、広瀬淡窓の私塾「咸宜園」など、市内各所に往時を偲ばせる史跡を有する。林業と観光が主な産業であり、"水郷日田"として知られる緑豊かな文教都市である。平成17年の市町村合併によって人口は約7万6千人となった。

市内には、本校のほかに県立高校2校（普通科、専門学科）、私立高校2校（普通科、専門学科）がある。

2　キャリア教育（進路指導）の全体計画

（1）目標・ねらい

① 高校生として望ましい職業観・勤労観及び職業に関する知識や技能を身に付けさせる。
② 生徒一人一人のキャリア発達を支援し、個性に応じた進路を自主的に選択・決定させ、卒業後の社会生活を確立するのに必要な能力を養う。

（2）教育課程上の位置付け

　　○1年次：「産業社会と人間」（2単位）
　　○2年次：「総合的な学習の時間（PAS Second）」（1単位）
　　○3年次：「総合的な学習の時間（PAS Final）」（2単位）＝「個人研究」

（3）3年間を通した全体計画

本校では、1年次の「産業社会と人間」、2年次の「総合的な学習の時間（PAS Second）」、3年次の「総合的な学習の時間（PAS Final）」を、3年間のキャリア教育の柱に位置付けて、『Mikuma PAS System』として体系化を図っている。（資料1参照）

また、各学年における生徒の到達目標や評価の観点を明確にすることで、生徒が3年間の学習を通じて確実に「生きる力」を身に付け、自己の進路目標を達成できるように工夫している。

（4）『キャリア教育推進に係る全体構想図』の作成

総合学科においては、積極的にキャリア教育を推進することが求められていることから、原則履修科目である「産業社会と人間」や「総合的な学習の時間」のみならず、教育課程全般にわたってキャリア教育の視点に立った指導が求められている。

本校では、総合学科開設以来、「産業社会と人間」と「課題研究」を中心として、キャリア教育の展開を図ってきたが、キャリア教育をより一層推進するためには、学校全体を包括した

推進体制を構築する必要があった。このため、次の4点に留意して、『キャリア教育推進に係る全体構想図』を作成した。（資料2参照）

> ①生徒の実態や地域の要望が十分に反映されたものであること。
> ②学校の教育目標及び重点目標・努力目標との整合性が図られた内容であること。
> ③各学年段階でのキャリア発達課題が明確にされたものであること。
> ④全ての教科や分掌等の関わりが明示されたものであること。

　上記のうち資料1は、学校案内のパンフレットや生徒・保護者に配布する「日田三隈高校グランドデザイン」に明示しており、本校の3年間でのキャリア教育の体系図として、学校内外にPRしている。また、資料2は、教職員が日常の業務とキャリア教育との関連を確認し、学校の教育活動全体を通じて、生徒のキャリア形成に取り組むための組織づくり及び意識づくりに役立てている。

資料1

Mikuma "PAS" System

日田三隈高校は、あなたの「夢」応援します！

1年次 'PAS First'
「産業社会と人間」

- 自分を知る
- 社会を知る
- 自分と社会の接点を知る

4つの力
- 調べる力
- まとめる力
- 発表する力
- 聞く力

「自己分析」
「進路調査」

- 進路学習（職業調査）
- 職場見学・上級学校見学
- 時間割作成
- 「この人に学ぶ」
- 「キャリアプラン・ライフプラン」
- 「卒業生に学ぶ」
- 「求人票の見方」
- 一人暮らしプラン
- 評定平均値計算
- 「3年生に学ぶ」
- 外部講師講演　etc.

◎自己の適性と職業の特性を学ぶ
◎進路目標を設定し、2・3年次の科目選択を行う

2年次 'PAS Second'
「総合的な学習の時間」

- 自分や社会の課題を知る
- さまざまな角度から、自分や社会を見つめる
- 他者とのかかわりの中で自分をわかりやすく表現する
- 課題解決に向けて、積極的に行動する

「自己理解の深化」
- 自己理解の深化に努める
- 自己概念の確立を図る

「進路理解」
- 評定平均値計算
- 職場・学校研究

「夏の活動」
- 職場における就業体験
- 上級学校における授業体験
- 学年発表会

「プレPAS Final」
- 3年次「PAS Final」の予備調査

～就職希望者～
◎進路目標の確認
◎希望職種の選定
◎検定・資格等の取得

～進学希望者～
◎オープンキャンパス
◎対外模試成績分析と対策検討
◎入試情報の取得

6つの力
- 発見する力
- 分析する力
- 判断する力
- 計画する力
- 表現する力
- 行動する力

3年次 'PAS Final'
「総合的な学習の時間」

「個人研究」
- 設定したテーマに従って、調査・研究・発表
- 「PAS Final報告集」並びに「卒業論文」提出

～就職希望者～
◎就職情報の収集
◎就職模試等で学力伸長
◎検定・資格等の取得

～進学希望者～
◎一般入試・推薦入試等の情報収集・自己PR
◎学力伸長

進路達成
生きる力

日田三隈高等学校総合学科最終課題「30歳のレポート」

"P" Plan(計画) Progress(進歩)
"A" Action(行動) Achievement(達成)
"S" Support(援助)

進路実現ノート・全校一斉朝読書・総合学科公開発表会

資料２　　《キャリア教育推進に係る全体構想図》

生徒の実態
本校生は、進路希望等に応じて授業を選択する「自分で作る時間割」に魅力を感じて入学してくる生徒が多いにもかかわらず、進路に対する意識は全体的に低い傾向がある。3年間の様々な活動を通じてじっくりと自分の進路を開拓させる必要がある。

学校教育目標
社会の発展と変化に対応し、生涯にわたって学習する意欲や態度を育て、その実現のため自主的に自己の進路を選択していく能力を養うとともに、心豊かな社会の実現を目指して主体的に判断、行動することのできる人間を育成する。

教育関係法令等
日本国憲法、教育基本法
学校教育法、学習指導要領
大分県教育基本方針

地域の期待や要望
地域に貢献する人材の育成
地域に開かれた学校
地域に元気を与えてくれる学校

学校の重点目標
- 「確かな学力」（「進学力」「就職力」）の伸長を図るとともに、将来の進路や自己の在り方・生き方を主体的に考えることのできる生徒を育てる。
- 規範意識の高揚、高校生としてのマナーの向上に努める。
- 組織マネジメントを重視して教育活動に当たる。

学校の進路指導目標
- 高校生として望ましい職業観・勤労観及び職業に関する知識や技能を身につけさせる。
- 生徒一人一人のキャリア発達を支援し、個性に応じた進路を自主的に選択・決定させ、卒業後の社会生活を確立するのに必要な能力を養う。

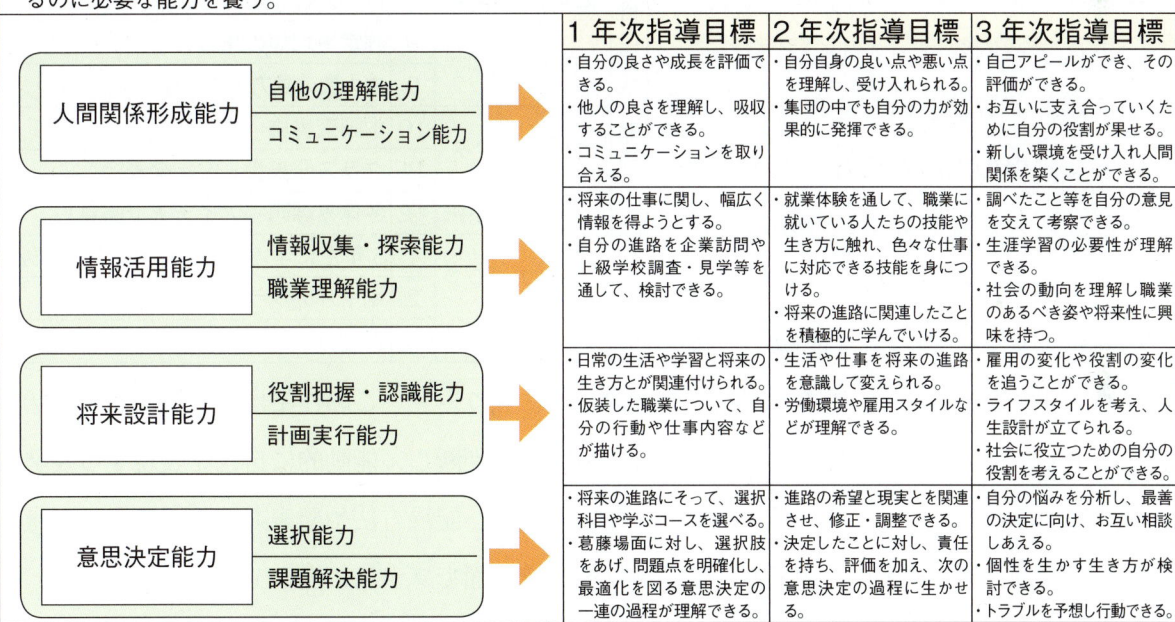

能力	内容	1年次指導目標	2年次指導目標	3年次指導目標
人間関係形成能力	自他の理解能力／コミュニケーション能力	・自分の良さや成長を評価できる。 ・他人の良さを理解し、吸収することができる。 ・コミュニケーションを取り合える。	・自分自身の良い点や悪い点を理解し、受け入れられる。 ・集団の中でも自分の力が効果的に発揮できる。	・自己アピールができ、その評価ができる。 ・お互いに支え合っていくために自分の役割が果せる。 ・新しい環境を受け入れ人間関係を築くことができる。
情報活用能力	情報収集・探索能力／職業理解能力	・将来の仕事に関し、幅広く情報を得ようとする。 ・自分の進路を企業訪問や上級学校調査・見学等を通して、検討できる。	・就業体験を通して、職業に就いている人たちの技能や生き方に触れ、色々な仕事に対応できる技能を身につける。 ・将来の進路に関連したことを積極的に学んでいける。	・調べたこと等を自分の意見を交えて考察できる。 ・生涯学習の必要性が理解できる。 ・社会の動向を理解し職業のあるべき姿や将来性に興味を持つ。
将来設計能力	役割把握・認識能力／計画実行能力	・日常の生活や学習と将来の生き方とが関連付けられる。 ・仮装した職業について、自分の行動や仕事内容などが描ける。	・生活や仕事を将来の進路を意識して変えられる。 ・労働環境や雇用スタイルなどが理解できる。	・雇用の変化や役割の変化を追うことができる。 ・ライフスタイルを考え、人生設計が立てられる。 ・社会に役立つための自分の役割を考えることができる。
意思決定能力	選択能力／課題解決能力	・将来の進路にそって、選択科目や学ぶコースを選べる。 ・葛藤場面に対し、選択肢をあげ、問題点を明確化し、最適化を図る意思決定の一連の過程が理解できる。	・進路の希望と現実とを関連させ、修正・調整できる。 ・決定したことに対し、責任を持ち、評価を加え、次の意思決定の過程に生かせる。	・自分の悩みを分析し、最善の決定に向け、お互い相談しあえる。 ・個性を生かす生き方が検討できる。 ・トラブルを予想し行動できる。

教科・領域等におけるキャリア教育の指導内容

各教科	環境・人権	特別活動	総合的な学習の時間	日常生活
・基礎学力の定着 ・実習をはじめとした技能の育成と資格取得 ・1年次「産業社会と人間」	・地域の自然・人間との関わりに関心を持ち、環境を守り人権への意識を深める活動を実践する。	・学級や学校における組織作りや仕事の分担処理などの活動 ・勤労成算・奉仕的行事における職業や進路に関わる啓発的な体験やボランティア活動など	・2年次「PAS Second」自己理解の深化「夏の活動」「プレPAS Final」等 ・3年次「PAS Final」設定したテーマによる調査・研究・発表・卒業論文 等	・集団生活への適応 ・コミュニケーション能力の育成 ・望ましい人間関係の育成 ・自己及び他者の個性理解と尊重 ・学校生活の充実

キャリア教育推進のための基礎

確かな学力	総合学科の教科・科目の充実	地域との連携	職員の意識改革	キャリア教育連携推進協議	キャリア教育連携推進事業
「基礎学力の定着」	「産業社会と人間」「PAS Secoud」「PAS Final」 など	小・中・上級学校 企業・家庭　など	キャリアカウンセリング 講習会の充実	会において 県教委など各機関との連携	(県単事業) 各推進校（小・中・高）との協力・連携

125

3 体験活動の全体計画

　本校のキャリア教育は、3年間を通して、体験活動を重視した内容で構成している。特に、1年次の「産業社会と人間」と2年次の「総合的な学習の時間（夏の活動）」では、地域の教育力を生かした体験活動に力を入れている。

(1)「産業社会と人間」の指導

　本校の「産業社会と人間」が目指すものは、「自分を知る、社会を知る、自分と社会の接点を知る」であり、「4つの力」（調べる力、まとめる力、発表する力、聞く力）を育成し、これを「6つの力」に発展的に結びつけることを目標としている。

　主な学習内容は、表1のとおりであるが、地域社会のしくみや、いろいろな立場の人の考え方や生き方を学び、自分自身を見つめながら、社会との接点を探っていく。大部分の単元において「調査」、「記録」、「まとめ」、「発表」を課し、この作業を1年間継続的に繰り返す。この作業は、生徒が学校生活を送る上で、常に自分の立場や他者との違いを客観的に判断し、能動的に自己を表現する姿勢の育成につながっている。その他に、マナーや言葉遣い、記録方法や発表方法等のスキルが身に付くことは、他の授業においても、学習態度や意欲の面でプラスに働いている。

表1　「産業社会と人間」学習内容（一部抜粋）

指導項目		月	学習単元
自己発見・挑戦	チャレンジ進路学習	4	概要説明と「2年生に学ぶ」
		5	進路学習（職業調査）
	自分を知る	6	進路適正検査受験　入門自分発見
		6	自己理解
	上級学校を知る	7	上級学校見学
自己実践・発展	夏課題	8	「地域に学ぶ」（先覚者、自治会組織、祭り）
	この人に学ぶ	9	「この人に学ぶ」準備
	将来を描く	9	評定平均値の求め方
		9	求人票の見方・一人暮らし生活プラン
	この人に学ぶ	10	本調査実施
		11	クラス発表会・学年発表会
	冬季休業中	12	冬休み課題「アイデアで勝負」
自己表現	キャリアプランライフプラン	1	3年生に学ぶ　総合学科公開発表会
		2	キャリアプラン・ライフプラン
		3	まとめ

(2)「総合的な学習の時間（夏の活動）」の指導

　本校では、平成12年度から2年次の中核となる学習活動としてインターンシップを実施してきたが、平成15年度の「総合的な学習の時間」導入後は、表2のように「夏の活動」として、2年生全員が参加する活動として実施するようになった。

　インターンシップでは、同一の事業所内でできるだけ多くの職種と可能な限り正社員と同じ仕事内容を体験させてもらうように、ハローワークやキャリア教育コーディネーター※と連携しながら地域の事業所の協力を頂いている。

　また、インターンシップに参加しない生徒は、「上級学校体験」で学校比較を行い、上級

学校での生活をシミュレーションする。その他、「続この人に学ぶ」によって、1年次とは異なった視点で職業人にインタビューすることで、継続的に進路学習及び職業観、勤労観を養う活動を行っている。

表2 「夏の活動」学習内容（一部抜粋）

	インターンシップ	上級学校体験	続この人に学ぶ
目的	職業理解や自己の職業的適性の理解及び望ましい勤労観、職業観の育成を図る。	上級学校に体験入学することで、入学後をシミュレーションし、以後の進路学習に役立てる。	将来目標とする職業に就いている職業人にインタビューを行い、職業理解や自己の職業適性を再確認する。
内容	日田市内の事業所を中心に、連続した3日間以上の就業体験を行う。	連続した日数あるいは複数の上級学校のオープンキャンパス等を活用する。	1年次とは異なった視点で「この人」を探し、働くことについてより具体的に調査する。
活動の特色	応対マニュアル、事前学習、履歴書、業務日誌、礼状作成、事後学習、インターンシップ報告会、総合学科公開発表会	事前学習、日誌、事後学習、学校比較表、総合学科公開発表会	応対マニュアル再点検、この人捜し、事前学習、公文書、インタビュー票作成、事後学習、総合学科公開発表会

※大分県教育委員会主催の「キャリア教育連携推進事業」によって、平成18年度に単年度配置された。

4　キャリア教育にかかわる体験活動（1年次）《この人に学ぶ》

（1）体験活動「この人に学ぶ」の趣旨

単元「この人に学ぶ」は、生徒一人一人がこれからの進路を主体的かつ具体的に設計していくうえで大切なことを、人生の先輩である"この人（職業人）"から直接学ぶ活動である。"この人"の「仕事に就くまでの過程」や「仕事をする上で必要なことや心構え」、「仕事を通して得られたやりがいや価値観」、「人生観、職業観、勤労観」など、職場見学や求人票等では見ることができないことを、身近にいる社会人から直接学び取り、自分と社会との接点を見つけることを目的としている。

生徒は自らの力で"この人"を選び、「産業社会と人間」の目標である「4つの力」を発揮しながら、試行錯誤の中で活動を進めて行くことになる。調査後は、クラス発表会や学年発表会を開き、全員が報告集を作成して各自が学んだことを相対化し、情報の共有化を図る。

また、"この人"の選定や調査計画書の点検、調査の過程など生徒の活動について、保護者からチェックやコメントをもらっている。これは、この学習活動が生徒と保護者の進路学習の場を設定することとなり、また、この学習を通じて親子の対話が深まることにもなるからである。「この人に学ぶ」は、本校において、学校・地域・保護者の三者連携の活動として重要な役割を担っている。

（2）学習活動の流れ

この単元は、まず"この人"を選ぶところから始まる。自分が将来目標としている職業に就いている人や目標の職業ではないがその人の生き方や考え方に関心を覚える人、日頃はなかなか接する機会がないが憧れの職業に就いている人等を対象とし、面接調査を基本として活動する。

"この人"の職業は、公務員や警察官、看護師や調理師、会社経営者といった地元の社会人をはじめ、小・中学校でお世話になった先生や本校の職員などが多いが、中には、国際線の客室乗務員や芸能プロダクションの経営者など県外にも調査が広がることもある。

　学習活動の流れは、表3のとおりであるが、2学期のほとんどをこの活動に充てている。これは、この学習が、計画実行能力や他者とのコミュニケーション能力の育成など、職業的（進路）発達にかかわる諸能力の4つの領域（人間関係形成能力、情報活用能力、将来設計能力、意思決定能力）を網羅した活動であり、生徒の発達段階に応じたキャリア形成を図る上で、重要な要素を多く含んでいると考えるからである。この単元は、本年度で12年目をむかえているが、これまで、この単元を通して養われた力は、生徒の次年度以降の総合的な学習の時間におけるPAS SecondやPAS Finalの学習において顕著な成果として表されている。

表3　「この人に学ぶ」学習活動の流れ（概要）

月	週	目的	学習内容
9月	第1週	オリエンテーション	「この人に学ぶ」概要説明 調査計画書　その1の作成
	第2週	"この人"選定・調査計画	調査依頼書　その2の作成
	第3週	手紙の書き方 応対マナー等	依頼文・公文書の書き方 挨拶・言葉遣い・電話応対 「応対マニュアル」学習
	第4週		
10月	第1週	"この人"の決定	調査計画書その2の完成
	第2週	調査期間	"この人"調査
	第3週		
	第4週		
11月	第1週	調査内容のまとめ	礼状、調査報告書の作成
	第2週	発表準備期間	クラス発表会準備
	第3週		
	第4週	クラス発表会	クラス発表会1（全員）
12月	第1週	情報を共有	クラス発表会2（全員）
	第2週	学年発表会	学年発表会（代表者10名）

（3）成果と今後の課題

①成果

　ア．職業を多面的に見つめることができるようになり、職業選択の幅が広がった。

　イ．働くことの楽しさや大変さを理解するとともに、社会の厳しさを知る機会となった。

　ウ．1学期のグループ活動から2学期の個人活動へと段階的に指導を積み重ねることにより、自ら考え、計画して、行動するという自主性・主体性が身に付いた。

　エ．挨拶や言葉遣い、電話応対や礼状の作成などの事前・事後指導を通して、社会人としてのマナーやルールを体験することができた。

　オ．職業的（進路）発達にかかわる4つの能力の育成につながった。

②今後の課題

　ア．個人での活動であるため、生徒各人の意欲や態度に格差があり、調査の進捗状況にばらつきがある。

　イ．一部の生徒には調査対象者を安易に選択する傾向が見られる。また、調査対象者が遠方の場合、手紙や電話、メール等での調査となるが、連絡がスムーズに取れなかったり、質問に対する回答が遅れたりと、調査が進まない事態が見られる。

ウ．調査対象者が大学の教官などの場合は、大学等上級学校に依頼することになるが、より内容の濃い調査とするためには関係機関との連携を深める必要がある。

5　キャリア教育にかかわる体験活動（２年次）《夏の活動》

（１）体験活動「夏の活動」の趣旨

「夏の活動」は２年次の「総合的な学習の時間」に位置付けられた体験活動であり、全ての生徒が、①インターンシップ、②上級学校体験、③続この人に学ぶ、の３つの活動の中から１つを選択して、夏季休業中に実施する学習活動である。

３つの活動のいずれも外部の協力が必要となるが、とりわけインターンシップにおいては地域との連携が不可欠となる。

〔本校のインターンシップの目的〕

> ○同一の職場における、連続した３～５日間の就業を通して、職業に対する知識を深め、自己の職業的適性や耐性等に係る自己理解を深めることで、勤労観や職業観を養う。
> ○働くことの大切さを理解し、将来、社会生活や職業生活を営むうえで、今何をすべきか等、進路意識の向上を図る。
> ○活動の過程で行われる事業所の選定やアポイントメント、事前訪問や履歴書作成などの諸活動を通して、計画力と行動力を養う。
> ○１年次の「産業社会と人間」で身に付けた「４つの力」を活かし、２年生として「６つの力」の育成につなげるための発展的かつ実践的な活動とする。

（２）学習活動の流れ

学習活動の流れは、表４のとおりである。オリエンテーション終了後、生徒は３つの活動から１つを選択して参加することになるが、医療・看護系等体験が重視される分野への進学を希望する生徒の中には、上級学校体験とインターンシップの両方を希望する者が多い。平成１９年度の内訳は、インターンシップ（８６名）、上級学校体験（１０２名）、続この人に学ぶ（１０名）となっている。

（３）インターンシップの実際

体験先は、あらかじめ学校が設定している事業所の中から生徒が選択する。しかし、中には生徒の強い希望により新規に体験先を開拓する場合もある。その場合は、生徒の進路希望と体験する職種の関連、生徒の意欲や事業所の特性等を吟味して、可能な限り実施できる方向で対処している。

体験先が決定した後は、体験先ごとにグループを作り、アポイントメントの取り方やインターンシップ履歴書の作成、体験先への訪問による依頼と体験時の注意事項等の確認を行って実際の体験に備える。また、事前に配布される日報（業務日誌）を通して１日の業務シミュレーション等を行い、３～５日間の体験をイメージする。

　体験中は、与えられた業務に従事するほか、「この人に学ぶ」の要領で従業員の方々に学び、帰宅後には、１日を振り返り、失敗談や小さな成功体験、心に残った出来事や一言（ひとこと）等を日報に詳細に記入する。

表4　「夏の活動（インターンシップ）」学習活動の流れ（概要）

月	週	教師の活動	生徒の活動
5		事業所・ハローワーク等訪問 実施要項作成・配布	
6	第1週	オリエンテーション	オリエンテーション STEP1（希望調査シート）記入
	第2週	希望調査票回収 集計・データ処理	事業所の情報収集 STEP2（自己理解シート）
	第3週	体験先の調整、決定等	STEP3、4（アポの取り方シート） 依頼文・言葉遣い・電話応対など STEP5（応対マニュアル）
	第4週		学習アポイント開始
7	第1週	賠償・傷害保険等の整備	STEP6（アポイント確認シート）
	第2週	事業所訪問・打ち合わせ 公文書、参加者名簿等	外部講師講演会 「17歳の今すべきこと」
	第3週	各事業所、ハローワーク等と 個別に打ち合わせ	STEP7（インターンシップ履歴書） STEP8（事前訪問シート）
	第4週		第1回参加生徒集会
8	第1週	教師の実施期間中の訪問計画 報道機関等への連絡	第2回参加生徒集会 事前訪問期間
	第2週		
	第3週	期間中事業所訪問	インターンシップ実施
	第4週		
9	第1週	礼状（下書き・清書）チェック	礼状作成、報告書作成
	第2週	発表資料等作成指導	グループ発表準備 （ポスターセッション形式）
	第3週		
	第4週		グループ発表
10	第1週		学年発表会準備
	第2週	学年発表会	学年発表会（ポスター発表形式）

　体験終了後は、礼状の作成・発送、報告書の作成やグループ発表、学年発表会の準備に取りかかる。事業所にはグループごとの事後評価をお願いしている。インターンシップ終了後に回収して、生徒自身の事後評価や報告書と比較しながら、事業所の事後評価を生徒に還元している。

　グループ発表は、ポスターセッション形式で行い、全員が資料を提示して発表し、全員の発表を聞くことで情報の共有を図っている。同じ職場で同じ体験をしているにもかかわらず、生徒間で感じ方が異なっていたり、仕事に対する受け取り方が異なっていたりする点は、個性とともに勤労観、職業観の相違が見られて大変興味深い。

　また、グループの代表による全体発表会では、ポスターのほかプレゼンテーションソフトを活用した説得力のある発表が見られ、「産業社会と人間」で養った４つの力が進化している様子がうかがえる。

　保育所の調理を体験した生徒は、他の職員と一緒に数週間前にO-157の検査（自費）を受け、徹底した衛生管理の指導を受けて体験に臨んだ。「ただ興味があるからという簡単な気持ちでは務まらない、プロフェッショナルの姿勢と現場を体験することができた」という感想が聞かれた。また、産婦人科で体験した生徒は、分娩室での出産に立ち会わせてもらい、両親や家族みんなの支えと祝福があって、１つの命が誕生するという命の尊厳を強い感動とともに感じ取ったことを、「自分たちもそうだったのだ」という感慨も込めて発表した。

（4）家庭－学校－事業所間の連携について

体験活動を成功させるためには、家庭や地域との連携が不可欠である。本校でのインターンシップにかかわる家庭・学校・地域（事業所）の連携は表5のようになる。

表5　インターンシップに係る家庭・学校・地域（事業所）の連携

	家庭		学校	地域（事業所）
体験前	《連携のポイント》 体験活動を成功させるためには、保護者や地域の方々の協力が不可欠である。 特に、保護者の果たす役割が大きく、子どもと適宜意見交換をすることが必要である。 ○体験活動に対する理解 ○受け入れ事業所の開拓 ○子どもの生活上のサポート ○子どもとの会話　など	生徒の体験希望先の把握 生徒の希望する職業調査	事業所への依頼 実施要項・公文書等の配布 活動のねらい及び学校のねらいを理解してもらう ・最近の高校生の気質や進路希望、動向等の説明 ・インターンシップの教育効果の説明 ・学校の学習と実際の職業との関連を深める意義の説明 ・自校のキャリア教育への取組の説明　ほか	・依頼文書の受理 ・体験活動の意義に対する共通理解 ・日程調整 ・学校との確認事項
			各事業所へ受け入れ依頼のため訪問	インターンシップの受入承諾
	インターンシップ実施要項の確認 ・希望する事業所について子どもとの話し合い ・進路についての会話	事前準備	体験事業所の決定 ※生徒による事前活動 ・依頼電話及び各自の目標設定 ・職業についての事前調査 ・事業所についての事前調査 ・事業所または担当者への事前の質問事項の整理 　（勤務日、勤務時間、服装、留意点など） ・事前打ち合わせ日の設定	・学校で決定した参加生徒名簿の確認 ・学校からの質問事項に対する回答 ・体験活動のスケジュール等の調整 ・生徒からの電話応対
			担当教員による訪問　事前指導状況の説明	担当教員との打ち合わせ
	【子どもへの助言や留意点】 ・仕事に関する知識の伝達 ・挨拶やマナー、言葉遣いに対する助言 ・健康管理のサポート ・体験活動へ向けて激励 ・子どもの活動状況の把握	事前打ち合わせ	仕事内容について 　・希望する業務内容の伝達 問い合わせ事項 　・交通手段 　・自転車等の駐輪場所の確認 　・安全確認（賠償・傷害保険の加入） 　・勤務期間中の動き 依頼事項 　・巡回教員による記録（写真撮影等）の許可願い 　・事後評価表記入のお願い 　・緊急時の対応について確認	・希望業務内容の確認 ・体験可能な作業、不可能な作業の伝達 ・学校や生徒からの問い合わせに対する回答 ・体験に関する詳細の決定 ・学校からの報告、依頼事項の確認と承諾 　・交通手段　・駐輪場の確保 　・記録の不可　・評価表の記入方法 　・危機管理体制の承認 　・受入生徒の把握
	※体験直前に配慮すべき点 　健康管理 　欠席連絡の確認 　子どもとの会話 　緊急連絡体制の確認 　事業所の連絡先 　学校の連絡先 　当日の持ち物、服装の確認	事前準備	社会的マナーを中心とした指導 ・服装、態度、言葉遣いなど ・自己紹介等の事前指導 ・履歴書の書き方 ・周囲に対する感謝の気持ち	受入事前の準備 ・体験生徒の受入に対する共通理解 ・個人情報や守秘義務の高いものの管理 ・履歴書の受理
			生徒による事前訪問	体験内容やその他確認事項
		直前指導	外部講師による講演会 「働くことの意義、17歳の今できること」 インターンシップ参加生徒集会 ・笑顔、挨拶、身だしなみ等の徹底 ・時間厳守 ・激励のことば	受入当日の準備 ・担当者からの伝達 ・生徒の控え場所等、利用可能場所の伝達 ・自転車置き場の確認 ・体験活動等、スケジュールの確認
体験中	※体験期間中は、生徒の安全を確保するため以下の点に留意する。 ○予測されない状況に備え、緊急連絡体制は十分に確認しておく。 ○保護者の連絡先等を確認する。 ○出席、欠席、遅刻、早退の連絡が取れる体制を確認しておく。 ○生徒全体の活動内容を確実に把握しておく。 　（出勤時間、帰宅時間、勤務時間、体験場所、通勤方法　等）			○緊急時に対して臨機応変に対応できる職員の体制を作っておく。 ○体験先に、緊急対応時の連絡をしておく。 ○体験先に、保険加入等、学校側の事前対応について知らせておく。 ○体験期間中は、必ず本校職員が体験先を訪問する。
体験後	・体験の感想や仕事についての話し合い ・体験報告書の作成上の助言 ・子どもの将来設計についての話し合い ・発表会への参加についての確認	事後指導	インターンシップの事後学習 ・礼状の書き方 ・礼状の作成および発送 ・報告書および報告集の作成 ・グループ別発表会 ・学年別発表会	事後指導に対する事業所の対応 ・アンケート、評価表の送付 ・学校、生徒からの礼状受理

131

（5）成果と今後の課題

① 成果

ア．数日間の体験を通して、仕事に対する理解や自己の適性等の理解を深めることができた。

イ．地域の人との関わりや地域で働くことの意味など、地域に目を向ける契機となった。

ウ．授業で学ぶ教科・科目と実社会で必要な知識との接点を知ることができた。

エ．マナーや言葉遣い、態度など、自分の未熟さを知り、課題の発見につながった。

オ．「4つの力」及び「6つの力」の定着具合を知り、次の目標設定につながった。

インターンシップに対する事業所の評価は、表6のとおりである。インターンシップをより効果のある活動にするためには、生徒の希望する事業所を少しでも多く確保することが絶対条件であるが、事業所の意見及び要望にもあるように体験の質を高めることでも教育効果が上がるものと考えられる。

表6　インターンシップについて事業所からの評価

（質問1）	本校のインターンシップについてどう思われますか？ A．評価する　94%　B．評価しない　0%　C．どちらとも言えない　6%
（質問2）	活動日数はどれくらいが適当でしょうか？ A．6日以上　21%　B．3～5日　76%　C．1日　3%
（質問3）	来年度以降も本校のインターンシップにご協力頂けますか？ A．協力する　93%　B．協力できない　0%　C．どちらとも言えない　7%
活動全体を通じての意見および要望	○何を学びたいか、疑問点や不安点などをもっと具体的に質問して欲しい。 ○なぜ当社を選んだのか、その目的や意図をはっきりして欲しい。 ○業種についての事前調査をもっと行うと効果的になると思う。 ○笑顔で明るく挨拶することに慣れていないようだった。 ○指示を待つのではなく、積極的に行動する態度や意欲を養って欲しい。　など

② 今後の課題

　本校のインターンシップは、これまで、本校が目指すキャリア教育を具現化する体験活動として、中核的な役割を担ってきた。しかし、キャリア教育の一層の充実を図るためには、生徒が主体的に活動する場面をより多く設定する必要があると考える。

　本校では、現在、次のようなインターンシップのセルフ・プロデュース化を検討している。

○インターンシップのセルフ・プロデュース化

　生徒が必要だと思う時に、自ら事業所の開拓を行い、期間の設定、実施計画書の作成、就業体験、自己評価、報告など一連の活動を主体的に行う。

6　おわりに

　近年の穏やかな景気回復により、本校においても、ようやく新規学卒者の求人状況に好転の兆しが見えてきた。進路指導の立場からは、本当に長く辛い期間であったが、長引く不況の中で真剣に進路学習を行い、必死になって自らの進む道を探っていた時代の生徒たちから学ぶことは多い。景気の動向に左右されない、真のキャリア教育を実践するための体験活動を工夫・改善して行くことが必要であると考える。

　本校においては、これまで培った進路学習のノウハウや地域との協力体制といった教育財産を

今一度棚卸しして、学習内容を総点検する必要がある。そして、本校が目標としている「１０の力」を確実に身に付けさせることで、「生きる力」の具現化を図りたいと考える。
　本校のキャリア教育で培った力が、後の人生の節目、節目で作用することとなり、「総合学科で学んでよかった」という卒業生を一人でも多く輩出していきたい。

【事例 10】
大学・学生の教育力を生かした「キッズビジネスタウンいちかわ」

千葉商科大学

《事例の概要と特色》

「キッズビジネスタウンいちかわ」は、本学が平成14年度から実施している地域連携事業の1つである。

本事業は、「子どもたちがつくる子どもたちの街」の理念に基づいて、子どもたちが市民としてキャンパスに設けられた公共施設や銀行、商店、工房で、働くこと、学ぶこと、遊ぶことを体験するものである。子どもたちは、この体験活動を通して、商品流通の仕組みやビジネス活動のあらましなどを学ぶとともに、働くことの楽しさや働くことの大切さを実感したり、他者との協調や他者を思いやる心の大切さなどを学んでいる。また、これを企画、準備、運営する本学の学生には、その過程で生じる様々な問題を解決することを通して、自ら学び、自ら考え、判断する課題解決能力を培ったり、「共に働く力」としての人間関係形成能力やコミュニケーション能力を養ったりするまたとない機会・場となっている。

この取組は、地域の子どもたちや保護者の高い支持を得て、年々参加者が増え、第6回目の平成19年度には、2日間で延べ2,696人にも達した。

1　千葉商科大学の紹介

千葉商科大学は、昭和3(1928)年2月に文学博士・遠藤隆吉が「治道家」の育成を教育理念として創設した巣鴨高等商業学校を母体としている。戦災によって現在の千葉県市川市国府台に学舎を移し、新学制の発足に伴って昭和25年に千葉商科大学に移行した。創設者遠藤博士の教育理念を継承しつつ、実学を重視する学舎として平成20年に建学80周年を迎えた。現在、商経学部、政策情報学部の2学部4学科及び修士課程、博士課程の4研究科と専門職学位課程の1研究科で、約6,500人の学生・院生が学ぶ社会科学系の大学である。また、平成21年度には、新学部・サービス創造学部を開設し、本学の研究・教育の一層の充実を図ることとしている。

本学が所在する市川市は千葉県北西部に位置し、東は千葉県船橋市・鎌ヶ谷市、西は東京都江戸川区、南は千葉県浦安市、そして北は松戸市と境を接している。市内をJR東日本の総武線・総武快速線、京成電鉄など5本の鉄道と2本の高速道路が東西に走る交通至便の地であることから、「キッズビジネスタウンいちかわ」には、市川市と江戸川区を中心に広い地域から子どもたちが参加している。

2　「キッズビジネスタウンいちかわ」

(1)「キッズビジネスタウンいちかわ」の概要

　「キッズビジネスタウンいちかわ」（以下、「キッズタウン」と略。）は、エクステンション部門が所管する公開講座・「キッズ大学」に位置付けられた大学と地域との連携事業の1つで、平成14年度から実施されているものである。

　事業の主な内容は、キャンパスに市役所やハローワークなどの公共施設及び銀行、商店、工房等を設けた「街」で、小学生らが市民として、学生のサポートを受けながら、働くこと、学ぶこと、遊ぶことを体験するものである。これを企画し、準備し、運営するのは学生スタッフであり、学生の「為すことによって学ぶ」機会、場でもある。

　第1回の実施以来、地域の子どもたちや保護者から高い評価を得て、年々参加者が増加し、平成19年度には、2,696人を数えるに至っている。

学生が作成した「キッズビジネスタウンいちかわ」のイメージキャラクター

(2)「キッズタウン」の仕組み

　「キッズタウン」の仕組みは次ページのように図に表すことができるが、参加する子どもたちは、概略、次のような手順で活動に参加する。

① 　市役所（受付）で所属学校、学年、氏名を登録し、市民証を受け取る。
② 　ハローワークに行き、街の中にある仕事を探す。
③ 　仕事が決まったら、仕事カードを受け取り、仕事に就き、好きな時間だけ働いて、退職する。
④ 　働いた時間に応じた給与を、銀行で、地域通貨である「リバー」で受け取る。30分の労働に対して110リバーの給与を得るが、その内の10リバーは所得税として徴収される。
⑤ 　受け取った「リバー」で買い物をしたり、遊ぶことができる。また、銀行に預金することもできるし、さらに他の仕事に就いて増やすことができる。中には、毎年参加して銀行預金を増やし続けている子どもも少なくない。

　「キッズタウン」では、学生スタッフが重要な役割を果たす。学生は、「キッズタウン」実

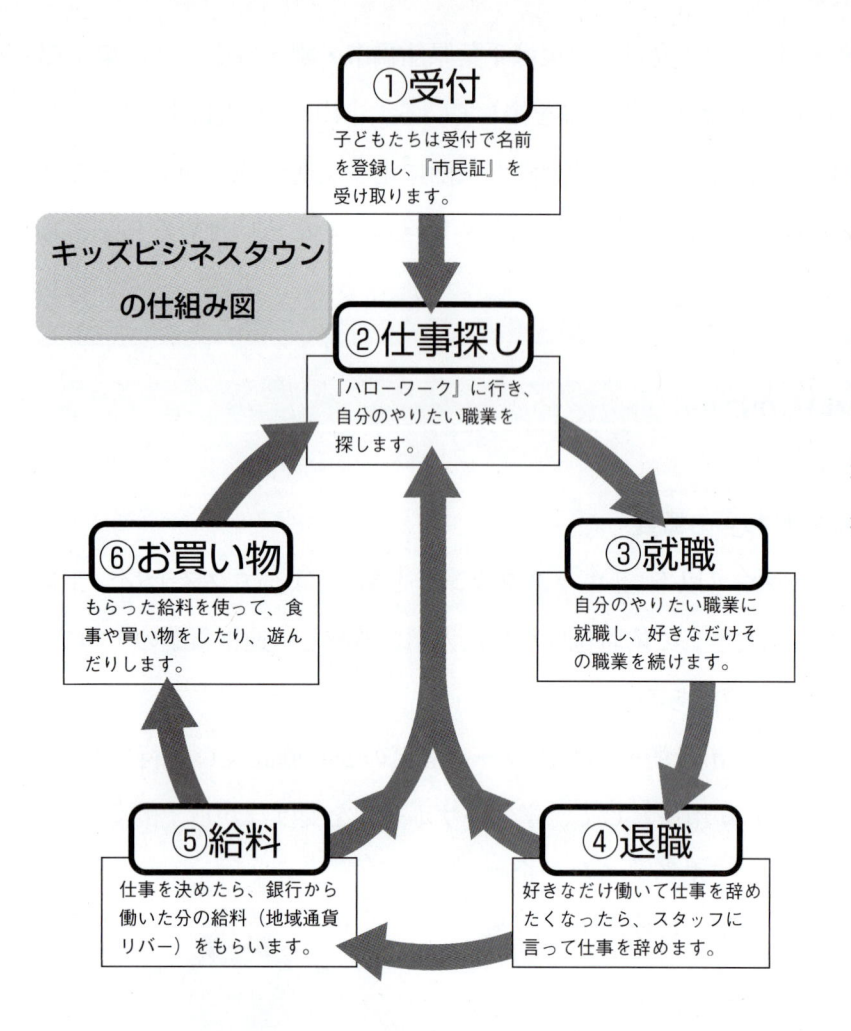

キッズビジネスタウンの仕組み図

① 受付
子どもたちは受付で名前を登録し、『市民証』を受け取ります。

② 仕事探し
『ハローワーク』に行き、自分のやりたい職業を探します。

③ 就職
自分のやりたい職業に就職し、好きなだけその職業を続けます。

④ 退職
好きなだけ働いて仕事を辞めたくなったら、スタッフに言って仕事を辞めます。

⑤ 給料
仕事を決めたら、銀行から働いた分の給料（地域通貨リバー）をもらいます。

⑥ お買い物
もらった給料を使って、食事や買い物をしたり、遊んだりします。

施の8～9カ月も前からスタッフ会議を組織し、企画、広報、運営組織づくり（当日必要なスタッフ200人～300人の募集や役割分担を含む。）、街の設営、子どもたちの体験のサポート等の当日の運営など、この事業の一切を担っている。

2　「キッズタウン」の目的と教育的意義

（1）子どもたちの学び

「キッズタウン」は、「子どもたちがつくる子どもたちの街」の理念の下、子どもたちが「みんなで働き、遊ぶことを通して、共に協力しながら街を運営し、社会の仕組みを学ぶ」ことを目的として企画された教育プログラムであるが、このプログラムに参加する子どもたちは、体験活動を通して、次のようなことも学んでいる。

①　働くことの楽しさや喜び、そして働くことの大切さを知る。
②　仕事や町の運営をするためには他の人と協調しなくてはならないこと、そのためには、他者を思いやる心が大切であることを理解する。
③　食べ物や製品などの作り方や売り方を知るとともに、物を粗末にせず、大切に扱おうとする気持ちが育つ。
④　社会の仕組み、中でも商品流通の仕組みやビ

ジネス（商業）活動のあらましとその必要性を理解する。
⑤　予測していない出来事に対応する能力を培う。
　以上のような教育的効果が期待できる「キッズタウン」の活動は、現在、初等中等教育で推進されているキャリア教育というにふさわしい教育活動であると言えよう。特に、後述する子どもたちや保護者のアンケート結果に見られるように、子どもたちは、ハローワークで紹介された商店や工房等（ブース）で、学校も学年も全く異なる初めて出会った子どもたちと協力、協働し、かつ、様々に工夫しながら食べ物や製品などを作ったり、売ったりするわけであるが、このような活動は、今日の子どもたちに指摘されている未成熟な人間関係形成能力、中でもコミュニケーション能力を高める機会、場となっている。また、視点を変えれば、「キッズタウン」は、子どもたちが「他者と協調しながら課題に挑戦する」意欲・態度を培い、「他者と協力しながら課題を解決する」能力を養う活動であり、その意味で「生きる力」の育成に資する教育プログラムであるともいえよう。

（2）学生スタッフの学び

　一方、このプログラムの企画から準備、運営までのすべてを担当する学生スタッフは、これに参加することによって、次のようなことを学ぶことができる。

①　プログラムを企画、準備、運営することを通して、イベントの企画、運営の実際を実践的に学ぶ。

②　プログラムを企画、運営する過程で生じる様々な問題を解決することを通して、自ら学び、自ら考え、判断する課題解決能力を培う。

③　事業の組織づくりとその運営を通して、学生もまた「共に働く力」としての人間関係形成能力・コミュニケーション能力を養うとともに、リーダーシップやフォロアーシップを身に付ける。

④　子どもたちにビジネスの仕組みや商店の活動を教えるための準備や、実際にそれらを子どもたちに分かりやすく説明することを通して、それらに関する自分自身の知識、理解を深める。

⑤　子どもたちに働くことの楽しさなどをより効果的に教えるために、どのように活動を工夫したらよいかを考え、実践することを通して、自らもまた、働くことの意義、大切さに気付く。

　これらのことから分かるように、このプログラムは、学生自身のキャリア形成にまたとない

機会・場を提供するものであり、同時に、学生に「生きる力」としての「確かな学力」や「豊かな心」を育む教育活動ともなっている。

　参加する子どもたちや学生にとって、以上のような教育的意義を持つ「キッズタウン」は、市川市教育委員会並びに江戸川区の後援を受けるとともに、平成18・19年度の文部科学省「現代GP－実践的総合キャリア教育－」に選定された。

3　「キッズタウン」実施の経緯と現状

（1）「キッズタウン」の始まり

　「キッズタウン」は当初「CUCキッズ商店街」として平成14年3月29日、30日に実施された。この年度の公開講座委員会は、それまで大人を対象としていた公開講座を小・中学生対象の講座に転換することを提案し、「キッズスクール」の名称（現在は、「キッズ大学」の名称に変更）で、小学生向けのいくつかの講座を設けた。この講座の1つとして、本学の教育力、すなわち商業・経済・経営等に関する教育力を生かして、小学生に商業を教える「キッズビジネススクール」を開いた。

　「第1回キッズビジネススクール」は、毎週土曜日の5週間の講座とし、次のテーマで開催した。

1週目（2／15）地域通貨とまちづくり。
2週目（2／22）税金とまちづくり。
3週目（3／1）ものを売るために考えること。
4週目（3／8）簿記って何。
5週目（3／15）ミニさくらの紹介。

　これを企画する過程で、子どもたちが学んだビジネスについて、それを実践させる必要があるのではないかとの意見が出され、「キッズビジネススクール」終了後に、受講した子どもたちを中心に「CUCキッズ商店街」を実施することになった。「CUCキッズ商店街」は、スクール参加者のみならず、地域の小学生を対象として、大学キャンパス内に模擬商店街を構築し、その運営を通じてビジネスを体験的に学ばせようとするものであり、今日の「キッズタウン」の原型となった。第2回以降も「キッズタウン」の実施前に「キッズビジネススクール」を開講し、授業形式でビジネスを学習できるようにしている。

　「CUCキッズ商店街」の企画に当たっては、ドイツのミュンヘンで行われている就業体験及び佐倉市で行われた「ミニさくら」を参考とした。（注　ドイツミニミュンヘン：http://www.mini-muenchen.info/）

　ちなみに、「キッズビジネススクール」「キッズタウン」の母体である「キッズ大学」は、平

成19年度では、サマースクールとウインタースクールとに分けて、次のような内容で実施している。

平成19年度「キッズ大学」

【サマースクール】
① 英会話スクール・全5回
② 親子でボイストレーニングスクール―コブクロを歌おう―・全2回
③ 親子で三角ベースボールスクール・1回

【ウインタースクール】
① 大学生と一緒に New Year コンサートを運営してみよう・全3回
② 「キッズビジネスタウンいちかわ」事前教室・全4回（以下は、4回のテーマ。）
　・ ビジネスって何？
　・ e－ビジネス　ホームページを作ってみよう
　・ お金は大切です　おこづかいゲームを楽しもう
　・ バーコードって何？　「キッズタウン」とバーコード
③ 英会話・全5回
④ 親子で楽しむ卓球・全4回
⑤ 親子で楽しむ少林寺拳法・全3回
⑥ 親子で楽しむテニス・全4回

（2）「キッズタウン」の歩み

「CUCキッズ商店街」から発展した「第1回キッズタウン」は、ハローワーク、市役所、警察など公共エリア9ブース、うどん、ジュースなど食品製造販売エリア10ブース、はた織り、お手玉作りなど手作業（工房）エリア7ブース、合計26ブースで実施した。

第2回以降は幼児の参加も考え、塗り絵、風船など遊び場部門を設け、第5回からは職業適性、職業紹介、コンビニ経営などコンピュータを使った学び場部門を設けた。

第1回から第6回までのブース数の推移は次のとおりである。

ブース数

		公共	食品	手作り	遊び場	学び場	合計
第1回	H15.3.29～3.30	9	10	7			26
第2回	H16.3.13～3.14	15	13	6	10		44
第3回	H17.3.12～3.13	12	10	5	4		31
第4回	H18.3.11～3.12	14	10	5	4		33
第5回	H19.3.10～3.11	18	26	11	5	8	68
第6回	H20.3. 8～3. 9	20	26	9	12	7	74

（注：第1回の実施に当たっては、食品製造販売エリアは地元商店街、手作業（工房）エリアは市川市登録ボランティア団体の協力を得た。第2回目以降はボランティア団体の協力をお願いしてはいるが、地元商店街の協力は依頼していない。）

また、第1回から第6回までの参加児童・幼児数は次のとおりである。

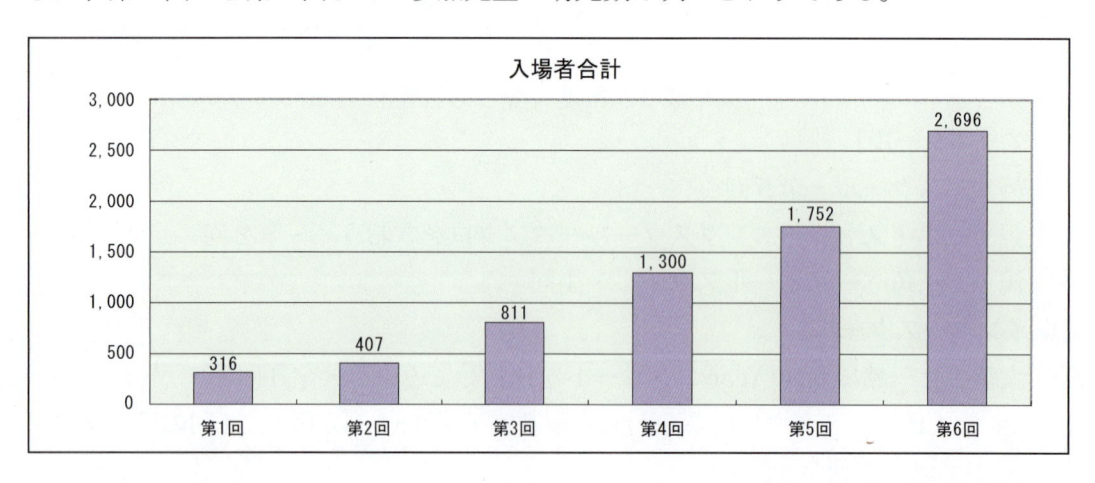

入場者合計

第1回	316
第2回	407
第3回	811
第4回	1,300
第5回	1,752
第6回	2,696

以上から分かるように、参加者は年々増加し、平成19年度第6回の参加者は延べ数で約2,700人にもなり、保護者も入場するため、当日の大学構内は多くの人でにぎわったが、本学のキャンパスの収容能力を超える人数に達しており、このことが20年度以降の実施についての課題となっている。

（3）「キッズタウン」の今

平成20年3月8日（土）、9日（日）に「第6回キッズタウン」を開催したが、参加者の増加に対応して、その規模は大きなものになっている。

＜子どもたちが働く場所＞

第6回キッズタウンでは、子どもたちの働く場所（ブース）を次のように用意した。

① 公共エリア（19種、23ブース）

市役所（受付）、ハローワーク、福祉局（新規）、銀行、税務署、警察、病院、新聞社、清掃局、消防署、文化会館、郵便局、運送、水道局、預金扱い所、教習所、写真館、タクシー（新規）、高校生企画商品販売

② 学び場エリア（8種、10ブース）

算盤・電卓検定、初めてのパソコン、商業・英語教師、名刺作り、職業適性、やってみよう店長、お小遣い帳ゲーム、ボードゲーム

③ 食品製造・販売エリア（19種、24ブース）

うどん、やきそば、カレー、フランクフルト、おにぎり、もち、サンドウィッチ、お汁粉、ホットドック、たこ焼き、ホットケーキ、ポップコーン、ジュース、チョコバナナ、綿あめ、豚汁、チヂミ、問屋、デパート

④ 遊び場エリア（12種、14ブース）

ダーツ、射的、バルーンアート、昔遊び、キックターゲット（新規）、輪投げ・ボーリング（新規）、風船たたき（新規）、ヨーヨー・スーパーボール（新規）、宝探し、（新規）、お化け屋敷（新規）、塗り絵、スポーツコーナー（新規）

⑤ 工房エリア（10種、10ブース）

紙芝居、折り紙、紙おもちゃ、紙粘土、木工、染め物、ビーズコースター（新規）、プラバン（新規）、花屋、アクセサリー（新規）

＜雇用予定人数等＞

これらのブースで雇用する予定人数、テント数、学生スタッフの人数は、以下のように想定した。

＜平成19年度「キッズタウン」実施計画＞

	テント数	雇用人数	スタッフ人数
公共	25	215人	69人
食品	24	280人	72人
工房	1	139人	28人
遊び場	2	151人	40人
学び場	0	53人	14人
合計	52	838人	223人

しかし、既述のように、参加した子どもたちの数が予想した人数を大幅に上回ったため、その場で「雇用人数」を変更しなければならなかった。

＜高校生や小学生の参加＞

第5回キッズタウンには、愛知県立岡崎商業高校と千葉県立千葉商業高校が、それぞれの学校で開発した商品を販売するために、また、第6回キッズタウンでは東京都立江東商業高校が、全国の商業高校生が開発した商品を販売するために出店した。これらの高校生企画商品ブースでは、高校生が子どもたちを雇い、指導し、販売した。

これらに加えて、第5回キッズタウンでは、新潟県六日町小学校の児童が、自分たちが学校田で育て収穫したコシヒカリを使い、おにぎり屋を出店した。

＜近隣小学校でのMINI KIDSの実施＞

本学に近接する市川市立国府台小学校PTAから「小規模なキッズタウンを国府台小学校内で開催してほしい」との依頼に応えて、2007年10月27日（土）にMINI KIDSを実施した。

当日、学生は1時間目の必修授業を終えて、休む間もなく小学校に向かい、これに取り組んだ。

（4）入場者の属性

第6回キッズタウンには、本学の所在地である千葉県市川市の小学生を中心に、隣接する東京都江戸川区（江戸川を挟んで境を接している）、千葉県松戸市・船橋市・習志野市・千葉市そして遠くは茨城県土浦市や埼玉県などの子どもたちが参加した。

その学年、性別の属性は次のとおりである。

第6回　1日目（3月8日）入場者

学年	男子	女子	合計
6年	65	75	140
5年	68	94	162
4年	64	104	168
3年	71	109	180
2年	56	118	174
1年	74	90	164
0年	78	82	160
合計	476	672	1,148

第6回　2日目（3月9日）入場者

学年	男子	女子	合計
6年	54	91	145
5年	75	174	249
4年	79	185	264
3年	96	146	242
2年	94	151	245
1年	93	114	207
0年	90	106	196
合計	581	967	1,548

（注：0年は学齢前の幼児を示す。）

（5）人気業種と就業時間

6回目となった「キッズタウン」では、リピーターの子どもたちも多く、開門と同時に希望の職に就くためにハローワークに駆け出す姿も多く見られた。参加した子どもたちがどのような仕事（ブース）を希望したかを見ると、3月8日、9日ともに銀行、スポーツコーナー、水道局が就労人数の上位3職種となっている。人気職種の人気の理由を推測すると、概略は次のとおりである。

① キッズタウンでは、労働時間に対して地域通貨（リバー）が支払われるが、就労時間を証明する用紙（市民証に就労時間が記録される）を銀行に持って行き、「リバー」の支給を受ける。「銀行＝給料の支給」が人気の源になっているのではないかと推察される。

② スポーツコーナーは、テニスやドッジボールなどのスポーツをすることで就労とされる。「スポーツを楽しんで給与が得られる」ことが人気の源になっているのではないかと推察される

③ 問題は水道局である。このブースは、タウン内に複数カ所設けられている手洗い場のタンクに水道水を補給することが主たる仕事である。大学の水道からポリタンクに水を入れ、手押し車で運ぶ仕事がなぜ上から3位になるのか、その理由はなぞである。

④ 食べ物の製造販売ではチョコバナナと綿あめが両日ともに多い。縁日などで身近に見ることができ、また、購入したい食べ物であるからかと思われる。

　キッズタウンは開場時間を 10:00 ～ 16:00 としている。しかし、16:00 まで働くと、得た給与を使う時間が無くなる。したがって、学生スタッフは、できるだけ給与を使う時間を確保するよう子どもたちを指導している。このため、15:00 からの就労は急減している。

4　学生スタッフの組織と活動

　既述のように、「キッズタウン」の活動は学生スタッフによって支えられている。

　学生スタッフは、3年生の教職課程をとっている学生（中澤興起教授のゼミ生）を中心に組織される。組織の中心である指導部は、学生代表1名、代表補佐2名、各ブース（公共施設、学び場、食品製造販売、遊び場、工房）の取りまとめ5名から構成される。

　学生スタッフは、「第6回キッズタウン」を例にとると、25回にわたるスタッフ会議をもって準備を進めた。その活動の一端を、スタッフ会議の議事録（これは、毎回、会議後にスタッフ全員に e-mail で伝えられた）から紹介することとしたい。

第2回 KBT 会議・議事録　　19.8.29
※国府台小学校で MINI KIDS 10/27（START 13:00）
　土曜日に授業がある学生は、後日、相談！　中澤ゼミ生は全員出席！
※MINI KIDS の内容
　・公共施設、遊び場、学び場、キッズ工房（食品ブースは衛生上×）。
　・KBT の内容やしくみを完全に変更し、国府台小 ORIGINAL ver. として MINI KIDS を成功させたいと思います。
※MINI KIDS の目標
　・各ブースの実際の仕事の内容と KBT での仕事の内容を児童がわかりやすく理解できるようにする。そのためブース担当者の事前準備がかなり重要！
※小学校 PTA に協力をお願いし、部分け（ブースを含め）をしてもらう。それを2部開催として行う。従来の内容では時間が短く、困難が多いため。
　例：13:00 ～ 1 部目 START　150 名程度の児童を公共・学び場ブースで学ばせる。
　　　30 分で、公共・学び場ブースで学んだ児童を遊び場・キッズ工房で遊ばせる。
　　　14:00 ～ 2 部目 START　新しい 50 名程度の児童で 1 回目と同じことを行う。
　　　15:00 に終了。
※全部で 300 名程度（人数は未定。増減あり）の児童を学ばせ、遊ばせる。
　・全員ブースに入り、学ばせるブースと遊ばせるブースの2つを受け持つ。
　・リバーは、MINI KIDS では今のところ使わない考え。
※各ブースの担当者は2枚目にまとめてあります。
　・簡単な気持ちの持ち方ではダメ！　KBT を知ってもらうために、場を提供してもらっていることを頭に入れて取り組む。
　・公共・学び場ブース担当者
　　（省略）
※担当者になっていない人の担当、遊び場・キッズ工房の担当については後日決めます。

> 第24回 KBT会議・議事録　20.2.20
> ※小学校まわりについて
> 　→20日午前中に代表（菅原）と2年近藤で13校まわった。
> ※前回会議内容の確認。
> ※各エリアでの話し合い。
> 　→公共は仕事内容の最終確認。食品は検便についてなど。
> ※各係での仕事。
> 　→備品係は教室（330C）での作業。人材はブーススタッフについてなど。
> ※学習エリアの教師ブースで行う英語についての内容。
> 　→次回（23日）発表を行う。（担当　斎藤克）
> ※2月28、29日にマニュアル作成を行う。
> 　28日13:00～　29日10:00～
> 　手伝える人は参加してほしい。3月1日の一般スタッフ説明会に配布するため。
> ※次回会議　2月23日（土）17:00～　731教室

5　「キッズタウン」の評価

　キッズタウンの評価については、「第6回キッズタウン」に参加した子どもたちとその保護者及び学生スタッフのアンケート結果に委ねることとしたい。

（1）参加した子どもたちのアンケート結果

回答者の学年別人数	6年26名、5年28名、4年37名、3年33名、2年36名、1年13名、学齢前9名、合計182名。	
参加して勉強になったか	はい　160名	いいえ　20名
楽しかったか	はい　181名	いいえ　0名
次回も参加したいか	はい　181名	いいえ　1名
友達にも参加を勧めるか	はい　174名	いいえ　8名

参加した感想や意見の一部

〈よかったこと〉

- いろいろと社会のことを知ることができました。
- 説明がとても分かりやすくて理解できた。
- 働くことの楽しさや学べることがたくさんあった。
- 自分の稼いだお金で買いたいものが買えてよかった。お兄さんお姉さんが優しかった。
- いろいろな仕事が体験できて大人になった感じがしてよかった。
- 本当に働いてるみたいでよかった。
- ものを作ることができて楽しかった。
- お仕事をしているお父さんとお母さんの大変さが分かった。
- ふだん出来ないことが体験できた。

〈わるかったこと〉
- 仕事をサボっていたのに給料をもらっている人がいた。
- どのような仕事内容かハローワークでポスターなどをはり、分かりやすくしてほしかった。
- お客がなかなか来なくて待ち時間が長かった。
- 店が閉まるのが早い。
- 人数が多く仕事が少なかった。
- 10分ぐらいでお金がもらえるようにしてほしい。
- 税金を10％から5％にしてほしい。
- 疲れてしまった。

(2) 保護者のアンケート結果

キッズタウンを何で知ったか	ちらし 65名、HP 1名、知人から 8名、ポスター 1名、その他 15名。	
次回も参加させたいか	はい 92名	いいえ 0名
参加させて勉強になったか	はい 61名	いいえ 3名

○どんなところが子どもの勉強になったか（意見の一部）
- 実際に商品の売買もでき、皆の協力で仕事が進むことが学べた。
- 普段あまり接することのない年代の人たちと話ができるところ。働かないと欲しい物が手に入らないこと。
- 自分で働いたお金で自分の好きな物を買うことができて、大変さや楽しさを知ることができた。
- 片付け等、家ではしないこともしていました。
- 働くことがどれだけ大変で、お金の大切さも少しはわかったかも。限られたお金で食べたいもの、遊びたいことを見付けるということ。
- 親がいなくても行動でき、自立心ができた。
- 自分で意思表示をしっかりしないと世の中で通用しないこと。
- キッズというより大学生の学びになっていた。
- コミュニケーション。

○キッズタウンに対するご意見・ご感想をお聞かせください。（意見の一部）
- 全体の流れの説明がもう少し分かるようにしてほしいです。
- キッズの存在そのものが良い。年を追うごとに良くなっている。
- 大学生のお兄さんお姉さん方も寒い中ありがとうございました。
- とても良い企画だと思います。いろいろご苦労もあるでしょうがありがとうございました。
- 良い企画ですので、またぜひ!!
- 習志野から来ました。もっと育児雑誌とかに載せてください。
- 料理をさせる場合、包丁等の使い方と野菜の切り方などに、工夫が欲しい。また、保護者の控え室のアピールがなく、気が付かずに、帰りそうだった。でも学生さんの対応がとてもよく、子どもに良い一日が過ごせました。ありがとうございました。

- 側で体験させてくださった学生さんに感謝です。今いろいろと若い人のことを言われますが、ここの学生さんはいい。大変だったと思います。ありがとうございました。
- 幼稚園児でも楽しめました。ありがとうございました。

（3）スタッフ学生の感想等

キッズタウンを何で知ったか	ちらし　2名、ポスター　13名、友達　33名、授業24名、その他　32名。
スタッフとして何回目の参加か	初めて　82名、2回目　13名、3回目　10名
また参加したいか	はい　78名　　　　いいえ　22名

○スタッフになろうとした理由は。（記述の一部）
- このイベントがどのようなものか直接知りたかったため。
- やってみたかった。
- 友達の手伝い。
- 人手が足りないと知ったので。
- 友達からメールで依頼がきたので。
- 授業で言われたからです。
- ゼミで知り、これを通して自分を高めようと思った。
- 自治会のつながり。
- 子どもが好きで接したかったから。

○スタッフとして得たものは何か。（記述の一部）
- 責任を感じながらも、子どもと触れ合い、子どもの素直さを改めて知ることができた。
- コミュニケーション能力の向上。
- 人との協力。協調性。
- 人に教えることの難しさ。
- 責任感を持ち、先輩や保護者の方々と協力し合って一つの目標について達成できたことによる充実感と達成感を得ることができた。
- 子どもや親への接し方。

6　「キッズタウン」の広がり

　子どもたちの「生きる力」の育成とともに、スタッフ学生の成長にも役立つこのプログラムは高校教育でも関心を持たれ、これに取り組む学校が出てきている。

　愛知県立岡崎商業高等学校（以下、岡崎商業高校と略。）は第5回の「キッズタウン」に高校生ブースを出店したが、この経験を基にして、2007年10月4日に岡崎商業高校を会場とした「キッズビジネスタウンおかざき」を開催した。1日の実施で700人余の児童が参加するという盛況振りであった。「キッズタウン」が新しく芽吹いたのである。

　また、岡崎商業高校での成功もあって、以前からこのプログラムを注目していた全国の高校から、本学の「キッズタウン」の企画・運営方法について知りたいとの問い合わせが相次

いだ。そこで、第6回キッズタウンの開催期間中に希望する高校を対象として研修会を実施した。研修会には北海道から岡山県までの60名余の教諭や生徒が参加した。この研修に参加した高校の内、以下の高校等が平成20年度に「キッズタウン」を開催した。

新潟県商業校長会は、10月25日、26日に県立新潟商業高校を会場として「キッズビジネスタウンにいがた」を開催した。長野県小諸商業高校は10月25日、26日に開催した「スマイル小商店街（こしょうてんがい）」でキッズワークのブースを設けた。秋田市立商業高校は、11月7日に開催された秋田市「秋田拠点センターアルウェル」の会場で、「キッズビジネスタウン」を設けた。長野県商業教育研究会南信支会は、11月15日に諏訪商業高校を会場として「キッズビジネスタウンすわ」を開催した。

7 「キッズタウン」の今後の課題

「キッズタウン」の最大の課題は、参加者数2,700人という規模、今後その人数がさらに増加が予想されることにいかに対応するかにある。

この事業は、大学と地域との連携事業であるが、特定の小学校と連携しているわけではなく、主な広報活動は、学生スタッフや後援を受けている教育委員会等を通じての、学校へのちらしやポスター配布に過ぎない。にもかかわらず、年々、参加者が増え続けている。それが意味することは、参加者を制限することができないということであり、さらに増え続ける可能性があるということである。既述のように、1日で1,500人の子どもたちプラスその保護者という人数は、本学のキャンパスの収容能力を既に超えている。そればかりではなく、「キッズタウン」は、平成19年度において、ブース数52、参加者838人に対して、学生スタッフ223人という想定で計画されたが、これを超える学生スタッフ数を確保することはかなり難しい。

本事業がこれほど多くの子どもたちや保護者の方々から支持をいただいていることは、主催者である大学にとっては望外のことであり、感謝の念に堪えないのであるが、それだけに、責任は重く、課題は大きいと言えるのである。

第三部

教育委員会を中核とした取組事例

【事例1】
全公立中学校で5日間の職場体験が実現できるまで
～「滋賀県中学生チャレンジウィーク事業」の立ち上げから～

滋賀県教育委員会

《事例の概要と特色》

　本県では、子どもたちが心豊かにたくましく成長するには、発達の段階に応じた体験を積み重ねることが大切であると考え、体系化して取り組んでいる。これまでも多くの中学校で1～3日の職場体験を実施していたが、平成17年度からの文部科学省事業である「キャリア教育実践プロジェクト」への指定研究を契機に、県事業としての「チャレンジウィーク」を立ち上げ、引き続いて実施できる体制を3年間で整備し、県内全公立中学校100校での実施に至った。

　本事例では、全県挙げての「中学生チャレンジウィーク事業」実現までの経緯と展開を紹介する。

1　滋賀県における中学校教育の概要

（1）滋賀県の状況

　滋賀県は日本列島のほぼ中央にあり、周囲を伊吹山地、鈴鹿山脈、比良山地、野坂山地の山々に囲まれ、県面積の約1/6を占める琵琶湖には、周囲の山々を源とする河川（一級河川は121）が注いでいる。琵琶湖は、我が国最大の湖で、年中豊富な水量をたたえ、本県を始め近畿約1,400万人の貴重な水資源となっている。

　江戸時代から明治期にかけて、近江商人と呼ばれる多くの大商人が次々に出現した。商取引においては当事者の売り手と買い手だけでなく、その取引が社会全体の幸福につながるものでなければならないとする「三方よし（売り手よし、買い手よし、世間よし）」の言葉は、近江商人の経営理念である。長い歴史に培われたこの考え方は「中学生チャレンジウィーク事業」における中学生の受入れに大きく影響している。

　一方で本県は、昭和30年代の高速交通網の整備等により、工業立地が急速に進んだことから、産業構造が大きく変わり、全国でも有数の内陸型工業県として発展を続けている。

(2) 中学校教育の現状

① 教育改革の特徴と学校数

　本県では、県立学校を中心に教育改革を進めており、平成15年度に3校の中高一貫教育校を開設した。県内には平成20年5月1日現在、市町立中学校97校、国立・私立中学校7校と併せて107校の中学校があり、41,958人が在籍している。

　また、高校等への進学率が平成16年3月には98.1％に達し、高校教育が広く普及する中で、生徒の多様なニーズにこたえ、自分に合った高校を主体的に選べるようにするため、平成18年4月に県立普通科高校通学区域を全県一区とした。

② 高校進学等動向の推移

　平成20年3月の中学校卒業後高校等への進学率は98.3％で、平成19年より0.1ポイント増加した。（図1）

　高校卒業後の大学等への進学率は56.8％で、平成19年より1.3ポイント増加し、過去最高となった（図2）。また、卒業者に占める就職者の割合は18.0％で、昨年より0.6ポイント増加し、5年連続増加している。

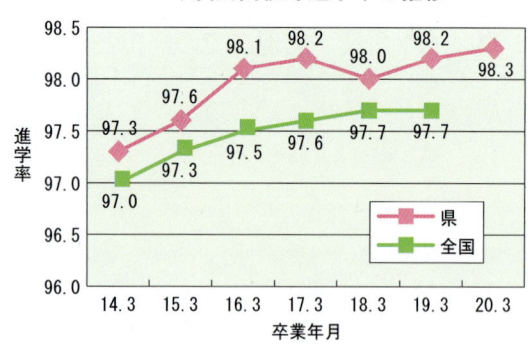

図1　高校等進学率　　　　　　　　図2　大学等進学率

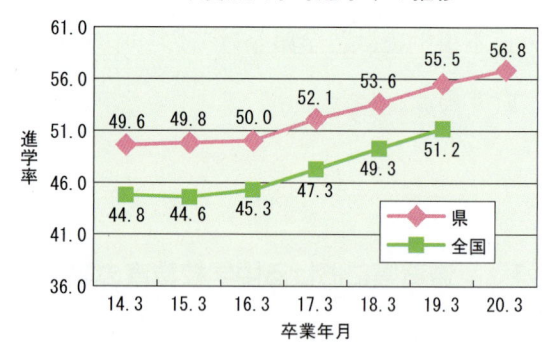

2　「中学生チャレンジウィーク事業」の導入と展開

(1) 系統を重視した滋賀県のキャリア教育

　本県では、子どもたちが心豊かにたくましく成長するには、発達の段階に応じた体験を積み重ねることが大切であると考え、各学校においては勤労体験、自然体験、福祉ボランティア体験、文化や芸術に触れる体験、人と触れ合う体験等、豊かな体験を重視した教育活動に取り組んでいる。なかでも「キャリア教育」は平成18年度から学校教育の重点と位置付け、小・中・高等学校において推進を図ってきた。

　小学校では自然体験を中心として、5年生で「びわ湖フローティングスクール『うみのこ』」、4年生で「森林環境学習『やまのこ』」、学年を問わず「田んぼ体験『たんぼのこ』」を実施し

ている。中でも「びわ湖フローティングスクール」では、県内小学5年生を対象に、母なる湖・琵琶湖を舞台にして学習船「うみのこ」を使った1泊2日の宿泊体験型の教育を展開し、環境に主体的にかかわる力や人と豊かにかかわる力をはぐくんできた。昭和58年の就航以来25年、これまでに県人口のおよそ3分の1に当たる40万人を越える子どもたちが、琵琶湖を舞台に自然と触れ合い、環境問題に対する理解を深め、集団生活を通じてみんなで協力し合う心を培ってきた。

小学校でのこれらの体験活動を踏まえ、中学校では2年生を対象として「中学生チャレンジウィーク事業」を体験活動の中心に位置付け、働く大人の姿に触れ、自分の将来の生き方を考えることを目標として、充実を図っている。さらに、高等学校では「インターンシップ・ボランティア体験」を通じて自分の在り方生き方を探る機会としており、小・中・高等学校と系統的に進めている（図3）。

（2）「中学生チャレンジウィーク事業」の第一歩

本県では平成16年度に豊かな心の育成に向けて、職場・就業体験などの体験的学習の充実を進め、特に職場体験については連続5日間という日数の長さから得られる達成感や感動を、生徒に体験させたいと考えた。

そのため、全公立中学校での実施を目指し、平成17年2月に先進県である兵庫県教育委員会を訪問し、「トライやる・ウィーク」の立ち上げの仕組みづくりや予算、実施上の留意事項について多くの資料を得ることができた。

（3）「中学生チャレンジウィーク事業」推進のポイント

本事業の推進には、いかに全県挙げて取組への強い思いを共有するかがポイントである。

① 市町教育委員会・学校の理解と協力を得るために

ア 学校での教育課程の位置付けを明確化

以前から多くの中学校において、総合的な学習の時間で1～3日の職場体験を実施してきたが、5日間の職場体験を実施するためには、日々子どもと向き合う教職員の意識を変え、キャリア教育への理解を深めることが重要である。

そこで、県教育委員会では市町教育委員会や学校の担当者を対象に連絡協議会を実施し、先進校の実践事例や指導者養成研修参加者の研修報告に学ぶことなどを通して、キャリア教育の意義やねらいについて理解が得られるよう努めてきた。

イ 受入先の積極的な開拓

5日間の職場体験を実施するには、受入先の確保が大きな課題であった。市町教育委員会や学校の理解と協力の下、教職員自ら地域に出掛けて、受入先を積極的に開拓すること

となった。教職員が地域の方々にお願いに回ることによって、結果的には学校と地域との垣根が低くなり、お互いが顔なじみになるなど良い関係ができるという効果も生まれている。

2. 生きる力をはぐくむための体験活動の充実

- ●子どもの発達段階に応じて
- ●地域の特性を生かして
- ●計画的・体系的に

生きる力をはぐくむ

インターンシップ・ボランティア体験

高校生
- 文化・芸術体験（より広く、深く）スポーツ体験
- 就業体験 ボランティア体験（より広域へ）
- 地域活動体験（より主体的に参画）

5日間の職場体験「中学生チャレンジウィーク」

中学生
- 文化・芸術体験 スポーツ体験
- 職場体験 ボランティア体験
- 地域活動体験（参画） 集団宿泊体験

びわ湖フローティングスクール「うみのこ」
森林環境学習「やまのこ」 田んぼ体験「たんぼのこ」

小学生
- 自然 冒険する 探検する
- 職場見学・勤労体験 ボランティア体験
- 地域活動体験 参画する 参加する
- 集団宿泊体験
- 動植物 はたらきかける こころみる かかわる
- 生活体験 はたらきかける こころみる かかわる 身につける
- 異年齢交流 群れ遊び 複数で遊ぶ

幼児
- 自然の中であそぶ 動植物とふれあう
- 生活体験 基本的な生活習慣
- 複数であそぶ 異年齢・異世代交流

| 自然体験活動 文化・芸術体験活動 | 職場体験活動 奉仕体験活動 | 交流体験活動 集団宿泊体験活動 |

他者、社会、自然、環境の中での体験活動をとおして
- ◆自分と向き合うこと
- ◆他者と共感すること
- ◆社会の一員であると実感すること
- ◆自然の偉大さや美しさに出会うこと
- ◆文化・芸術に触れること など

→
- ◇思いやりの心
- ◇規範意識
- ◇豊かな人間性
- ◇基礎的な体力や心身の健康
- ◇論理的な思考力の基礎 などをはぐくんだり、形成したりする。

体験は、体を育て、心を育てる源である。

図3　平成20年度「学校教育の指針」滋賀県教育委員会

② 受入先の理解と協力を得るために
　ア　県教育委員会と市町教育委員会が支援体制を確立

　　平成17年に県では受入先の理解と協力を得て、事業の円滑な企画運営を図ることを目的に、学識経験者、産業・経済団体等に参加いただき、「滋賀県中学生チャレンジウィーク事業」を支援する会議を立ち上げた（表１）。支援会議では５日間の職場体験全県実施の羅針盤としての役割を担っており、事業所・企業等の円滑な受入れ等についてのシステムづくりのほか、中学生の職場体験の様子や体験報告会を参観するなど、５日間の職場体験を充実させるための指導助言を行っている（写真１）。

表１　支援会議委員

支援会議委員	人数	支援会議委員	人数
学識経験者	1名	労働局関係者	1名
保護者	1名	県商工観光労働部	3名
市町教育委員会代表者	1名	県農政水産部	1名
産業、経済団体代表者	8名	県教育委員会関係者	3名

写真１　支援会議の様子

　イ　滋賀県家庭教育協力企業協定制度の設立

　　本制度は、家庭の教育を始め、子どもたちを育てる様々な営みを社会全体で支え合うため、取組１から取組５まで（表２）の中から、２項目以上に取り組もうとする企業及び事業所と滋賀県教育委員会が協定を結び、企業及び事業所における子どもたちの健やかな育ちのための取組を推進することを目的としている。

　　平成18年４月の設立以来、家庭と企業及び事業所が協力して子どもたちの健やかな成長を支援する気運を盛り上げており、平成20年９月19日現在の締結企業・事業所数は719社となっている。

表２　滋賀県家庭教育協力企業協定制度の取組

取組	概　要
1	●我が社の子育て環境づくりを進めよう！ 職場で従業員が家庭教育について講話を聴く機会を設けたり、家庭教育に関する啓発ポスターを掲示したりするなど、子育て支援に向けて企業自らが積極的な取組を進めます。
2	●働く姿を見せよう、仕事について語り合おう！ 子どもたちが働くことの大切さ、また大変さや喜びを学べるように、従業員の子どもたちに大人の働く姿を見せたり、仕事について語り合ったりする機会を作ります。また、地域の子どもたちを企業で職場体験として受け入れ、学習に協力します。
3	●子ども体験活動を支援しよう！ 学校や地域での子どもたちの様々な活動に企業として、また地域住民の一員として積極的に協力、支援をします。
4	●学校へ行こう！ 参観日や保護者会等への参加を働きかけたり、休暇が取りやすい職場環境づくりに努めたりする等して、従業員が積極的に学校へ行ける職場を作ります。
5	●「淡海子育て応援団」に加入しよう！ 地域の企業として「淡海子育て応援団」に参加し親と子が利用しやすい設備の充実や子育て支援のためのサービスの提供等に取り組みます。

153

③ 保護者・地域・県民の理解と協力を得るために

　ア 「滋賀教育の日」の制定

　　本県では平成18年4月から11月1日を「滋賀教育の日」と定め、10月と11月を「滋賀教育月間」として、教育にかかわる様々な取組を集中的に行い、全県挙げて滋賀の教育を支え合う気運を高めることにつながっている（図4）。

図4　シンボルマーク

　イ　情報誌等による普及啓発活動

　　本事業の普及には企業、事業所はもちろん地域、家庭や広く県民への啓発が必要である。中学生の職場での学びや地域とのつながりを様々な機会を通じ、啓発している。特に県教育委員会からの保護者向け情報誌「教育しが」や、中学生チャレンジウィークリーフレット（図5）、事業所向けステッカー、県教育委員会Webページによる情報発信、地元テレビの特集番組放映等、多方面から取り組んでいる。

図5　啓発用リーフレットなど

（4）地域との連携の更なる活性化─「『地域の力を学校へ』推進事業」の取組─

　上に挙げた様々な取組によって「中学生チャレンジウィーク事業」への県内各地での理解と協力は確かなものとなってきている。このような中で県教育委員会では、地域からの学校教育への支援をより一層活性化し、地域の多様な人々・企業・団体・NPO等が幅広く学校教育で活躍できる仕組みを構築するため、「中学生チャレンジウィーク事業」に並行して、平成19年度から「『地域の力を学校へ』推進事業」をスタートさせた。

　具体的には、平成19年4月に生涯学習課に学校支援ディレクターを配置し、平成20年度からは生涯学習課長をセンター長とする「しが学校支援センター」を発足させて、学校支援ディレクターを中核とする学校と地域との連携の更なる推進を図っている。

　また、同センターでは、県内の各学校がそれぞれのニーズに合わせて地域の企業・団体等からの支援を得やすくするため、「学校支援メニュー一覧」を県教育委員会Webページ上に掲載した。本一覧では、各企業・団体等が提供可能な学校支援プログラム（各種の体験学習やいわゆる「出前授業」等）をカテゴリー別に一括表示する機能を有している。

　さらに県教育委員会では、県内各学校の教員を対象として、学校支援プログラムを提供する企業・団体等が一堂に会してブースを開く「学校支援メニューフェア」を開催し、平成19年度には46企業・団体が、平成20年度には54企業・団体がそれぞれ参加した。

この新たな取組が構築した県内の学校と地域との幅広い連携推進の仕組みによって、「中学生チャレンジウィーク事業」もさらに進展することが期待されている。

"地域の力を学校へ"

地域の人々や企業・団体・NPO等（支援者）が
学校を支援する仕組みづくりの推進

しが学校支援センター

センター長（生涯学習課長）
事務局（生涯学習課内）

- ○「しが学校支援センター」連絡会の開催
  - ■支援者間の情報交換、ネットワークづくり
- ○「学校支援メニューフェア」の開催（学校教育課との連携）
- ○学校と地域を結ぶコーディネート担当者新任研修会の開催
- ○学校支援地域本部事業との連携

- ○学校支援ディレクターの配置
  - ■情報収集・発信…「学校支援メニュー一覧」の作成
  - ■学校と支援者とのコーディネート

①依頼・相談　②問い合わせ　③提案等　④紹介　⑤打ち合わせ

学校
- ○子どもの学びを深める授業づくり
- ○体験活動の充実
- ○放課後の学習支援

地域の人々 企業・団体 NPO等

「学校支援メニュー一覧」登録団体等
■庁内関係各課・施設・機関等　29団体
■地域の人々・企業・NPO等　68団体

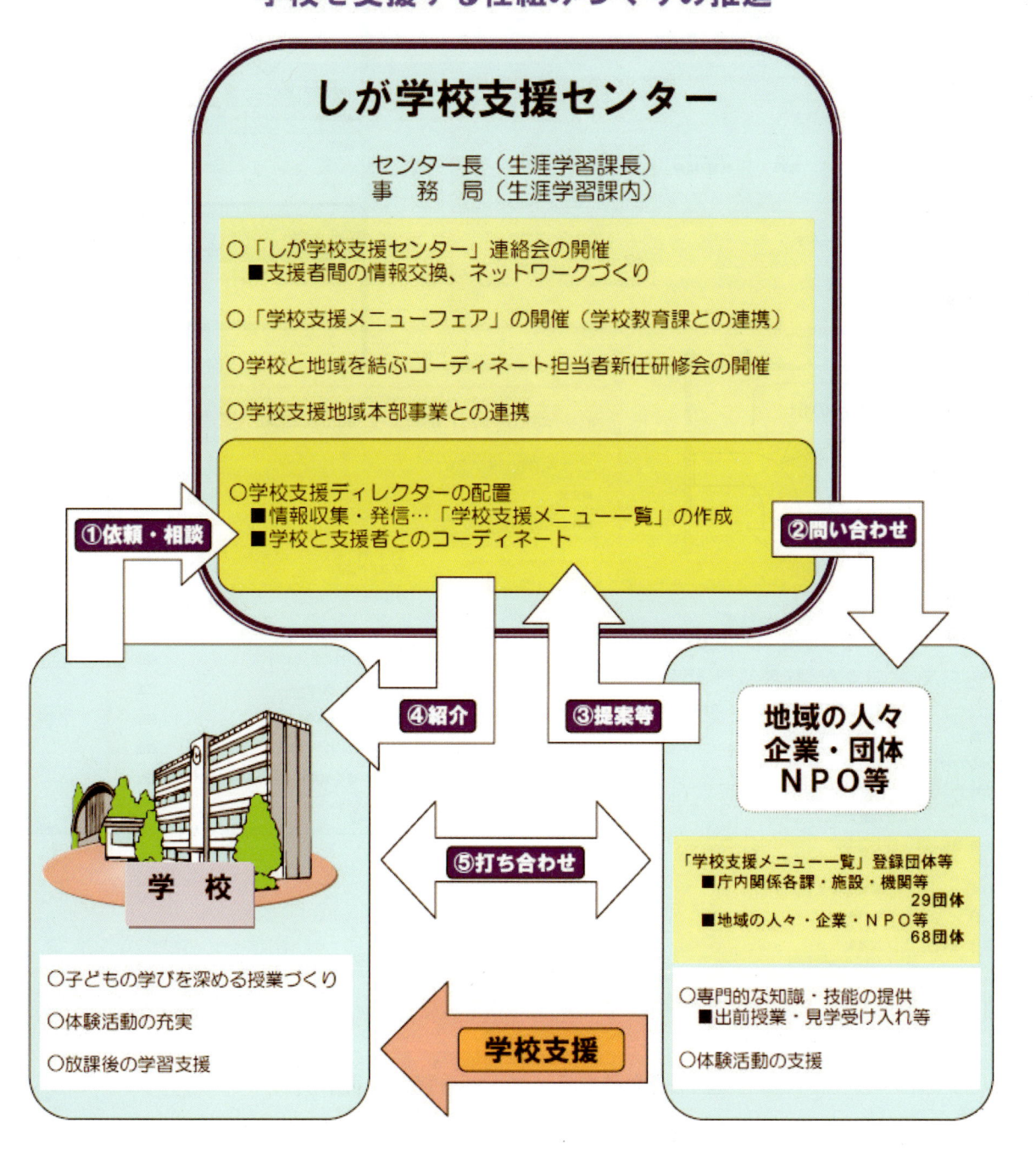

- ○専門的な知識・技能の提供
  - ■出前授業・見学受け入れ等
- ○体験活動の支援

学校支援

図6　しが学校支援センターによる学校支援の仕組み

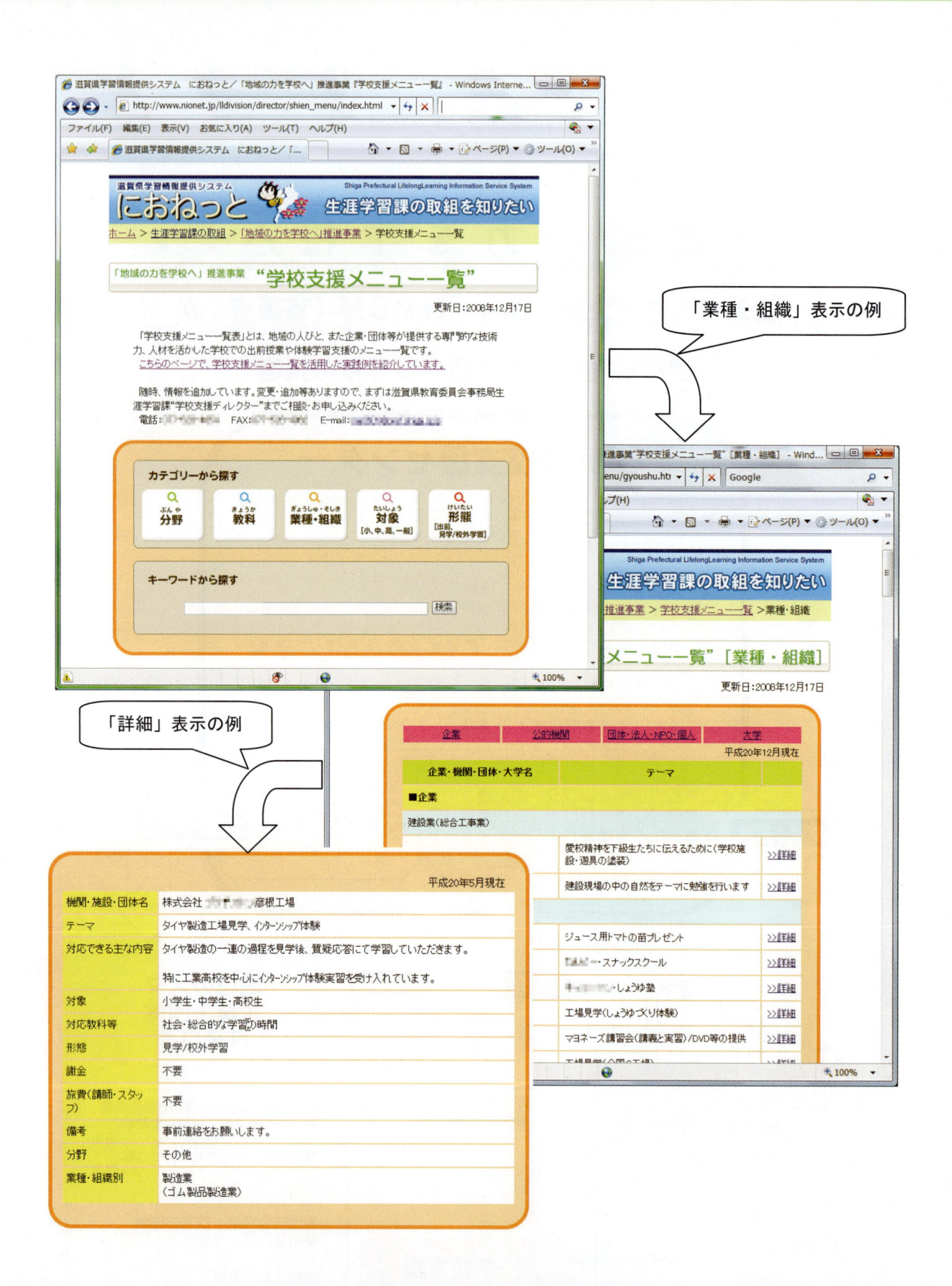

図7 「学校支援メニュー一覧」の表示例

滋賀県中学生チャレンジウィーク事業
～中学2年生5日間職場体験～

目的
- ◎中学校2年生に5日間職場体験をさせることで将来の自分の生き方について考える機会をつくる
- ◎この機会をとおして進路選択できる力や将来社会人として自立できる力を育てる
- ◎働く大人の生きざまに触れさせる
- ◎地域の子どもを、地域で育てていく

具体的内容
1. 中学生に大人の働く姿を見せる
2. 仕事の意義や内容を理解させる
3. 簡単な業務や仕事の手伝いをさせる
4. 職場で働く人とふれあう
5. あいさつや社会のルールを学ばせる

県・市町教育委員会

学校がすること
- ●受入れ先の依頼をする
- ●3年間を見通した※キャリア教育を進める
- ●体験の事前事後の指導をする
- ●体験の成果を日常生活へ広げる
- ●各中学校間での交流や連携を図る

教育委員会がすること
- ●県支援会議を開催する
- ●市町推進会議を開催する
- ●受入れ先を開拓する
- ●学校を支援する
- ●経済団体等各種団体との連携を図る
- ●事業を検証する

※キャリア教育
生徒一人ひとりに勤労観、職業観を育てる教育。
（将来に夢を持ち、社会人としてたくましく生きていく力を育てる教育）

・働く大人との出会い
・※指導ボランティアとの出会い

・異なる環境での5日間の生活
・地域社会の一員としての自覚

※指導ボランティア
事業所の人々およびPTAや地域のボランティアの人をさす

家庭にお願いすること
- ●働くことについて子どもと語る
- ●体験場所選びの相談にのる
- ●子どもの体験を応援する

自分の生き方を見つめる

地域にお願いすること
- ●中学生を受け入れる
- ●大人の働く姿を見せる
- ●中学生を事業所の一員として扱う
- ●コミュニケーションの大切さを教える

地域（事業所等）

・大人の生きざまの発見
・地域のよさの発見
・ともだちのよさの発見

家庭

図8 「滋賀県中学生チャレンジウィーク事業」全体イメージ図

（5）5日間以上の職場体験の実施

① 「中学生チャレンジウィーク事業」のねらい

本県では、児童生徒が「生きる力」を身に付け、将来社会人・職業人としてたくましく自立していく力を育てるキャリア教育の推進のため、県教育委員会と市町教育委員会との連携・協力の下、地域の教育力を最大限に活用し、中学校2年生における5日間以上の職場体験を実施することとした。本事業を通して、中学生が働く大人の姿に触れ、自分の生き方を考える機会とし、進路選択できる力や将来社会人として自立できる力を育てるとともに、地域と連携を深め地域で子どもを育てる気運を高めることをねらいとした（図8）。

② 「中学生チャレンジウィーク事業」の実施状況

県教育委員会では平成17年の立ち上げ当初から、最終的にはすべての公立中学校で5日間以上連続の職場体験を実施することを想定した。そのために文部科学省の新規事業であった「キャリア教育実践プロジェクト」への参加を希望し、県内5つのブロックからバランスよく指定校を選び、3年間で県内のすべての公立中学校での実施を目指した（図9）。

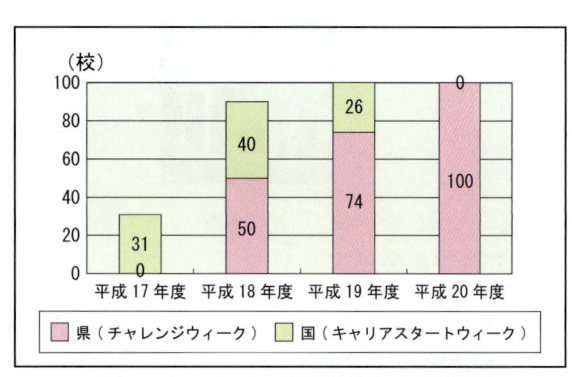

図9　5日間の職場体験実施校数

3　「中学生チャレンジウィーク」の実際　～滋賀県甲賀市立水口中学校～

（1）学校概要

① 学校の状況（平成20年5月1日現在）

所在地：〒528-0005　滋賀県甲賀市水口町水口5900

生徒数797名、27学級（1年8、2年8、3年7、特別支援3、院内1学級）の学校で、学校の教育目標に『求める水中生　誠実な水中生　やり抜く水中生』を掲げ、「一人ひとりが輝き、若さみなぎる水口中学校」をスローガンに、仲間や水口中、そして甲賀市が好きになり、誇りに思える生徒の育成を目指し日々の教育活動を展開している。

② 地域の状況

甲賀市は滋賀県東南部、東に鈴鹿山系を望む丘陵地に位置し、野洲川・杣川・大戸川沿いの平地に広がる自然豊かな都市である。平成16年10月に5町が合併して誕生した市で、現在人口は約96,000人となっている。

その甲賀市の中心に位置する水口町は、都から伊勢に通じる街道上の要地として早くに開け、江戸時代には東海道の宿場町・城下町として発展した。そのため、町内にはその歴史を

伝える名所旧跡や重要な文化財が点在している。

　町内には市立中学校が2校、県立中学校が1校ある。本校の生徒の多くは明るく素直であり、甲賀市の次代を担うべく学習やスポーツ、文化活動、体験活動などに毎日励んでいる。保護者の学校教育に対する期待や思い、関心は多様であるが、概ね学校に対しては協力的で支援は惜しまない。

（2）水口中学校におけるキャリア教育の推進について

① ねらい

ア　将来の自分の生き方について考える。
イ　具体的な進路を選択する力を付ける。
ウ　自分で選択した職場で様々なことを学び、働く意義を知る。
エ　働く大人の生き様に触れ、将来社会人として自立していく力を付ける。
オ　地域の方々の協力を得ることで、地域に学び、共に生きる感謝の心をはぐくむ。

② 教育課程上の位置付け

　家族形態の変化、保護者の多忙化、社会不安の増加など、日々刻々と変化する社会状況の中、子どもたちを取り巻く環境も大きく変化している。本校では「基礎・基本を確実に身に付け、自ら学び、自ら考え、行動する力をはぐくむ教育の充実」、「豊かな人間性と社会性をはぐくむ教育の充実」、「たくましく生きるための健康や体力の向上を図る教育の充実」、「地域に開かれ、信頼される学校づくりや、ふるさと甲賀市を大切に思い、社会に貢献できる力を培う」を教育推進の基本と設定し、生徒が将来必要とする「生きる力」をしっかりと身に付けさせたいと考えている。キャリア教育については「学校教育と職業生活との接続」ととらえ、総合的な学習の時間を中心に、特別活動、道徳、各教科と連携しながら推進している。

③ 全体計画

【学校教育目標】
1. 求める水中生・・・・豊かな心を持ち、自ら考え、正しい判断ができ、真理を探究する生徒の育成
2. 誠実な水中生・・・・責任を重んじ、秩序を守り、みんなで支え合う真面目な生徒の育成
3. やり抜く水中生・・・・お互いに協力し、心身ともに健康で、実践する力を持つたくましい生徒の育成

【総合的な学習の時間の目標】(=○)
・体験的な活動や課題解決的な学習活動等を中心に、自己の生き方を考え、創造する力を養う。
・各教科における学習内容と関連付け、「知・徳・体」バランスのとれた発達と個性の伸長を図る。
・集団の一員としてよりよい生活を築こうとする自主的、実践的な態度を育てるとともに、人間としての生き方について自覚を深め、自己を生かす能力を養う。

【特別活動の目標】(=●)
「多様な他者との出会いからの学び」
　自分たちの生活にかかわる地域の人々との交わりを通して、その多様な生き様から、人間どうしや人間を支えている環境との調和的なかかわりについて学び、自分の成長や自分にかかわる環境を見つめる豊かな生き方や文化を創造していく基礎的な能力と態度をはぐくむ。

	1年生	2年生	3年生
1学期	●新入生ガイダンス ・新しい学校生活について知り、目標を設定する。 ●職業の世界 ・職種と職業調べ	○働く人々に学ぶⅡ ・勤労観や職業観について学び、自分の適正や生き方について深く考え、適切な進路選択に役立てる。 ・体験学習「私のしごと館(京都)」 ○社会人講話：マナー教室 ○職場体験学習(5日間) ●進路学習 ・目標達成に近づく効果的な学習 ・卒業後の進路	○幼児との出会い(保育体験学習Ⅰ[半日]) ・乳幼児と出会い、交流し、社会への所属感、連帯感を認識し、お互いが認め合うことの大切さを学ぶ。 ●最終学年を迎えて ・卒業後の目標設定と具体的な進路 ・卒業までの長期的な学習計画 ●進路選択に向けて ・進路説明会
2学期	○働く人々に学ぶⅠ ・水口の町づくりに貢献する地域の人々のかかわり ・地域で働いている人々の話を聞き、願いや思いについて知る ・三者懇談会	●進路学習 ・将来設計Ⅱ ・三者懇談会	○幼児との触れ合い(保育体験学習Ⅱ[1日]) ・自分の過去を振り返り、未来を見つめる視野を養い、現在の自分の生き方について考える。 ●進路選択に向けて ・三者懇談会
3学期	○ノーマライゼーション社会を目指して ・誰もが住みよい町にするには ●進路学習 ・将来設計Ⅰ(目標とする職種と上級学級について)	●進路決定に備えて ・最上級生になるに当たっての心構え (総合的な学習の時間、特別活動等の計画よりキャリア教育関係分のみ抜粋)	○自分史づくり ・多様な他者との触れ合いから自分自身と他者とのかかわりを見つめ、卒業後何を大切にしていかなければならないのかについて考える。 ●卒業と進路 ・具体的な進路選択

④ 平成19年度職場体験学習実施の流れ

	学習内容	実施日
事前学習	① 「職場体験学習の概要」ビデオ視聴「トライアル・ウィーク(NHK)」	5月23日(水)
	② 「勤労の意義」	5月31日(木)
	③ 「職種と職業」体験したい職種の選択	6月7日(木)
	④ 「職種別会議・体験先の決定」	6月13日(水)
	⑤ 社会人講師による「マナー教室」	6月14日(木)
	⑥ 「事前打合せについて」	6月18日(月)
	⑦ 打合せのための体験先訪問（放課後）	6月21日(木) 6月22日(金)
	⑧ 「職場体験学習の前に」	6月22日(金)

【学校の動き】
・PTA研修会で協力依頼[3月下旬]
・協力依頼文の発送[3月末]
・協力事業所の確定と体験内容の確認[4月下旬]
・体験期間3日以下の事業所への訪問[4月末]
・担当事業所を訪問しての最終確認[5月末]

【学校の動き】
・保険加入の手続き[6月中旬]
・保護者向け案内文配布[6月中]

中学生チャレンジウィーク　職場体験学習　6月25日(月)～29日(金)

	学習内容	実施日
事後学習	① 「お礼の手紙の作成」	7月2日(月)～6日(金)
	② 「職場体験新聞の作成」	
	③ 「広報誌用原稿の作成」	
	④ 職場体験新聞の掲示	7月9日(月)～20日(金)

【学校の動き】
・1日1回の事業所訪問

【学校の動き】
・広報誌配布(全校生徒、町内全戸回覧)[7月中旬]
・担当事業所を訪問し、生徒のお礼状、体験新聞、広報誌を持参[7月下旬]

⑤ 実施後の声

〔生徒の感想文より〕

◇　ホテルで職場体験をし、いろいろなことを学んだ。お風呂掃除、掃除機かけ、食器洗いなどをさせてもらった。それぞれやりやすいコツがあり驚いた。また、気軽に使っているバスタオルやくしなどに、それぞれお客様が使いやすい置き方があることにも驚かされた。プロの技は素晴らしい。

◇　飲食店で職場体験をした。お客様に「ありがとう」と言ってもらったとき、とてもうれしかった。店長さんが「1人でも多くの方に、ありがとう、と言ってもらうようにするには、心を込めてお客様に接することが大切」と言われた。日に日に「ありがとう」と言ってもらう回数が

161

増え感激した。とても充実した1週間だった。

〔保護者より〕

◇ 毎日とても緊張しているようだった。手に一杯水ぶくれを作ったり、小さな切り傷をしたりしながらも、一生懸命に頑張っていた。この貴重な体験で感じたこと、得たことを大切にしてほしい。

◇ 職場の方によくしていただいた5日間だったようで、帰宅してからその日あったことを機嫌良く一杯話してくれた。真面目に働くことの大切さを学んでくれたことと思う。お世話になった事業所の方に感謝している。

〔事業所より〕

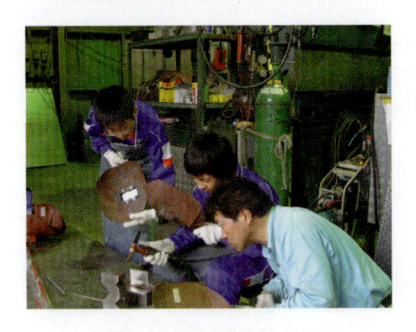

◇ 最初は声も小さく、どうなることかと心配であったが、2日目、3日目とだんだん元気な声が出せるようになり、お客様の対応もしっかりとこなしていた。

◇ 機械を使う工場のため、安全面には十分気を配らねばならず人手が取られたが、こちらも新鮮な気持ちで仕事に取り組めた。

◇ 最初は園児にどう接したらいいのか困惑していたようだったが、すぐに打ち解け保育園の人気者になった。砂場の掘り起こしなど、普段なかなか手が付けられないこともしてもらえ、園としてもたいへん助かった。

◇ 指示したことに前向きに取り組める大変素直な生徒だった。中学生を見る目が変わった。

◇ 体験日数が3日間の時は雰囲気に慣れるだけで終わった感じだったが、5日間になることで従業員と打ち解け気軽に会話できるまでになった。

◆ きびきびと行動することが難しい中学生もいた。

〔学校より〕

◇ 学校ではなかなか見せない活発な部分を見ることができたことは、新たな発見であった。

◆ 全員が第1希望の事業所に決定することはできないが、調整の方法に工夫の余地がある。

◆ 近隣の中学校、高校、短大などと訪問時期の調整や受入事業所の割り振りなどの調整が必要である。

⑥ 成果と課題

水口中学校では職場体験学習の取組を平成11年度からスタートさせている。最初の2年間

は1日だけの体験であった。当時も町内にはたくさんの商店や工場があったが、職場体験受入れに協力いただける事業所は少なかった。協力いただけない最大の理由はこの体験活動のねらいを理解していただけなかったことと、万が一の事故やけがが発生したときのデメリットが大きいという点であった。今では、事後に提出していただいたアンケートによると、91％の事業所が「中学生の職場体験は意義がある」と回答され、事業所、行政、保護者、学校・園がそれぞれ連携を深め、たくさんの事業所に体験活動の場を提供していただけるようになってきた。毎年、体験後は生徒の書いたお礼状、まとめの新聞や感想文集などを届けているが、協力いただいた事業所にもっとプラスになることはないかと考え、初の試みとして、生徒の書いた体験先の紹介文と活動の様子が分かる写真を掲載した広報誌（図10）を外注印刷で作成した。できるだけ多くの方に見ていただくために、町内約15,000世帯に全戸回覧したところ、大変好評で各事業所の方々にも喜んでいただくことができた。

図10　水口中広報誌

4　「中学生チャレンジウィーク事業」の成果と課題

（1）成果・効果

平成19年度の実施校から34校を抽出し、生徒、保護者、事業所、教員へのアンケート調査を実施した。

①　生徒に対するアンケートから

生徒へのアンケート調査は職場体験の事前と事後に分けて行った。特徴的なものとして、「働いている人は自分の仕事に誇りを持っていると思う（図11）」や「働いている人は難しいことでも最後までやり通していると思う（図12）」などに体験後の変化が見られるのは、働いている大人の姿を目の当たりにして、実感が伴ったものと思われる。また、自分の良さや個性（図13）についても体験後の方が自己肯定感を表す数値が上がっており、自分自身を見つめ直すきっかけとなったと言える。ただ、「自分の進路や就きたい職業等についてよく考える（図14）」のように数値が下がっている項目もあり、事後学習での体験の具体化、内面化、共有化の過程を踏まえ、個々の体験を生徒一人ひとりの学習成果として継続的に考えさせるなど、学びとして定着させる学習の充実が大切となる。

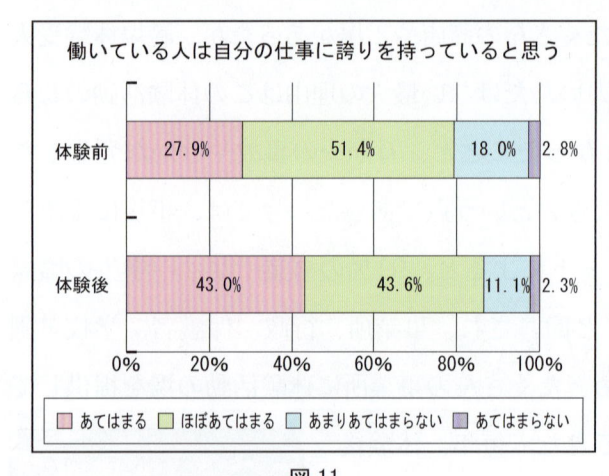

図11　働いている人は自分の仕事に誇りを持っていると思う

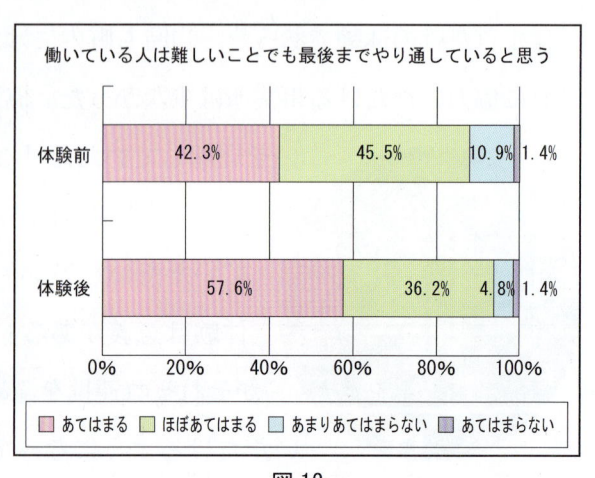

体験前: あてはまる 27.9% / ほぼあてはまる 51.4% / あまりあてはまらない 18.0% / あてはまらない 2.8%
体験後: あてはまる 43.0% / ほぼあてはまる 43.6% / あまりあてはまらない 11.1% / あてはまらない 2.3%

図12　働いている人は難しいことでも最後までやり通していると思う

体験前: あてはまる 42.3% / ほぼあてはまる 45.5% / あまりあてはまらない 10.9% / あてはまらない 1.4%
体験後: あてはまる 57.6% / ほぼあてはまる 36.2% / あまりあてはまらない 4.8% / あてはまらない 1.4%

図13　自分の「いいな」を思っているところ、自分の好きなところが分かっている

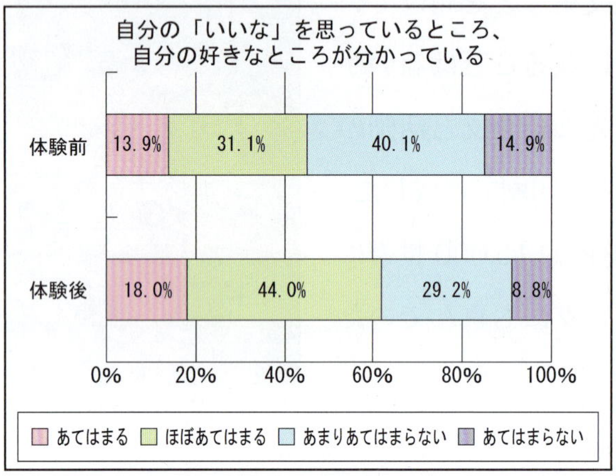

体験前: あてはまる 13.9% / ほぼあてはまる 31.1% / あまりあてはまらない 40.1% / あてはまらない 14.9%
体験後: あてはまる 18.0% / ほぼあてはまる 44.0% / あまりあてはまらない 29.2% / あてはまらない 8.8%

図14　自分の進路や就きたい職業等についてよく考える

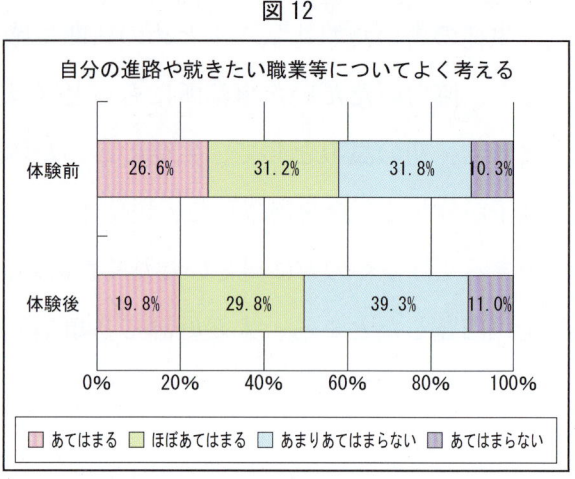

体験前: あてはまる 26.6% / ほぼあてはまる 31.2% / あまりあてはまらない 31.8% / あてはまらない 10.3%
体験後: あてはまる 19.8% / ほぼあてはまる 29.8% / あまりあてはまらない 39.3% / あてはまらない 11.0%

② 保護者に対するアンケートから

　保護者へのアンケートで注目されるのは図15で「体験活動の機会があれば、再びお子さんを参加させたいと思う」や「職場体験等を通して地域社会で子どもたちを育てることに賛同する」が高い値を示しているように、保護者の職場体験への関心や期待は大変高いと言える。また興味深いデータとして「職場体験の期間中、職場体験のことについて家庭でよく話し合った（図16）」がある。生徒と保護者を比較すると保護者の方がよく話し合ったという結果が出たが、これは生徒が無意識のうちに職場体験のことを家庭で話題にし、保護者と話している様子がうかがえ、微笑ましい姿が目に浮かぶ。

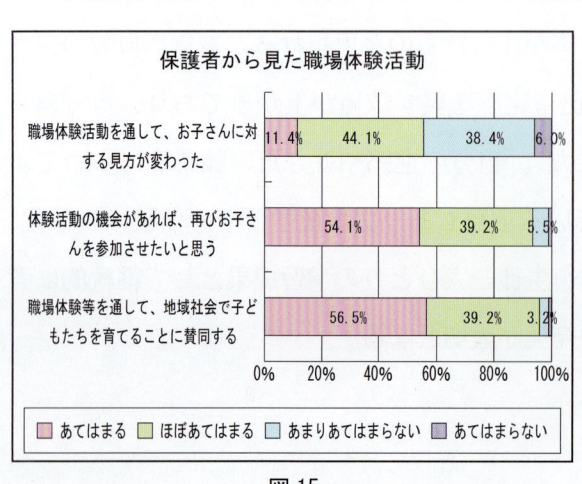

図15　保護者から見た職場体験活動

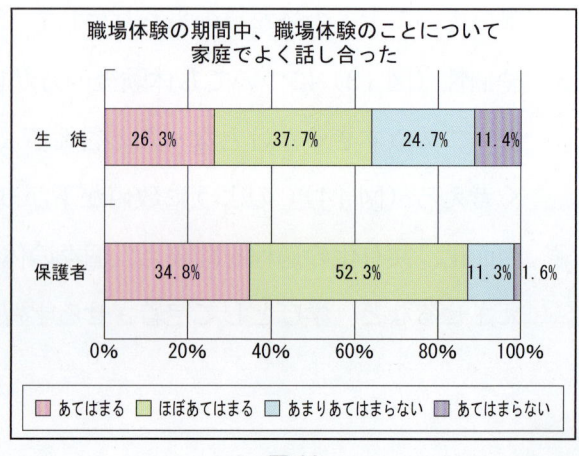

職場体験活動を通して、お子さんに対する見方が変わった: 11.4% / 44.1% / 38.4% / 6.0%
体験活動の機会があれば、再びお子さんを参加させたいと思う: 54.1% / 39.2% / 5.5%
職場体験等を通して、地域社会で子どもたちを育てることに賛同する: 56.5% / 39.2% / 3.2%

図16　職場体験の期間中、職場体験のことについて家庭でよく話し合った

生徒: あてはまる 26.3% / ほぼあてはまる 37.7% / あまりあてはまらない 24.7% / あてはまらない 11.4%
保護者: あてはまる 34.8% / ほぼあてはまる 52.3% / あまりあてはまらない 11.3% / あてはまらない 1.6%

③ 事業所に対するアンケートから

　図17のように多くの事業所において中学生の取組が積極的であったことや、体験を通して生徒に変化があったことを実感していただいた。その結果、中学生に対する見方にも変化が出たものと考えられ、地元の身近な子どもたちを地域で見守っていただく本事業のねらいにも近づいた。

事業所から見た職場体験活動

項目	あてはまる	ほぼあてはまる	あまりあてはまらない	あてはまらない
職場に来た生徒たちの取組方は積極的であったと思う	49.4%	33.1%	3.6%	13.9%
5日間の職場体験を通して、生徒たちに変化が見られた	47.0%	37.8%	6.7%	8.5%
5日間の職場体験を通して、中学生に対する見方が変わったと思う	29.4%	46.5%	17.0%	7.1%

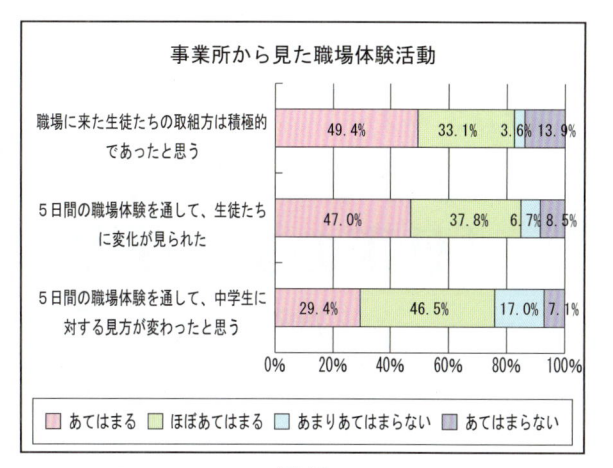

図17

　平成19年度に全公立中学校で実施した本事業では、受入事業所の確保など多くの困難を乗り越えて取り組むことができた。子どもが地域へ出て行くことを通して、学校と地域がより近い関係となり多くの良い効果を生み出した。また、体験活動のプログラムにも実態に応じた学校独自の工夫も見られるようになってきた。今後も地域との関係をより強固なものにしながら、学校の中だけでは得ることのできない感動や学びを大切にはぐくんでいきたいと考える。

（2）今後の展望

　取組の一方では5日間の期間にだけ力が注がれすぎて、事前・事後の取組にはまだまだ改善の余地がある。また、各市町教育委員会が主導する市町支援会議の運営も、軌道に乗るよう継続的な指導が必要である。

　今後も県教育委員会としては県の支援会議を中心に「中学生チャレンジウィーク事業」の実施における課題を協議し、一つずつ克服しながら、各中学校において子どもたちに望ましい勤労観・職業観が身に付き、社会人・職業人としての自立につながる感動的な職場体験やキャリア教育が展開されるよう努力を続けていきたい。

【事例2】
専修学校・各種学校との連携による「仕事のまなび場」の実践

神奈川県教育委員会・神奈川県専修学校各種学校協会

《事例の概要と特色》

　神奈川県では、平成20年度からすべての県立高校において、各校が作成する指導計画に基づいたキャリア教育を実施することを目指し、平成17年度から実践モデル校の指定やインターンシップの推進など、総合的な取組を展開してきた。

　教育連携「仕事のまなび場」は、平成16年度から社団法人神奈川県専修学校各種学校協会（以下「県専各協会」という）が、職業教育に関連した体験学習を通し、高校生の就労観の育成と職業意識の伸長を図るため、同協会会員の専修学校各種学校(以下「専修学校」という。)において延べ100以上の講座を実施している事業である。「仕事のまなび場」は、体験できる分野が幅広く、生徒の多様な希望にこたえることができるとともに、日ごろ、学校の中だけではなかなか触れることができない専門的な内容を体験できることから、県立高校が取り組んでいるキャリア教育の充実につながるものであると考え、県教育委員会では、県専各協会と連携、協力して推進している。

1　神奈川県における高校教育の概要

（1）神奈川県の産業状況

　神奈川県の産業状況については、かつては製造業をはじめとする第2次産業が中心となっていたが、サービス経済化の進展に伴い、現在では、第2次産業に従事する者の割合が減少する一方、第3次産業に従事する者の割合が増加している。

　「労働力調査結果報告」(平成19年平均)によれば、産業3部門別就業者の割合は、第1次産業が0.7％、第2次産業が24.6％、第3次産業が72.8％(分類不能の産業を除く)となっており、全国と比較して、第1次産業が低く、第3次産業が高いという神奈川県の産業構造の特徴が表れている。また、完全失業率は3.8％(前年比+0.1)で、5年推移をみると、平成18年まで減少傾向となっていたが、19年に増加に転じている。

なお、年齢階級別では、15歳～24歳が6.7％と最も高く推移している。

(2) 神奈川県の高校教育の現状

① 学校数・生徒数について (平成19年度「学校基本調査」より)

公立高校 (全日制) は、県立高校は152校で104,176名の生徒が在籍、市立高校では15校 (横浜市9校、川崎市5校、横須賀市1校) で、10,810名が在籍している。

なお、県立高校は、再編統合によって平成20年度は、147校となっている。

② 進学・就職動向について

平成19年度の神奈川県公立高校卒業生の進路状況は、「仕事のまなび場」がスタートした平成16年度と比較して、大学等進学者、特に大学学部進学者が増加しているのに対して、専修学校進学者は、全国平均を上回っているものの、16年度から5ポイント減少している。また、就職者は全体の10％強で推移している。

【資料1】神奈川県全日制公立高校進路状況 (割合)

年　度	大学等進学者	(内訳) 大学学部	専修学校	就職者
平成16	46.1％	38.2％	21.6％	11.5％
平成19	54.9％	47.8％	16.6％	12.3％
全国 (平成19)	52.3％	−	15.4％	18.9％

(3) キャリア教育の推進について

神奈川県教育委員会では、平成20年度から全県立高校で、各校が作成する指導計画「キャリア教育実践プログラム」に基づいたキャリア教育を完全実施することを目指し、平成17年4月に、県立高校におけるキャリア教育の方向性と目標や総合的な取組の内容を示した「かながわキャリア教育実践推進プラン」(以下「プラン」という。) を策定し、このプランに基づき、「キャリア教育実践推進事業」に取り組んできた。

このプランは、①高校入学から卒業までを見通したキャリア教育の展開・教育課程への明確な位置付け、②学校外の教育力の活用によるキャリア教育の充実、③社会体験活動の充実の3つを柱として、「キャリア教育に対する理解の推進」(平成17年度)、「キャリア教育モデルの開発・試行」(平成18年度)、「各校のキャリア教育指導計画の作成」(平成19年度) を年間テーマとして掲げ、段階的にキャリア教育の基盤と環境を整えてきた。

また、キャリア教育に先進的に取り組む実践モデル校を13校指定し、カリキュラム開発やNPOなどとの連携などに取り組んできた。そして、その取組成果を各校が活用できるようホームページ等での情報発信に努めた。このほか、教員の資質や専門的能力を高めるための研修を実施するとともに、働くことへの意欲や態度、勤労観・職業観を育むインターンシップや、

社会の構成員としての人間性や社会性をはぐくむ地域貢献・ボランティア活動などの社会体験活動の充実に取り組んできた。

2 「仕事のまなび場」の導入と展開

(1)「仕事のまなび場」導入の背景

① 「仕事のまなび場」スタートの経緯

若年者のフリーター・ニートが社会問題となっていた平成15年に、高校生の勤労観・職業観の育成が大切であると考え、具体的な方策を模索していたある県立高校の校長が、県専各協会に相談したところ、同協会会員の専修学校が幾つかの体験学習講座を企画し、幾つかの県立高校に呼び掛けて、約10校から30名程度の生徒が参加し、「職業体験講座」としてパイロット的に試行した。

県専各協会では、この試行の結果、就職希望者だけでなく進学希望者にとっても、職業教育を体験することによって将来を考える機会となるだけでなく、高校生の職業観や就労観の育成に役立つと認められたことから、平成16年度から「仕事のまなび場」として本格的にスタートした。

② 「仕事のまなび場」の実施体制

県専各協会は、高等学校等と専修学校の間でスムーズな連携を実現させるためには、相互が教育について話合いの場を持ち、交流を図ることが必要だと考え、平成15年に「教育連携プロジェクト」を発足させ、「教育連携プロジェクト委員会」を立ち上げ、同委員会が「仕事のまなび場」を企画・運営してきた。平成19年度から、「教育連携プロジェクト」をより強化するために、県専各協会内の生涯学習委員会と合同させ「生涯学習・教育連携委員会」に改組して、同委員会が「仕事のまなび場」を運営している。

(2)「仕事のまなび場」とは

① 「仕事のまなび場」の骨格

「仕事のまなび場」は、専修学校の実習施設設備を活用した職業教育に関する体験学習講座であり、県内の高等学校に在籍する生徒を対象に、美容やIT、福祉など幅広いジャンルの講座を実施するものである。

各講座においては、実習中心の「楽しく分かりやすいプログラム」を編成し、興味のあるジャンルに関して、実体験・体感できるとともに、その仕事に就くため、どのような学校で資格取得や専門的な学習ができるか等の情報を、専門分野や業界の状況に精通した専修学校の教員から話をしてもらうというのが、「仕事のまなび場」の骨格となっている。

実施期間は、夏季休業期間(7月下旬～8月下旬)とし、講座の実施基準として、開催期間2日以上、総講座時間数10時間以上の講座を設定する。
　　受講料については、基本的に無料であるが、講座によって教材費、材料費等の実費がかかる場合がある。
　②　「仕事のまなび場」の目的・ねらい
　　専修学校で開催される職業教育に関連した体験学習を通して、就労観の育成と職業意識の伸長に資することを主たる目的としている。
　　また、大学への進学希望者であっても、将来的には「就職」することから、高校卒業後、様々な進路を選択する高校生に対して、「仕事のまなび場」の体験学習を活用することで、将来の生き方・在り方を考え、自分にふさわしい進路を発見する契機となるプログラムとなっている。

（3）「仕事のまなび場」の実施状況
　①　実施スケジュール
　　○（1月下旬）専修学校　実施予定講座の提出締切
　　○（2月下旬）参加検討書類の送付
　　　●（3月下旬）高等学校　参加申込書の提出
　　○（4月中旬）参加募集用ポスター、プログラム集の送付
　　　●各高等学校内で、参加者募集・調整
　　○（5月下旬）参加希望者の締切
　　○（6月上旬）公開抽選会の開催
　　　　※参加希望者数が最大受入人数を超えた講座について、抽選を行う。
　　○（6月中旬）空き講座の公開及び再募集、登録
　　○（6月下旬）各講座の参加生徒の確定（参加高校・専修学校へ連絡）
　　○（7月上旬）実施説明会の開催(参加高校・専修学校対象)
　　　●各高等学校で生徒への諸注意等、事前指導の実施
　　　夏季休業期間中（7月下旬～8月下旬）「仕事のまなび場」実施
　　○（9月下旬）出席状況の報告
　　○（11月中旬）実施報告会の実施
　　　　　（注）○＝県教育委員会と県専各協会の連携によって実施するもの
　　　　　　　　●＝各高等学校が実施するもの

　②　講座の内容について
　　平成20年度は、8分野、39ジャンル、129講座を設定し、最大2,995名の受入れが可能

になった(資料2参照)。

　講座の内容は、これまでの専修学校の伝統ある分野のみならず、社会の最新の動きを踏まえた分野も含まれているなど、幅広い分野が設定されており、各講座とも2日から4日間で実施される。

【資料2】平成20年度「仕事のまなび場」分野・ジャンル一覧

分野		ジャンル	プログラム数
工業	1	建築・建築CAD	2
	2	インテリア	1
	3	自動車整備	3
	4	コンピュータグラフィック	5
	5	情報処理・ネットワーク	14
	6	マルチメディア	1
	7	情報セキュリティ	1
	8	ゲームソフト	4
農業	9	フラワー・園芸	1
	10	バイオテクノロジー	1
医療	11	あんま・マッサージ・指圧・はりきゅう	3
	12	看護	2
	13	救急救命士	1
	14	歯科衛生士・歯科助手	3
	15	歯科技工士	1
	16	臨床検査・臨床工学	1
	17	リハビリテーション	3
衛生	18	栄養・調理	6
	19	製菓・製パン	1
	20	理容・美容	11
	21	メイク・ネイル	1
	22	エステティック	1
教育・社会福祉	23	介護・社会福祉	8
	24	保育・幼児教育	7
	25	養護・小学校教諭	1
商業実務	26	観光・ホテル	3
	27	ビジネス・秘書	7
	28	医療事務・医療秘書	1
	29	経理・簿記	2
服飾・家政	30	ファッション・家政	11
文化・教養	31	ブライダル	1
	32	デザイン	6
	33	写真・映像	1
	34	音楽・芸術	6
	35	語学・留学	2
	36	貿易・通関	1
	37	スポーツ	3
	38	ジュエリー	1
	39	葬祭ディレクター	1
			129

具体的な内容としては、例えば、建築では建築CADによるプランニングやレーザ測距儀を用いた建築測量の実習、医療関係では超音波検査装置や自動血球数算定装置などを使った各種検査の体験実習など、専修学校の専門的な施設や高度な機器を用いた体験ができる講座がある。また、園芸の分野ではガーデニングやフラワーアレンジメント制作の実習、福祉・保育の分野では保育園における現場体験学習、観光・ホテル分野の旅行会社やホテルの見学など、その仕事を実感できる実習や施設見学・体験学習などを取り入れた講座も設けられている。

このように、いずれの講座も、普段、高校では体験できない学習内容に触れることで、さらに学習意欲を高める内容となっている。

③ 実施状況・参加状況

本格的な実施となった平成16年度からの実施状況・参加状況は資料3のとおりである。5年間で参加生徒数が3倍以上となった。

【資料3】「仕事のまなび場」実施状況・参加状況

年　　度	参加専修学校数	ジャンル数	プログラム数	参加高校数	参加生徒数
平成16	39校	21分野	51講座	21校	620人
平成17	48校	24分野	80講座	35校	1,285人
平成18	52校	32分野	92講座	42校	1,644人
平成19	57校	37分野	102講座	55校	1,583人
平成20	61校	39分野	129講座	63校	1,930人

※参加高校数・参加生徒数は、公立・私立を含めた数字。

3　県教育委員会と県専各協会との連携

(1) 連携の経緯について

平成16年から県専各協会が主催し実施してきた「仕事のまなび場」は、本県の高等学校教育の振興を図る上で特に有意義であり、高校生の指導・育成に必要があると認められるため、県教育委員会では、スタートした時点から同事業を後援してきた。また、神奈川県では、多くの県民が地域や社会等において抱える課題の解決に資するため、学習面からの支援を行う「かながわコミュニティカレッジ」事業を推進しており、青少年の職業観の育成を図るため、平成19年度から「仕事のまなび場」を同事業の講座に位置付け、県と県専各協会が協働で展開している（同講座は、高校生向けプログラムと、秋に実施するフリーター・ニート向けプログラ

ムを合わせて、「仕事のまなび場」として位置付けている)。

　「仕事のまなび場」は、各県立高校においても、キャリア教育の取組の一つとして大変有意義な事業であるととらえられていることから、参加者が年々増加してきた。一方で、参加高校数、生徒数の増加に伴い、県専各協会並びに実施専修学校において、資料の送付や受講生徒の決定等、事務的な負担が大幅に増加してきていた。また、無断で欠席する生徒や参加しても意欲の低い生徒がいるといったことから、参加する県立高校に向けて、学校の教育活動の一環として参加することなど、教育委員会として明確な方針を示す必要が出てきた。こうしたことから、平成17年11月から県教育委員会と県専各協会は、「仕事のまなび場」における連携の在り方、包括的な連携等について協議を重ねてきた。

　これまでは、「仕事のまなび場」に参加を希望する高校が、それぞれ同協会に申し込み、年度ごとに個別に協定を締結して参加してきたが、県教育委員会では、「仕事のまなび場」が平成20年度からすべての県立高校において展開されるキャリア教育の推進に資すると考え、同協会と協調して諸課題の解決を図り、同事業の内容の一層の充実を図るために、平成20年3月に県専各協会と包括的な協定を締結した。

(2) 連携の内容について

① 連携の内容

　県専各協会と県教育委員会が締結した協定の主な内容は、次のとおりである。

- ○ プログラムの実施における連携の在り方について、必要に応じて随時、県教育委員会と県専各協会が協議する。
- ○ プログラムに係る実施内容に関する事前説明会及び実施結果に関する実施報告会を双方が共同で実施する。
- ○ 県教育委員会は、プログラムの実施に当たり、県立高校が行う手続、対応等について、県立高校に対して周知を図る。
- ○ 県専各協会は、県立高校のキャリア教育の充実に資するため、県立高校の生徒を受け入れる。

② 業務分担と連携について

　県専各協会・県教育委員会・県立高校、三者は連携を取り合って「仕事のまなび場」を実施する(資料4参照)。

　県専各協会は、各専修学校を取りまとめ、「仕事のまなび場」を企画し、主催するとともに、県立高校の生徒を受け入れる。また、県教育委員会は、県専各協会の依頼に基づき、県立高校に対して周知するとともに、参加に当たっての注意事項等の指導を行う。また、事前説明会、事後の報告会、公開抽選会を県専各協会と共催で実施する。

これまでは、県専各協会と参加県立高校が個別に対応していたが、キャリア教育の推進という目的の下、県教育委員会が間に入ることで、連携を一層スムーズにし、「仕事のまなび場」の充実を図っている。

【資料４】連携推進の概念図

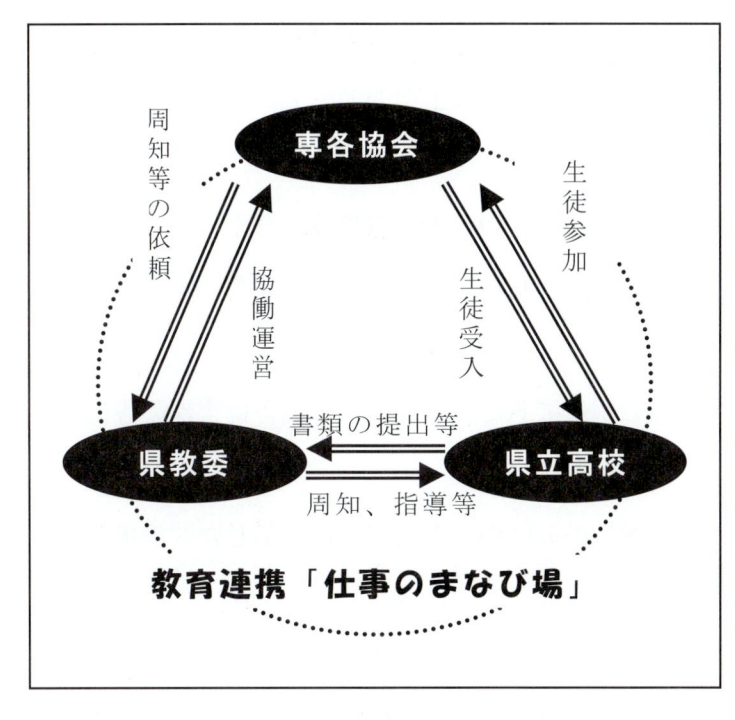

（連携推進の概念図：専各協会・県教委・県立高校の三者間の関係を示す図。専各協会と県教委の間は「周知等の依頼」「協働運営」、専各協会と県立高校の間は「生徒参加」「生徒受入」、県教委と県立高校の間は「書類の提出等」「周知、指導等」。全体を「教育連携『仕事のまなび場』」が囲む。）

③　「仕事のまなび場」実施にあたっての注意事項

　県教育委員会と県専各協会は、「仕事のまなび場」実施における注意事項（資料５参照）をまとめ、参加する高校及び受け入れる専修学校に対して周知する。

173

【資料5】「仕事のまなび場」実施にあたっての注意事項(抜粋)

○ 参加する高校は、本事業の趣旨について参加生徒に対して理解を図るとともに、意欲を持って取り組むよう事前指導してください。

○ 生徒は講座決定後の参加辞退は出来ません。なお、やむを得ない理由で生徒が辞退するときは、担当教員は1週間前までに当該専門学校へ申し出てください。

○ 講座参加中における生徒の不慮の事故及び登下校中の事故について、専修学校は責任を負いません。高校は、事前に事故のないよう生徒へ注意を促してください。

○ 高校は、生徒の履修にあたり必要な教育災害傷害保険等に必ず加入してください。

○ 高校は、講座参加の前に専門学校が事前に示した「受講上の注意」を生徒に配付するとともに、生徒がその内容を熟読し、場所、開催日時、所持品等、間違いがないよう事前指導してください。

○ 高校並びに専修学校は、生徒が参加するにあたり担当教員の配置を講座開催期間中必ず行うなど、実施前及び開催中の連絡等に対応できるように十分に配慮してください。

○ 専修学校は、業界や仕事の内容の説明等では、その職業の「やりがい」や「生きがい」など高校生が「夢」を抱けるような説明をしてください。

○ 専修学校は、本事業を自校の宣伝、広報に使用しないでください。また、参加生徒本人が希望しない個人情報の収集は絶対に行わないでください。

○ 専修学校は、協会の許可なく生徒及び各高校等関係者と連絡を取り、各講座の参加を直接受け付けしないよう充分留意してください。

4　「仕事のまなび場」の実際①　－県立上溝南高等学校の事例として－

(1) キャリア教育全体計画

　生徒の大多数が進学を希望している当該校では、キャリア教育グループを中心に組織的にキャリア教育を展開し、「総合的な学習の時間」を中核として計画的に生徒の進路への意識を高める取組を行っている。

【資料６】上溝南高校におけるキャリア教育の目標と主な取組

目標	自らの進路に関する意識を高めるとともに、自己の未来に対する設定能力を養う。また、その過程において自己教育能力・問題解決能力の伸長を図り、自己実現を目指し、生きる力を養う。		
	１年	２年	３年
学年の目標	「自己理解」 職業に対する意識や理解を深めることにより、自己の在り方を探求する姿勢を養う。	「将来設計」 職業に就くまでの前段階として上級学校理解に努め、自己の進路設定能力、自己の生き方を探求する姿勢を養う。	「自己実現」 進路意識を高め、自己の未来に対する具体的展望を構築する。また、自己教育能力・問題解決能力の伸長を図り生きる力を養う。
主な取組とねらい	○ 様々な体験活動をとおして、自己の生き方、在り方を考えるとともに、発表の機会を設定し、自分の考えをまとめ、発表する力を養う。 ○ 自己理解に基づく、テーマ設定による課題研究を、発達段階に応じて各学年で実施し、課題設定能力・問題解決能力を育成する。 ○ 生徒の粘り強い取組を目的にした90分授業を導入し、中身の濃い教科活動の実践を取り組むとともに、各教科、科目においてキャリア教育に基づいた授業展開を行う。 ○ 職業人や卒業生による講演会や進路説明会等を実施し、将来について考え、勤労観・職業観を育成する。 ○ キャリアカウンセラーを外部から依頼し生徒の進路相談を行い、生徒一人ひとりの支援を行う。		

（２）「仕事のまなび場」について

① 参加のねらい

・体験学習を通して自己の将来について考え、進路に対する意識を高める。

・就労観の育成とともに何のために勉強するのかという目的意識を再確認する。

・あいさつ、ことば遣い、時間厳守などの社会のマナーやルールを身に付ける。

② 教育課程上の位置付け

　「仕事のまなび場」への取組は、事前指導・事後指導も含め、１年次の「総合的な学習の時間」の核として位置付け、平成16年度から１年生全員参加を基本として実施している。定員枠等の諸事情で「仕事のまなび場」に参加できない生徒が出た場合、別途、他県の専修学校において体験できるように調整する。

1年次の「総合的な学習の時間」では、「仕事のまなび場」の体験後、生徒が興味ある職業についてレポートを作成し、職業理解を促進するとともに、高校における学ぶ意義について理解を深める取組を行い、2年、3年次につながるよう計画している（資料7参照）。

【資料7】「総合的な学習の時間」の主な取組

1年	・「仕事のまなび場」体験授業参加 ・[課題研究Ⅰ] 職業に関するレポート作成
2年	・大学模擬授業の体験 ・上級学校訪問（夏季休業中の課題として実施） ・[課題研究Ⅱ] 職業研究レポート「～になるために」の作成
3年	・[課題研究Ⅲ]「職業研究」「学問・資格研究」 （1・2年生での研究テーマを基に、より密度の高い研究を行う）

※上記の取組において、レポートの作成及び発表会を実施。

③　評価・単位認定

　評価は「総合的な学習の時間」として行い、新たな単位認定は実施していない。

④　事前指導・事後指導

　「仕事のまなび場」による体験を12時間相当とし、事前指導（4時間）・事後指導（5時間）を含めて、「総合的な学習の時間」で取り組んでいる。

　事前指導では、4月にオリエンテーションを実施し、「仕事のまなび場」の趣旨や内容、参加のねらい等について生徒に説明し、意識の共有を図る。また、生徒は参加する講座（関連する職業）や専修学校について、事前調べなどに取り組む。夏休み前に、参加に当たっての注意事項や心得の徹底等、最終確認を行う。

　事後指導では、体験レポートの作成（3時間）と各クラスにおける発表会（2時間）を実施する。発表では、生徒の発表時間の確保から各クラスで6～7人のグループを編成し、他の生徒の体験を聞いたり、意見交換を行ったりすることによって、生徒の視野を広げられるよう工夫して取り組んでいる。

⑤　指導体制

　キャリア教育グループ及び1学年の担任が指導に当たる。また、「仕事のまなび場」実施中に、管理職も含め、生徒が参加している専門学校を訪問する。

（3）成果と今後の展望

　生徒は必ずしも第１希望の講座を受講できるわけではないが、体験後のレポートのほとんどには、成就感による前向きな意見が述べられている(資料８参照)。１年次におけるこの体験は、自分の進路に対する意識を持つきっかけになるとともに、日ごろの学習活動を見直す機会になるなど、大変有意義な体験であると考える。体験後、生徒には、学習への意欲向上、高校生活への積極的な取組などの変化が着実に見られ、結果として近年の進路実績に結実している。

　課題としては、キャリア教育の一環として、１年生全員が体験できることを目指しているが、受入先の定員等の諸事情もあり、必ずしも希望どおりには進まないことが挙げられる。今年度から県教育委員会が窓口となり、公開抽選会を実施し、公平性を保ったが、「仕事のまなび場」に参加する生徒が全体的に増加している中で、一人の生徒も漏れなく体験できる体制づくりのために、今後とも県専各協会との連携を推進していきたいと考えている。

【資料８】生徒の感想(平成19年度)

- 初めは興味なかったが、実際に参加して、先生方に分かりやすく教えていただき貴重な体験ができた。
- 中身の濃い体験を通して、自分の進路を考えるきっかけとなった。
- (医療関係で)命の大切さ、それを守る仕事の重要性、やりがいを肌で感じることができた。
- (服飾関係で)作品を作る手間と作業は大変だったが、完成したときの喜びを味わうことができた。
- 専門的な知識の大切さを改めて知った。今回学んだことを高校の授業でも生かしていきたい。

5　「仕事のまなび場」の実際②　　－県専各協会としての実践－

（1）県専各協会の運営組織と連携の体制

　県専各協会では、会員で組織する実施運営委員会（生涯学習・連携教育委員会）において、企画・運営部会及び広報部会を設置し、組織的な運営体制をとっている。

　企画・運営部会では、各専修学校とのプログラム企画の調整、市立・私立高校を含む県内の高校への周知及び参加者の調整を実施している。また、広報部会では、参加した専修学校から提出された事後の報告書・アンケート等の集計等を行うとともに、生徒の出席状況を専修学校から集約し、参加高校への報告などを行っている（資料９参照）。

県立高校については、平成20年度から県教育委員会が県立高校における参加者募集依頼等の広報・通知業務、パンフレット等の送付などを支援、連携した体制を整えている。

【資料9】県専各協会における運営組織と連携の仕組み

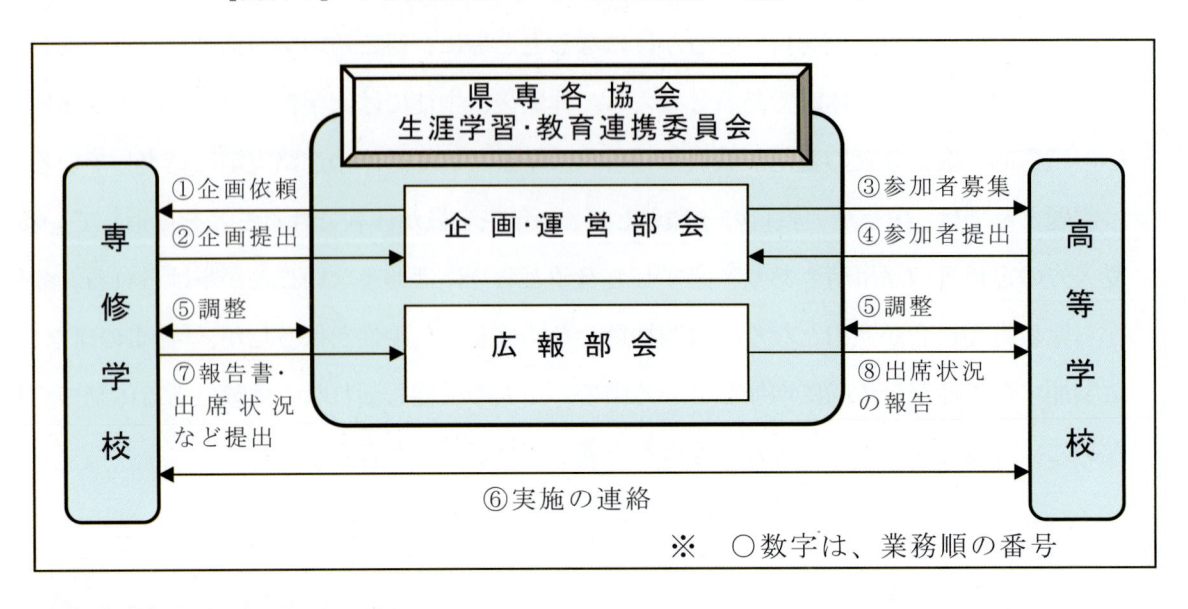

```
                  ┌──────────────────┐
                  │   県 専 各 協 会   │
                  │生涯学習・教育連携委員会│
                  └──────────────────┘
      ①企画依頼  ┌──────────────┐  ③参加者募集
   ┌──────────→│  企画・運営部会  │←──────────┐
   │ ②企画提出  └──────────────┘  ④参加者提出 │
 専│←──────────                  ──────────→│高
 修│   ⑤調整                          ⑤調整   │等
 学│←──────────  ┌──────────────┐ ──────────→│学
 校│ ⑦報告書・   │   広 報 部 会   │ ⑧出席状況 │校
   │ 出席状況    └──────────────┘ の報告     │
   │ など提出                                 │
   └──────────────────────────────────────────┘
                    ⑥実施の連絡
                          ※ ○数字は、業務順の番号
```

（2）高校生受入れに関する配慮事項

各講座の参加者が決定した後、高等学校担当者を対象に実施説明会を開催し、以下の要領で高等学校側に対して事前指導・協力をお願いしている。

① 専門知識・技術の習得の基本姿勢である全期間出席の必要性と出欠管理（各実施日、時限別出欠）、当日の欠席・遅刻・早退に関する連絡方法などについて、事前に説明・徹底する。

② 各講座の「受講上の注意書」を参加者に配付することとし、集合時間・場所、持ち物の確認など事前準備を行う。また、平成20年度から協会の公式Webサイトで「受講上の注意書」を公開し、高等学校で自由に活用できるように整備した。

高校生を受け入れる専修学校に対しては、「仕事のまなび場」を自校の宣伝や広報に使用しないよう注意している。また、「仕事のまなび場」の中で講座に関連する職業の「やりがい」や「生きがい」などを説明するとともに、各専修学校で実施している社会人としてのビジネスマナー指導を講座内に積極的に取り入れるなど、キャリア教育の視点からの取組をお願いしている。

（3）具体的なプログラムの展開

平成20年度については、専門学校等61校が129プログラムの講座を企画・準備しており、講座数は、平成19年度に比較して27講座増加している。

専修学校が設置している専門課程8分野すべてにおいて講座が企画され、生徒の希望に沿うよう39ジャンルの幅広い講座内容が出そろい、生徒はそれぞれの講座内容を比較・検討し、

自由に選択することができる。

（4）高校との連携方策

　講座終了後、各講座担当者より提出された「実施報告書」及び参加者統一アンケートの集計結果を基に、例年、11月下旬に実施報告会を開催している。

　県専各協会からの実施報告のみならず、参加した高等学校から2校が代表校として、参加状況及び取組について報告を行い、各参加高校の参考にしてもらっている。

　また、統一アンケートに記載されている参加者の感想や要望については、報告書としてすべて公開し、参加生徒の生の声を参加している専修学校に伝えることで、今後の取組に活用している。

（5）生徒への評価

　専修学校としては、特に生徒への評価はしておらず、8月下旬に全講座が終了した時点で提出された出席名簿を集計し、各高等学校に報告している。

　参加者の講座への取組状況及び理解度については実施専修学校から提出してもらい、次年度の取組に反映するようにしている。（6「実施後のアンケート結果から」参照）

（6）成果と課題

　「仕事のまなび場」に取り組み始めてから、平成20年度で6年目を迎えた。回を重ねるごとに参加専修学校数、実施講座数等が拡大するに伴い、参加高校数、生徒数も増加しており、平成20年度には参加申込約2,000名規模の事業に発展した実績から、専修学校、高等学校及び高校生に「仕事のまなび場」の意義が広く理解されていると認識している。

　「仕事のまなび場」は高校生の夏季休業中に実施しているが、この時期は各専修学校のオープンキャンパス等と重なるなど、各校が日程の確保に苦慮しているところである。しかし、参加高校数も年々増えており、今後も参加希望者の拡大が予測される。県専各協会としては、できるだけ多くの生徒に参加してもらえるために受入講座数の拡大と、人気分野・ジャンルの講座数、受入人数の確保に取り組むとともに、実施報告書及びアンケート結果を参考に、今後とも、キャリア教育の体験の場として、講座内容の充実・改善を図っていきたい。

　また、参加する生徒の事前学習の充実を図ることで、実施後の効果が一層高くなると思われる。そのため、県教育委員会をはじめ、関係機関とさらに連

携を推進していきたいと考えている。

6　実施後のアンケート（過去４年間）結果から

（１）参加生徒対象アンケート

【アンケート結果】

　参加した生徒全員を対象に、各講座終了時点で統一アンケートを実施しており、過去４年間（平成16年度から19年度）の集計結果は下記のとおりである。

①「仕事のまなび場」に参加して良かったか。

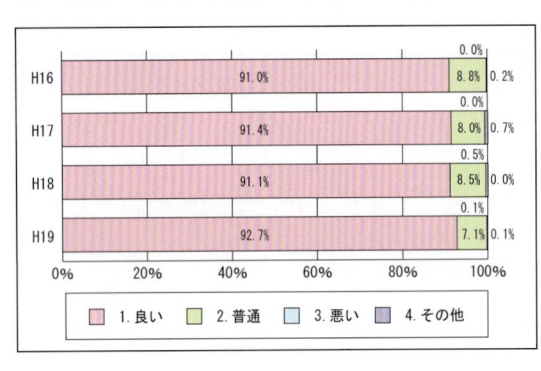

	1.良い	2.普通	3.悪い	4.その他
H16	91.0%	8.8%	0.0%	0.2%
H17	91.4%	8.0%	0.0%	0.7%
H18	91.1%	8.5%	0.5%	0.0%
H19	92.7%	7.1%	0.1%	0.1%

②将来の仕事を考える上で役に立ったか。

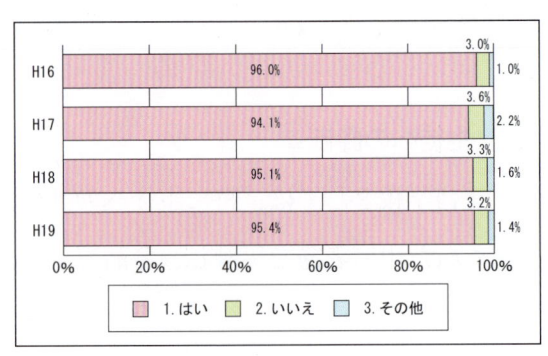

	1.はい	2.いいえ	3.その他
H16	96.0%	3.0%	1.0%
H17	94.1%	3.6%	2.2%
H18	95.1%	3.3%	1.6%
H19	95.4%	3.2%	1.4%

③将来の仕事を考える上で参考になったことは何か。

	1.実習	2.講義	3.その他
H16	61.0%	37.0%	2.0%
H17	63.1%	34.4%	2.5%
H18	63.2%	33.9%	2.9%
H19	64.0%	33.2%	2.8%

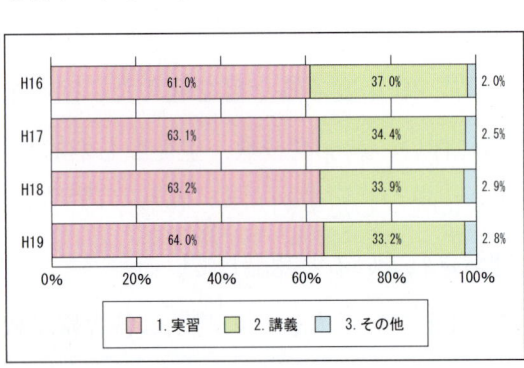

④卒業後の希望進路は何か。

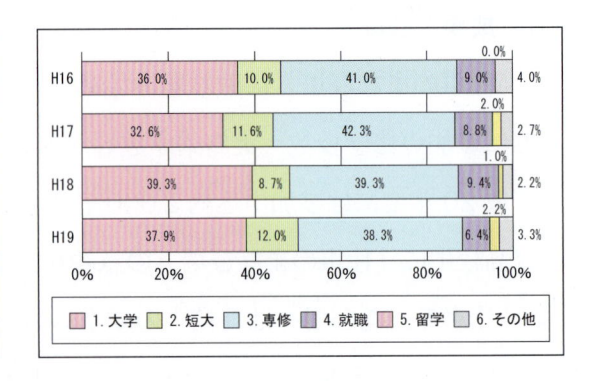

	1.大学	2.短大	3.専修	4.就職	5.留学	6.その他
H16	36.0%	10.0%	41.0%	9.0%	0.0%	4.0%
H17	32.6%	11.6%	42.3%	8.8%	2.0%	2.7%
H18	39.3%	8.7%	39.3%	9.4%	1.0%	2.2%
H19	37.9%	12.0%	38.3%	6.4%	2.2%	3.3%

【分析結果】

　参加した生徒の９割以上が「仕事のまなび場」に「参加して良かった」と回答しており、約95％の生徒が「将来の仕事を考える上で役に立った」と答えている。

　「将来の仕事を考える上で参考になったことは何か」の回答においては、講義よりも実習の方が参考になったという数値が上回っているが、「高等学校にはない専門的な設備を使用して体験できるのがよい」「高等学校の授業では体験することのできない実習などが参考になった」など、実習での体験を評価する感想とともに、「講座担当の先生方から現場のいろいろなお話を聞くことができ、その職業に就くために必要な知識や技術について理解できた」など講義を評価するものもあり、講義、実習ともに大変参考になったという感想が述べられている。

卒業後の希望進路としては、大学と専修学校を希望している割合がほぼ同じであり、参加者の多くが１年生ということもあり、検討中という答えも多く見られた。全体として、専修学校進学希望以外の参加者が多い中、「将来の仕事を考える上で役に立った」と回答した生徒が約95％いることは、「仕事のまなび場」が一定の成果を上げているあかしと言えよう。

（２）実施専修学校対象アンケート

【アンケート結果】

　各講座終了時点で実施した専修学校から提出された「実施報告書」に従って集計した、参加生徒の取り組み状況及び理解度については下記のとおりである。

①参加生徒の取組状況

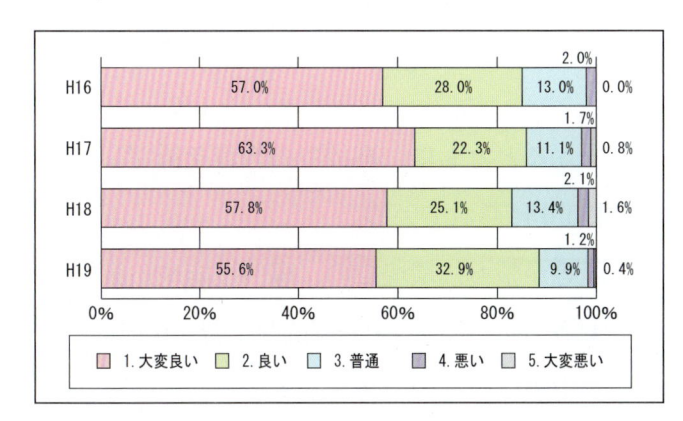

	1.大変良い	2.良い	3.普通	4.悪い	5.大変悪い
H16	57.0%	28.0%	13.0%	2.0%	0.0%
H17	63.3%	22.3%	11.1%	1.7%	0.8%
H18	57.8%	25.1%	13.4%	2.1%	1.6%
H19	55.6%	32.9%	9.9%	1.2%	0.4%

②参加生徒の講座開始時の講座内容に対する理解度について

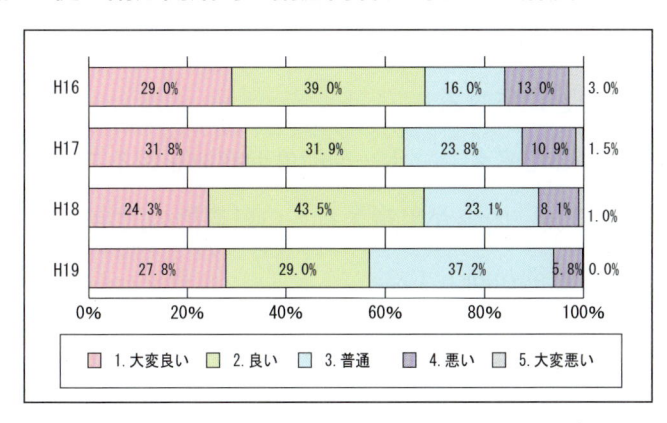

	1.大変良い	2.良い	3.普通	4.悪い	5.大変悪い
H16	29.0%	39.0%	16.0%	13.0%	3.0%
H17	31.8%	31.9%	23.8%	10.9%	1.5%
H18	24.3%	43.5%	23.1%	8.1%	1.0%
H19	27.8%	29.0%	37.2%	5.8%	0.0%

③参加生徒の講座終了時の講座内容に対する理解度について

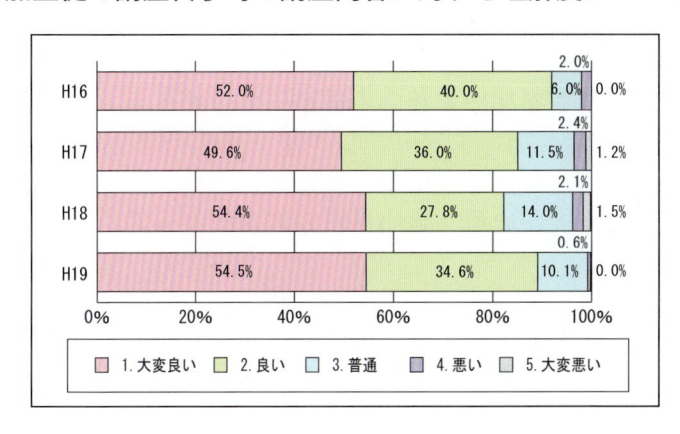

	1.大変良い	2.良い	3.普通	4.悪い	5.大変悪い
H16	52.0%	40.0%	6.0%	2.0%	0.0%
H17	49.6%	36.0%	11.5%	2.4%	1.2%
H18	54.4%	27.8%	14.0%	2.1%	1.5%
H19	54.5%	34.6%	10.1%	0.6%	0.0%

【分析結果】

　全体的に講座に対する取組は良好だが、一部「参加させられている」と受け取られる生徒もいるとの回答を得ている。

　参加開始時の理解度については、事前学習等によって、参加講座の分野に関する概要などを理解している生徒も多く見られた。また、「悪い」「大変悪い」割合は年々低くなってきている。講座終了後の理解度については、「大変良い」「良い」が毎年約9割を占めており、実施している専修学校側は、参加した生徒が体験学習を通して、その分野の特徴を理解したと受け止めている。

7　成果と課題及び今後の展望

（1）成果について

　生徒の勤労観・職業観の育成につながるとともに、高校での教育を補完しているなど、生徒の意識の変容が見られたという効果が挙げられている。

- 〇　専修学校の専門的な機材・施設等が整った環境での、専門技能や知識を持った講師による授業提供によって、高校では学べない応用的・発展的な学習が可能になる。
- 〇　様々な体験的な学習を通して、実際に職業の中身を知ることによって、新しい発見や驚きを体験し、自己理解を促すきっかけとなる。
- 〇　職業に対する理解や現在の高校での学習が職業にどのようにつながっているか、ということについて、理解を深めることができる。
- 〇　職業人としての心構えなどについて考え、マナーや態度の育成を図ることができる。
- 〇　実用的かつ生徒の興味・関心の高い内容が用意され、自己目標の設定への動機付けが高まり、学習や学校生活に対する意欲が向上する。

（2）課題について

- 〇　募集時期が早いため、申し込んだ生徒が、部活動や家庭の事情等によって欠席してしまうことがある。
- 〇　人気の高い講座では、希望しても参加できない生徒が出てしまう。一方で、希望者が全くいない講座もある。
- 〇　講座の当日に欠席してしまう生徒がいる（講座当日の欠席によって、専修学校側で用意した教材等が無駄になっている）。
- 〇　意欲の高い生徒がいる一方で、参加者によっては「行かされている」と感じているような意欲の低い生徒がいる。

（3）今後の展望について

　平成16年度に本格的にスタートした「仕事のまなび場」であるが、参加高校・参加生徒数が増加するに伴い、県専各協会側の事務負担量が増加する等の課題が生じていた。そこで、平成20年3月に県教育委員会と県専各協会が協定を締結し、双方の業務分担を明確にするとともに、運営の協力体制を改善、整備することができた。

　そのため、今年度から県専各協会が設定した講座数が前年に比べ大幅に増加した。また、これに伴い、参加高校及び参加生徒数がさらに増加したが、県専各協会側の事務負担は一定の軽減につながった。

　一方では、協定締結後、初年度ということもあって、実施スケジュールにおいて、各高校における生徒の募集期間が短かったなどの課題も生じている。

　また、「仕事のまなび場」開始当初から課題となっている参加生徒の意欲や姿勢、学校側の指導体制等、今後は「仕事のまなび場」の質的な充実を図る必要があろう。「仕事のまなび場」の成果が次第に認識されてきており、今後、参加校が増加していくと考えられる。今後とも、県教育委員会と県専各協会はさらに協議を深め、推進していきたいと考えている。

【事例3】
地域連携と校種間連携による「ゆめ」をはぐくむ体験活動

新潟県上越市教育委員会

《事例の概要と特色》

望ましい勤労観・職業観を育てるキャリア教育を推進していくためには、地域における学校と事業所等との連携はもとより、小学校・中学校・高校・大学の校種間連携が不可欠である。そこで、上越市では、地域連携と校種間連携を視野に、キャリア教育にかかわる体験活動の推進に取り組んでいる。その中から次の2つの体験活動を紹介する。

◆上越「ゆめ」チャレンジ事業　～地域連携による職場体験学習の推進～

　地域の事業所等との連携のためのシステムを構築し、自分の将来の「ゆめ」に挑戦する子どもたちの職場体験学習を推進する。

◆チャレンジショップ「Rikka」～校種間連携による店舗経営～

　商業高校が中心になり、地域の小学校、中学校、大学が地元の商店街と連携し、仕入れ、広告、販売等、役割分担をしながら協力して店舗経営を行う。

1　現況等

（1）市の状況

　上越市は、新潟県西部に位置する。昭和46年4月に、高田市と直江津市が合併して、上越市が成立した。現在の上越市は、平成17年1月に14市町村の合併により成立したもの。合併によって人口が20万人を突破し、平成17年4月1日に特例市へ移行した。

　合併によって人口は県内第三位となったが、合併した14市町村中9町村が過疎地域であり、過疎地域促進特別措置法特例措置の条件を満たしていることから過疎地域に指定された（いわゆる"みなし過疎"）。これにより全国一人口の多い過疎地域となった。

　郊外の上越IC付近では、ロードサイドショップの進出が著しい。上越ウイングマーケットセンターは、北陸地方でも最大規模の郊外型ショッピングセンターである。また、春日山の市庁舎の周辺では、高層マンションなどの建設が進み、第三極を形成しつつある。これに伴って、

市街地である高田や直江津は衰退傾向を見せ、旧商圏や住居区の振興が重要課題となっている。

（2）学校等の状況

　上越市内の大学は、上越教育大学と新潟県立看護大学の2校である。特に上越教育大学大学院は、学校教育研究科（修士課程）とし、主として初等中等教育の実践にかかわる諸科学の総合的・専門的研究を行うとともに、初等中等教育教員に高度の学習と研究の機会を与え、その理論的・実践的な能力の向上を図ることをねらいとしている。そのために、入学定員の3分の2程度は、初等中等教育における3年以上の教職経験を有する者を入学させることとしており、地元小中学校との連携が進められている。

　平成19年に県立直江津中等教育学校が新設されるとともに、生徒数の減少に伴い、市内の県立高校は12校から9校に削減される予定である。特別支援学校は、3校である。

　初等中等教育は、現在、中学校が23校（うち1校は上越教育大学附属中学校）、小学校が55校（うち1校は上越教育大学附属小学校）であり、小規模校が多数を占める。

2　キャリア教育の全体計画

平成19年度　　　上越市キャリア教育全体計画　　　上越市教育委員会

◆上越市学校教育目標
- 学ぶ力：喜びをもって学び続け、自ら考え、判断し、よりよく問題を解決できる児童生徒の育成
- 豊かな心：自他を尊重し、主体的に生きることができる児童生徒の育成
- 健やかな体：生涯にわたって健康な生活を営むことができる児童生徒の育成

◆キャリア教育の実践上の重点

望ましい勤労観・職業観をはぐくみ、主体的に進路を選択する能力・態度を育てるキャリア教育の推進

実践の視点	主な実践内容
キャリア教育の導入、推進のための校内体制の整備とテキスト活用	キャリア教育の導入、推進のための校内組織の確立と研修の実施
	キャリア教育の視点からの教育活動の見直しと教育課程への位置付け
望ましい職業観・労働観をはぐくむ啓発的体験活動の推進	保護者や地域との連携した職業社会にふれる体験活動の実施と事前・事後指導の充実

◆キャリア教育の施策

施策	キャリア教育研修の充実	キャリアカウンセラー活用事業の実施	上越市キャリア教育テキストの活用推進	上越「ゆめ」チャレンジ事業の実施
内容	・教育センター主催による研修会（8月、2月） ・上越教育大学との連携による研修の機会の確保と紹介（職場体験実践講座等）	・キャリア教育の専門家の学校派遣によるキャリア教育の実技や理論についての普及・啓発 ・小中20校程度での実施	・小中学校の連携によるキャリア教育のカリキュラムに関する先進的な実践研究 ・上越市キャリア教育テキストの市内転入職員への配布と説明	・5日間程度の職場体験学習の実施 ・職場体験受け入れ300事業所体制の確立 ・実施指定校7校（800名）職場体験学習の実施

◆キャリア教育の地域連携・校種間連携

〈上越市キャリア・スタート・ウィーク実行委員会〉
上越商工会議所　上越青年会議所　上越市PTA連絡協議会　新潟県雇用環境整備財団　上越教育大学　上越地域学校教育支援センター　上越公共職業安定所　上越市中学校長会　上越市教育委員会

〈チャレンジショップ「Rikka」実行委員会〉
上越商工会議所　本町5丁目商店街振興組合　上越教育大学　新潟県立高田商業高校　上越市立大町小学校　上越市立城北中学校　上越市教育委員会

185

3　体験活動の全体計画

◆ねらい

上越市の地域性を踏まえながら、多様な体験活動の推進を図り、上越市の児童生徒の豊かな人間性や自ら学び自ら考える力などの「生きる力」を育成する。

◆多様な体験活動

社会奉仕に関わる体験活動　自然に関わる体験活動　勤労生産に関わる体験活動
職場や就業に関わる体験活動　文化や芸術に関わる体験活動　交流に関わる体験活動
その他の体験活動

◆児童生徒を対象にした体験活動

学校教育における体験活動の推進 ＜学校教育課＞	社会教育における体験活動の推進 ＜生涯学習推進課＞
○夢づくり学校提案活動支援事業 　特色ある学校づくり、教育活動づくりを物的・人的に支援する。 ○上越「ゆめ」チャレンジ事業 ○ふれあい音楽教室 ○芸術家学校派遣事業　　等	○「海と山と大地の楽校（謙信KIDSスクールプロジェクト）」 　多様な自然や多彩な産業をもとに、"星""雪""音""美"等のテーマごとに、19の「楽校」で多様な体験活動を提供する。

◆体験活動への支援

上越地域学校教育支援センター
・体験活動等ボランティアの育成および連絡調整、派遣
・学習、体験活動等の情報の提供および教材作成の支援
・学校と地域の企業とのパートナーシップの構築の支援　等

上越市体験活動等支援センター
・専任の職員が電話や面談などで相談対応
・指導者や活動の場、講座等の情報を提供
・関係者を対象に研修会の実施

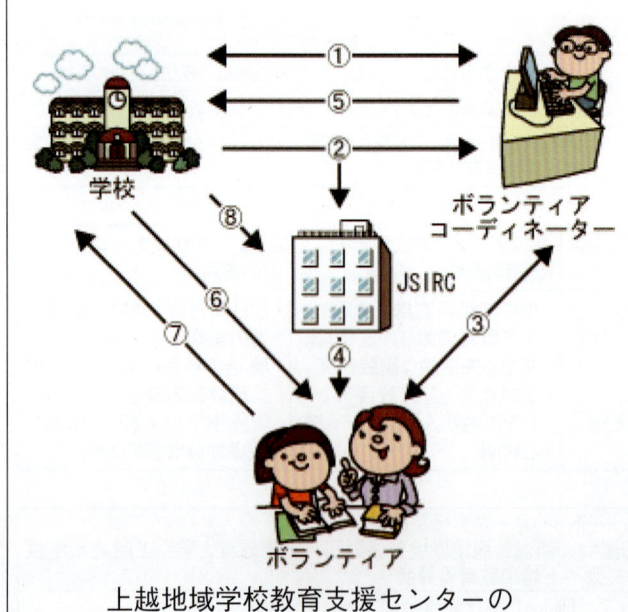

上越地域学校教育支援センターの支援システム

①学校とコーディネーターが希望する活動ができるかどうか相談する。
②活動内容決定後、学校の責任者の承諾を得た依頼をセンターに連絡する。
③ボランティアをコーディネートし、都合がつけば、ボランティアが決定する。
④センターが正式な派遣依頼状をボランティアに送る。
⑤コーディネーターが担当教諭にボランティアの氏名と連絡先を知らせる。
⑥担当教諭がボランティアと打ち合わせを行う。
⑦学校へボランティアに行く。
⑧学校が活動報告をする。

4　キャリア教育にかかわる体験活動

（1）上越「ゆめ」チャレンジ事業　～地域連携による職場体験学習の推進～

○事業目的
職場体験の受入れ体制などの教育条件の整備・充実を図り、キャリア教育の一環としての職場体験活動を通して、望ましい勤労観・職業観をはぐくみ、働くことの意義や自分の将来を明確に考えることができる生徒を育てる。

○事業目標
・職場体験の円滑な実施ができるよう、学校・受入れ事業所・行政等の連携体制・条件整備し、職場体験受入れ300事業所体制を確立する。
・市内中学生約800名が職場体験を行い、働くことの意義・自分の将来について明確な考えがもてる中学生の割合90％以上とする。

ア　これまでの経緯と課題

　上越市内の全中学校で職場体験を実施している。最も早く取り組み始めた学校は平成5年度に開始しており、ほとんどの中学校が、現行の教育課程が完全実施となった平成14年度までには開始している。

　平成18年度、文部科学省の「キャリア・スタート・ウィーク推進地域」の指定を受け、先進実践校2校が5日間の職場体験学習に取り組んだ。その成果を報告集にまとめるとともに、上越市総合教育プラン中間発表会を開催し、その中で、事業所、保護者、市民等に対して、上越市キャリア・スタート・ウィーク実践発表を行った。

　平成19年度からは、こうした成果を踏まえ、上越「ゆめ」チャレンジ事業として、中学生の職場体験学習の推進・充実を図るため、7つの実践指定校が、3つの実施時期で5日間程度の職場体験学習取り組むことになった。

　職場体験を実施する、あるいは実施期間を延長する際には、受入れ事業所の確保が学校にとって最大の課題となっている。また、職場体験の効果を一層高めるためには、事前・事後指導も含めてキャリア教育の視点を明確に位置付けることと、キャリア教育のねらいを学校と受入れ事業所が共有し、連携を密にして職場体験を一層充実させる必要がある。

イ　地域連携の推進

　地域連携のために上越市キャリア・スタート・ウィーク実行委員会を組織し、受入れ事業所の確保と実践指定校への支援を行っている。

　実行委員会で、平成18年度受入れを承諾していただいた事業所に、「上越市キャリア・

スタート・ウィーク事業報告集」を送付し、本事業の成果と課題、今後の見通しと本年度の受入れのお願いした。さらに、実行委員会で作成した受入れ促進のためのリーフレットやちらしを市内の事業所に配布し、協力を求めた。また、上越商工会議所や上越公共職業安定所、新潟県雇用環境整備財団等が受入れ事業所開拓の取組を行ってきた。職場体験の受入れをシステム化しながら、地域との連携を進めた結果、本年度は、約300事業所から受入れの承諾をいただき、受入れ事業所説明会を開催することができた。

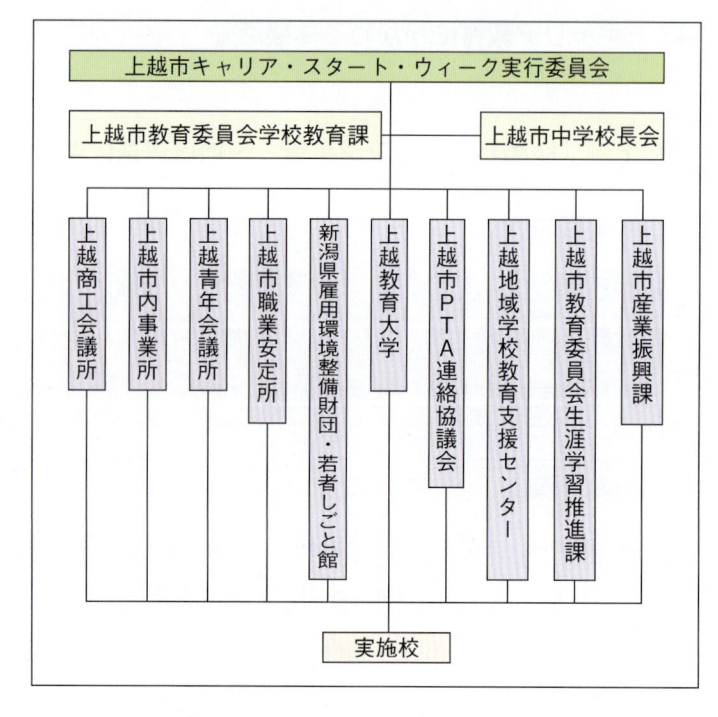

上越市キャリア・スタート・ウィーク実行委員会
- 上越市教育委員会学校教育課
- 上越市中学校長会
- 上越商工会議所
- 上越市内事業所
- 上越青年会議所
- 上越市職業安定所
- 新潟県雇用環境整備財団・若者しごと館
- 上越教育大学
- 上越市PTA連絡協議会
- 上越地域学校教育支援センター
- 上越市教育委員会生涯学習推進課
- 上越市産業振興課
- 実施校

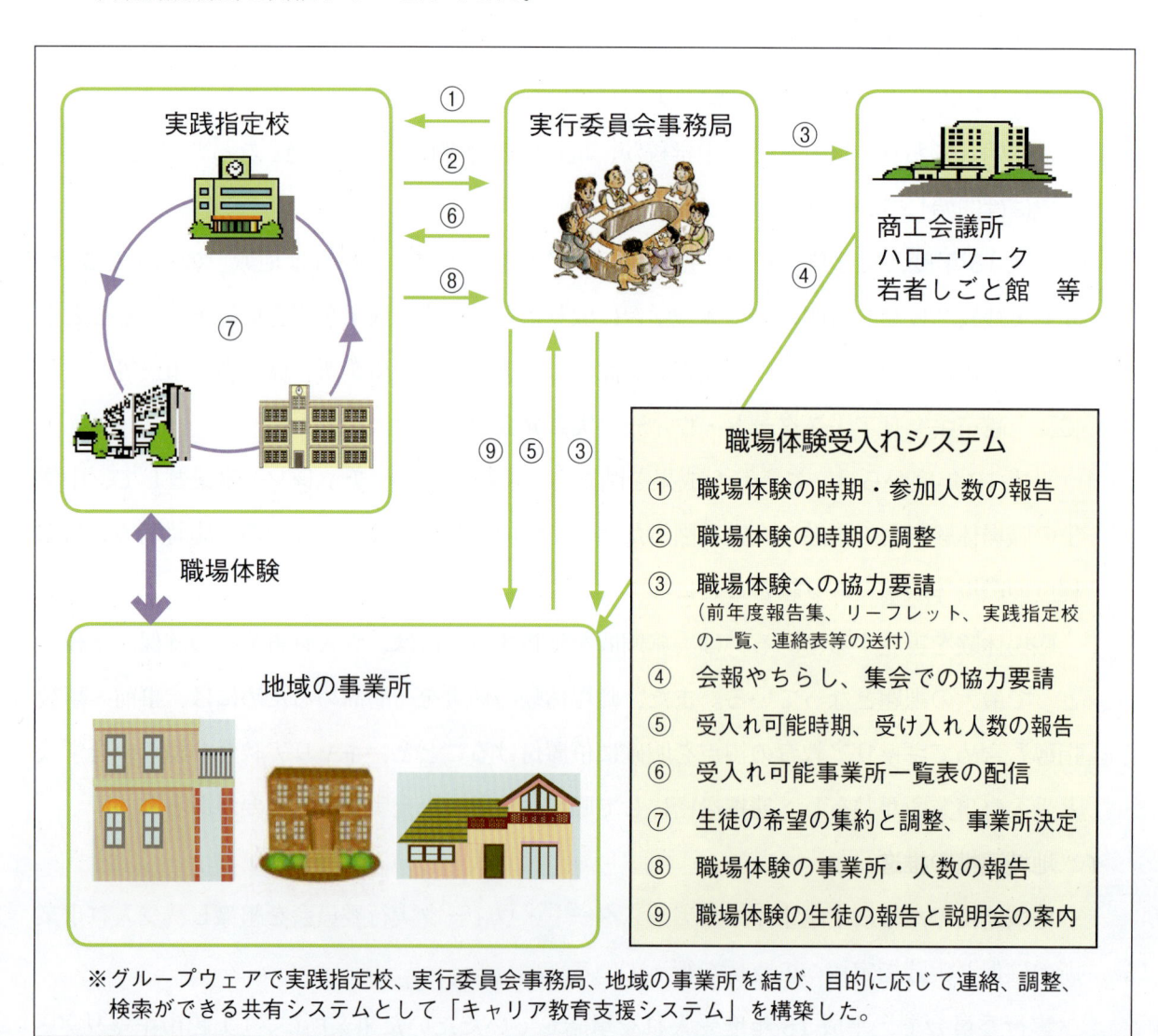

職場体験受入れシステム

① 職場体験の時期・参加人数の報告
② 職場体験の時期の調整
③ 職場体験への協力要請
　（前年度報告集、リーフレット、実践指定校の一覧、連絡表等の送付）
④ 会報やちらし、集会での協力要請
⑤ 受入れ可能時期、受け入れ人数の報告
⑥ 受入れ可能事業所一覧表の配信
⑦ 生徒の希望の集約と調整、事業所決定
⑧ 職場体験の事業所・人数の報告
⑨ 職場体験の生徒の報告と説明会の案内

※グループウェアで実践指定校、実行委員会事務局、地域の事業所を結び、目的に応じて連絡、調整、検索ができる共有システムとして「キャリア教育支援システム」を構築した。

ウ　事前・事後指導の充実と職場体験学習

　　職場体験学習が実りあるものとなるためには、体験活動とともに事前・事後指導の充実が不可欠である。

　　Ａ中学校では、職場体験学習を中核に、４月から計画的に事前・事後指導に取り組んでいる。事前指導では、地域の企業家を招聘しての職業講話やビジネスマナーの講習会を行うとともに、自己ＰＲカードの作成、事業所の事前訪問等を通して、目的意識を明確にして職場体験学習に臨んでいる。

　　実行委員会でも、受入れ事業所説明会を開催し、「事業所が学校、事業所の方が先生、仕事が授業」を合言葉に、地域の事業所と職場体験学習のねらいを共有化していった。

　　こうして、地域との連携により、職場体験学習をより成果のあるものとして実施できた。

工事現場で清掃作業に取り組む中学生

Ａ中学校の事前・事後指導の計画

事前指導	４月	○ 職場体験学習ガイダンス
	５月	○ 職業レディネステストの実施と分析
		○ 身近な職業調べと働くことの意義、学ぶことの意義
	６月	○ 職業講話「職業人から学ぼう」「ビジネスマナー」
		○ 受け入れ事業所の決定
	７月	○ 自己ＰＲカードの作成
		○ 事前訪問準備
		○ 事業所事前訪問
	９月	○ 職場体験直前指導
		○ 進路自己効力事前アンケート
当日	９月19日～25日	出陣式
		○ 上越「ゆめ」チャレンジ（５日間の職場体験学習）
		終了式
事後指導	９月	○ 進路自己効力事後アンケート
		○ お礼状の作成
	10月	○ 職場体験日誌のまとめ
		○ 職場体験のまとめ
		○ 職場体験学習発表会

（２）チャレンジショップ「Rikka」　～校種間連携による店舗経営～

ア　チャレンジショップ「Rikka」のスタート

　　上越市の中心商店街として賑わいと活気に溢れていた本町商店街も、現在は人通りが少なくなり、空き店舗も見られるようになってきた。こうした中、新潟県立高田商業高校の商業クラブが「上越の地域経済の変化と活性化」について調査・研究を重ね、平成17年度から「地元商店街の活性化」を願ってチャレンジショップ「Rikka」を立ち上げた。

　　上越市教育委員会でも、キャリア教育の推進のため、平成17年度から上越教育大学の三村隆男准教授を指導者に上越市キャリア教育研究推進委員会を組織し、小中学校の連携によるキャリア教育のカリキュラムに関する先進的な実践研究に取り組んでいた。高田商業高校

の近隣校であり、本町商店街を校区とする上越市立大町小学校と上越市立城北中学校では、上越市キャリア教育研究推進委員会のメンバーとして、キャリア教育の体験活動に取り組んでいた。こうした結びつきがあり、小学校・中学校・高等学校・大学による校種間連携の取組がスタートした。

チャレンジショップ「Rikka」の実施に向けて、次の実行委員会が組織された。

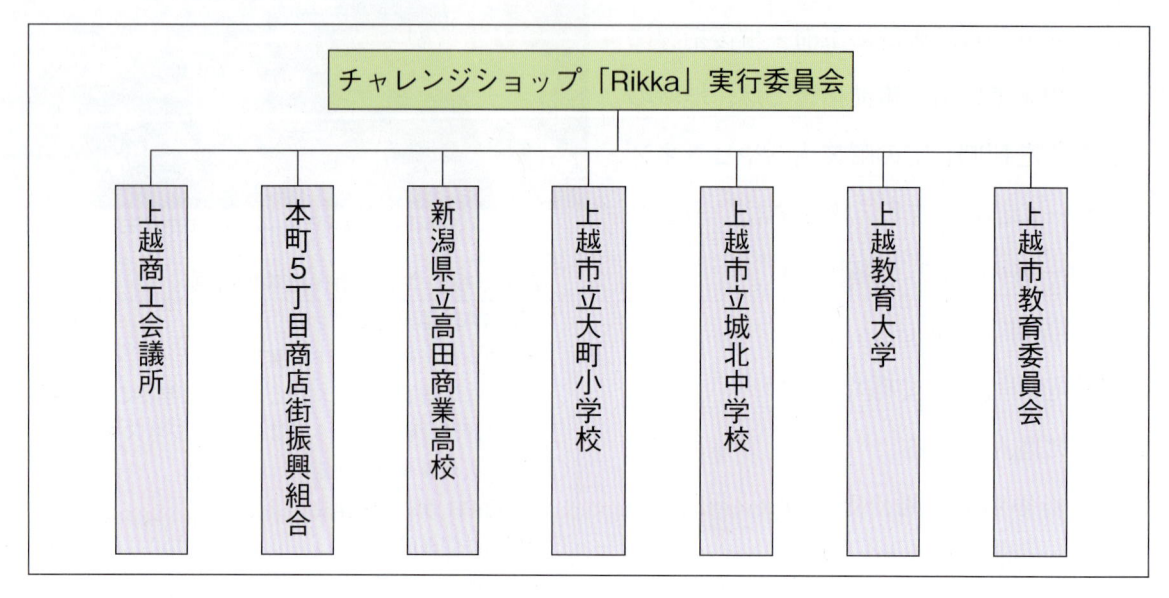

```
                チャレンジショップ「Rikka」実行委員会
  ┌────┬────┬────┬────┬────┬────┬────┐
  上越  本町  新潟  上越  上越  上越  上越
  越    町    潟    越    越    越    越
  商    5     県    市    市    教    市
  工    丁    立    立    立    育    教
  会    目    高    大    城    大    育
  議    商    田    町    北    学    委
  所    店    商    小    中          員
        街    業    学    学          会
        振    高    校    校
        興    校
        組
        合
```

チャレンジショップ「Rikka」実行委員会では、具体的な事業計画や活動内容の立案やそれぞれの役割分担等が協議されていった。

平成19年度は、8月6日～12日の1週間、本町5丁目の空き店舗を活用し、上越商工会議所や本町5丁目商店街振興組合の協力の下、店舗経営を行うことになった。

イ　チャレンジショップ「Rikka」の願い

チャレンジショップ「Rikka」では、次の願いを3つのキーワードに取組が展開された。

> **3つのC**
> ◆ Communication（コミュニケーション）
> 　商店街を「小学生から大学生までの若者」「若者と地域の皆さん」の世代を超えたコミュニケーションの場としたい。
> ◆ Cooperation（コーポレーション）
> 　校種間連携によって、それぞれの学校がもっているアイデアやパワーで、地域経済を図りたい。
> ◆ Career Education（キャリア教育）
> 　上越市で学ぶ児童生徒に、キャリア教育の実践的活動の場を提供したい。

⇒

> ★ 商店街に人が集まり、活性化につながる。
> ★ 若者に地元経済に興味をもってもらえる。
> ★ 小・中・高校生「働くこと」を真剣に考える。

ウ　大町小学校の取組

○学習のねらい
　チャレンジショップ「Rikka」のお店の一員としてたくさんの方々とのコミュニケーションを図りながら、自分たちの育てた野菜を販売する役割を果たす経験を通して、自己理解を深める。

　小学校では、2年生が参加した。生活科の学習で自分たちの育てた野菜を自分や家族だけで味わうだけではなく、「たくさんの人にも味わってもらいたい」という思いを実現させるために、野菜の販売活動を構想し、「Rikka」に取り組んだ。

　7月7日と14日の2日間、夏休みに野菜を販売する「Rikka」のお店で一緒に活動する高田商業の高校生との交流会を行った。

　1日目は、お店の説明や野菜がどうやってお金にかわり、お客さんの手元に届くのか教えてもらい、店員さんになってあいさつの言葉や応対の仕方をロールプレイングしたりした。また、2日目には、実際に本物のお金とレジを使用して、お店の仕組みをシミュレーションした。

　子どもたちにとっては、初めて会う高校生のお兄さんお姉さんたちであったが、活動が進むにつれ、自分のグループのお姉さんとしっかり手をつないでいたり、お姉さんの名前を覚えてにこにこ話をしたりしていった。

高校生から、レジの打ち方を習う小学生

◆「Rikka」での子どもの活動の流れ（1日2交代制）
・学校児童玄関前集合
・畑で野菜の収穫・袋詰め
・「Rikka」へ移動・到着（徒歩）
・野菜の検品・チェック・リハーサル・引き継ぎ
・実際に接客しながらの販売活動
　　※野菜販売コーナーを担当
　　※店頭では、交流会で一緒に活動した高校生や大学生がついて一緒に活動する。
・学校児童玄関前到着・解散

　交流会後のシートには、「野菜がちゃんと売れるといいです。そのためには、きちんとしたあいさつ言葉を言えるようにならないといけないので、2回目は大きな声ではっきりとやりたいです」「早く野菜を売りたいなと思いました。高校生にもぼくの野菜を知ってもらいたいです」などが綴られている。準備活動によって、子どもたちの意識が自分の野菜への愛着と同時に、人とのかかわりにも向けられ始めている様子がわかる。

お客さんに野菜の説明をする小学生

今年度は品物にメッセージカードを同封しお客様から品物の感想やお店での様子についてメッセージをもらい、品物をただ売るという一方向的な活動ではなく、子どもたちとお客様を双方向につなぐものとして機能させた。お客さんに進んで声をかけたり、野菜について説明したりするなど、たくさんの方々とのコミュニケーションを図るとともに、メッセージカードを通して、自分たちの野菜がどんなふうに受けとられたのかを確かめ、自分の野菜を通じた人や地域とのかかわりについて考え、自分の変化や自分の成長に気付き、自己理解を深めることができた。

エ　城北中学校の取組

○総合的な学習のスローガン
You Can Do It!　～『働くこと』から自分を見つめる～
- 職場や働く人々と関わり、地域活性のためにできることを考え、実践する。
- 職業の世界を知り、働くことの尊さを学び、自分の進路計画に生かす。

○学習のねらい
- 同級生や異学年の児童生徒との準備・販売活動やお客様への接客活動等を通し、多くの人と積極的に関わりながら、協力して店舗経営を成功させようとする。＜人間関係形成能力＞
- 様々なメディアを活用し、店舗の装飾やRikkaの宣伝の仕方を工夫する。＜情報活用能力＞
- Rikkaの特徴や意義を理解し、自分の特技や興味を生かせる役割を自ら選択し、Rikka成功のために自分の力を発揮しようと努力する。＜意思決定能力・将来設計能力＞

高校生からビジネスマナーを習う中学生

中学校では、1年生が参加した。総合的な学習の時間の中核的な体験活動として、5月から9月までの半年間取り組んでいった。主な学習活動は、次のようになる。

＜You Can Do It!　チャレンジショップ「Rikka」　学習計画＞

月	日	曜	時数		主な学習活動
5	15	火	1	総合	Rikkaオリエンテーション(昨年の様子から)
			1	総合	自分の特性を知ろう～Rikkaに自分の力を活かす
	29	火	1	総合	Rikkaの基本構想を聞き、成功のためにできることを考えよう（高田商業高校商業クラブの生徒による説明）
			1	総合	5つのプロジェクト参加希望調査 ビジネスマナーの講習会（高商商業クラブの指導）
6	5	火	1	総合	Rikka成功のための作戦を立てよう「プロジェクト5」
			1	総合	代表者調整会議 準備計画案を立て、仕事分担を決めよう
	12	火	2	総合	Rikka開店までの準備をしよう
	19	火	2	総合	Rikka開店までの準備をしよう　　代表者調整会議
	26	火	2	総合	Rikka開店までの準備をしよう 営業活動(マスコミ、小学校、幼稚園)

月	日	曜	時数		主な学習活動
7	10	火	1	総合	成果発表会の準備、リハーサル
			1	総合	5つのプロジェクトの成果発表会
	17	火	1	総合	Rikka最終準備、シフトの発表、しおり配布
8	3	金	9:00～		チャレンジショップRikka発足式　（1多目） （リッカード、レポート用紙等配布、準備の最終チェック）
	5	日			前日準備　店内装飾(店舗デザイン部10名)
	6 (月)	～	12 (日)		チャレンジショップRikkaを成功させよう (自分の担当の仕事をしながらRikkaに参加します。) 8/2　JCV　エリアレポート 8/3　JCV　ひるどきテレビ 8/8　Teny　新潟一番（4:50～6:00）
	夏休み中				Rikkaに関わる活動を通して学んだことをレポートにまとめよう。
9	18	火	2	総合	Rikkaの報告会の準備をしよう
	25	火	2	総合	Rikkaの報告会をしよう

　城北中学校を訪れた高田商業高校の生徒の皆さんから、ビジネスマナーの講習を受けるとともに、Rikkaの基本構想を聞き、成功のためにできることを一緒に考えていった。その結果、開店前の事前準備段階での中学生の仕事は、主に宣伝・広告、そして店舗内の装飾を担当することとなった。中学生の生徒の活動組織も"リアル感"を出すために、「人事・総務部」「営業部」「広報部」「販売促進部」「店舗デザイン部」の5グループを設置した。学級を解体し、生徒は自分の興味や特性を生かせる部を個々に選択し、各部で積極的に学習をすすめることができた。

◆活動の様子　～学年便りから～

総合的な学習の時間「You Can Do It!」
Rikkaプロジェクト・各部の活動紹介

店舗デザイン部
看板作り、商品の並べ方・店のBGM、飾りつけ、テーブルクロスの作成を計画しています。これから本格的に作業に入っていきます。　　　　　　　　　　　（副部長）

営業部
校内外チーム・校区内チーム・リッカマンチームの3つに分かれています。それぞれのチームで、どのように宣伝を良くしていくか考えています。劇も考えています。（部長）

販売促進部
イメージキャラクター・ネーミング・チケットプレゼント・サービスアンケートの4班に分かれて活動しています。店のものを全部売り切るぞ！　　　　　　　（副部長）

広報部
班に分かれてポスターやチラシを制作しています。にぎやかなポスター・チラシを作るので、ぜひご覧下さい！　（部長）

人事・総務部
Rikkaオープンまでの日数カレンダーや当番表「リッカード」の作成、Rikkaニュースの発行などを行っています。みんながRikkaへのやる気をもてるように、土台としてがんばっています！　　　　　　　　　　　　　　　　　　　　　　　　（副部長）

店舗デザイン部	広報部	販売促進部
Rikkaエプロン制作中	チラシ＆ポスター続々完成	イベントの景品は手作りで

193

「Rikka」当日、中学生の手で看板や装飾で飾られ、高校生の開発した商品がきれいに並べられた。オープニングセレモニーでは、商品のよさをアピールした寸劇「Rikka姫」が披露され、ちらしの配布や呼び込みが開始された。元気のいいあいさつや礼儀正しい振る舞いでお客さんに接しながら、各部でRikkaの成功を目指して、積極的に取り組んでいた。その中で「働くこと」について理解を深めながら、自分自身の特技や個性を生かすために何ができるのかを考え、仲間と協力して実践することができた。

高校生が開発した商品を販売する中学生

オ　高田商業高校の取組

○取組目標
- 学習内容（会計処理、マーケティング、商品受発注等）の実践化
- 地元地域経済への理解・密着
- 地元地域経済の活性化

高田商業高校では、チャレンジショップ「Rikka」を通して、次の取組を行った。

① 商業活動全般に関する流れについての実践学習
　会計処理、商品の受発注、マーケティング活動等、実践学習を通して経験する。
② 上越地域の特産物の販売
　地域特産物を販売するとともに生産者の紹介及び生産方法等についても紹介する。
③ 地域専門高校および全国の商業高校の生産物およびオリジナル商品の販売
　上越地域の専門高校が実習活動を通して生産した商品の販売と各校の活動を紹介する。
④ 地域経済の活性化および地域との密着化
　本町商店街が注目を集め、市集う場所になるのかを模索し、具体的な提言を行う。
⑤ オリジナル商品の開発
　地域の産物を生かしたオリジナル商品の開発、販売を行う。
⑥ 学校間連携および校種間連携
　連携を通して、キャリアデザインを軸とした小学校から大学までの協力、小中学校の総合的な学習の時間の内容の充実、商業高校など専門高校教育への理解等を図る。

カ　上越教育大学の取組

上越教育大学の学生は主に高校生との連携を図っていった。高校生が大町小学校や城北中学校で交流や指導を行うに当たって、小中学生に興味をもってもらう方法や分かりやす

い説明の仕方等を助言していった。店舗設計や販売・広告方法等についても相談に対応していった。

5　その他

キャリア教育にかかわる体験活動として、職場体験学習と店舗経営を紹介した。

事前・事後指導の充実をし、地域連携を図りながら取り組んだ5日間の職場体験学習では、生徒の大きな変容が見られた。このことは、質問紙調査から、自己効力（やればできるんだという気持ち）や進路に向けた意識付けが職場体験前よりも養われたということ、進路や職業に対する意識が強まり、それに向けて頑張っていこうとする意欲が大きくなっているということが判断される。

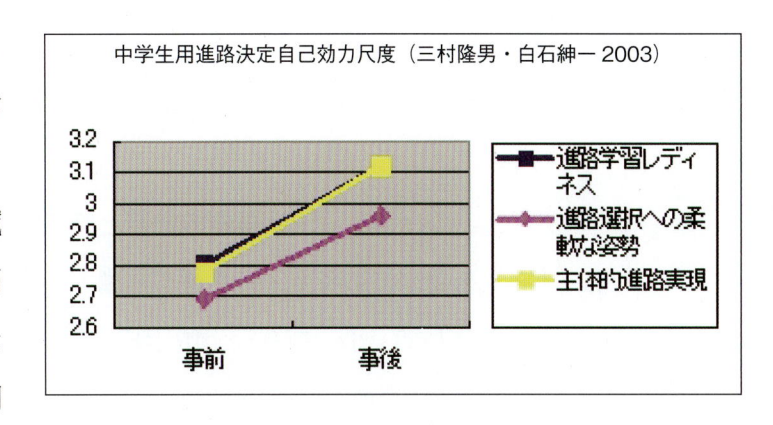

店舗経営では、地元のテレビや新聞で大きく報道され、1週間で約2,500名のお客が訪れ、商店街の活性化につながった。子どもたちは、校内や校外での教育活動を通して、より多くの人とのかかわりをもつことができた。その中で、人と人とのかかわりやあいさつや返事、言葉遣い等、コミュニケーション能力の大切さを体験によって知ることができた。また、様々な活動の中で自分の役割を見出し、それを果たそうとする責任感、また責任を果たすことによって自己有用感を高め、自分の新たな一面を発見したり、今後の生活や将来に具体的な目標をもったりするなど、主体的な姿勢が見られるようになっている。

【事例4】
「郷土を愛し、志高く、誇り薫る白鷹人」の育成を目指した体験活動の推進

山形県白鷹町教育委員会

《事例の概要と特色》

本町では、「郷土を愛し、志高く・誇り薫る白鷹人の育成」を目指し、「白鷹町『いろりばたの教育』」の一環として、小学校6校、中学校2校、そして高等学校1校の合計9校と地域が連携して平成16年度から平成18年度の3か年間、文部科学省キャリア教育推進地域指定事業に取り組んだ。「人間としての生き方指導」「望ましい勤労観、職業観の育成」をねらいとし、学校・家庭・地域が連携して実践していくために、4つの研究部を組織して、児童・生徒の発達段階における「望む姿」を想定し、その実現に向けて、それぞれの果たすべき役割について研究を深めた。その成果からさらに、平成19年度以降も引き続き、各学校において体験活動を中核に据えたキャリア教育の推進に取り組んでいる。

1　白鷹町における教育の概要

（1）白鷹町の状況

　山形県の南部中央に位置する白鷹町は、昭和29年10月、荒砥町・鮎貝村・東根村・白鷹村・十王村・蚕桑村の1町5村が合併。30年10月に西村山郡朝日町の一部を編入して今に至っている。

　町域の東部は白鷹丘陵、西部は朝日山系、中央を最上川が流れ、豊かな自然に恵まれた町である。県都山形市まで30km、置賜の中核都市である米沢市まで約35kmと国道の整備により圏域の拡大が図られている。最上川沿いには豊かな田園地帯が広がり、米作を中心にリンゴやトマト、酪農による生乳生産が行われている。また、樹齢500年以上のエドヒガンザクラの古木が多いことから「古典桜の里」として訪れる人も多くなっている。

（2）白鷹町の教育

①　学校数　（平成20年5月1日現在）

　　　　　　　小学校5校　中学校2校　県立高等学校1校

② 児童・生徒数　（平成20年5月1日現在）

　　　　　　　小学生876名　中学生503名　高校生198名

③ 白鷹町教育目標

　白鷹町は、人間性豊かな町民の育成を目指し、恵まれた自然の中で歴史と伝統を重んじ、自らの向上と生きがいのある生涯学習社会を実現するため、次の目標を設定している。

　　　一、豊かな心を育み、創造力あふれる人間を育てる。
　　　一、個性を尊重し、広く社会の発展に努める人間を育てる。
　　　一、健康づくりに励み、たくましく生きる人間を育てる。
　　　一、郷土の自然や文化を愛し、誇りと生きがいの持てる人間を育てる。

〔平成9年4月制定　白鷹町教育委員会〕

④ 方針

　白鷹町教育委員会は、憲法、教育基本法、町民憲章を基本とし、白鷹町教育目標の達成と、第4次白鷹町総合計画の推進に向け、人間尊重の精神をはぐくみながら生涯学習の機会均等を図り、町民の期待と願いにこたえられる教育を進めている。

⑤ 学校教育の目標

　○豊かなかかわり合いを通して、「豊かな心」の育成と「確かな学力」の定着を具体的に進め、自ら学び、自ら考え、自ら判断する「生きる力」を身に付けた、故郷を誇れる子どもの育成

　○「豊かな心」を育む、心の教育の具体化と実践

　○基礎的、基本的事項の確実な習熟を基盤とする、「自ら学び、自ら考え、自ら判断する」学力の育成

　○心身共に健康でたくましい子どもの育成と安全教育の徹底

2　町ぐるみのキャリア教育の導入と展開

（1）キャリア教育導入の背景とねらい

　教育の目的の一つは、文化を後世に引き継いでいくことである。このことは、時代が変わろうとしても決して変えてはならない「不易」なるものである。

　この「不易」なるものをしっかりと見極め、学校・家庭・地域がそれぞれの役割を自覚し、共に取り組んでいくことが求められており、三者が一体となって取り組むことによって、規範意識もまた培われていくと考えられる。

　この根底には、「いろりばたの教育」、つまり「他とのかかわり」が礎となっている。豊かな

心の育成には、人間相互のかかわり合いを欠かすことはできない。昔は「いろりばた」でのかかわり合いを通し、家庭内では祖父母から父母へ、そして子どもたちへ、地域では地域の大人たちから子どもたちへ、学校では地域や保護者そして教師から子どもたちへ、生きる知恵や知識、人間社会のルールが伝えられてきた。同時に、子どもたちから大人たちへ尊敬と励みが与えられ「共に生きる喜び」が相互を循環し、心を共有してきたのである。

このようなことから、改めてこのことを再認識し、郷土を愛し故郷を誇る町民を育成するため、かかわり合いを通して『いつくしみ、共に生きる』心を培う、白鷹町『いろりばたの教育』を推進することにした。さらに、学校・家庭・地域が連携したキャリア教育を推進することで、自己有用感をはぐくみ、自己実現に向けた課題克服力を身に付けた子どもを育てることを願っている。

地域・家庭の教育力を根底に「関わり合い」を重視するいろりばたの教育全体構想

「郷土を愛し、志高く・誇り薫る白鷹人」の育成
～「いつくしみ、共に生きる教育」の取組み～

学校のいろり　知・徳・体力
(1) 「開かれた学校」運営を通した特色ある学校経営の推進
(2) 「豊かな心」を育む、心の教育の具体化と実践
(3) 基礎的、基本的事項の確実な習熟を基盤とする、「自ら学び、自ら考える」学力育成
(4) 心身ともに健康でたくましい子どもの育成と安全教育の徹底

家庭のいろり　規範意識・躾
(1) 健康福祉行政との連携による家庭での乳幼児教育の推進
(2) 家庭教育の充実を図り、健全な児童生徒の育成を図る
(3) 男女共同参画社会の実現に向けた環境整備

← 信頼 →

地域のいろり　職業観・勤労観育成　関わり合う力
(1) 地区公民館、分館を拠点とした生涯学習の推進
(2) 人々の創造性を育む芸術文化活動の推進
(3) 町民誰もが、気軽にスポーツ活動ができる環境づくりの推進

　上図の「学校のいろり」の中の（1）の取組の一つとして、キャリア教育の推進を掲げている。
　具体の取組として「望ましい職業観・勤労観育成に向け、体験活動を中核に据えた小・中・高の計画的な取組（中学校での5日間の職場体験の実施）」を進めている。

（2）白鷹町キャリア教育全体構想

研究推進全体構想

研究主題
『郷土を愛し、志高く・誇り薫る白鷹人の育成』
―いろりばたの教育（いつくしみ、共に生きる）をとおして―

児童・生徒・住民の意識や思い

めざす姿（評価指標）

児童・生徒像	家庭像	地域像
1 夢や希望の実現に向け、学び・努力する児童・生徒 2 自分を見つめ、よさや今後すべき事が言える児童・生徒 3 適切な社会規範やマナーを身に付け、他と関わりながら社会的責任を果たせる児童・生徒 （4能力を備えた児童生徒）	1 家族が語り合える時間と場を持った家庭 2 仕事や役割を相互に理解し、家庭内でも役割を担いあう家庭 3 社会規範や善悪の判断基準等を、明確に示す家庭	1 公民館活動や老人クラブ、独自の活動組織等において、児童生徒とともに活動できる地域 2 大人が見守り、子どもの居場所がある地域 3 職場を解放し、体験をとおして次世代の育成に努める地域

研究の重点（内容）

1 組織的・系統的なキャリア教育を推進するための、小・中・高における指導方法や内容の開発
　（期待される具体的な能力や制度の到達目標、学習プログラム、教育課程、キャリアカウンセリング等のありかた）
2 現実を学び、適切な勤労観や職業観を育むためのキャリアアドバイザーの確保と活用
　（教科・道徳・特別活動・総合的な学習における活用等）
3 関係機関等の職場体験活動推進
　（学校と事業所・経済団体等との連携体制の構築、学校・家庭・ＰＴＡ団体等との連携体制の構築、公的機関等における受け入れ態勢の構築）
4 キャリア教育の推進における計画・実行・評価・改善のサイクル確立とキャリア教育の必要性について保護者や地域への啓発
　（評価指標の作成、広報活動等）

		指導法・内容研究部	アドバイザー整備活用研究部	職場体験推進研究部	協力・啓発研究部
研究及び活動内容	一年次（整理開発期）基礎・基本	○授業改善の推進構想（各校） ○レディネステストの構想（教頭会） ・全校テストの見直し ・基礎・基本の定着 ・学習意欲の向上と学習集団づくり	○各校におけるキャリアアドバイザーよる講話や授業実践事例の収集 ○キャリアアドバイザーのリストアップ ・各学校より ・地区公民館、商工会、農協等への依頼	○各校職場体験学習の推進状況の情報交換（成果と課題を明らかにしながら） ・小学校「家族への手伝いや父母の職業聞き取り調査の実践」（鮎貝小） ・中学校１年「家業体験学習の実践」（西中） ・中学校２年「職場体験学習の実践」（東中、西中） ・高等学校「インターンシップの実践」（荒砥高） ○来年度職場体験学習の概要計画 ・中学及び高校２年生は５日間で計画	○初年度アンケート実施（健康福祉課にて昨年度実施のものや、教委実施のものも利用） ○実践資料のまとめ ○町民向け広報発行（１号）
	年間指導計画	○各校の授業実践の収録 ・「冊子」にまとめる ・小・中・高を見とおした年間指導計画案整備（共通指導内容を中心に）			
	規範や規律	○身に付けさせたい社会規範の洗い出しと習得のための場と方法の検討			
	二年次（修正期）基礎・基本	○授業改善の推進（各校） ・わかる（伸びが実感できる） ・自己決定・表現、関わり合いのある授業 ○レディネステストの実績	○各学校の職員の指導力向上につなげる授業力アップ事業の推進 ・各学校への講師の派遣 ○キャリアアドバイザーの活用状況調査とリストの改善 ○キャリア講演会の実施	○各校による職場体験学習の実施 ・事前の学習と指導、体験学習、事後の学習と指導のサイクルを大切にして（評価の観点に即して） ・中学及び高校２年生は５日間で計画 ○各校の職場体験学習の成果と課題の集約 ・職場体験学習の改善、修正 ○職場体験学習に関わる学習のポートフォリオ ・児童生徒個々に学習の記録をファイリング	○アンケート実施（児童・生徒、保護者の意識の変容を見ると共に、広く町民の意識をも探る） ○実践資料まとめ ○町民向け広報発行（９月・２月の年２回）
	年間指導計画	○小・中・高を見とおした年間指導計画に基づく実践 ・特活、総合、道徳の充実 ・年間指導計画の改善			
	規範や規律	○身に付けさせたい社会規範の習得（学校・家庭における共通実践化）			
	三年次（定着期）基礎・基本	授業改善の推進（各校） ・わかる（伸びが実感できる） 規律ある授業 ・自己実現と自己有用感に満ちた授業 ・ゆとりある総合的な学び ○レディネステストの実践	○各学校職員の指導力向上につなげる授業力アップ事業の推進 ・各学校への講師派遣 ○キャリアアドバイザーの活用状況調査とリストの改善 ○キャリア講演会の実施	○各校による職場体験学習の実施（二年次の成果と課題を踏まえて） ・事前の学習と指導、体験学習、事後の学習と指導のサイクルを大切にして ・中学及び高校２年生は５日間で計画 ○各校の職場体験学習の成果と課題の集約 ・職場体験学習の改善、修正（ねらい、評価の観点そのものも含めて検討） ○職場体験学習に関わる学習のポートフォリオ ・児童生徒個々に学習の記録をファイリング	○アンケート実施 ○実践資料まとめ（最終報告書） ○町民向け広報発行（９月・２月の年２回）
	年間指導計画	○小・中・高を見とおした年間指導計画に基づく実践 ・特活、総合、道徳の充実 ・年間指導計画の改善			
	規範や規律	○身に付けさせたい社会規範の習得（地域における共通実践化）			
評価方法や主な指標	基礎・基本	○授業改善が進んでいるか ○基礎・基本の定着が図られているか ○小中の共通実践が進んでいるか（レディネステスト）	○キャリアアドバイザーを効果的に活用した授業実践が進められたか ○講演会・研修会等がキャリア教育の理解と指導方向上につながったか。	○評価の方法 ・ねらいを明確にしたアンケート ・児童生徒の感想や作文 ・事業所や保護者の評価 ○評価の観点 ・事前、体験、事後のサイクルを大切にすることによって、より確かな職業観や勤労観を育成できたか。 ・豊かな体験活動を通して、地域の人々の思いに触れ、郷土を理解し愛する心を育むことができたか。	○アンケートの実施により、児童・生徒の「生き方・職業観」を探り、また町民の子どもたちへの願いをも探り、指導の参考とすると共に、逐年の変容を確かめる。 ○実践資料をまとめ各校に報告することにより、情報を共有すると共に、後の進め方の参考とする。 ○町民に対して、学校職場での様子を広報することにより、幅広い人たちの理解と協力を得られるようにする。
	年間指導計画	○年間指導計画の整備・実施・改善が図られているか（小中高の連携） ○特活（進路）、総合、道徳の授業実践の質はどうか ○子どものキャリア発達はどうか（４能力領域）（アンケート）			
	規範や規律	○身に付けさせたい社会規範が厳選されているか ○身に付けさせたい社会規範の習得状況はどうか ○学校・家庭・地域の共通実践が具体的に進んでいるか			
共通実践や連携が必要なこと	基礎・基本	○レディネステストの実施（小中高の連携） ・基礎・基本の定着 ・学習意欲の向上と学習集団づくり	○キャリアアドバイザーによる講話や授業実践事例の収集は、指導法・内容研究部と連携して進める。 ○授業力アップ事業とキャリア講演会は、事務局と連携して進める	○共通実践項目 ・事前～事後のサイクルを大切にすること ・児童生徒の学びに連続性と深まりをもたせること ・地域に生きる人々の思いに触れさせること ・職場体験学習に関わる学習のポートフォリオ ○連携 ・小学校と中学校１年では、家庭との連携 ・中学２年以上では、地域との連携	○アンケート。実践資料については「指導法・内容研究部」と、「広報」ついては全部の研究部との連携を図り、積極的な広報を計画する。
	年間指導計画	○キャリアアドバイザーの活用（アドバイザー整備活用研究部） ○アンケートの実施（協力・啓発研究部）			
	規範や規律	○アンケートの実施（協力・啓発研究部）			

（3）キャリア教育実践協議会の組織と役割

① 組織

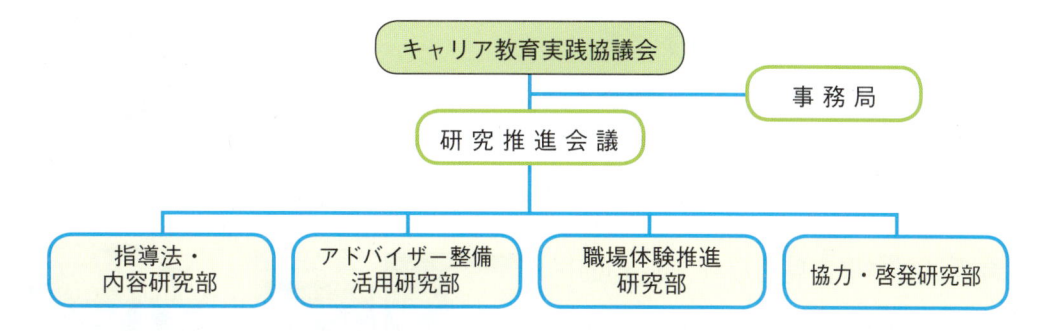

```
                    キャリア教育実践協議会
                            │
                            ├──────────── 事務局
                       研究推進会議
          ┌──────────┬──────────┼──────────┬──────────┐
      指導法・   アドバイザー整備  職場体験推進   協力・啓発研究部
      内容研究部   活用研究部      研究部
```

② 役割

- 研究推進会議

  研究全体構想、研究の推進、具体的展開等について話し合い、各研究部間の連絡調整を行う。

- 指導法・内容研究部

  「キャリア教育全体構想」を作成し、キャリア教育の視点からの学校研究の推進や白鷹町学校教育研究所や校長会、教頭会と連携し、高等学校を含む各学校間の授業参観を積極的に実施する等、授業改善を図る。

- アドバイザー整備活用研究部

  自分の職業に、誇り・熱意・愛着を持って日々努力を続けている方々や、仕事を辞めても地域のために尽力している方々、さらに、趣味を生かして人生を明るく楽しく生きている方々等、人生のアドバイザーとして発掘し、活用を図る。

- 職場体験推進部

  小・中・高に応じた職業・職場体験及びインターンシップの場を開拓するとともに、中・高においては連続5日間の体験を通し、キャリア育成につながるプログラムを開発する。

- 協力・啓発研究部

  キャリア教育に対する児童・生徒、保護者の意識を調査し、その変容を探り指導に生かす。さらに推進の進捗状況等を広報し、町民の理解と協力を得る。

（4）職場体験・インターンシップ等の実施状況

① 中学生職場体験

- 連続5日間の実施
- 体験事業所数　31事業所

② 高校生インターンシップ

- 連続5日間の実施
- 体験事業所数　23事業所

③ 一日の体験学習の日程

　　　　　～8：30　　　出勤
　　　9：00～15：30　　体験学習
　　　15：30～15：55　　振り返り・反省
　　　　　～16：00　　　退勤

④ 実施方法

　教育委員会が事務局となり、前年度中に町内各事業所に対して、職場体験受入れについてアンケート調査を行う。アンケートを集約して、受入れ可能な事業所や受入人数等について、各学校に通知する。各学校では、それを基に生徒の希望を取り、受入事業所を決定する。体験する事業所に対しては、校長名で依頼文書を送るとともに、生徒自身が職場体験の依頼を直接行う。

　体験終了後は、お世話になった事業所に対してお礼状を差し上げるが、単なるお礼の言葉だけではなく、体験を通して何を学び、何に気付いたか等、自分の変容についてもしっかりと書かせることで、自分の心の変化や成長を感じる機会とする。学校ごとに、体験したことについて発表会を行い、家庭・地域にも広く発信する。

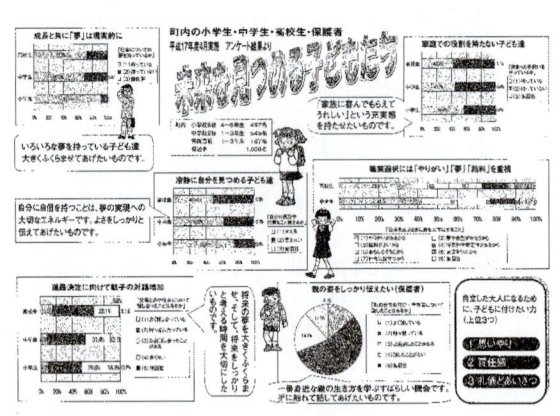

3　小学校の職業にかかわる体験活動の実際－白鷹町立鮎貝(あゆかい)小学校を事例として－

(1) キャリア教育全体計画

　鮎貝小学校では、キャリア教育の目標、目指す子ども像、育てたい力を受け、4つの観点で活動とその取組内容を設定し、家庭と連携しながら、教育活動全体で実践してきた。

鮎貝小学校のキャリア教育全体計画
1　基礎基本の確実な定着
2　関われる力の育成
3　キャリアアドバイザー事業
4　教科・道徳・特活での共通実践

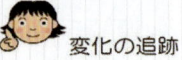

変化の追跡

（2）実践

教科・道徳・特活での実践
1, 2年【お家の人のお手伝いをしよう】
　生活科　お手伝い大好き
　　　　～家族のためにできること～
3, 4年【どんな仕事をしているのか聞いてみよう】
　総合的な学習　二分の一成人式
　　　　～将来の夢～
5, 6年【働くことってどんなことか考えよう】
　道徳　自分のよさを知り自分らしく生きる
　学活　10年後の未来に向けて
　　　　～働くって何？～

学年の系統性　共通実践
1, 2年生　家族が、家で働いている
　　　　　お手伝いをしよう
3年生　家族は、外でどんな仕事をしているのか知る
4年生　家族はどうしてその仕事を選んだのか
　　　　自分ならどんな仕事をしたいか
5年生　自分の得意なところをいかしてみよう
6年生　働くことの意味を考え、がんばって勉強しよう

　子どもたちが自分の将来や夢に目標を持ち、膨らませていくことができるように、仕事にいちずに頑張っている身近な人々の話を聞いたり、家族の仕事等を調べたりする活動や、家でのお手伝い等の実践活動を行った。

（3）具体的実践

<第4学年　学級活動指導案>

第4学年　学級活動活動案

1　活動名　「二分の一成人式」を成功させよう　～将来の夢～

2　活動設定の理由
　学級活動には、次の二つの活動内容が明示されている。
（1）学級や学校生活の充実と向上に関すること
（2）日常の生活や学習への適応及び健康や安全に関すること
　第2の活動内容に「希望や目標をもって生きる態度等の形成に関わる課題を設定すること」とあり、これは本地区教育「キャリア教育」に関連した部分である。
　さて、4年生は徒党の時代とも呼ばれるギャングエイジから、自己を見つめ個性を伸ばしていく思春期へと変貌を始める時期である。また、10歳を迎え年代としての一つの節目を迎える。この節目の時期に、自分への気づきや自己決定を促す場面を提供することにより、児童自らが将来を見つめ、現在の生活や学習についてよりよく取り組み、自己を生かそうとする態度を育てることが重要となる。このような考えをもとに本活動「二分の一成人式」を計画した。

3　活動計画

時	活動内容	指導上の留意点
1	「二分の一成人式」の活動全体をつかみ、成功させようとする意欲を持つことができる。	高学年になる5年への希望と、大人になる夢をふくらませるように、留意する。
2本時	友達の夢について互いに聞いたり、また、実際に働いている人の話を聞くことにより、自己を見つめ、将来の夢や希望を持つことができるようにする。	クラスアンケートや、外部講師の話をもとに、自分のやってみたいことや、夢を持つことができるようにする。
3	参観日の「二分の一成人式」発表に向けて、発表内容や順番について話し合うことができる。	「二分の一成人式」で、全員が夢や希望を発表し、またお家の人へのメッセージが言えるようにする。
4	自分の夢や希望について発表し、これからの目標を持つことができる。	保護者の前でも堂々と、大きな声で発表できるようにさせる。

4　児童の実態　（男子25名　女子15名　計40名）
　男子が学級全体の雰囲気をリードし、大変活発なクラスである。一人一人の個性が強い反面、人数が多いために自己主張したり、自分の考えを述べないままでも過ぎてしまうことも多い。人数の陰に隠れて「自己決定」「自己表現」ができないでいる児童も多い。
　10歳になり、漠然と親の仕事について見たり、手伝いとして体験したりはしているものの、自分の将来の夢としてどのようなものがあるのかについて、考えたり意見を交換したりする場面は少ない。今回は、その機会を設けて、一人一人が自分の夢や希望について考え、学校や家庭で話題にできる場面を作りたいと考えた。

4　本時の指導
（1）目標
　　友達の夢について互いに聞いたり、また、実際に働いている人の話を聞くことにより、自己を見つめ、将来の夢や希望を持つことのすばらしさに気づける。
（2）指導過程

時間	学習活動（主な発問○　指示△　児童の反応・）	指導上の留意点
導入 5分	1　前回のアンケート結果について発表する。 △みんなからとったアンケートの結果について見てみましょう。どんな将来の夢があるのかな？ ○アンケートの結果で気づいたことを発表しましょう。 ・知らない仕事があります。 ・どうして、その仕事を選んだのか知りたい。 ・まだ、決まっていない人もいる。	・数日前に、将来の夢について無記名でアンケートをとり、まとめておく。 ・アンケートをもとに、色々な考えの友達がいることに気づかせる。
展開 30分	2　ゲストのお話を聞き、夢や希望を持つことの大切さや、自己決定のたいせつさについて学ぶ。 △小さいときに夢を持ち、その後夢を叶えるためにがんばってきた人。そして、今もいきいきと活躍している井上正市さんのお話を聞きましょう。 お話しのポイント（20分ぐらい） （1）今、取り組んでいらっしゃるお仕事。 （2）いつごろ、このお仕事をやっていこうとお決めになったか。また、そのきっかけは。 （3）苦労したことや努力したこと。また、今も苦労していることや努力していること。 （4）お仕事のやりがい。 （5）未来ある、子どもたちへのメッセージ。 △井上さんにお聞きしてみたいことを質問してみましょう。	・ゲストの方を紹介し、写真や、具体物などを通してお話ししていただく。 ・事前に打ち合わせをもち、内容について大まかなリハーサルを行っておく。 ・質問については、無理に出させることなく、聞き逃しによる再質問や、児童が興味を持った内容については時間のある限り質問させる。
まとめ 10分	3　アンケートや、ゲストのお話から夢や希望を持つことのすばらしさについて、感想を持つことができる。 ○自分で決めた夢や希望があるって、どんなことでしょう。 ・楽しみがある。 ・わくわくする。 ・がんばろうと思う意欲がわく。 ○今日の勉強の感想を書きましょう。 今日、友達の夢や、井上さんのお話を聞いて、ぼくも今からがんばって、消防士になる夢を実現させようと思いました。 △次回まで、「二分の一成人式」で発表する自分の夢や希望を考えておきましょう。	・子どものつぶやきや、言葉から拾い上げ、夢や希望を持って生きることのすばらしさをまとめる。 ・感想を、2名程度発表させる。 ・ゲストにお礼を述べて終る。

＜第６学年　道徳指導案＞

```
第６学年　道徳学習指導案

１．主題名　自分のよさを知り、自分らしく生きる
　　　　　　　［１－（６）　個性伸長］

２．主題設定の理由
　　人は短所も含めた自分の特徴を知ることで、自分自身をよりよくしていこうとする向上心が生
　まれてくる。そして、自分のよさを生かしながら自分らしく生きることができたとき、明るく生
　きがいのある人生になり、他者や集団ともよりよい関係が築けるようになると考える。
　　個性伸長がねらいとなるこの項目を、自己を見つめたり、自分の特徴に気づいたりする力が備
　わってくるこの時期に扱い、自分自身を見つめ直し、それぞれの生き方ややり方を考えるきっか
　けにしたい。そして、自己肯定感と安心感を持って生きる子どもを育みたいと考え、本主題を設
　定した。

３．指導にあたって
　（１）資料について　「高さ五十センチの視点」
　　　主人公の写真家は、脳性麻痺のため生まれつき寝たきりの生活である。口と顎しか動かせ
　　ない体で、家族と離れ施設で生活している。特製の車椅子に出会い、自分の力だけで外に出
　　ることができるようになり、自然と関われることになったことで生き方が変わった。自分の
　　目で見て感動したことをカメラで撮影したいと考え、特製のカメラを作製してもらった。寝
　　たきりの低い視点から撮った写真は主人公にしか撮れない写真となった。障害を自分らし
　　さや自分だけにしかないよさとしてとらえ、前向きに生き生きと生きる姿が生き方の手本
　　となった資料である。

　（２）児童について
　　　子ども達は、自分と友だちを比べたり、友達の目を気にしたりして自信をなくしたり、人
　　と違うことに不安を感じたりしていることがある。自分には短所だけで、長所が見つからな
　　いと落ち込んでしまっている子もいる。また、家庭生活においても親とうまくコミュニケー
　　ションがとれずにいる子もいる。そこで、短所も見方を変えれば長所になりうることを知
　　ったり、親から長所を見つけてもらい、手紙という形で子ども達に伝える活動を組み込むこと
　　で、自分に自信を持ち、「自分のよいところ、得意なところをのばしていきたい」という思
　　いを力強くふくらませたい。そして、これから卒業式までの４ヶ月と中学進学という新しい
　　生活に、希望をもって一日一日を大切に過ごしていける子どもにしていきたい。

４．本時の指導
　（１）目標
　　　障害を自分のよさに変え、生き生きと前向きに生活している田島隆宏さんの行き方のすば
　　らしさにふれ、自分をもう一度見つめ直し、自分のよさに気づき、それを一層伸ばそうとす
　　る心情を育てる。

　（２）指導過程
```

時間	学習活動（主な発問○　指示△　児童の反応・）	指導上の留意点
導入 ７分	１．主人公が撮った写真を見る。 △この写真を見てみましょう。どう思いますか。 ・きれいだ。 ・撮り方がちょっと変っているようだ。	・主人公のことは感想を発表させた後に知らせる。
展開	２．主人公の生き方を聴いて、話し合う。 △この写真を撮った人について聴きましょう。 ○主人公についてどう思いますか。 ・施設で暮すなんてつらかっただろう。 ・口と顎しか動かないのに写真を撮ったり車椅子を動かしたりしていることがすごい。 ・障害があるのに努力してがんばっているからえらい。 ・自分だったら外に出る気にならなかったかもしれない。 ○主人公のすばらしさって、がんばって生きていることだけでしょうか。 ・自分の障害を「自分らしさ」と考えて、明るく生きているところ。 ・自分にあるものを最大限にいかそうとするところ ・自分の生き方に自信を持っているところ	・主人公の写真を提示する。 ・資料を読みながら説明を加える。 ・児童の発言を引き出しながら、「不撓不屈で障害を乗り越える生き方」ではなく、「自分らしく生き生きと生きていく姿」のほうにまとめていく。
28分	３．自分自身のよさや自分らしさについて考える。 ○皆さんは自分のよさってどういうところだと思いますか。 ・わからない。直したいところはたくさんあるんだけど。 ・野球が得意なことかな。 ・明るいところ。 △自分ではよさが見つけられない人も多かったようですね。お父さん、お母さんから手紙が届いています。読んでみましょう。 ○手紙を読んでどう思いましたか。 ・自分が気づかないよさを教えてもらってうれしい。 ・自分のよさを知って自信がついた。 ・いいところがないと思っていたけど、あってよかった。 ○「自分らしく」とはどういうことでしょう。 ・人と自分を比べたりしないこと	・アンケートの結果を知らせる。 ・アンケートの結果、自分のよさを見つけられない子どもも多数いたので、親からの手紙の形で親の思いを伝えたい。 ・事前にとったアンケートからも紹介する。

(以下略)

◎＜夢への第一歩　～地域の「職業人」の話～＞

① ねらい

　身近な人々の仕事についての話を聞くことを通して、職業への関心を持たせるとともに、仕事の喜びや苦労について気付くことができるようにする。

キャリアアドバイザー事業
地域の「職業人」の話

看板作りの楽しさ	○○看板店	笹原　様
商店経営について	○○商店	岡崎　様
大工さんになったわけ	○○建設	井上　様
写真の魅力	○○写真家	舩山　様
菜の花で長井線を	農業	菅原　様
医師として	○○医院	新野　様
漆器の世界	漆器職人	黒澤　様
会社式農業	サンファーム○○	小口　様

② 進め方

（ア）アンケートを取り、子どもたちが大人になったらなりたい仕事、今知りたい仕事等について把握する。（事前指導）

（イ）アンケートを基に、家庭や地域に講話を依頼する。

（ウ）仕事内容について話を聞く。

（エ）話を聞いて学んだことや感想を発表し合う。（学級活動）

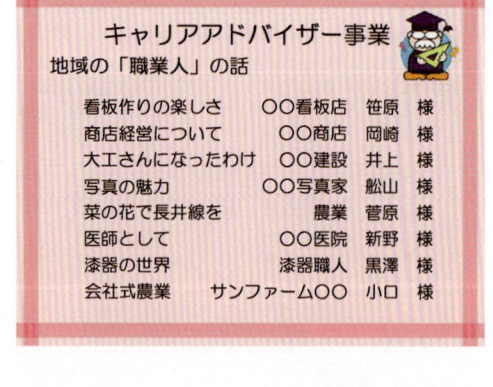

(オ) 講師の方にお礼の手紙を書き、学んだことやこれからの生活に生かしたいことをまとめる。(事後指導)

③ 考察

講師の方は、単なる仕事の説明だけでなく、仕事にかける熱い思い、仕事の喜び、自分の仕事に対する誇りまでも語って下さった。さらに、子どもたちが理解しやすいようにと写真や資料を用意して下さる方もいた。

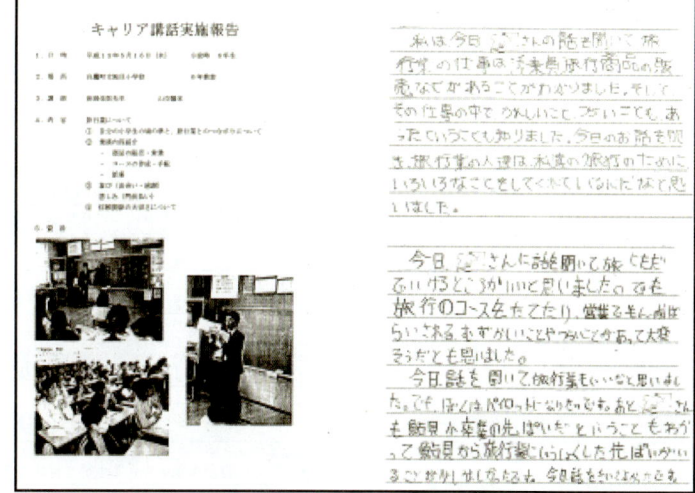

子どもたちは、仕事内容について初めて知ることもあり、興味と関心を持って、熱心に話を聞く姿が見られた。また、仕事に対する情熱や喜びなどを話していただいたことで、努力、思いやり、感謝、協力等の価値の大切さに気付き、今後の生活に生かそうとする意欲が高まった。

4　中学校における職場体験活動の実際　－白鷹町立西中学校の事例－

（1）キャリア教育全体計画

白鷹町教育目標	学校教育目標	関連法規等
1．豊かな心を育み、創造力あふれる人間を育てる。 2．個性を尊重し、広く社会の発展に努める人間を育てる。 3．健康づくりに励み、たくましく生きる人間を育てる。 4．郷土の自然や文化を愛し、誇りと生きがいの持てる人間を育てる。	1．豊かな心を育て、学力を身につけさせる。 2．健康な体と、やりぬく意志を鍛える。 3．協力と創造の気風を育てる。	教育基本法、学校教育法、学習指導要領 児童生徒の職業観・勤労観を育む教育の推進について（調査報告書） （平成14年：国立教育政策研究所生徒指導研究センター）

	求める学校像・生徒像	職業観・勤労観
	1．きれいな学校「奉仕の心の豊かな生徒」 2．静かな学校「集中して取り組む生徒」 3．生き生きした生徒のいる学校「規範意識の高い生徒」 4．心がよいあう学校「個性を尊重し合う生徒」	【職業観】 職業についての理解や考え方と職業に就こうとする態度、および職業をとおして果たす役割の意味やその内容についての考え方・価値観 【勤労観】 日常生活の中での役割の理解や考え方と役割を果たそうとする態度および役割を果たす意味や内容についての考え方・価値観

白鷹町キャリア教育研究主題	キャリア教育の全体目標
「郷土を愛し、志高く・誇り薫る白鷹人の育成」 ―いろりばたの教育（いつくしみ、共に生きる）をとおして―	自己理解を深めさせ、正しい職業観・勤労観の育成を図りながら、自らの生き方を追求し、自己実現をめざす生徒を育成する。

職業的（進路）発達にかかわる諸能力（4能力領域と8能力）

領域	めざす生徒像 （領域説明）	能力と能力説明	職業的（進路）発達を促すために育成していく具体的な能力・態度 （○印は「職業観・勤労観」との関連が特に強いものを示す）
人間関係形成能力	規範意識をしっかりと持ち、他者の個性を尊重したり自己の個性を発揮しながら、様々なコミュニケーションを図り、集中・協力・共同して生き生きともにごとに取り組むことができる生徒	【自他の理解能力】 自己理解を深め、他者の多様な個性を理解し、互いに認め合うことを大切にして行動していく能力	○自分の良さや個性がわかり、他者の良さや感情を理解し、尊重する。 ・自分の言動が相手や他者に及ぼす影響がわかる。 ・自分の悩みを話せる人を持つ。
		【コミュニケーション能力】 多様な集団・組織の中で、コミュニケーションや豊かな人間関係を築きながら、自己の成長を果たしていく能力	○他者に配慮しながら、積極的に人間関係を築こうとする。 ○人間関係の大切さを理解し、コミュニケーションのスキルの基礎を習得する。 ・リーダーとフォロアーの立場を理解し、チームを組んで互いに支え合いながら仕事をする。 ・新しい環境や人間関係に適応する。
情報活用能力	学ぶこと・働くことの意義・役割の多様性、並びに自己の個性を理解し、多様な進路情報を活用して、自己の進路選択に生かすことができる生徒	【情報収集・探索能力】 進路や職業等に関する様々な情報を収集・探索するとともに、必要な情報を選択・活用し、自己の進路や生き方を考えていく能力	・産業・経済等の変化に伴う職業や仕事の変化のあらましを理解する。 ・上級学校・学科等の種類や特徴及び職業に求められる資格や学習歴の概略がわかる。 ・生き方や進路に関する情報を、様々なメディアを通して調査・収集・整理し活用する。 ・必要に応じ、獲得した情報に創意工夫を加え、提示、発表、発信する。
		【職業理解能力】 様々な体験等を通して、学校で学ぶことと社会・職業生活との関連や、今しなければならないことなどを理解していく能力	○将来の職業生活との関連の中で、今の学習の必要性や大切さを理解する。 ・体験等を通して、勤労の意義や働く人々の様々な思いがわかる。 ・係・委員会活動や職場体験等で得たことを以後の学習や選択に生かす。
将来設計能力	豊かな心や希望を持って、今後の生き方や生活を考え、自己の卒業後の進路、将来の夢や職業を思い描くことができる生徒	【役割把握・認識能力】 生活・仕事上の多様な役割や意識及びその関連等を理解し、自己の果たすべき役割等についての認識を深めていく能力	○自分の役割やその進め方、よりよい集団生活のための役割分担やその方法等がわかる。 ○日常の生活や学習と将来の生き方との関係を理解する。 ・様々な職業の社会的役割や意義を理解し、自己の考え方を生き方を考える。
		【計画実行能力】 目的とすべき将来の生き方や進路を考え、それを実現するための進路計画を立て、実際の選択行動等で実行していく能力	○将来の夢や職業を思い描き、自分にふさわしい職業や仕事への関心・意欲を高める。 ・進路計画を立てる意識や方法を理解し、自分の目指すべき将来を暫定的に計画する。 ・将来の進路希望に基づいて当面の目標を立て、その達成に向けて努力する。
意思決定能力	自らの目標達成や課題解決に関して、よりよい選択・決定を行い、それに向けての努力をやりぬく意志（意思）を持つことができる生徒	【選択能力】 様々な選択肢について比較検討したり、葛藤を克服したりして、主体的に判断し、自らにふさわしい選択・決定を行っていく能力	○自己の個性や興味・関心等に基づいて、よりよい選択をしようとする。 ○選択の意味や判断・決定の過程、結果には責任が伴うことなどを理解する。 ・教師や保護者と相談しながら、当面の進路を選択し、その結果を受け入れる。
		【課題解決能力】 意思決定に伴う責任を受け入れ、選択結果に適応するとともに、希望する進路の実現に向け、自ら課題を設定してその解決に取り組む能力	・学習や進路選択の過程を振り返り、次の選択場面に生かす。 ○よりよい生活や学習、進路や生き方等を目指して自ら課題を見出していくことの大切さを理解する。 ○課題に積極的に取り組み、主体的に解決していこうとする。

第1学年目標	第2学年目標	第3学年目標
自分の将来や働くことへの関心を高め、進路の希望や見通しを持ち、自己理解や自己伸長に努める生徒を育てる。	能力・適性・進路情報を理解し、将来の生き方を考えながら、自分自身の進路の希望や計画を持ち、実現しようとする生徒を育てる。	自己の特色を総合的に理解し、将来の見通しをもったうえで、自己の能力や適性に応じた進路を選択するとともに、卒業後の進路に適応できる生徒を育てる。

○・・・目標、◆・・・今年度の重点と具体策

教科	道徳	特別活動			総合的な学習の時間
		学級活動	生徒会活動	学校行事	
○各教科の学習を通して、自分の興味・適性・能力などの理解を深めさせる。 ◆生徒同士の関わり合いのある学習活動を通して「人間関係形成能力」の育成につなげる。 ◆生徒が自分の判断で選択できる学習課題や学習活動・学習教材（素材）を取り入れ、可能であれば選択の理由も表現させ、「意思決定能力」の育成につなげる。	○自分のよりよい生き方・在り方を見つめ、実践しようとする態度を養う。 ◆「人間関係形成能力」「将来設計能力」「意思決定能力」の育成に関わる内容項目を全体計画の中に明記し、重点的に授業で扱い、それらの能力の育成につなげる。	○学校教育全体で行われるキャリア教育の核として系統化し、計画的に指導を行い、生徒が進路設計できるようにする。 ◆授業で扱う主題名と4能力との関係を年間指導計画の中に明記し、計画に従って授業を行うことにより、「人間関係形成能力」「情報活用能力」「将来設計能力」「意思決定能力」の育成につなげる。	○生活の中の諸問題に気づき、生徒自身の力で解決しようとする活動を大切にし、自分たちの生活を自らの力と工夫で切り開く態度と能力を育成する。 ◆運動会・文化祭等の準備活動の中で、生徒の主体的な活動を行わせ、「人間関係形成能力」「意思決定能力」の育成につなげる。	○学校生活に変化と目標を与え、生徒が自主的に活動する場として教師と生徒が一体となって行事を創り上げ、感動体験と能力を育成する。 ◆運動会・文化祭等の準備活動の中で、生徒の主体的な活動を行わせ、「人間関係形成能力」「意思決定能力」の育成につなげる。	○自分の設定したテーマについて追求し結論を導き出し、自分のよりよい生き方探しに役立てられる力をつける。 ◆総合的な学習時間において、年間指導計画の中に、総合的な学習の時間でつけたい力と4能力の関係を明記する。また、1年：職業調べ等、2年：職場体験等、3年：進路学習等の活動を進め、「人間関係形成能力」「情報活用能力」「将来設計能力」「意思決定能力」の育成につなげる。

(2) 実施例

≪実施要項≫

```
平成20年度    職 場 体 験 実 施 要 項
                              白鷹町立西中学校
1 ねらい
 (1) 実際に「働く」という体験を通して、また、実際に働いている人と接することを通して、働くことの意義や喜び・大変さ、職業と自分の適性などについて考え、より適切な勤労観や職業観を身に付ける。
 (2) 社会生活や職業生活を営む上で、ルールやマナーとしての規律・礼儀作法・言葉づかいの大切さを実感する。
 (3) 職業や地元企業についての理解を深める。
 (4) 課題意識を持って体験に臨むことによって、自己の在り方や生き方についての考えを深める。
 (5) 職場体験を通して学んだこと（挨拶や返事の大切さ、自ら進んで動くこと、一生懸命努力することの素晴らしさなど）を、体験後の日常生活に生かそうとする態度を育てる。
2 期 日
   平成20年7月3日（木）～9日（水）の5日間
                ※ 5日（土）、6日（日）を除く
3 体験場所　白鷹町内の職場
 (1) 公共サービス関係
     町役場、町立病院、老人ホーム、保育園、小学校、消防署　など
 (2) 製造業関係
     電気・電子関連、機械関連、繊維製品関連、菓子製造関連　など
 (3) 生活環境開発業関係
     土木建設、建築、配管設備、電気工事、自動車整備　など
 (4) 小売業、サービス業
     商店、スーパー、運送業、美容、理容、給油所、食堂、印刷　など
 (5) 農林業
     農場、農園、林業　など
4 体験場所の決定まで
 (1) 町商工会や公共事業所などを通して、受け入れ可能な事業所を教育委員会がまとめる。
 (2) 参加生徒を対象に、希望する業種を第三希望までアンケート調査する。
 (3) 生徒の希望を基に、東西中学校で連絡を取りながら体験事業所を決定する。
 (4) 受け入れ事業所が不足する場合は、それぞれの中学校で直接連絡を取って開拓する。
5 参加生徒
     男子36名　女子38名　計　74名
6 指導者
     第2学年担任団

7 体験方法及び内容
 (1) 指定された時間より10分前までに、体験する会場に到着する。
 (2) 職場では、次のことを学習する。
     ①職場見学と説明・講話
     ②実際の作業実習・体験
     ③現場で働く人から実際にお話をお聞きする。
 (3) 終了したら感謝を込めてあいさつし、学校に戻って体験状況を報告する。
 (4) 帰宅したらすぐ、感想や反省などをまとめ、お家の方に助言をいただく。
8 一日の体験学習の日程（あくまでも原則で、各職場にとっては別日程となる）
     ～  8:30        出勤
     9:00～15:30    体験学習など
     15:30～15:50    体験学習のまとめ（研修ノートを書く）
     ～16:00        退勤（学校に戻り、部活動に参加）
9 服装、持ち物
   原則として体育時の運動着、昼食、筆記用具、職場体験のまとめの冊子
10 交通手段
   自転車（遠いところについては、家の人の送迎も可）
11 心構え
   ┌────────────────────────────────┐
   │どの職場もお忙しい中、「これからの白鷹町を背負っていくであろう」あなた方│
   │のために、多くのことを犠牲にしながら職場体験に協力してくださいます。│
   │体験させていただくという気持ちを大切にして参加しましょう。│
   └────────────────────────────────┘
 (1) マナー
     ①気持ちのよいさわやかなあいさつを行う。
     ②感謝の気持ちを忘れないで、礼儀正しく敬語ではきはき話す。
     ③担当の人の指示に従う。わからない時には質問する。
     ④一生懸命に働く。
     ⑤仕事の迷惑になるようなことはしない。
     ⑥昼食や休憩時間などを利用して、積極的にお話をお聞きする。
 (2) 事前の準備
     ①体験する職場の仕事などについて、あらかじめ調べておく。
     ②単なる体験として終わらないように、どんな心構えで職場体験に臨めばよいのか、体験を通して何を学びたいのかなどをまとめておく。
     ③自分のテーマを追求するために質問したいことをあらかじめ用意しておく。
     ④事前打ち合わせなど、生徒自らが連絡調整を行えるようにする。
12 事後の学習
 (1) 仕事の内容や体験した感想などについて、家族と話し合う機会をもっていただく。
 (2) お礼状を書く。
 (3) 体験レポートの作成及び文集づくり、発表会などをそれぞれの中学校で行う。
```

≪職場体験時の生徒の様子≫

《保育園での園児との触れ合い》 　《こんなに複雑なのか～自動車整備工場》 　《一本一本が大切だね～園芸農家での花束作り》

《一人前の社員みたい～部品製造工場にて》 　《品質もいいぞ～スーパーでの食品陳列》 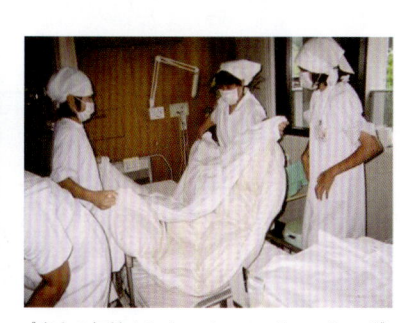　《病人の気持ちになって～ベッドメーキング》

207

≪生徒のアンケート結果≫

職場体験実施後アンケート（生徒用）集計結果

白鷹町立西中学校第二学年　74名中

設問	選択肢	人数	百分率
1　5日間の体験をすることで、充実感や自分なりの学びなど得るものはありましたか。	ア　とても得るものがあった	61	82.4
	イ　まあまあ得るものがあった	13	17.6
	ウ　あまり得るものがなかった	0	0
	エ　まったく得るものがなかった	0	0
2　体験を通して、働くことの喜びや大変さを感じ取ることができました。	ア　大いに感じ取ることができた	66	89.2
	イ　まあまあ感じ取ることができた	8	10.8
	ウ　あまり感じ取れなかった	0	0
	エ　まったく感じ取れなかった	0	0
3　体験を通して、「自分は将来どのような職業に就けばよいのか」など、将来の職業について考えましたか。	ア　とても考えた	20	27
	イ　まあまあ考えた	51	68.9
	ウ　あまり考えなかった	1	1.4
	エ　まったく考えなかった	2	2.7
4　体験を通して、挨拶や言葉遣い、身だしなみ、時間を守ることなど、マナーやルールの大切さとマナーとを学ぶことができましたか。	ア　大いに学ぶことがあった	65	87.8
	イ　まあまあ学ぶことがあった	9	12.2
	ウ　あまり学ぶことがなかった	0	0
	エ　まったく学ぶことがなかった	0	0
5　5日間の体験を通して、その職業についての理解が深まりましたか。	ア　とても深まった	55	74.3
	イ　まあまあ深まったと思う	19	25.7
	ウ　あまり深まったとはいえない	0	0
	エ　まったく深まらなかった	0	0
6　職場や地域の方々との交流を通して、今後の自分の生き方の参考となることはありましたか。	ア　とても参考になった	41	55.4
	イ　まあまあ参考になった	31	41.9
	ウ　あまり参考にならなかった	1	1.4
	エ　まったく参考にならなかった	1	1.4
7　体験の中で、自分の仕事に対して責任を持ち、最後までやり通すことができましたか。	ア　きちんとやり通すことができた	59	79.7
	イ　まあまあやり通すことができた	15	20.3
	ウ　あまりできなかった	0	0
	エ　まったくできなかった	0	0
8　体験時の出勤時刻を守ることができましたか。	ア　とてもよく守れた	73	98.6
	イ　まあまあ守れた	1	1.4
	ウ　あまり守れなかった	0	0
	エ　まったく守れなかった	0	0
9　職場の方々との挨拶はよくできましたか。	ア　とてもよくできたと思う	54	73
	イ　まあまあよくできたと思う	18	24.3
	ウ　あまりよくなかったと思う	2	2.7
	エ　まったくだめだったと思う	0	0
10　体験する態度はどうだったと思いますか。	ア　とてもよかったと思う	49	66.2
	イ　まあまあよかったと思う	24	32.4
	ウ　あまりよくなかったと思う	1	1.4
	エ　まったくよくなかったと思う	0	0
11　職場の方々やお客様に対する言葉遣いやマナーはどうでしたか。	ア　とてもよくできたと思う	59	79.7
	イ　まあまあよくできたと思う	15	20.3
	ウ　あまりよくなかったと思う	0	0
	エ　まったくよくなかったと思う	0	0
12　自分が取り組む仕事などについて、体験前や体験期間中に家族と話し合いましたか。	ア　よく話し合った	27	36.5
	イ　まあまあ話し合った	39	52.7
	ウ　あまり話し合わなかった	7	9.5
	エ　まったく話し合わなかった	1	1.4

設問	記述内容
13　体験を実施した後、「働くこと」に対する意識はどのように変わりましたか。今の自分の考えを記入してください。	・働くことは今まで、どんなつらいことなのかわからなかった。働き終わった時の喜びがとてもうれしかった。 ・1人1人が責任をもって働き、同じ職場の人とのコミュニケーションを大切にしていて、沢山のことを学べた。 ・働くということは頑張ってやれば得るものや喜びが大きいし、次も頑張るという気持ちになれるものだと感じた。 ・働くことは大変だということをもっていたが、やりがいのあるものだと思った。 ・働くことはお金をもらうことだと思っていたが、人のために働くことだと思えるようになった。 ・中学生活が将来に活かされていることを知り、仕事について考えさせられた。学習したことを生かして進路を決めていきたい。 ・職場体験をしてみて、苦労ややり遂げた時のうれしさなどを学ぶことができた。 ・誰のために働くのかなどを考えたり、自分の成長にもつながるということがわかってよかった。
14　体験を通して学んだことの中で、これからの日常生活に活かしていきたいことはどんなことですか。自分の考えを記入してください。	・（明るい）あいさつ、返事 ・言葉遣い、笑顔、マナー ・人とのコミュニケーション ・目上の人への態度（マナー） ・てきぱきした行動 ・仕事を最後まで責任をもってやり、ていねいに素早くやる。 ・保育園で正しい言葉遣いと行動をしてきたので、日常生活に活かしていきたい。 ・夢を持ち、夢に向かって努力することが大事と聞いたので、夢を持ち、夢が叶うように一生懸命努力したい。
15　体験を実施したことで、毎日働いてくださる家族に対してどんなことを感じましたか。毎日一生懸命働いてくださる家族への思いを記入してください。	・職場体験を5日間しかしていないのにすぐ疲れてしまうけど、親たちは毎日遅くまで働いて家事までしてくれて本当に感謝しています。 ・自分のために毎日必死になって働いてくれてとても感謝しています。ありがとう。 ・毎日仕事をして朝早くから夜遅くまで働いてすごいと思った。 ・つらいことを毎日してきて、ありがとうと感謝をしたいです。 ・仕事での責任がとても大きく、苦労するところがあることを知ることができ、改めて感謝します。 ・いつも大変なのに毎日笑顔ですごい。 ・毎日僕たちのために働いている家族のありがたみを改めて実感できた。 ・会社だけでなく家の仕事も忙しくて大変だと思いました。

（3）職場体験の考察

○各事業所に、ねらいに沿った体験をさせていただいたこと、帰校後、個別的な指導を毎日行うことによって意欲的な体験学習となり、生徒個々の学びに深まりが見られた。

○職場体験そのものは十年来継続して実施しており、地域人材の育成の一環として、中・高校生を温かく受け入れて下さる事業所が多く、地域全体としてキャリア教育を受け入れていく体制ができている。

○事業所ごとに受入人数に制限があるため、生徒の希望どおりにならない場合がある。自分の希望する事業所にならなかった生徒の中には、意識高揚が見られないこともあった。

5　「町ぐるみのキャリア教育推進」の成果と課題

キャリア教育にかかわる体験活動を通して、子どもたちは様々なことを得た。

「仕事をしてきてから家事をしている母はすごいと思った」「いつも反抗してばかりだったけど、働くことの大変さを知って『いつも私たちのために……』と思いました。これからは、そんな親に感謝していきたいです」等、ほとんどの生徒が両親や家族への感謝の言葉に満ち

ていた。働くことへの意識については、「勉強よりも楽だと思っていたけど、働く方がずっと大変で疲れるものだと分かった」「体験前は、『お金のため』に働くのかと思っていた。働いてみて、働くことは自分のためだけでなく、人のためにもよいことをしてあげられる最高の親切だと思えた」等働くことに対して自分なりに考えを持つことができた内容がほとんどであった。

かつては１～２日間の職場体験であり「体験した」「楽しかった」だけで終わっていたが、５日間の体験学習ということで生徒の職業や職場に対する見方・考え方が以前に比べ、中身の濃い自分自身の問題としてとらえたものになっている。さらに高等学校での「インターンシップ」を終えての生徒の感想では「あいさつはなぜ大切なのかがよく理解できた」「希望する職業に就くにはもっと勉強しなければならないことが分かった」等、これからの自分の生活に生かしていくべき事柄を述べているのが目立つ。これらは、「キャリア教育」に取り組んでの成果の一端である。

本町では平成６年度～８年度文部省より「中学校進路指導総合改善事業」実施校としての委嘱を受け「『夢と希望を持ち、たくましく生き抜く生徒』が育つ進路指導― 家庭・地域の力で―」の下に地域の協力を得ながら研究に取り組み、進路指導の方向性が明らかになる等、大きな成果を得ることができた。特に、「生き方指導が進路指導である」「夢・希望の実現には確かな学力を身に付けることがもっとも大切である」等が、生徒・保護者・教職員に連綿と受け継がれ、今日に至っている。

さらに、平成16年度からの３年間キャリア教育推進地域指定事業の取組を行う中で、その10年前の進路指導の研究成果を土台に、研究主題「郷土を愛し、志高く誇り薫る白鷹人の育成」の下、児童生徒の発達段階における「望む姿」を想定し、その実現に向け、学校・家庭・地域が果たすべき役割、連携の在り方を大事にしてきた。

そして、現在も各学校でキャリア教育は推進され、着実な成果を上げている。「人間どう生きるかの生き方指導」「基礎・基本をきちんと身に付けること」そして、「望ましい勤労観、職業観の育成」を合言葉に、町内の教職員一丸となって取り組み、今後も更なる実践の積み上げを図っていきたい。

第四部

地域社会との連携を中核とした取組事例

【事例1】
特別支援学校との連携による自立を目指した体験活動

八戸職親会
(はちのへしょくおやかい)

> 《事例の概要と特色》
>
> 　本事例の特色は、特別支援学校（青森県立八戸第二養護学校）と障害者の社会的自立を支援する企業団体（八戸職親会）が密に連携し、「特別支援学校の産業現場等における実習（以下、「現場実習」と略す）の受入れ」「特別支援学校卒業生の雇入れ」「就職後の職場定着支援」等を行っているという点である。八戸職親会と八戸第二養護学校との協同の歩みは、平成20年度に20周年という大きな節目を迎えた。
>
> 　一口に障害者の就労支援団体といっても、本会のように事業主自らがこのような取組をしている任意の団体は、全国的に見てもあまり例がないと伺っている。当事者である私たちにとっては必要に迫られて作った会で、単に就労という視点のみならず、障害のある方々が生涯にわたって安心して生活できる地域支援の体制づくりを目指している。

1　地域の状況

　八戸市は青森県の東南部に位置しており、県南地方において第一の都市、青森県においても第二の都市として栄えている。

　地形は、なだらかな台地に囲まれた平野が太平洋へ向かって広がり、その平野を三分する形で、岩手県の北上山地を源流とする馬淵川と新井田川の2本の川が市の中心部を流れ、これらの河口を中心とした海岸地域には近代的な施設を擁する工業港、漁港、商港が配置されている。急速な工業集積、都市化の進展、水産業の発展とあいまって、人口約25万人を擁するまでに成長した。

　「八戸市は海から拓け、海とともに発展してきた」と言われるように、水産業が八戸の発展を大きく支えてきた。寒流と暖流の出会う三陸沖の良い漁場を控えている八戸港は、日本有数の漁港として有名で、中でもイカは全国でも屈指の水揚げ量を誇る。

　平成14年12月には東北新幹線「はやて」が八戸まで開通し、首都圏までの交通が2時間50分台で結ばれるようになり、経済や産業のより一層の発展が期待される。

2　八戸職親会の概要

（1）職場の親だから「職親会」※

※知的障害者職親制度や精神障害者社会適応訓練事業で言う「職親」とは異なる。

　本会は、障害者の社会的自立に寄与することを目的に、平成元年9月、「障害者雇用事業主連絡会（仮）」と称し、障害者の雇用促進と職場定着を願う事業主で活動を始めた。

　当時、青森県立八戸第二養護学校（知的障害を主障害とする特別支援学校）から生徒の現場実習を依頼されたり、卒業生を雇い入れたりしているうちに、知的障害がある生徒とどうやってかかわればよいか分からない、仕事をどこまで理解できるのかが分からないなど、いろいろな悩みが生じてきた。学校の先生に相談したところ、実は、他の事業主仲間も同様な戸惑いや不安を抱えていることが分かった。それなら、一度みんなで集まって話をしてみようじゃないかということになり、お互いの悩みを出して解決法を話し合ったのが、本会結成の最初のきっかけであった。話合いを進めていくうちに、「職場における親」となって彼らを育てていこうではないかという気運が生まれ、平成2年「八戸職親会」と名を改めスタートした。発足時、12名の事業主の参加により始まった会である。

（2）職親会の原点「会の中心は就職者」

　発足当初から携わってきた事業主の多くが、今でもこの会の運営の中心を担っているが、その理念は20年間全く変わらない。「あせらず、じっくりと」「就職率よりも定着率を重視」「いかなる場合にも会の中心に就職者をおいて考える」など、職親会運営に対する初代会長（現顧問）の思いは、今でも会員の心にしっかりと受け継がれている。この熱い思いが会を20年間支えてきた源であり、八戸職親会の原点である。会の活動が途切れることなく続いてきた秘訣は正にここにある。

　地道な活動が地域社会にも徐々に浸透し、現在では会員が63団体、財政的な援助目的の賛助会員が80団体からなり、一般企業、福祉施設、福祉団体、学校教育関係など計143団体の協力を得て活動している。

　障害のある人を雇用している事業所、特別支援学校等から依頼された現場実習を受け入れる事業所を会員の条件としており、政治色抜きが大原則である。会員となっている企業種は、地場産業である水産加工のほかに自動

【写真1】総会後の情報交換会に参加する就職者

車、建設・設備業、運送、包装、食品製造、スーパー、資源リサイクル、飲食店、給食センター、高齢者福祉施設など多彩で、いずれも社員15名から50名ほどの企業が大部分である。

（3）就職率よりも定着率

　障害者雇用の基盤が社会に根付き、雇用率が完全に達成されるならば、私たちのような会は不要である。しかし、雇用の現状はなかなかそうなっていない。青森県は経済不況の長期化により求人を差し控える企業が多く、中でも高校生の就職は極めて厳しい状況にある。その一方で、就職しても3年以内に離職する割合が全国ワースト2位であることも大きな社会問題となっている。そのような状況下での障害者雇用となると、さらに厳しさが増す。

　地道な取組ではあるが、職親会の会員が増えることで障害者雇用に理解を示す事業所が広がっていき、仮に雇用できなくても現場実習の引受先が増えることで知的障害者への理解も広がることにつながる。その間口を少しずつ広げようというのが会の発想である。「間口を広げる＝同じ事業所でたくさん雇用する」という取組も大切であるが、私たちの会員事業所の場合、その就職者一人ひとりに会社の一員として長く働いてもらいたいという思いのもとで雇用している。

　現在、会員事業所で約70名の特別支援学校卒業生が働いている。いずれの就職者も会社からもお客様からも信頼される一人前の社会人としてその力を発揮している。

（4）事務局は特別支援学校

　発足を勧めたのが八戸第二養護学校であった関係もあって、今でも同校に事務局が置かれている。学校と企業との連携を図っていく上で大きな役割を果たしているが、あくまでも実質的運営は事業主である。

　主な事業として、①障害者の福祉に関する社会啓発、②会員相互の障害者雇用に関する研究・研修、③労働者サイドの制度の研究と福利厚生の改善、④会員組織の拡大による障害者雇用機会の拡大、⑤特別支援学校等からの現場実習の受入れの拡大を行っている。

　その活動が認められ、平成10年度青森県障害者雇用促進大会において「青森県知事表彰」、続いて平成13年に全国障害者雇用促進大会において「日本障害者雇用促進協会会長表彰」、さらには平成19年に「キャリア教育優良文部科学大臣表彰」を受賞することができた。

【写真2】文部科学大臣表彰　県教育長（右）と記念撮影

3　八戸職親会の取組

（1）安定した地域生活を目指して

　地域での安定した生活を送るためには、誰にでも「働く場」「楽しむ場」「暮らす場」が不可欠である。いずれかが欠けると私たちが目的としている職場定着にもつながりにくいと推測する。それぞれをバランスよく組み合わせることが生活の質の向上につながるものと考え、本会では、各場面における具体的な取組を次のように行ってきた。

【写真3】うみねこマラソンへの参加

　「働く場」としての役割は事業主にある。働く場を提供するだけではなく、「一生」という長期のスパンで支えていくために、仕事に対してやりがいを持ち、打ち込んでいけるような職場環境づくりに日々取り組んでいかなければならない。

　「楽しむ場」としては、レクリエーション、スポーツ、交流、文化活動などのできる場が必要である。職親会では、その一端を担う事業として「八戸うみねこマラソン全国大会への参加（5月）」、「バスハイク（9月）」を恒例の事業として行ってきた。誰にでも言えることだが、働くだけでは仕事は決して長続きしない。適度な余暇や趣味を楽しむことが必要である。そうかといって、就職者の中で実際に休日を有意義に過ごしている人はほんのわずかである。そこで、楽しめる環境を職場以外でも作ろうという趣旨から、これらのイベントを実施することにした。マラソンへの参加は平成7年から取り組み始め、今年で13回目を数える。毎回、就職者、保護者、会員事業主の多くの参加のもとに開催することができ、職親会の特色ある事業の一つとして定着してきた。

（2）他機関との連携により「暮らす場」の整備にも着手

　一方、「暮らす場」については、会としても設立当初からの大きな課題であった。

　現在、就職者の多くが自宅から通勤しているものの、近い将来、親の高齢化に伴い就職者の生活面の支援をどのようにしていくか考えなくてはならない。これを踏まえると「暮らす場」に関する支援の必要性が高くなることは必至である。とは言っても本会は障害者の就労を支援する企業の集まりにすぎない。事業所の親父集団が「働く場」「楽しむ場」までは何とか整備できてきたものの、「暮らす場」の整備やそれをサポートするためのノウハウまではなかなか想像がつかないのが現状であった。

　この避けては通れぬ大きな課題が急展開したのは、平成18年12月末であった。発端は八

戸第二養護学校からの次のような相談であった。

〔相談の詳細〕「卒業と同時に働いて地域で生活したい」

- 市内の企業に就職内定した高等部生徒が5名おり、いずれの生徒も卒業と同時に親元から離れ自立した生活がしたいと希望している。
- できれば八戸市内に住まいを構え、そこから職場へ通勤できる生活環境がベストであるが、卒業後すぐの生徒に預貯金がないため卒業と同時に地域で暮らすことはかなり難しい。
- 万が一地域での暮らしが可能になったとしても生活面での不安があるため、何らかの形での生活支援が必要となる。

上記のニーズを実現するために本会がバックアップできることがないか、早速、臨時役員会を招集し検討した。熟慮した結果、本会が目指してきた「暮らす場」に関する支援の理念や方向性とその生徒たちのニーズとが合致するということで、グループホーム（障害のある2～5名の方々が一世帯の家で共同生活するスタイル）を急きょ立ち上げる運びとなった。ただし、立ち上げといっても職親会だけでは抱え切れない問題でもあったため、本会はグループホームを整備するための資金面（賃貸用一軒家の敷金・礼金の準備、生活に必要となる家電製品の調達等）でのバックアップ支援を、そして実際のグループホームにおける365日24時間のサポートを専門の支援機関（NPO法人サポートセンター虹）に委託・連携することで解決を図ることにした。

思いが一致すれば、即実行。わずか1～2カ月という駆け足での準備であったが、会の念願であった「暮らす場」へのサポート体制が整い、平成18年4月、2カ所のグループホームでの地域生活支援がスタートした。

【写真4】念願が叶い、地域生活を始めた4名。朝夕の食事を作ってくれる世話人さんとともに

（3）3年間でグループホーム計5カ所を整備、地域で21名が生活

平成18年にグループホーム2カ所を整備して以来、その後も「卒業と同時に働いて地域で生活したい」という特別支援学校からのニーズが毎年続き、現在ではグループホーム5カ所（図1）、21名の就職者が生活するまでに拡大した。今後ともそのニーズは増える見込みで、支援の必要性はますます高くなるものと予測される。

【きずな　男子5名】　【きぼう　男子3名】　【すばる　男子4名】

【レインボー　女子5名】

【バックアップ施設のNPO法人　サポートセンター虹】

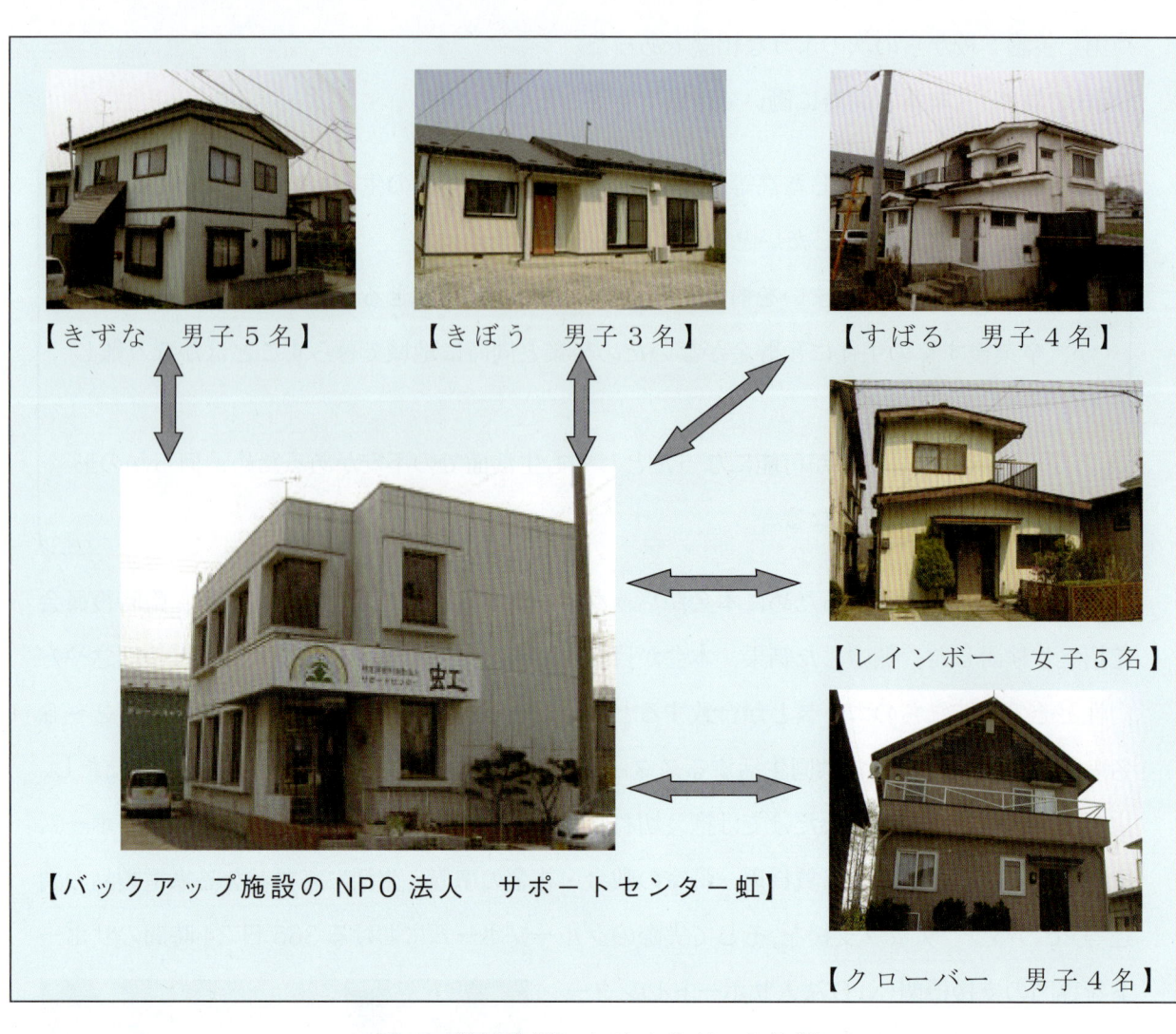

【クローバー　男子4名】

図1　地域生活におけるサポート体制

(4) 本人部会、始動!!「楽しむ場」を自分たちで企画

　「何か自分たちでも企画して活動したい」という就職者本人たちの思いから、平成16年に「仙台1泊野球観戦ツアー」がスタートした。初回参加者が14名だったツアーも4年目の今年は28名までに倍増し、1年に一度の楽しみのイベントとして就職者に定着しつつある。八戸駅での解散式で「また来年も行こう！そのために明日からまた互いに仕事を頑張ろう！」と声を掛け合って別れゆく就職者同士の姿が何ともほほえましい。事業主から見ても「会を続けてきて良かった」と思える一場面である。

【写真5】地元球団の勝利を願って

　先にも述べたように人間だれしも働く一方だけでは行き詰まりが出てくる。これまでは職

親会で企画された行事に参加するだけだったが、このツアーの企画により主体的に取り組む意識が就職者自身に生まれてきた。これは会としての大きな収穫であり前進である。この大きな収穫を得た今、発展的解消という視点から、これまで職親会が主導で実施してきた「バスハイク」を20年度から「野球観戦ツアー」に転換していくことなった。就職者本人たちによる活動「本人部会（仮称）」がいよいよ歩み始めた。

4　特別支援学校との連携によるキャリア教育の実践

（1）特別支援学校の位置付け

　会の設立当初、事務局を市内のある企業内に置いたが、本来の業務と兼務することが難しくうまく機能させることができなかった。会の発足を勧めたのが八戸第二養護学校であった関係もあって、学校内に事務局を置かせていただくことになった。以来20年の月日が流れ、今でも同校に事務局が置かれており、学校と企業との連携を図っていく上で大きな役割を果たしている。

　現在、八戸第二養護学校では、八戸職親会を外部組織として位置付け、5名の教員を事務局員として配置していただいている。定例総会や職親会が主催するイベントとなると、当然、この事務局員だけでは対応し切れないため、進路指導部を中心に学校全体のバックアップもいただきながら運営している。特別支援学校と二人三脚で歩んできた20年間、互いの存在なしには語れない関係にある。

　本会の活動が地域に浸透して会員が拡大していくことは大変喜ばしいが、それに伴って、事務局の仕事量が増していくことは必至である。会の拡大を想定したときに、これ以上学校に頼り続けていくことはかなり厳しい状況にあるため、事務局の在り方について早急に検討していかなければならないと考えている。

　以下、本会事務局が置かれている青森県立八戸第二養護学校を事例としてキャリア教育実践について述べていく。

（2）八戸第二養護学校の進路状況

　八戸第二養護学校は小学部・中学部・高等部からなる知的障害を主障害とする特別支援学校である。全校児童生徒数306名（平成20年5月1日現在）は東北でも最大規模で、中でも高等部の生徒がここ数年で急増し100名以上の在籍となった。

　高等部の卒業者数はその年度によって異なるが、平成15年度を境に、毎年30名〜40名以上で推移している。図2は過去10年間における高等部3年生の進路状況で、「企業への就労」あるいは「福祉サービス事業所への通所・入所利用」を進路先とする生徒が大半である。その

ような中での最近の特徴の一つは、平成17年度以降に毎年10名以上の生徒が一般企業への就職に結び付いていることである。また、就職達成率を見ても、約8割以上の生徒が希望した進路先に就労している。

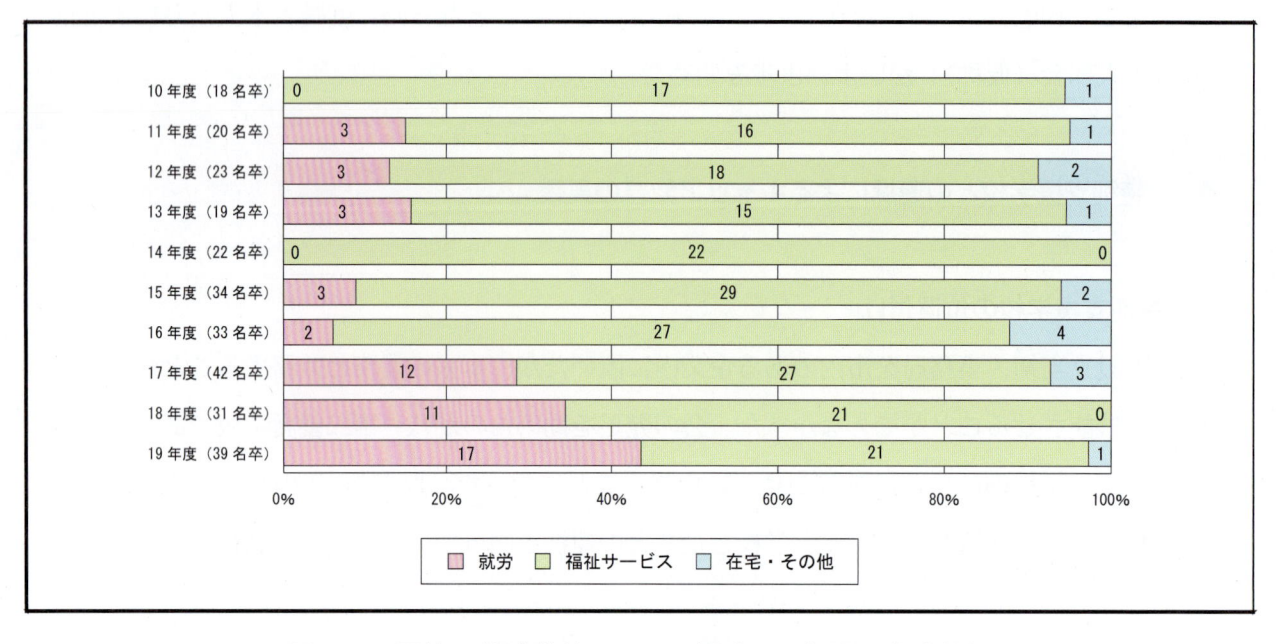

図2　八戸第二養護学校における過去10年間の進路状況

〔就職達成率〕17年度：希望者14名→就職者12名（約85％）
　　　　　　　18年度：希望者12名→就職者11名（約91％）
　　　　　　　19年度：希望者18名→就職者17名（約94％）

（3）一般企業への就職者が増えた背景

　先にも述べたように八戸市の雇用状況は厳しく、障害者雇用についても同様である。図2に見るとおり、八戸第二養護学校においても平成16年度までの就職者は平均1～3名程度で、平成14年度や平成10年度については就職者が全くいなかった。この極めて厳しい就職状況を乗り越えるために学校と職親会で幾度となく協議を重ねてきた。単に不況だけの理由で就職者が増えないのか、またはその他に何か原因となるものがあるのかという点も含めてもう一度現状を分析してみたところ、いくつかの要因が浮き彫りになってきた。次に挙げたのは、その背景と具体的に取り組んだ打開策の一端である。

〔事例①〕生徒へのアプローチ「生徒の意識改革」

　まずは生徒自身が就労に対してどのように考えているのかを、進路学習等の授業を通して意識調査をしていただいた。将来どんなところで働いてみたいか聞いてみてもなかなか答えられないことが多く、答えられたとしても「コンビニ、レンタル店、ゲーム販売店、スー

パー」など自分の生活に身近な職場のみにとどまり、その他にどんな仕事が地域にあるのか分からない生徒が大半であった。このことから、生徒にとってニーズを表明するための情報や選択肢が不足していたことが判明した。中には「自分にできるかどうか不安である」という理由から、チャレンジする以前に現場実習をあきらめる生徒がいることも分かった。

この状況を踏まえ、まずは生徒自身の「やりたい」「やってみたい」という気持ちを育てることがキャリア教育の第一歩と考え、高等部の早期の段階でいろいろな職場を見学する機会を増やしてみてはどうかと学校に提案してみた。検討の結果、単なる企業見学ではなく、働くことに対しての興味・関心を最大限に引き出すための工夫として、①先輩が働いている企業を見学先とすること、②見学先の中でも生徒にとって身近となる先輩（卒業後1～2年）が働く職場を見学先とすること、③いろいろな職種で働く先輩の姿を見学することなど、生徒にとって「身近な教材」となるように見学先や見学方法を見直すことにした。

障害のある方々の就労を考えた場合、「自分もやってみたい」というチャレンジする気持ちを育てることが何より重要と考える。この「自分も○○会社で実習してみたい」というニーズを生徒たち自身が言える環境づくりに取り組んだことで、一般就労希望者が以前より格段に増えたことは確かである。実際、チャレンジしたり働いたりするのは保護者や教員ではなく、生徒自身である。生徒自身の就労にチャレンジする意識が変わってきたことが就職者数増加の最大の要因と考えられる。

〔事例②〕保護者、教員へのアプローチ
「生徒を後押しする側の意識改革」

一方、保護者の意識を調査したところ「不況のため引き受けてくれる企業はないのではないか」「トライさせてみたい気持ちはあるが、会社に迷惑をかけるのではないかと不安である」「今の実態を見ても自分の子どもに就職は難しいように思う」等々、消極的な意見が多かった。生徒の実態が身近に分かる存在であるがゆえに、どうしても不安要素が先立つようで、同じ内容を学級担任に聞いてみても、保護者に似たような意見が多かった。

【写真6】玄米の積み込み

確かに就職は容易なものとは言えない。しかし、多くの可能性を秘めている生徒たちがトライせずに就労をあきらめるのは時期尚早と考える。そこで学校と協議し、だれもが就労にチャレンジできる「高等部1学年職場体験実習」を新たに企画して取り組んでみることにした。体験先は本会の会員事業所4社（精米工場【写真6】、水産加工【写真7】、クリーニン

グ【写真8】、菓子製造【写真9】）に協力していただき、自分で体験先を選択して実習した。わずか2日間の職場体験であったが、どの生徒も「自分にもできた、乗り越えられた」「また実習に行ってみたい」という達成感や成就感が得られ、私たちとしても予想以上の手ごたえを感じた。

　今年で5年目を迎える職場体験実習は就職にチャレンジするための登竜門として生徒・保護者・教員にすっかり定着してきた。それとともに「やってやれないことはない、やらずにできるはずがない」「失敗を糧にして学ぶ」「やってみるからこそ自分自身の能力が初めて分かってくる」「実際にやってみて就職へのトライが難しいと気付いた時でも方向転換は遅くはない」という考えが保護者、教員にも浸透してきた。

　平成17年度以降の就職者全員（40名）がこの職場体験実習を経験しており、この先輩たちに続けとばかりに毎年多くの生徒がトライするようになった。今年度の希望者は、在籍43名中30名にも上る。2年後の就労に向け、保護者、学校、関係機関とのより一層の連携が必要となる。

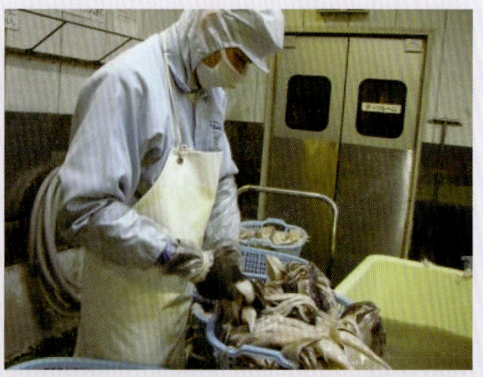

【写真7】イカの耳を取り除く作業

【写真8】病院のリネンを束ねる作業

【写真9】どら焼きのパック詰め作業

〔事例③〕企業へのアプローチ「職場開拓の工夫」

　このように就職にトライする生徒が増えたことは大変素晴らしいことではあるが、その一方で、雇用先や実習先としての事業所を確保していくことが急務で、職親会に課せられた大きな役割でもある。本会は今年20周年を迎えるに当たり、記念事業の一環として会員数を100社（20年度内の目標）に増やそうと現在準備を進めている。

　私たち職親会事業所もそうであったように、障害者の実習や雇入れを最初から拒んでいるわけではない。むしろ「障害者に接したことがない」「どんな仕事であれば障害者にできるのか分からない」などの理由から、具体的に進めるきっかけが今までなかったというケースが少なくない。特別支援学校の生徒の特性やセールスポイントを分かりやすく伝えたり、

他の事業所で実際に働いている場面の写真や動画を用いて説明したりすることで理解を示し、実習を引き受けてくれる事業所が徐々に増えてきている。

〔事例④〕教員による職場体験

　職場開拓方法の工夫の一つとして学校独自で取り組み始めたのが、教員による職場体験である。これは「どんな仕事であれば障害者にできるのか分からない」という事業所の声にこたえたもので、生徒が実習する前に進路担当の教員が現場に入って課題分析する方法である。学校としても、仕事に対する要求度や適性、職場環境等を知り得ることができ、生徒への事前指導として大いに役立っているとのことであった。これらの取組により、体験実習だけであれば約70カ所の事業所において常時実習が可能な状態で、高等部における年間の実習の実績を見ても、17年度18カ所（延べ38名）、18年度22カ所（延べ42名）、19年度25カ所（延べ84名）と年々増えてきている。私たち企業側も雇入れの話になると二つ返事で「どうぞ」とは言えないものの、現場実習としてであれば快く引き受ける環境になってきた。着実に障害者の実習受入れの輪が八戸市に広がってきていることを実感する。

（4）キャリア教育の目標・ねらい

☆　小・中学部段階での生活習慣づくりが最大のキーポイント

　以下の項目は「社会から求められる力」として、実習先の事業主からよく聞く内容である。

- 健康、体力
- 身だしなみ、衛生面
- ルールを守ること
- あいさつ、返事、報告
- 自分のことは自分で行う力
- 会社を休まないこと

　事業主の方々は「技術は現場に入ってから覚えても遅くはない。それよりも、まずはあいさつ・返事、意欲、態度、身辺自立など日常的なことが習慣付いていることが重要だ」と口をそろえて言う。実習場面でいきなり難しい仕事を任せる会社はないし、できるところから徐々に積み上げていけばよいというのが会社のスタンスである。上記の項目を見ると、特別な内容は何一つない。むしろ学校での教育活動や日常生活の中で身に付けることができる内容ばかりである。就職に必要な力をイメージすると、とかく技術や技能を思い浮かべてしまいがちだが、そうとは言い切れない。小学部、中学部での土台づくり（生活習慣づくり）をしっかりと行い、それを高等部での実践へと生かしていくことが就職への近道かもしれない。これまでの就職者の数々の事例を見ていると、幼少のころから着実に積み上げきた生徒ほど難なくその就職という高いハードルを乗り越えているように思える。「凡事徹底」、土台をしっかりと積み上げるこ

とが職業自立への鍵となる。

5　キャリア教育にかかわる体験活動の実際

（1）現場で学ぶ、現場から学ぶ高等部生徒

　　高等部卒業後、積極的に社会へ参加し社会的自立ができるように、高等部の3年間を通して段階的に企業や福祉サービス事業所での実習を実施している。もちろん、現場実習だけではなく座学としての進路学習も並行して行っているが、高等部段階では「現場で学ぶ、現場から学ぶ」といった体験的活動の機会を最も重要視している。

　　現場実習と一言で言っても、特別支援学校の場合、事前及び事後学習を含めるとそのプロセスは長く、その場面ごとに生徒や保護者、学級担任が一緒に取り組む。特に高等部2年生や3年生の段階では進路達成を意識する時期でもあるため、単なる経験だけの実習として終わらないように、評価としてPDCAサイクルを以下の①〜⑤に組み入れながら取り組むように留意している。

〔現場実習の手順〕　①事前学習（職場までの通勤の学習等）
　　　　　　　　　②実習先へあいさつ訪問して実習内容の打合せをする
　　　　　　　　　③体験活動（通常は5日間または10日間の実習）
　　　　　　　　　④実習先からの評価を聞く
　　　　　　　　　⑤事後学習（次期実習に反映させるための振り返り）

（2）高等部3カ年を通した全体計画

　　特別支援学校における高等部段階では、体験的に学習していく方法がより学習効果が大きいため、あらゆる場面で積極的に取り入れている。各学年の主な取組は以下のとおりで、教育課程上における「作業学習」及び「職業・家庭」として実施している。

〔高等部1年生〕　観点「見る、聞く、仕事を体験してみる」

実施月	主な取組	内　　容
5　月	菓子作り体験	先輩が働く菓子工場で菓子作り体験を行う。
7　月	先輩が働く企業の見学	卒業生が働いている企業を見学する。
11　月	1学年職場体験実習 ※同時期に一斉に実施	4事業所から自分で実習先を選択し、生徒全員が各自2日間実習する。小グループ（生徒複数人で同じ企業での実習、担任が同伴実習）で職場体験をする。

〔高等部2年生〕 観点「いろいろな職場で実習経験を積み重ねる」

実施月	主な取組	内容
5月	2学年現場実習 ※同時期に一斉に実施	各自が希望する事業所で、おおむね5日間の単独実習を行う。
9月	グループホーム見学会	先輩が暮らしているグループホームを見学する。

〔高等部3年生〕 観点「進路先を絞り込み、同じ事業所で繰り返して実習する」

実施月	主な取組	内容
10月	卒業後の支援機関の見学	ハローワーク、地域生活支援センター、就業・生活支援センター等を見学し、卒業後の相談機関を知る。
適宜	事業所での現場実習 ※個別に実施	個人のニーズや進路の状況によって、時期を問わず個別に実施している。企業への就労を強く希望している生徒については、様々な職場環境を体験する機会として、夏の暑い時期、厳寒期、企業の繁忙期にも実習を組み入れて、就業した場合の勤務状況により近い形で実習を行っている。
適宜	グループホーム生活体験 ※個別に実施	卒業後にグループホームを希望している生徒については、グループホームの実習も取り入れている。通常、就労内定後にグループホームから職場への実習を組み合わせて実施している。

（3）八戸第二養護学校と八戸職親会のコラボレーション企画

〔事例①〕菓子工場における菓子作り体験

　同事業所は和菓子を主体とする菓子製造会社で、職親会の会員事業所でもある。すでに5名の方が就職しており、八戸第二養護学校高等部から年間延べ10名以上もの実習生が行くほどの現場実習受入れの大口先である。

　お菓子は生徒にとって身近な食べ物であるため、どの生徒も気軽に楽しく参加できる。さらには、工場内で菓子作り体験を行うため、従業員や先輩の働いている姿を間近に見ることができるというメリットもある。体験終了後、「私も実習してみたい」「将来このようなお菓子作りの会社で働いてみたい」という生徒の実習希望、就業意欲が自然発生的に出てくる。

【写真10】栗饅頭作りに挑戦

〔事例②〕グループホーム見学会

　だれもがいずれ親元から離れて自立した生活を歩み始める。その一つの生活スタイルがグループホームである。グループホーム生活を選択する理由は様々で、中には卒業後に自宅から職場への通勤が十分可能だった生徒があえてこの生活を選択したケースもある。さらには、グループホーム生活を経てアパート暮らしへ転換した卒業生もいる。卒業後1～2年の先輩が暮らしているグループホームを見学するため、その生活感がじかに伝わり生徒たちに与えるインパクトが非常に大きい。

　障害のある方々の生活スタイルにもいろいろな選択肢があるべきであって、本会はこれからも特別支援学校卒業生の自立を大いに応援していきたい。

【写真11】グループホームの見学

（4）効果・評価

　15年度以前と比較して就職にトライする生徒が増えたことは明らかである。また、これまでの取組や就労実績から特別支援学校の多くの生徒は働ける、企業の一員として活躍できる力を秘めているということも分かってきた。

　体験活動を通して、生徒自身が現場から学び、失敗から学んで成長していったからこそ就労に結び付いたと言える。中には、保護者や教員の目線から見て「就職は難しいだろう」と思われるケースでも、生徒本人の努力によって就労できた事例が幾つかある。体験活動から学ぶ内容は非常に多く、高等部段階では「現場での体験に勝る教材はない」といっても過言ではない。今後とも職親会と学校が連携し、体験的活動を中心に様々な取組を展開していきたい。

（5）今後の展望と課題

　「高等部卒業時の進路先の決定＝ゴール」ではない。高等部の卒業や進路先の決定は大きな転換期ではあるが、卒業後の長い人生から見ると一つの通過点でしかなく、むしろ新たなスタートと言える。人生山あり谷あり、職場や生活での悩みは誰にでも付き物である。そんな時、誰かが寄り添って支えてくれるサポートシステム（ネットワーク）が必要で、学校

【写真12】就職者（左）と教員

から社会へのスムーズな移行システムの構築が欠かせない。

　写真12は、八戸第二養護学校の小学部教員が就職者（卒業生）の職場で職場体験している場面である。今年で4回目を迎えたこの企画で約40名もの教員が体験している。体験を終えた教員からは口をそろえて「思った以上に大変だった」という感想が出てくる。まずは教員自身がやってみることが大切である。そこからキャリア教育にとって大切なものが自然に見えてくるように思う。生徒の目線にたったこの取組を、職親会としても大いに推奨していきたい。

6　30周年に向けて躍進を誓う

　20年前、たった12人の事業主でスタートした八戸職親会。設立当初は働く場としてのバックアップぐらいしか思い浮かばなかった事業主集団が、今となっては一生涯をサポートできるようなシステムを八戸に築いていこうと新たな取組を始めようとしている。先般の役員会で、30周年に向けた取組のキーワードの一つとして「連携！感謝！発信！」を掲げた。これまでは、特別支援学校と八戸職親会が協同することで企業における現場実習受入れや障害者就労における環境を少しずつ整え、その受皿を年々拡大してきた。今後は、グループホーム整備の事例のように本会だけで課題解決できないことを他機関と連携しながら、障害がある人もない人も一緒に安心して暮らしていくことができるまちづくりに取り組んでいきたい。

　障害者自身が選択し、人生を切り開いていける八戸を目指して、八戸職親会は新たなスタートを切り始めた。

【事例2】
中学校・高等学校に対するキャリア教育支援の現状と展望

ジョブカフェ石川

《事例の概要と特色》

　ジョブカフェ石川は、若年者の高い失業率、早期離職者やフリーター、大学卒業後の未就職者等への対応策として、厚生労働省、経済産業省、文部科学省が中心となって平成16年度から取り組んだジョブカフェ事業のモデル地区の一つとして開設された。当初から現代若者層が抱える諸問題に向き合いながらキャリア・カウンセリングや各種セミナー等様々な支援に取り組んできたが、平成19年度より新たな事業として中高生など早期からの、発達段階に応じた、いわゆる学校における「キャリア教育」を支援することとした。具体的にはそれまでのジョブカフェ石川の取組から得た人材や知見を生かしたプログラムを開発、提供するなどして授業づくりにもかかわり、現場の教師と共にキャリア教育の進展を図ろうとするものである。

1　ジョブカフェ石川の概要

（1）ジョブカフェ石川の状況

　平成16年に金沢市の中心部広坂に開設。若年者に対するマンツーマンの就業支援、職業や仕事を知るための情報の提供、キャリア教育支援制度等の創設や若者と企業を結び付ける企業ガイダンスを実施。運営は地元産業界、教育界、行政が一体となって設立した「石川県人材育成推進機構」が行っている。

■石川県人材育成推進機構（平成19年2月14日設立）

所在地：石川県金沢市広坂2丁目1番1号　石川県広坂庁舎1号館1階

　　　　○ジョブカフェ石川金沢センター（所在地同上）

　　　　○加賀サテライト（小松市三日市町18番地1号三日市きまっし☆プラザ2階）

　　　　○能登サテライト（七尾市神明町1番地ミナクル3階）

目　的：人口減少社会にあっても、産業活力の維持、向上のため、産業界、教育界、行政が一

体となって人材の育成を推進することを目的とする。

代表者：会長　石川県知事

構　成：石川県、石川県教育委員会、七尾市、小松市、輪島市、珠洲市、加賀市、羽咋市、能美市、川北町、志賀町、宝達志水町、中能登町、穴水町、能登町、石川県商工会議所連合会、石川県商工会連合会、石川県中小企業団体中央会、㈳石川県経営者協会、㈳石川県雇用支援協会、㈶石川県産業創出支援機構（21団体）

沿　革：石川県では、平成15年に若年者が楽しみながら職業について学べる「石川県若者しごと情報館」を設置、同年若年者専門の就職紹介窓口として国の「ヤングハローワーク金沢」を併設。続いて平成16年に、個々の若者の職業選択や相談に応じる「ジョブカフェ石川」を開設し、若者の就業を一貫して支援するワンストップサービスセンターとして位置付けた。さらに、平成19年には、若者しごと情報館とジョブカフェ石川を統合し、一体的に運営するとともに、キャリア教育支援体制の強化など機能の充実を図った。

＜ジョブカフェ石川運営体制＞

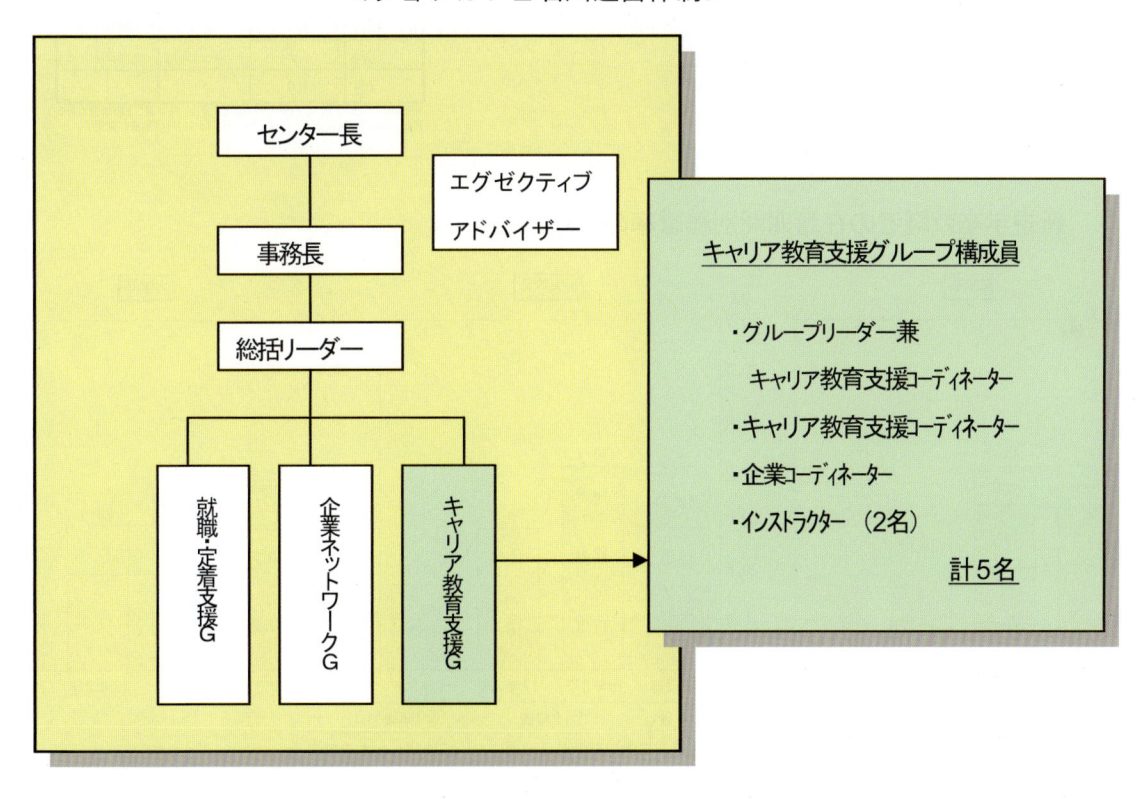

```
センター長
    │
    ├── エグゼクティブアドバイザー
事務長
    │
総括リーダー
    │
    ├── 就職・定着支援G
    ├── 企業ネットワークG
    └── キャリア教育支援G ──→ キャリア教育支援グループ構成員
                                ・グループリーダー兼
                                　キャリア教育支援コーディネーター
                                ・キャリア教育支援コーディネーター
                                ・企業コーディネーター
                                ・インストラクター（2名）
                                　　　　　　　　　　計5名
```

（2）地域の状況　～県内人材の情勢について～

① 県人口、労働力人口の減少

　○県人口は減少に転じている。

　○とりわけ若年層の減少が大きい。

②完全失業率の推移（平成20年7月時点）

県	全国	北陸	石川県 （独自調査）
18年4月	4.1		
5月	4.1	3.0	3.4
6月	4.3		
7月	4.1		
8月	4.1	3.6	3.8
9月	4.1		
10月	4.0		
11月	4.0	3.1	3.5
12月	4.0		
19年1月	4.0		
2月	4.0	3.8	3.2
3月	4.0		
4月	3.9		
5月	3.8	3.4	3.1
6月	3.7		
7月	3.6		
8月	3.8	3.3	3.7
9月	4.0		
10月	3.9		
11月	3.8	3.1	3.1
12月	3.8		
20年1月	3.8		
2月	3.9	3.9	2.9
3月	3.8		
4月	4.0		3.0
5月	4.0	3.0	*（※1）
6月	4.1		
7月	4.0	－	－

※石川県（資料出所：石川県労働力調査）分は、四半期ごとの調査であったが、平成20年4月以降6ヵ月毎（1〜6月、7〜12月）の調査に変更

人口推移（万人）

年	総数	0〜14歳・65歳〜	15〜34歳	35〜64歳
平成2年	116.4		32.0	48.0
平成7年	118.0		33.0	48.0
平成12年	118.0		32.0	48.0
平成17年	117.3		29.0	48.0
平成18年	117.1		29.0	48.0
平成19年	117.0		28.0	48.0
平成22年	115.6		26.0	47.0
平成27年	112.9		23.0	45.0
平成32年	109.6		22.0	43.0

③ 新規学卒就職者の在籍期間別離職率の推移（石川）

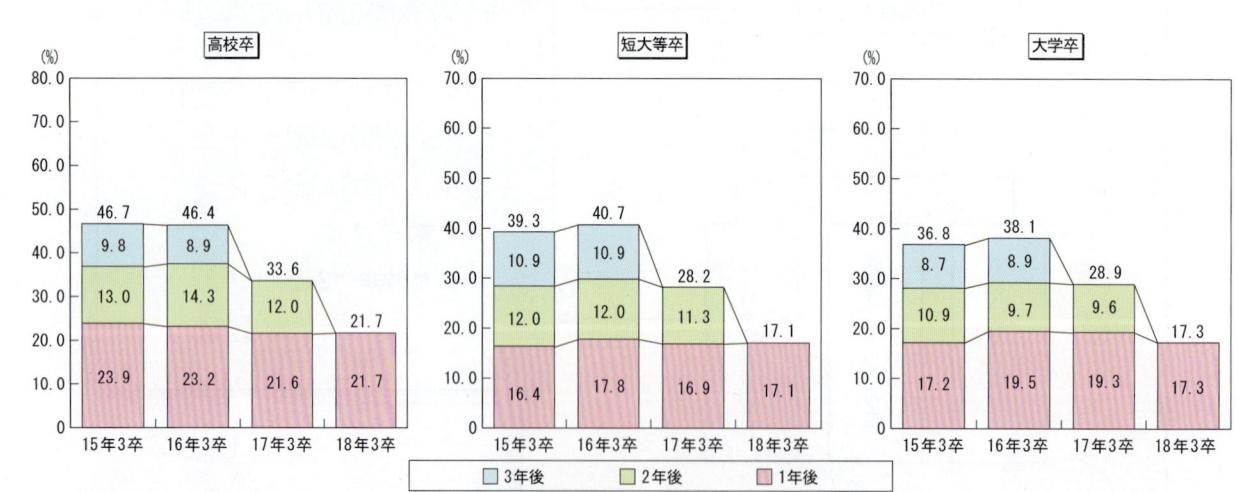

高校卒 (%)

	15年3卒	16年3卒	17年3卒	18年3卒
計	46.7	46.4	33.6	21.7
3年後	9.8	8.9		
2年後	13.0	14.3	12.0	
1年後	23.9	23.2	21.6	21.7

短大等卒 (%)

	15年3卒	16年3卒	17年3卒	18年3卒
計	39.3	40.7	28.2	17.1
3年後	10.9	10.9		
2年後	12.0	12.0	11.3	
1年後	16.4	17.8	16.9	17.1

大学卒 (%)

	15年3卒	16年3卒	17年3卒	18年3卒
計	36.8	38.1	28.9	17.3
3年後	8.7	8.9		
2年後	10.9	9.7	9.6	
1年後	17.2	19.5	19.3	17.3

本資料は、石川労働局から提供があったデータを基に、石川県商工労働部労働企画課において作成したものである。

2　キャリア教育支援の概要

（1）キャリア教育支援の実際

①　学校向け講座のねらいとポイント

　ジョブカフェ石川では、県内の中学校・高校に対し、職業意識の啓発や学校でのキャリア教育を支援するための講座を提供している。事前に学校との打合せを行った上で、授業づくりの提案や講師の派遣なども行っている。

　a：「ジョブカフェ石川体験」～「働くこと」についてまじめに考える1日～
　（以下は学校への事前送付資料「ジョブカフェ石川での実施計画に基づく各プログラムのねらい」の中で説明されている内容である。）

【オリエンテーション】
　当日のスタート時点で、改めて生徒に対し日程や目的、館内での期待される態度について先生からの諸注意としてお願いいたします。特に
・指示に従いスムーズな移動を行うこと
・教室での座席は、速やかに前から詰めて座ること
・学校の授業同様、時間ごとにあいさつに始まりあいさつに終わることも併せて伝えてください。場合によってはジョブカフェ石川のスタッフが行います。

【職業講話】
　学校との打合せに基づき、ジョブカフェ石川が依頼する講師（※仕事探しシェルパ）が仕事に対する思いや働きがいなどについて「働く大人」からのメッセージとして生徒に語りかけます。講師の紹介や時間内での生徒からの質問が出やすい雰囲気づくりも含め、先生に積極的にかかわっていただきたいと思います。また、忙しい中、時間をやり繰りし、事前の準備をして臨んでくれている講師に対して感謝の気持ちや学ぶ態度を持って聴くことの大切さを先生から伝えていただきたいと考えます。
※「仕事探しシェルパ」とは、県知事が業界団体等から推薦を受けた民間企業の人事・採用担当者や実務担当者の方々を委嘱し、講演やセミナー等の場で先輩職業人としてのアドバイスなどを通じて、若者の仕事に対する理解を深め、就業意識を高める役割を担うもので、15種類余りの各産業分野の方（平成20年度現在94名）が委嘱されている。

【キャリアガイダンス】
　ジョブカフェ石川の講師がパワーポイントやシートなどを使い、「働く理由」や「学校生活と今後の進路とのつながり」について、生徒が身に付けておくべき生活習慣としての「マナー」などについて学べるよう指導します。

【職業適性診断・疑似体験】

　インストラクターの解説に従って実際にパソコンなどの機材に触れながら、生徒個別の作業の形で職業や生徒自身の適性について調べます。先生方にとっては生徒が取り組んでいるところへ声がけなどしながら、自然なコミュニケーションが図れるよい機会となりますので、積極的なかかわりをお願いいたします。

【ビデオ学習】

　中学生向けには、働く人を追いながら仕事そのものの苦労や、やりがいについて考えたり、その職業に行き着くまでの道筋を知ったりすることで、仕事との出会いについて生徒自身に考えさせる内容です。高校生向けには人生設計の観点からフリーターを選ぶことでの不利益やフリーターから正社員への転換を模索した若者の体験談を紹介する内容（ジョブカフェ石川制作）となっています。ビデオ放映後、時間の範囲でワークシートに基づいたビデオ内容の振り返りを行う場合もあります。

【振り返りシート】

　一日の体験内容を生徒自身が振り返り、文字にすることで体験から感じたことや気付いたことを整理し、自らの体験への意味付けを促します。

　　　職業講話　　　　　　　疑似体験システム　　　　　　　適性診断

b：団体利用の受入体制

　ⅰ）県、市町教委、校長、進路担当者あての文書発送

　　年度末に、次年度のジョブカフェ石川利用を促す文書を講座案内資料「資料①」とともに発送を行う。最新の申込状況はジョブカフェ石川ホームページで閲覧できるようにする。一定の時期に利用申込みの仮締切日を設け、その時点での申込状況を見た上で前年度の利用実績と照らし合わせながら暫時電話連絡等での確認を行っている。

【資料①】キャリア教育支援講座の例

【中学生向け】

対象学年	実施項目	標準時間	講座の目的	目標とする能力	ねらい
中学1年	＜講座A＞【中学生としての自己理解・職業理解】 1 ワークシートによる個別作業：自己探求 　ワークシートの質問に答えながら自分を見つめる 　小学校時代の総合的な学習の振り返り、体験学習の内容の理解	50分	自己理解	将来設計能力 情報活用能力 意思決定能力	①中学生としての発達段階に応じた自己理解のきっかけをつくる ②世の中の様々な職業を通しての生き方に気づき、理解する
	2 新聞から働く人を見つめよう 　NIEの手法活用 　新聞活用による情報収集を行い、職業を通しての生き方について気づき、理解する	50分	様々な生き方に触れる		
中学1～2年	＜講座B＞【わく・ワーク事前学習】 1 職場体験学習で何をやるの？（講義）	50分	職業に関心を持つ	人間関係形成能力 意思決定能力	①わく・ワークの目的を理解する ②わく・ワークの動機づけを促す ③職業と適性について意識づけする
	2 ワークシートによる個別作業 ①「わたしの職業は何でしょう」（グループ討議含む） 　職業理解への関心を高め、職業を知ることの大切さを理解する	50分			
	②「今日一日出会った職業」 　職業と日常生活との関わりを理解し、地域にある身近な職業を理解する	50分			
	③「この職業にはこんな人がいい」 　職業に対する自分の適性を考えるきっかけとする	50分			
	＜講座C＞【わく・ワーク事前準備】 1 コミュニケーション演習 ①ペアで「聴いてもらえる体験、聴いてもらえない体験」 ②グループで「言葉だけの説明で図を描いてもらう」	40分	自己理解 社会性を高める	人間関係形成能力 意思決定能力	わく・ワークで周りの人たちと円滑なコミュニケーションができるようにする ①聴く態度の重要性を理解する ②説明力と質問力を鍛える
	2 マナー演習 ①場面に応じた言葉づかいと表現 ②職場での好ましい態度	50分	社会性を高める		①わく・ワーク開始時のあいさつ、日々の職場内での基本的受け答えを知る ②わく・ワークの現場における自分の立場を自覚し、自らの課題を意識した行動ができるようにする
	3 体験期間および事後学習のための準備 「職場体験日誌」のフォーマットをもとに目的の理解、現場での心得、期間中の自らの課題の設定、日々の記録、個別課題の達成度確認、体験の振り返り等の準備を整える	50分	事後のまとめ作業につなげる	意思決定能力	具体的な準備作業を通じて、わく・ワーク期間中から終了後に続く一貫した学習の流れをイメージさせ、参加意欲につなげる
中学2年	＜講座D＞【わく・ワーク事後学習】 1 体験を振り返る　（事後の自己評価）	50分	体験の具体的評価	意思決定能力	①それぞれのわく・ワーク体験を職業興味につなげるために、終了後に個々の課題の達成度を振り返る ②報告にまとめる作業とともに発表の場を通じて、自らの体験とその意味を考え職業興味の深化をはかる
	2 体験をまとめる　（報告書の作成）	応相談	体験をまとめる	意思決定能力	
	3 体験で学んだことを発信する　（発表会）	応相談	体験を人に伝える	人間関係形成能力	

ⅱ）実施プログラムの決定

　　各学校からの利用申込受付時に、実施日時と時間、希望内容と利用生徒数などの諸条件を確認し、調整の上、当日のプログラムを最終的に決定する。

【資料②】ジョブカフェ石川体験 カリキュラムの例

○○中学校実施計画　○月○日（○曜日）○年生　○名					
	1班 ○名	2班 ○名	3班 ○名	4班 ○名	
引率	山田	佐藤	田中	鈴木	
9:00～9:40	キャリアガイダンス		適性診断	疑似体験	
			疑似体験	適性診断	
休憩・移動				
9:45～10:25	適性診断	疑似体験	キャリアガイダンス		
	疑似体験	適性診断			
休憩・移動				
10:30～11:10	職業講話1 ○○商店　○○さん		職業講話2 ○○会社　○○さん		
11:10～11:40	ビデオ学習「仕事、きみはどう思う？」 働く意義について				

231

ⅲ）体験学習ノートなど事前学習資料の送付

体験学習ノートは当日に実施予定のプログラムに使用するシートや予定表などをとじたものであるが、生徒が目的意識を持って来館できるよう学校での事前指導を促すために送付している。

【資料③】

> **事前・事後学習に活かしてほしい「体験学習ノート」**
>
> 「体験学習ノート」は、事前学習の資料や事後学習の際の振り返りに活用していただき、生徒のポートフォリオとなることをめざして制作・配布しています。
> ●事前学習資料として（事前に学校へ送付）
> ・内容は、当日実施する項目の学習シート
> ・ジョブカフェ石川で「何をするのか」「目的は何か」を説明
> ●来館当日は
> ・「手引き」や「記録ノート」として使用
> ・適性診断結果やパソコンで調べた職業に関する情報、職業講話の感想などを綴じ込む
> ●事後学習教材として
> ・「ジョブカフェ石川体験」で得たさまざまな資料が、事後も生徒の自己理解や職業理解の深まりに活かされることを期待しています。

> **⚠ 学校での「事前準備」で、明確な目的をもった学習の時間に!**
> 事前準備は、あらかじめ「ジョブカフェ石川体験」の目的を理解し、来館中の具体的イメージを生徒に持たせるために行うものです。普段と異なる環境に興奮や戸惑いを感じる生徒も少なくありませんが、初めて訪れる館内を集団でスムーズに移動し、充実した学習の時間を過ごしていただくためにも、重要だと考えています。

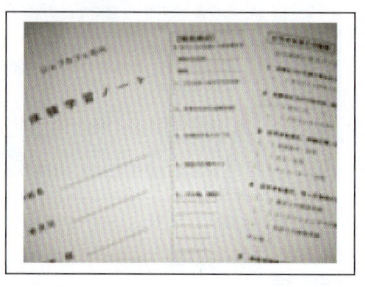

出典：『「働くこと」をどう学ばせるか～ジョブカフェ石川・キャリア教育支援の試み』
（資料③～⑥について同じ）

② 中学校の体験活動への支援の例（出前講座としても実施）

STEP1「わく・ワーク体験」事前学習　～職業興味・適性理解を促す～

＊職業への興味を喚起する。

中学生が知っている職業の種類は決して多くない。そこで、ワークシートを活用したグループ学習により、中学生にとって身近な職業に具体的に触れ興味を喚起するとともに、世の中にまだ知らない職業がたくさんあることに気付かせ、興味の範囲を広げる。

（「資料④」参照）

＊「適性」という視点で考えさせる。

好きなことや興味のあることが、将来仕事を選ぶ手掛かりとして、どうつながるかを事例を通じて考えさせる。

（「資料⑤」参照）

STEP2「わく・ワーク体験」事前学習　～「わく・ワーク体験」の目的を理解する～

＊職場体験の目的を示し、体験を通してどんな成果が期待されるのかを知る。
＊「新しく知ること」「体験できること」「どんな出会いがあるか」をイメージさせる。
＊体験先で円滑な人間関係を作り、効果的で実り多い体験にするために、「言葉遣い」や「態度」について具体的に解説し、理解させ、身に付けさせる。　　　　　（「資料⑥」参照）

※この時、単にマナー（行儀のよい立ち振る舞い）を覚えさせるよりも、なぜマナーが必要なのかを理解させることに留意している。企業にとっては本来なら生産活動をしなくてはならないはずの業務時間に、人員を割いて自分たちのために対応してくれているということに気付かせるとともに、その厚意には仕事への積極的態度でこたえるべきであることを学習させることによって、少しぐらい敬語がつたなくても、おのずと謙虚で丁寧な態度になるはずである。

STEP3「わく・ワーク体験発表会」 ～壁新聞で体験を共有する～

＊集団的な取組としての効果を最大限に生かすため、体験のまとめと発表を通じて生徒同士が体験を共有し、それぞれの勤労観や職業観をより深める。

＊生徒それぞれが自分の体験に肯定的な「意味付け、価値付け」をし、自己肯定感を持てるように促す。生徒同士や教師からのフィードバックを受ける場を作ることで、体験を生徒の自信につなげる。

【資料④】職業についての解説

シート左側の30の職業について、画像を見せながら仕事内容を簡単に説明します。
職業のリストアップは、中学生でもだいたい知っていそうなものと、知らない可能性が高いものを混在させ、自分の知らない職業があることに気づかせます。

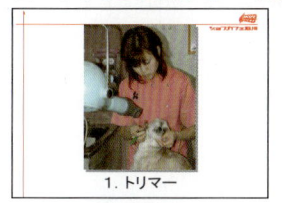

1. トリマー	2. 救急救命士	3. ホテルマン	4. 栄養士
5. 銀行員	6. 漁師	7. 客室乗務員	8. 介護福祉士
9. プロ野球選手	10. 保育士	11. 調理師	12. パイロット

写真の出所：「キャリアマトリックス」（独）労働政策研究・研修機構

【資料⑤】取り組み方法の説明と個別ワーク

> シート右側の①から⑭の「○○な人」欄に、30の職業の中から当てはまると思うものを、自分の考えにもとづいて記入させます（20分間程度）。
> ※このあとグループで話し合い、意見を出し合って記入させるのも効果的です。

【○○が好きな人はこの職業を選びます】

下に示されている職業から当てはまると思うものを選んで、シート右側の欄①〜⑭へ、それぞれ書き入れてみましょう。
当てはまると思う職業を2種類以上選んでもかまいません。

[ ]年[ ]組[ ]番 氏名[ ]

1. トリマー	2. 救急救命士	3. ホテルマン
4. 栄養士	5. 銀行員	6. 漁師
7. 客室乗務員	8. 介護福祉士	9. プロ野球選手
10. 保育士	11. 調理師	12. パイロット
13. 医師	14. パン職人	15. 裁判官
16. 洋菓子職人	17. 中学校教師	18. 歯科衛生士
19. 宇宙開発技術者	20. 美容師	21. ファッションデザイナー
22. アナウンサー	23. 警察官	24. フラワーデザイナー
25. 自動車整備士	26. ツアーコンダクター	27. 水族館の飼育員
28. 建築設計技術者	29. バレエダンサー	30. 獣医師

①自然や動植物が好きな人	②体力に自信がある人
③人の役に立ちたい人	④正義感や責任感が強い人
⑤人のお世話をしたり、もてなすことが好きな人	⑥ものをつくることが好きな人
⑦人に教えることが好きな人	⑧デザインやおしゃれが好きな人
⑨仲間同士やチームで行動することが好きな人	⑩計算や細かい作業が得意な人
⑪外国の文化や言葉などに興味がある人	⑫料理を作ることが好きな人
⑬じっくりものを考えることが好きな人	⑭人前に出たり、話したりすることが好きな人

感想

【資料⑥】教材用パワーポイントの一部

「わく・ワーク体験」に
行く前に知っていてほしいこと
考えてほしいこと

① 仕事について、
いろいろ教えていただきます。

教わることは、行った職場によって
少しずつ異なります。

③ 高等学校の体験活動への支援

a：就業体験（インターンシップ）の事前指導

工業高校や商業高校では、進路指導の一環として、長年にわたる職場実習など就業体験の歴史がある。また、地域事業所は卒業生の就職先でもあり、学校と密接な関係があることから、キャリア教育への取組が比較的スムーズに行われる環境がある。また、進学する生徒が多い普通科の高校では、新たな取組としてのインターンシップが行われようとしている。普通科の高校ではインターンシップへの参加を希望制にしているところも少なくない。その際、参加を希望する生徒に対しての説明では、高等教育への進学を将来の就職へのルートと位置付けた上で、インターンシップを自己理解や勤労観・職業観の育成の機会とし、キャリア選択の手掛かりを探るための活動とするなど、これまでの「進学指導」から将来の生き方を考えさせる本来の「キャリア教育」へと発展させようとしている。

下記に紹介するカリキュラム「資料⑦」の目的は「インターンシップへの不安の払しょくと参加への動機付け」であり、そのための「具体的な目標設定と体験先での場面に応

じた言葉遣いを習得する」ことにより、積極的に取り組みながら体験先での良好な人間関係を可能にすることである。このようなねらいを基に、ジョブカフェ石川から提案した一例を下記に紹介する。運営上は高校担当者がかかわる箇所以外はジョブカフェ石川の講師が担当している。

【資料⑦】インターンシップ事前学習実施例

No	実施内容
第1日	1．校長あいさつ　インターンシップ趣旨説明 　　オリエンテーション（学校側担当者） 　　休憩（10分） 2．コミュニケーションゲーム 　　① ゲームの説明 　　② 班編成確認 　　③ シート配布 　　④ ゲーム実施　　（ ③→④を2回 ） 3．インターンシップの意義と目的（講義） 　　パワーポイントによる解説 4．マナーの重要性について（講義＋一部実演）
第2日	1．学校から諸連絡（学校側担当者） 2．インターンシップの様々な場面での言葉遣い（パワーポイント） 　　①ワークシート記入 　　②解説 　　③初日のあいさつを班に分かれて、実技演習 　　※ <u>インタビュー等取材活動が可能な場合</u> 　　④適切な取材の仕方（言葉遣い等含む） 3．個別目標の設定作業 　　①目標設定作業のポイント 　　②記入作業 4．学校からの諸連絡（学校側担当者）

インターンシップ事前学習（第1日）

インターンシップ事前学習（第2日）

※特に「インタビュー等の取材活動」は、単に作業体験に終わることなく、働く大人から話を聴く機会を作り、苦労や働きがいなどリアルな勤労観や職業観に直接触れることで、具体的に自分の働く姿をイメージする機会になることをねらっている。

b：就職対策講座（面接指導）

　特に就職志望の生徒に対しては、高校でも面接指導を行っているが、その際、教師や時にはOBの社会人がその面接官役を務めている。その仕上げの段階としてジョブカフェ石川での面接練習を就職指導のプロセスに盛り込み、定型化している高校も多い。ジョブカフェ石川では、複数の生徒を同時進行で面接指導できるよう、面接ブースを設け、面接官役（指導担当）を内部職員だけでなく、継続的協力関係にある外部講師も活用しながら対応している。この段階では、細部にわたる指導もさることながら、就職活動に向けて励まし、自信を付けさせることを重要視している。

高校生面接指導

3　キャリア教育支援の成果と今後

(1) 生徒は何を学んだか

　ジョブカフェ石川が取り組む、キャリア教育支援の特徴は、先に述べたとおり、①学校が学年単位で教育課程の一部として組み入れることができる一定の体系化されたメニューを用意し、いつでも利用できるシステムがあること、②特に職場体験の事前・事後指導など学校側のニーズに応じた講座を行っていることである。その中での一貫したねらいは、生徒自身にとって、目の前の活動や体験がどういう意味があるのか（あったのか）を（発達段階に応じて）考えさせ、気付かせることである。

　例えば、出前講座の際など、かかわった生徒から、より掘り下げた言葉を引き出すため、「振り返りシート」により自由記述で講座等の感想を書かせているが、その内容はおおむね肯定的で有意義と感じていることがうかがえる。一般的に使われる５択形式の事後アンケートのような満足度評価でなく、生徒一人一人の声が聞こえるような自由記述をあえて採り入れている。例えば「ためになった」「分かりやすかった」「面白かった」などに始まり、「いい授業だった」など充実感や達成感を感じている様子がうかがえるものもある。

（以下『「働くこと」をどう学ばせるか～ジョブカフェ石川・キャリア教育支援の試み～』より）

【資料⑧】

「ちょっと大変だったけど、やってよかった」と生徒に思わせる工夫と指導側のあり方

① 「何だか面白そう」と思わせるシートやパワーポイント資料で興味・関心を喚起する
② 全ての生徒に、授業に主体的に参加し、必ず自分の答えを持つことを求める
③ グループで話し合い、意見をまとめるワークを行う
④ みんなの前で発表させられるが、その答えは決して否定されず、受け止めてもらえる
　発表する勇気に対して、みんなから拍手が送られる・・・生徒が互いを認め合う雰囲気づくりが大切
⑤ 最後に必ず「振り返りシート」による自分なりの授業の意味づけの機会を設ける
　これは授業の一部であって、決しておまけではない

中学校「わく・ワーク体験」体験発表会

【資料⑨】振り返りシート記述例
Q．友達の発表を聞いて特によかったと感じたこと、新しく分かったことを書いて下さい。

記述例	コメント
働くことについて一人一人が思っていることは様々あるんだと感じました。働くことによって地域の人々とのかかわりも増え顔が広がるんだなと思います。	共通の体験に対してクラスメートが多様な感じ方をしていることを理解し、また「地域の人々とのつながり」を実感できた点で、「社会性の広がり」とは言えないでしょうか。
いろんな事業所での様子と自分たちが体験した事業所の違っている面や同じ面を知ることができてよかった。	仕事（職場）における共通点と相違点に着目することで、「働くことの普遍的な面」を捉えようとしているようです。
ほかの職場の人たちの出来事がすごく分かるように書いてあってよかった。ほかの職場での大変だったことも知ってどこも同じだなと思った。	異なる体験先でも、みんな自分と同様に大変だったのだと気付くことで、自分の体験先での大変さが特別なことではなかったことが分かり「安心した？」

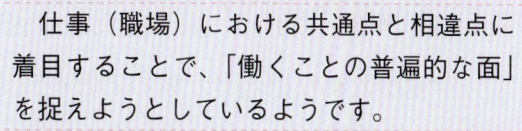

（2）学校、教員との新たな関係づくり

　中学生の職場体験、高校生の就業体験（インターンシップ）は、事前の受入事業所への依頼やスケジュール調整などに忙殺される上に、さらに一方で、生徒たちへのマナー指導や十分な意識付けとなると、その困難さを感じる担当教員も少なくないと思われる。

　また、受入事業所としては「地域の子どもをはぐくむこと」に協力しようと忙しい中を時間と人員を割いているにもかかわらず、時にはその目的や自分の立場を理解しているとは思えない生徒の態度に、不満とむなしい思いを抱くケースも残念ながらあるのではないか。

　このような状況を打開し、実効性のある（生徒の気付きや学びを援助する）体験の場となるため、また受入事業所もその意義を大いに感じ満足感のある取組となるためにも、事前学習（指導）と事後学習（体験の振り返りと意味付けの機会）が重要である。このような背景からも今後、外部機関が持つ手法や人員を学校との連携の中で可能な限り提供していくという関係は、キャリア教育の分野で特に意義があると思われる。

　その点、石川県では今のところ必要に応じて学校担当者がジョブカフェ石川へ随時アプローチできるシステムがあり、限られた範囲ではあるが、キャリア教育というニーズにこたえようとする体制がある。

○　教師と生徒の関係を尊重する姿勢

　　この取組での出前授業の実施について、常に学校の立場を尊重し、教師が受け入れやすい形で外部講師として生徒に説明等を行っている。これらの配慮により、学校との関係が非常に良くなっている。

（3）今後の展望と課題

現在、「ジョブカフェ石川」の活動は「若者の就職支援」にとどまらず、より開発的にキャリア教育支援という立場から、世代をさかのぼって中高生の段階からのキャリア発達への援助に取り組んでいる。このことを踏まえ、今後の展望と課題について触れてみる。

① 恒常的な「キャリア教育支援」の拠点という役割

公立学校の制度上、避けられない問題に担当教員の異動がある。

年度が改まり担当者が替わると前任者が得たノウハウが十分に継承されず、新任者がまた一から情報収集しなければならないというケースも見受けられる。その点でジョブカフェ石川が「キャリア教育」関連活動のコンサルティング機能を持ち、学校個々が継続的・体系的なキャリア教育を遂行する上で学校組織の循環がネックとならないよう支援するという役割が考えられる。

② キャリア教育実践のためのコンサルティング機能の充実

ジョブカフェ石川では就業支援の取組上、個別カウンセリングのほかにグループを対象としたワークショップなどの教材開発を継続的に行っている。その現場から発展させた中学生、高校生向けの授業教材を開発するなど学校の授業への協力ができると考える。

③ 「キャリア教育」の土壌づくり

（教師や保護者、企業のためのキャリア発達支援セミナー等の開催）

ジョブカフェ石川の担当者が「若者の就業支援」の現場にあって、常にその背景にあると感じているのは、若者をめぐる保護者や教師との関係、時には採用先の企業との関係である。

そこで、このことを踏まえ、ジョブカフェ石川では、若者の成長期に大きな影響を与える保護者や教師に対して、また人材育成を考える企業へ向けても、若者に「働くこと」をどう学ばせ、またどうすれば自立的なキャリア選択を促すことができるか、ということについて考える機会をセミナー等の形で提供して行こうとしている。そしてその中で「キャリア教育」の意義を伝え、理解を深めるための取組を続けていくことが、今後、ジョブカフェ石川の重要な使命であると担当者は考えている。

※ 当事例に引用した『「働くこと」をどう学ばせるか～ジョブカフェ石川・キャリア教育支援の試み～』はジョブカフェ石川ホームページでご覧いただくことができます。

（平成21年3月現在）http://www.jobcafe-ishikawa.jp/static/school/anke.html

【事例3】
地域総がかりで取り組むキャリア教育支援
大阪商工会議所・大阪キャリア教育支援ステーション

《事例の概要と特色》

　少子高齢化に伴う15歳から64歳までの生産年齢人口の急速な減少とともに、ニート、フリーターの増加など、我が国を支える「人」を巡る状況は深刻な社会問題となっている。
　こうした背景の下、大阪商工会議所では、これまでの企業内人材の育成に加え、地元大阪の小中高校生を対象とするキャリア教育事業を支援し、将来の社会・産業を担う人材育成に取り組むこととなった。平成17（2005）年には大阪府・大阪市の両教育委員会、行政、経済団体、PTA、NPO等とともにキャリア教育を支援する「大阪キャリア教育支援ステーション」を設立し、現在、同ステーションを軸に様々なキャリア教育支援事業に取り組んでいる。

1　大阪の若者を取り巻く雇用状況

　大阪の経済状況はこれまでの回復基調から、平成20（2008）年に入り世界的な景気後退や原材料高などを背景に陰りが見え始めている。

　大阪の有効求人倍率[※1]を見てみると、平成19（2007）年は1.26倍と前年の1.22倍に比べて微増ではあるが上昇した。しかし、同20年に入り景気停滞状況を反映し、7月現在には1.0倍を切る0.94倍まで落ち込んだ。ただし、全国の有効求人倍率も同7月現在0.89倍となっており、有効求人倍率を見る限り、大阪は全国よりも0.05ポイント上回っている状況にある。年齢階層別でみても、同7月現在、大阪は24歳以下で0.92倍（全国0.85倍）、25～34歳で0.92倍（全国0.86倍）となっており、全国より高い倍率を示している。

　一方、平成19年の大阪の完全失業率[※2]（表1）は5.3％と前年の5.7％から0.4ポイント改善しているものの、全国の完全失業率3.9％よりも1.4ポイントも高く、都道府県レベルでは、3番目に悪い数値となっている。同20年に入り、1～3月期には4.8％（全国4.0％）と改善を示したが、4～6月期には5.2％（全国4.0％）と0.4ポイント悪化した。年齢階層別に見ると、24歳以下が8.3％（全国7.2％）、25～34歳が5.4％（全国5.1％）と若年層の失業率の高さが

顕著であるとともに、全国に比べても高水準になっている。

また、新規高等学校卒業者への求人倍率を見ると、平成20年3月現在の求人倍率は全国平均が1.87倍であるのに対し大阪は3.08倍（全国3位）と高い倍率となる一方で、内定率は全国平均が97.1％に対し大阪は96.6％（全国36位）にとどまっている。

こうした状況からみて、大阪は求人があるにもかかわらず就職できていない状況にあり、「雇用のミスマッチ」が生じていることがうかがわれる。

※1. 有効求人倍率とは…公共職業安定所に申し込まれた有効求人数を有効求職者数で割った数値。有効求人倍率が1倍を超える場合は求人に対し求職者数が少ないことになり、労働力が不足している状態を意味する。有効求人倍率は、景気動向指数の一つでもある。
※2. 完全失業率とは…労働力人口（15歳以上の人口のうち、就業者と完全失業者を合わせたもの）に占める完全失業者の割合をいう。完全失業率の低下は「雇用情勢の改善」、上昇は「悪化」を意味する。

表1．若年者の完全失業率

	完全失業率（％）					
	大阪府			全国		
	全体	24歳以下	25～34歳	全体	24歳以下	25～34歳
平成19年平均	5.3	9.5	6.3	3.9	7.7	4.9
平成20年（1～3月期）	4.8	7.0	6.1	4.0	7.4	5.2
（4～6月期）	5.2	8.3	5.4	4.0	7.2	5.1

資料：総務省「労働力調査」、大阪府総務部統計課「労働力調査地方集計結果」

2　大阪キャリア教育支援ステーションの設立

(1) 背景

大阪商工会議所（以下：大商）では、従来より会員企業の従業員を対象とした産業人材の育成に取り組んでおり、経理や営業などの部門別研修、新入社員、管理職などの階層別研修に加え、最近ではメンタルヘルスやクレーム対応等のテーマ別研修なども実施している。

こういった活動を実践する中で、今から数年前、会員企業から「最近入社してくる若者の様子が以前と少し変わってきた」という声を聞くようになった。その変化とは、一言で言うと若者たちの基礎学力の低下、学ぶ意欲の低下などだが、特にモノづくりの現場においては、理工系の基礎能力・学力が身に付いていない若者が増えてきているということであった。また同じころから、ニートやフリーターなど、仕事に対する意識が未成熟であったり、勤労意欲の乏しい若者の存在が社会問題となり、産業界においても将来の日本を支える人材への危機感が高まってきた。

一方、国でも平成15（2003）年に「若者自立・挑戦プラン」が策定され、同16年には文部科学省が策定したキャリア教育の指針が発表され、「キャリア教育は児童・生徒一人ひとりの勤労観、職業観を育てる教育」との定義の下、学校教育の中でキャリア教育に積極的に取

り組むことが求められるようになった。

（2）キャリア教育支援拠点の設立に向けて

こういったキャリア教育をめぐる動きや本稿冒頭に示した大阪における若年層の厳しい雇用状況を受け、大商では、学ぶことと働くことを関連付ける「キャリア教育」を推進することが大阪の将来を担う人材育成には必要であるとの結論に達した。そして、同教育を推進するためには教育界と産業界の連携が不可欠であるとの認識の下、社会全体が一体となってキャリア教育を支援する拠点をつくることを提唱した。

そこで大商では、まず産業界としてどのような人材が必要なのかを明らかにするために、平成16（2004）年「企業が求める若手人材像調査」[※3]を行った。この調査の目的は、「企業が若手社員に求める能力は何か」「仕事に必要な能力のうち『学生時代に身に付けておくべき能力』は何か」を調べ、企業が求める人材像と学校や家庭が育てている子どもたちの実態との間に乖離がないかを確認することであった。

人事部長111名、入社10年未満の若手社員895名を対象に実施した同調査で明らかとなった求める人材像は、人事部長、若手社員とも「自ら課題を設定し、その課題解決に向け多くの人たちとコミュニケーションをはかり最後までやりぬく人」であった。さらに、「このような能力がどういうところで身に付くか」という質問に対して、多くの若手社員が「アルバイトやクラブ活動などの学生時代の『社会的体験』によって培われた」と回答した。つまり、将来社会に出てから必要となる能力を育成するためには学生時代から学校生活に加え、社会との接点を持つことが大きな意味があるということが判明した。

この結果に基づき、大商は、産業界からの提言として平成16（2004）年10月に「大阪におけるキャリア教育（職業観養成教育）の推進に向けて」を発表した。この中で「小学校時代からの社会体験が、後の職業能力の形成に大きな影響を与えることは明らかであり、早い時期から子どもたちに職業というものを意識させ、社会体験等を通じてコミュニケーション力をはじめとする仕事に必要な能力を育てようとするキャリア教育を早急に進める必要がある」とし、「キャリア教育は、行政、地域、家庭、産業界をはじめ社会全体で支援していくことが必要である。そのために、広く関係機関の参画を得て、大阪を挙げたキャリア教育支援の拠点設立をのぞむ」と提言した。

翌平成17（2005）年2月には、この提言を実効あるものにするために、大阪府・大阪市の両教育委員会、行政、経済団体、企業、教育関連シンクタンク等から構成された「大阪におけるキャリア教育推進委員会」を設置し、同6月に「大阪におけるキャリア教育推進プラン」[※4]を取りまとめた。

このプランにおいて、「キャリア教育を子どもたちの発達段階に応じて系統的・継続的に推

進していくためには、小学校・中学校・高等学校の校種間の連携と、学校だけでなくキャリア教育にかかわるすべての関係機関の連携が不可欠である。大阪におけるキャリア教育の推進に当たっては、この点を重視し、小・中・高等学校を一貫する『タテの連携』に加え、学校を主役に、教育委員会、行政、保護者、地域、産業界がしっかりと脇を固め相互に協力する『ヨコの連携』を強め、社会全体が一体となってキャリア教育を推進すること」を基本方針とした。そしてこのヨコの連携の場として「大阪キャリア教育支援拠点運営協議会」を平成17（2005）年7月19日に設立し、同協議会による「大阪キャリア教育支援ステーション」の活動を開始した。

※3．「企業が求める若手人材像調査」の正式名は「若手社員の『仕事に必要な能力』と能力形成に役立つ『学生時代の学び・経験』について」 http://www.osaka.cci.or.jp/Chousa_Kenkyuu_Iken/Sonota/0409_wakate.pdf
※4．大阪におけるキャリア教育推進プラン　http://www.career-osaka.jp/education/plan.pdf

（3）大阪キャリア教育支援ステーションの概要

「大阪キャリア教育支援拠点運営協議会」は会長に大商会頭、副会長に大阪府、大阪市両教育委員会の教育長、そして理事等には子どもを取り巻く関係者がそれぞれ就任している（表2）。

表2．役員構成

会長	大阪商工会議所会頭
副会長	大阪府教育委員会教育長 大阪市教育委員会教育長
理事	大阪府都市教育長協議会会長、大阪府町村教育長会長、大阪私立中学校高等学校連合会会長、国立大学法人大阪教育大学学長、大阪府立高等学校PTA協議会会長、大阪府PTA協議会会長、大阪市PTA協議会会長、財団法人大阪労働協会理事長、特定非営利活動法人日本教育開発協会理事長、社団法人関西経済連合会専務理事、社団法人関西経済同友会常任幹事・事務局長、関西経営者協会専務理事・事務局長、大阪商工会議所専務理事
顧問	大阪府知事、大阪市市長、社団法人関西経済連合会会長、社団法人関西経済同友会代表幹事、関西経営者協会会長
オブザーバー	近畿経済産業局局長、大阪労働局局長、独立行政法人雇用・能力開発機構大阪センター統括所長

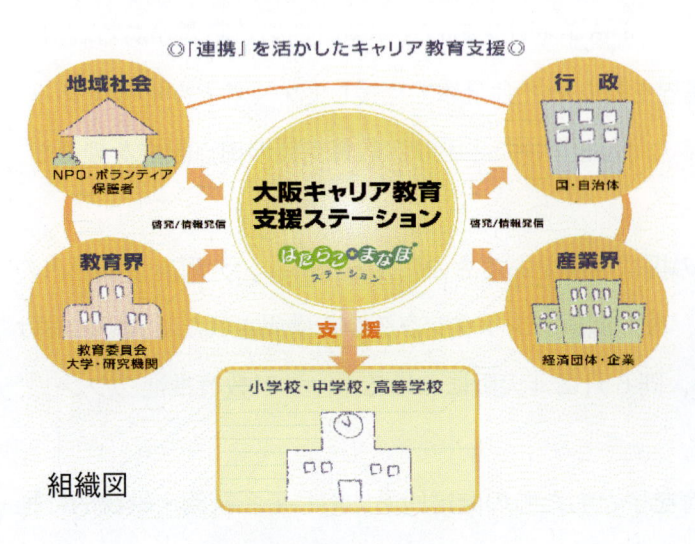

本協議会は法人格は持たず賛助会員制をとり、平成19（2007）年度末現在、賛助法人会員が102社、個人会員が37名となっている。同協議会の運営経費はこれら賛助会員の会費による。

同協議会が運営する「大阪キャリア教育支援ステーション」の目的は、①キャリア教育に関する教育現場のニーズ、要望にこたえ、学校外からの支援・

協力を行うとともに、②社会全体でキャリア教育を推進していく機運を醸成することにある。事務局は大阪商工会議所人材開発部内にあり、職員3名体制で業務を遂行している。

　※大阪キャリア教育支援ステーションの概要についてはホームページ http://www.career-osaka.jp/ を参照。

3　大阪キャリア教育支援ステーションの活動

　大阪の産官学が連携して設立された大阪キャリア教育支援ステーション（以下：ステーション）の活動は大きく分けて5つある。その5つの柱とは、

　（1）社会人講師の紹介（対象：小中高校生並びに教員）
　（2）職場見学、体験、インターンシップの受入先紹介（対象：小中高校生並びに教員）
　（3）キャリア教育に関する情報提供
　（4）キャリア教育啓発活動の実施
　（5）教育委員会との連携事業の実施

である。

　（1）・（2）・（5）は学校（教育委員会）発意の取組に対する支援、（3）・（4）はステーション発意の啓発活動と分類することができる。

　（1）・（2）・（5）でのステーションの役割は、社会人講師（企業の現役社員やOBが中心）並びに協力事業所の開拓・登録と学校への紹介、つまり学校とそれら地域社会における教育資源を結び付ける「コーディネート（仲介）役」である。活動の大まかな流れは、次ページのとおりである。

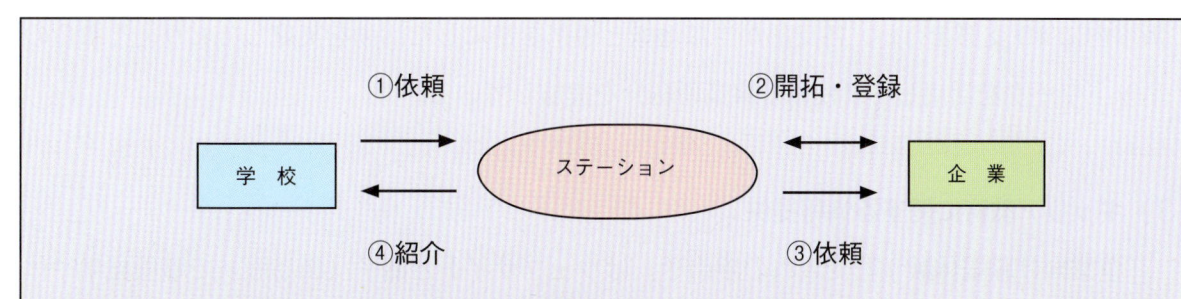

---

　①依頼　　　　　　　　　②開拓・登録

　［学校］　→　［ステーション］　↔　［企業］
　　　　　←　　　　　　　　　

　④紹介　　　　　　　　　③依頼

　①各学校から職業講話の講師や職場体験学習等の受入事業所の紹介をステーションへ依頼（実施日の最低1ヶ月半前まで）。このときに「日時」、「場所」、「人数」、「目的」、「内容」、その他必要な情報をステーションに連絡。これを受け、ステーションでは、②既に開拓・登録したデータの中から、あるいは内容によっては新たな依頼先を開拓し、③学校の申入れ内容にあった講師・事業所を選定・依頼。その後、④日程や内容等の条件を調整し、学校へ紹介。

　一方、（3）・（4）はステーションが主体となった活動であり、教育界、産業界、そして地域を対象に、ウェブを使った情報発信や講演会の開催など、キャリア教育を啓発する活動に取り組んでいる。

各活動の現状については、以下のとおりである。

（1）社会人講師の紹介

社会人講師による授業は、学校からのニーズも高く、また企業側としても体験活動の受入れ等に比べると比較的取り組みやすいということで、産学連携のもと実施するキャリア教育活動の第一歩として位置付けられるものである。

最近では、単なる1回だけの講演会として実施するのではなく、職場見学や職場体験活動の事前学習の一環として社会人講師による授業を実施するケースが増えてきている。また、教員を対象とした「キャリア教育とは何か」あるいは「何のためにキャリア教育に取り組むのか」といった研修会への講師派遣の依頼が増えてきている。これは、教員にキャリア教育の重要性を理解いただく啓発活動でもあるとともに、中学校では90％以上の学校で職場体験が実施され、それ自体が「行事化」あるいは「目的」になってしまっている現状を受け、何のために職場体験を実施するのか、それが子どもたちのキャリアを考える上でどのような位置付けになるのかなど、教員が改めてキャリア教育への取組について考える時期が来ていることを示唆しているのではないかと思われる。

（2）職場見学、体験、インターンシップの受入先紹介

職場見学、体験、インターンシップの受入先に関するステーションの基本的な考え方として、学校と地域との連携を密にするという点からも、できるだけ学校が主体となって受入先を探していただくことにしている。ただし、学校周辺に事業所が少ない場合、近隣にない業種や本社機能を有する施設での体験活動を希望する場合、あるいはどうしても受入事業所が足りない場合などについては、学校からの要望に基づき受入先を紹介している。特に、大商は大阪市内に10支部を有し、各支部が当該地域と連携を密にした活動を実施しており、それらのネットワークを活用して学校への事業所紹介を実施している。

（3）キャリア教育に関する情報提供

「企業向け職場体験学習受入れの手引き」はウェブサイトと冊子（簡易版）で職場見学や体験受入れの最初から最後までを分かりやすく解説した企業向け啓発ツールである。ステーション事務局が受入先開拓のために企業訪問をする際にはこの冊子を配布し、職場体験受入企業の拡充に取り組んでいる。

また、全国で実施されているキャリア教育に関するプログラムを紹介するウェブサイト「キャリア教育ナビ」の作成・運営も行っている。

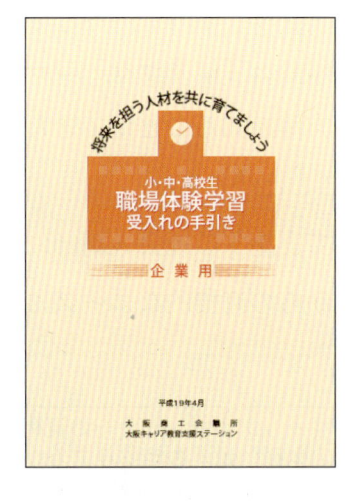

企業向け職場体験学習受入れの手引き
http://www.career-osaka.jp/manual/
※冊子（簡易版）も無料で配布中

全国のキャリア教育関連プログラムを紹介
「キャリア教育ナビ」
http://www.career-osaka.jp/navi/

（4）キャリア教育啓発活動の実施

キャリア教育の重要性を広く社会に発信するために、教育界、産業界、保護者に向けたフォーラムを開催している（表3）。また平成19（2007）年度からは、産業界の意識啓発活動として、キャリア教育に関心のある企業に的を絞った研修会等もスタートしている。

表3．キャリア教育啓発のためのフォーラム

開催年月	内　容	対　象
平成18年7月	いま、なぜキャリア教育か 「働くことと出会うこと」　作家 「いま、なぜキャリア教育か」 　　　　　　　　　　　民間研究所所長　他	教育界、保護者 産業界
平成19年2月	企業がこどもたちに伝えたいこと 「企業とキャリア教育のかかわり方」 　　　　　　　　　　　　民間企業会長 「企業とするキャリア教育」民間企業3社	産業界、教育界
平成19年3月	ビミョーな未来をどう生きるか 　　　　　　　　東京都内公立中学校長	教育界、保護者
平成19年7月	ヤル気を引き出す教育とは〜キャリア教育の役割〜 　　　　　　　　　　　　　大学教授	教育界 保護者、産業界

（5）教育委員会との連携事業の実施

より学校現場に近い活動として、地元の教育委員会との連携活動にも取り組んでいる。

大阪府教育委員会とは、平成17年度から3年間にわたって「キャリア育成推進事業」を協働で実施した。同事業では夏季休業中3日間集中の高校教員向け「キャリア・カウンセリング基礎講座」や府内の公立小中高校全校の教員を対象とする「キャリア教育推進フォーラム」などを行った。その他に、学校への外部人材登用によるキャリア教育実践事例として、府立高校9校へのキャリアコーディネータ派遣事業[5]が挙げられる。同事業では、進路未決定者や中

245

退者数の減少など目に見える効果を上げることができた。また、生徒にとっては教員や保護者と異なる大人に接することができたこと、教員にとってはキャリアコーディネータが実践する生徒への対応方法や民間企業での仕事のやり方等を知ることができたことなど、数値としては表れないが確実に学校に新しい風を吹き込むことができた。

　また、大阪市教育委員会とは、市内の小中学校で実施する社会人講師による授業への講師派遣や職場体験学習の受入先の紹介など学校現場からの直接的なニーズにこたえる活動を中心に行っている。

※5．キャリアコーディネータ派遣事業…民間企業経験者でキャリアカウンセラーの資格を有するものを、原則月14日間、高等学校に派遣する事業。主な活動は①生徒に対するキャリアカウンセリング、②教職員に対するスーパーバイズ、③生徒、教職員、保護者を対象とする講演、研修、④体験活動学習のコーディネート。

4　具体的なキャリア教育実践例

　では、次に企業の紹介を受け、実際に活動を行った大阪市立の中学校と高等学校の2事例について、それぞれの学校からの報告を記すこととする。なお、大阪市立加美南中学校の実践例については同校前校長・現大阪市立西淀中学校校長に、大阪市立生野工業高等学校の実践例については同校校長及び担当教員からの報告である。

（1）大阪市立加美南中学校での実践例
「学校改善に向けたキャリア教育の推進〜関係機関とのネットワーキングを通して〜

【事例実施の背景】
　今次教育改革では「確かな学力」の向上と「心の教育」の充実を図り、「生きる力」を育成することが求められた。学校では、創意工夫した教育課程の編成や指導法の工夫改善等に努め、地域に開かれた特色ある学校づくりに取り組んできた。しかし、産業・経済界等から若者を取り巻く厳しい状況〜学ぶ意欲や働く意欲の低下、規範意識の希薄さ、失業・離転職の増加等〜が指摘され、関係府省の施策「若者自立・挑戦プラン」も策定されるに至り、教職員の意識改革を図って「望ましい勤労観・職業観を育成する」キャリア教育を推進することとした。

① 学校概要

○学校の状況

　大阪市立加美南中学校は、府内3市と隣接した大阪市の東南端に位置し、近隣には旧石器時代の古墳群や古戦場、古来よりの大陸交易跡等が残る、歴史の古い町並みにある学校である。平成18（2006）年度には創立30周年を迎え、卒業生総数は6千余名に達している。

　　所在地：大阪市平野区加美南1－10－15

　　生徒数：445名（各学年4クラス　特別支援学級3クラス　計15クラス）

○キャリア教育推進上の課題
　教育改革の趣旨に沿い学校改善を図ってキャリア教育を推進していく上で、次のような解決すべき課題があった。
　　1）キャリア教育を推進すべき教職員の育成
　　2）生徒指導の充実と規範意識の醸成
　　3）保護者等の参画しやすい学校環境の整備

② 実施上の基盤整備の経緯とねらい
　○背景と経緯
　　1）平成15（2003）年度より、キャリア教育についての教職員研修の実施（中教審答申、学習指導要領と関係法規、協力者会議報告書、若者自立・挑戦プラン、アメリカの教育事情等）
　　2）平成16（2004）年、学校教育目標を「一人一人が希望する進路を選択できる能力を培う」と改め、キャリア教育推進ＰＪ"キャリスタ：kaminan"を立ち上げる。大阪市教育委員会施策「夢サポート21事業」及び「キャリア教育推進モデル事業」において、2年間の研究指定を受ける。1年生より、キャリア教育の実践を開始する。
　　3）大阪市教育委員会の「教職員研究・研修支援事業」の助成を受けて、平成16（2004）年度より、教職員を学会セミナーや研究大会、全国のキャリア教育実践先進校へ派遣する。
　　4）平成17（2005）年、「体験活動推進事業」及び「キャリア教育推進事業」において大阪商工会議所、大阪キャリア教育支援ステーションとのネットワーキングを開始する。
　○基盤整備のねらい
　　1）中核となってキャリア教育を推進する教職員の育成
　　2）大阪商工会議所、大阪キャリア教育支援ステーションやNPO法人、企業との連携
　　3）保護者(PTA)と連携したキャリアプログラムの推進
　　4）地域ネットワークを活用したキャリア教育の啓発と学校改善の推進

③ キャリア教育プログラムの概要
　子どもたちに「感動させる場」と「心揺さぶる体験」を提供し、「頑張る心」を培うキャリア教育の推進に向け、従来の学校行事等の検証・精選、教科・領域との連携等について討議を重ね、次のようなプログラムを開発・編成した。

○テーマと活動の視点

1）中学生時代を『自分を見つめる』時期ととらえ、「自分のよさや個性・特性を知る」「人に学び、仕事に学び、地域に学ぶ」体験学習に取り組む。

2）3ヵ年を連続したプログラムとするために、各活動の事前・事後指導においては、ワークシートや感想文、アンケート等により自己を内観させる。

3）内観シートやポートフォリオを活用して、担任によるキャリアカウンセリング、保護者との教育相談を実施する。生徒自身が成長のあかしを確認できるよう、内観シートや活動の資料等は累積的にファイルに保存させ、卒業時に返却する。

○年間指導計画

第一学年	職業講話、職業人インタビュー、自他理解学習、福祉体験、食農体験、ドリカム ACADEMIC
第二学年	職業講話、アクションプラン、職場体験、福祉体験、プレゼン作成、わたしのしごと館、保護者職業講話
第三学年	進路講話、上級学校体験、福祉体験、環境教室、経済・租税教室、職業調べ（1job/人）

職場体験の様子

○プログラムの目標

各活動が「受入企業・事業所」の「中学生への期待と好意」により成り立つことを理解させ、以下のような目標を設定した。

1）職業・職場の体験を通して自己を内観し、よりよい進路選択につなげる。
2）コミュニケーション能力を磨き、あいさつができる心をつくる。
3）社会のルールやマナーを守り、規範意識を身に付ける。
4）働くことの厳しさや尊さを理解し、働くことの喜びややりがいを知る。

④ ネットワーキングによる成果

「キャリア教育を学校ブランドに！」の決意で、教職員が自己研鑽に励み主体的・積極的に取り組んだ結果、多くの成果を上げることができた。その要因に、大阪商工会議所、大阪キャリア教育支援ステーションからの全面的な支援がある。

○学校のニーズに応じた職場体験先の紹介

子どもたちが生涯にわたり、中学生時代の職場体験に誇りを持って語ることができるような体験先の確保、人材育成のスキル・ノウハウを持った企業の確保が、喫緊の課題であった。2年生160余名の体験先約50企業・事業所の確保は困難を極めることもあり、学校は次のような企業・事業所の紹介を、大阪商工会議所、大阪キャリア教育支援ステーショ

ンに依頼し、職場体験を実施した。

- 人材育成のマニュアルを有する ・子どもの夢をかなえる職業・職種である
- 産業や経済社会、企業理念、仕事の役割、仕事の厳しさ等の学習ができる
- 人間関係づくりのトレーニングがある ・社会のマナーやルールを指導し、規範意識の醸成に役立つ

その結果、「将来について考えたことはない！夢はない！」と答えていた子どもたちが、一様に個性を生かした職業へのあこがれを口に出し、将来の姿に思いをはせる姿勢や意欲が生まれ始めた。また、あいさつや他人への思いやりも表現できるようになり、規範意識も少しずつ培われていった。

○研修支援による教職員の意識改革

「先生がキャリア教育を楽しもう！」と、ドリカムスクールACADEMIC[※6]の実践に先立ちNPO法人日本教育開発協会のスタッフを招いて、授業体験の教職員研修会を実施した。

未来の家電製品の商品企画・開発企画・販売戦略会議・プレゼンと進む研修の中で、子どものような笑顔、口角泡を飛ばすトークと笑い、子どものように立ちすくむ営業プレゼンが、キャリア教育を推進しようとする教職員のやる気と自信を生み出した。また、プレゼンスキルやプロジェクトマネジメント、コーチングコミュニケーション等の産業・企業社会の文化や技術を学んだことが、頭ごなしの指導から寄り添う生徒指導へ、刷り込む指導から気付かせる指導へと、指導の在り方を変容させた。

○保護者(PTA)の全面支援と協力

夏季休業を利用した3日間の職場体験で、子どもたちの安全を確保しながら教職員の後押しをしたのは、保護者(PTA)の全面的な協力であった。また、数日間にわたる事前・事後学習、職場訪問の引率等は、保護者自身の自己啓発の場ともなり自己変容の場ともなった。子どもと教職員が入学当初より取り組んだ楽しいキャリア学習は、子どもの望ましい成長を垣間見る、また家族の会話を弾ませる材料になったと聞く。職場体験後の反省会での保護者の指摘は、学校の在り方や教職員の成長の糧にもなった。大阪市立加美南中学校では、保護者が学校の良き理解者・支援者に変容していった。

（2）大阪市立生野工業高等学校の実践例

「地域に根ざした開かれた学校づくり　～小学生ものづくり教室～」

【事例の概要と特色】

本事例は、平成14（2002）年度から平成20年度までの7年間、本校電気科で実施してきた「地域における小学生ものづくり教室」についての報告である。

この取組は、本校が地域に信頼され、地域に生きる学校として、開かれた学校づくりを目指し、工業高校をもっと地域の人々に知ってもらうための実践である。小学生に「ものづくり」の楽しさ・面白さ、技術の大切さを分かってもらうとともに、本校の生徒には、人に教えることによって技術力の向上を図り、優れた技術者として社会に巣立っていくことを目指している。

① 学校概要
　○学校の状況
　　　　所在地：大阪市生野区生野東2－3－66
　　　　設置学科：機械科、電気科、電子機械科
　　　　学級編成：1学年6クラス　合計18クラス
○学校の目標「ものづくり教育」の実践
　生野工業高等学校は、平成20年度に創立68年を迎え、1万4千名余の卒業生を優秀な技術者として社会に送り出している。本校の位置する生野区の周りには平野区、東成区、東大阪市があり、多くの中小企業が点在しており「ものづくり」を中心に発達してきた地域である。本校の生徒の8割が就職希望者で、地元の企業で活躍している卒業生がたくさんいる。そのような地域性にかんがみ、地域との交流をより緊密に図るため「ものづくり教室」を実施してきた。

　なお、本校では生徒一人一人が自らの個性・能力・適性などを踏まえた将来への展望を持ち、主体的に進路を開拓していく意思・能力・態度などを育成していくため、全学年を通じてキャリア教育を進めており、「ものづくり教室」を本教育の一環と位置付けている。

② 「ものづくり教室」の実績
　○ものづくり教室とは
　　本校電気科の生徒が先生となり、生野区内の小学生にものづくりを教える活動。本活動は、小学生にものづくりの楽しさ、素晴らしさを伝え、ものづくりへの関心を高めるとともに、本校の生徒には教えることによって自ら学んでいることの内容や重要性を再確認し、技術に携わる者としての意識を醸成するものである。
　○実施までのスケジュールと実績
　1）3月から4月にかけて当年度の「ものづくり教室」で製作する内容と教材を電気科職員で検討し、5月上旬に製作するロボットを選定、その後案内状やポスター等を作成する。
　2）例年、7月中旬ごろから夏休みにかけて生野区内の小学校19校で「ものづくり教室」を開催しているが、平成20年度は本校での「ものづくり教室」のみの実施となった。この「ものづくり教室」は、本校の良き伝統行事として定着し、本校の電気科の生徒、無線部、電気工作同好会の部員が積極的に参加している。

表4.「ものづくり教室」と「出前授業」の実績

年　度	作　　品	参加者 （生野区内の小学生）
平成14年	相撲ロボット「SUMOMAN」	5、6年生20名
平成15年	サッカーロボット「AIR SHOOTER」	5、6年生50名
平成16年	サッカーロボット「スピンシューター」	5、6年生45名
平成17年※	【ものづくり教室】サッカーロボット「スピンシューター」	5、6年生58名
	【出前授業】センサーで音を感知して動く「メカカメⅢ」	5年生1クラス
平成18年	【ものづくり教室】メカカメⅢ	5、6年生60名
	【出前授業】メカカメⅢ	5、6年各1クラス
平成19年	【ものづくり教室】赤外線センサーで自在に動く、アクロバットロボット「トルネーダー」	5、6年生40名
	【出前授業】トルネーダー	6年生2クラス

※平成17年度より小学校からの要望で本校での「ものづくり教室」と「出前授業」の2本立てで実施。
　なお、同年より毎年「モノづくりフェスタ生野・東成」に参加し、本校の生徒が小学生を対象にものづくりを指導している。

③ 「ものづくり教室」の新しい取組

　平成20年度はそれまでの小学校との連携に加え、地域との新しい連携活動の試みとして地元の経済団体である大阪商工会議所と連携し、同会議所の東成・生野支部の異業種交流会「フォーラム・アイ」の協力を得て「ものづくり教室」を実施した。

　本校生徒が「フォーラム・アイ」所属企業の熟練技術者から指導を受け、本年度の作品である「ぶるぶるライントレーサー」の部品の一部を製作した。ものづくり教室実施の当日までに、本校生徒が工場に出向き「匠の技」を見学するとともに、鉄板加工（折り曲げ、打ち抜き、しぼりの技術）の実技指導を受け、ライントレーサーに使用する上部のカバーを製作し、それらを使って小学生にものづくりを指導した。

【平成20年度実施結果】
○作　品　　ぶるぶるライントレーサー
○参加者　（小学生）5、6年生22名、（本校生徒）17名
　　　　　（企業）　事前指導2社、当日見学5社

現場を訪問し、「しぼり技術」に挑戦

小学生、高校生そして企業人が力を合わせて作った「ぶるぶるライントレーサー」

○教員・保護者・企業の反応や感想

- 参加児童がこんなに楽しかったことはなかったと大変喜んでいる。〈小学校教員〉
- これをきっかけに生徒たちには人に教える力を付けて欲しい。〈本校教員〉
- 工業高校の生徒の皆さん、小学校へ来て子供たちに「ものづくり」の楽しさをもっと教えていただくことは、できないでしょうか。〈小学校の校長・教員〉
- 「ものづくり教室」に参加させていただきありがとうございました。子どもも非常に喜んでいます。主催されました皆さんにとっては何かとご苦労も多かったと思います。このような素晴らしい体験を多くの子どもたちに与えていただけるよう、今後ともよろしくお願いします。〈保護者からの手紙より〉
- 若い人たちに技術を伝えることができ、非常に有意義であった。また、高校生が小学生に教え、小学生が目を輝かせて取り組んでいる姿に感動した。今後もこのような機会をつくってほしい。〈参加企業〉

④　今後の取組

　平成14（2002）年度にスタートした「ものづくり教室」は、小学校からのニーズにこたえ平成17年度から「出前授業」にも拡大した。このように、「ものづくり」を通して、地元の小学校と本校との連携が確実に強化されてきている。また、平成20年度からは、大阪商工会議所の東成・生野支部異業種交流会「フォーラム・アイ」と連携し、小学校・高等学校間の連携に加え、地元中小企業との連携という一歩前進した形で「小学生ものづくり教室」を開催することができた。

　今後、さらに発展的な方法を模索しつつ、地元企業や大阪商工会議所の協力を得て、地域の実態、小学生のニーズにこたえられるよう創意工夫を重ね工業教育の活性化と発展に寄与するとともに、本校生徒一人一人の将来につながる教育を実践していきたい。

5　ステーションの課題と今後の方向性

　本来、キャリア教育とは、それ自体が独立した新しい教育ではなく、「学校教育」、「家庭教育」、「社会教育」のすべてにかかわるもの、言い換えれば子どもたちが日々生活している中で"当たり前"に実践されるべきものである。

　このようなキャリア教育を推進するためには、子どもたちを取り巻く「学校」「家庭」「社会」が別々に活動するのではなく、「子どもを育てる」という一つの目的に向かってそれぞれが関連性を意識して活動することが重要である。こういった意味でも、教育界、保護者、産業界等地域全体が一緒になって設立された「ステーション」の果たすべき役割は非常に大きい。

しかし、設立から3年が経過し、教育界を取り巻く環境も大きく変化してきている。

　PISA調査などの結果を受けたいわゆる「学力低下」への懸念等の影響もあり、その動きに陰りが見え始めている。キャリア教育と学力向上は相反するものではなく、キャリア教育は生徒の課題発見能力や課題解決能力を育て「学力向上」にも寄与する教育であることをすべての関係者、特に学校教育の第一線で重要な役割を担う教員に理解、実践していただくことが必要である。そのために、従来の生徒対象の活動に加え、教員自身がキャリア教育の有用性を理解するための活動を支援することもステーションの大きな課題となってきている。このような教員への働きかけは我々外部からの力だけでは到底なし得ない。今後は、これまで以上に教育委員会や教育センターとの連携を強化し研修事業を始めとする教員への啓発活動を推進するとともに、既にキャリア教育を実践し成果を上げている学校や教員とも連携し、成功事例を一校でも多くの学校、一人でも多くの教員に伝えていくことが必要である。

　現在、大阪商工会議所を始めとする全国の商工会議所ではキャリア教育支援のための活動が徐々にではあるが確実に始まってきている。これら教育への産業界や地域からの支援活動が特別なことではなく、"当たり前"の活動として学校側からも企業からも、そして社会全体から認知され実践されることが必要であり、そのような状態になるのを目指し、大阪キャリア教育支援ステーション、そして大阪商工会議所は今後も関係機関と協力・連携しながらキャリア教育支援活動に取り組んでいく。

第五部
参考資料

小学校における体験活動

1　体験活動の意義

　小学校段階は、進路の探索・選択にかかる基盤形成の時期として位置付けることができる。日常生活の様々な活動を通して、「大きくなったら何になりたいか？」「どんな人になりたいか？」というような「夢」「希望」「あこがれ」を持ち、児童が自らの将来の生き方について考えることができるようにすることが大切である。

　このため、小学校においても、従前から各学校で進められている特色ある教育活動や地域性を生かした多様な体験活動を、キャリア教育の視点からとらえ直し、小学校段階のキャリア発達を促す実践が求められている。

> 　小学校においては、子どもたちが家庭、学校、地域での諸活動の中で、その一員としての役割を果たすことなどを通して、自分の良さや得意分野に気づき、日々の生活の中でそれを生かそうとする意欲や態度をもつことができるようにすること、身の回りの職場や施設の見学等を通して、自分たちの生活と職業との関係を考え、職業に対する基礎的な知識・理解を得ることなどができるようにすることなどを主眼として、取組を進めることが大切である。また、卒業後の中学校生活における新しい環境や人間関係についての理解や心構えをもつことができるよう、指導・援助することが求められる。
> 「児童生徒の職業観・勤労観を育む教育の推進について」調査研究報告書（国立教育政策研究所生徒指導研究センター　平成14年11月）

　「見たり、聞いたり、感じたり、味わったり‥‥」という直接的体験を繰り返す体験活動は、学びへの好奇心、課題発見等の学習への動機付けや意欲を高め、思考や実践、課題解決等の創意を広げ、次への体験や学びへの深化を促す「学びの過程」の基盤と成り得るものである。体験活動の持つ重要性や教育的効果等を踏まえ、現在各小学校では、学校の創意工夫のもと、特色ある学校づくりや地域の特徴を生かしつつ多様な体験活動が実践されている。しかし、より実効性のある体験活動を実施していくために重要なポイントとなるのは、「体験を通して何を学ぶのか」といったそのねらいを明確化することである。具体的実践において大切なことは、その体験を通して、「子どもたちにどのような力が身に付くのか」、また、「子どもたちが自分自身の生き方についてどのように考えるのか」等を視点に学習活動を展開していくことである。

小学校においてキャリア教育にかかわる体験活動を実施する場合、理解しておかなければならないことの一つは、体験活動が多くの場合、多種多様な教育的機能を果たしながら、教育的効果を生み出すことである。特に、生き方を探る基盤形成の時期にある児童にとっての体験活動は、キャリア教育としてのねらいはもとより、基礎学習の側面から、社会性をはぐくむ生徒指導的な側面、また肯定的な人間関係をはぐくむコミュニケーション能力の育成等、包括的な目的が含まれている場合が多く、それぞれについて複合的に機能していく。各学校の創意工夫によって、子どもたちが「夢」「あこがれ」等をはぐくみ、自らの生き方を考える体験活動が実施される中、例えば、日常の学校生活における班活動、清掃活動、給食当番等の活動等においても、それぞれの活動にキャリア教育の視点が盛り込まれていることが重要である。

　また、小学校におけるキャリア教育にかかわる体験活動では、その具体的実践において、方法や手法等をあまり限定せず、広く学びの場や対象としてとらえ、地域に学び、様々な人たちとかかわる体験を持つことが重要である。そうした内面的にも多様なかかわりを体験する中で、地域社会等で活躍する人たちや様々な仕事をしている人たちとの出会いや触れ合いから、社会の様々な立場や役割についての理解、仕事への関心、夢やあこがれ等による生き方への自己形成等がはぐくまれる。

　小学校におけるキャリア発達段階は、その基盤形成の時期にある。その成長過程を促す体験活動の観点も「体験活動からの気付き」「体験活動からの社会への広がり」と体験活動から自己形成の基盤を内と外に広げるものとなっている。キャリア教育にかかわる体験活動は、多種多様な学びの場から、子どもたち一人ひとりに広く深く自己の生き方を感じ、考えさせる学習活動である。

2　具体例

　小学校段階におけるキャリア教育にかかわる体験活動を考える上で大切なことは、新しいことを始めるということよりも、これまでの体験活動をキャリア教育の視点で見直してみるということである。現在の小学校における実践においても、各教科、特別活動、総合的な学習の時間等において、学校探検や地域探検、栽培活動、工場・商店の見学、郵便局・消防署・警察署などの見学、市役所・図書館等の公共施設の見学、林間学校、修学旅行、幼稚園や保育園との交流、中学校への体験入学等、キャリア教育にかかわる体験活動は多種多様に実践されている。

　先に述べたように、キャリア教育にかかわる体験活動には、そのねらいや活動の方法、場等により多種多様な教育的効果や児童の様々な変容に教育的機能を発揮する。その多様な機能や効果が「人間関係、社会性等に代表されるような人間的な成長に総合的にかかわるものなのか」「職業に直接的にかかわるものなのか」により分類したものが、「キャリア教育に包括的にかかわる体験活動」と「職業に直接かかわる体験活動」である（資料1参照）。

「キャリア教育に包括的にかかわる体験活動」とは、集団の中での自己の役割を自覚しながら、円滑な人間関係を築く力（社会性）を養い、自己有用感と自己の夢や目標を前向きに描き、挑戦しようとする力（自立性）をはぐくむ活動である。また、「職業に直接かかわる体験活動」とは、勤労観・職業観にかかわる職業や働くことを軸にした活動である。

このような二つの観点でこれまでの体験活動を見直した例を資料1のように示したが、このように整理してみることで、よりねらいが明確化された効果的な体験活動になることが期待される。また、同じ体験活動であっても、そのねらいによってどちらの観点に比重がかかるのかは当然変わってくる。例えば、職場見学に焦点化した修学旅行を計画した場合は、職業に直接かかわる勤労観や職業観の基盤形成をねらった修学旅行ということになる。

資料1　小学校におけるキャリア教育にかかわる体験学習事例

	キャリア教育に包括的にかかわる体験活動 ⇔	職業に直接かかわる体験活動
特別活動	○係活動 ○清掃活動 ○給食に関する活動 ○委員会活動 ○児童会活動 ○児童会祭り ○異学年による活動（縦割り活動） ○高校生との交流　等 ○中学校見学、体験入学	●酪農体験等を組み込んだ林間学校 ●職場見学・体験等を主体とした修学旅行　等
総合的な学習の時間	○留学生との交流 ○地域の環境調査 ○アイマスク・車いす体験 ○特別養護施設の訪問や特別支援学校等との交流 ○幼稚園、保育園との交流 ○地域の伝統を学ぶ　等	●学区の職場見学 ●あこがれの仕事調べ ●農業体験 ●地域の特産物づくり ●商店でのお手伝い ●地域の名人に学ぶ ●地域のお年寄りに学ぶ ●地域の芸術家に学ぶ ●身近な人の職業から学ぶ　等
教科	○学区の探検（生活科） ○栽培活動（生活科） ○家族調べ（生活科） ○幼稚園、保育園訪問（生活科）　等	●工場見学（社会科） ●テレビ局の見学（社会科） ●農家の見学（社会科） ●消防署、警察署見学（社会科） ●お店調べ、スーパーマーケット調べ（社会科） ●郵便局、図書館、市役所等の見学（生活科）　等

既存の体験活動を見直し、キャリア教育の視点からさらに充実したものにしていくには総合的な学習の時間ではぐくみたい資質・能力及び態度とキャリア教育における能力領域との関連を意識した、既存の体験活動の工夫・改善方法や生活科・総合的な学習の時間における、6年間を見通したキャリア教育関連単元設定の工夫などが重要になってくる。本事例集に紹介されている3つの小学校は「職業に直接かかわる体験活動」を核にしながら、「キャリア教育に包括的にかかわる体験活動」とを学校の指導計画に応じ組み合わせながら創意工夫された活動を展開している事例である。各校の実情に合わせながらキャリア教育の視点で見直していくために活用していただきたい。

中学校における体験活動

1　体験活動の意義

　義務教育最終段階の中学校において、小学校ではぐくまれた自己及び他者への積極的な関心や、将来への夢や希望、勤労を重んじる態度等の基盤をもとに、生徒一人ひとりが自分独自の内面の世界があることに気付き、個性の発見・伸長を図り自立心を養いながら、社会への視野を広げつつ、自己と社会を結び付けていくことが重要である。

> 　中学校においては、生徒が自分の良さや得意分野を理解すること、能力・適性、価値観等についての基本的・総合的理解を得ること、働くことの厳しさや喜びを体得しながら、職業の世界についての理解を深めること、仕事や勉学などについて探索活動を行うための方法などを理解することなどができるようにするための取組を進めることが大切である。また、就職及び高等学校等に進学することの意味を考え、希望する進路先の情報を入手して理解を深めることを通して、自覚をもって進路を選択することができるよう、指導・援助することが求められる。
> 「児童生徒の職業観・勤労観を育む教育の推進について」調査研究報告書（国立教育政策研究所生徒指導研究センター　平成 14 年 11 月）

　現実的探索と暫定的選択を繰り返すキャリア発達段階にある中学生にとって、自分の内面を表現しつつ社会を見つめ自己の生き方や進路について考えていくための重要な機会ともなる体験活動は、自己及び他者の肯定的な理解を深め、望ましい勤労観・職業観を形成するものである。社会と職業への関心を高めるのみにとどまらず、将来の社会的自己実現に向けた活動としての意義を持つ中学校での体験活動は、自己と他者及び社会とをつなぐ学びの場である。

　現在、各中学校においては、学校の教育目標や実態、地域のニーズや特色等に応じて、多種多様な体験活動が行われている。これら創意工夫のある体験活動は、直接的・間接的に生徒一人ひとりの多様な成長を促す教育的効果を持つものである。

　しかしながら、体験活動が生徒たちにとって非日常的なイベントにとどまり、真の学びとして生徒一人ひとりの内面的変容・成長に結びついていないのではないかという指摘もある。生徒一人ひとりが直面し正対した体験を、その体験活動のねらいを通して、学習として内面化・共有化して個々の学びとして引き上げていくことが重要である。

また、それぞれの体験活動のねらいに沿った事前・事後指導の充実も、体験の教育的効果を引き上げるための大きな課題である。事前指導における体験の目的・ねらいの熟考、活動内容の理解等は体験に向けての動機付けを深め、主体的な活動意欲を高めるものとなる。さらに、事前指導の在り方は体験そのものの質を大きく左右するにとどまらず、事後指導の基本的方向性とねらいにも大きな影響を与えるものである。事後指導での体験の具体化、内面化、共有化の過程は、個々の体験を生徒一人ひとりの学習成果として引き上げるものとなり、学びとして定着させる学習活動となる。体験が学習意欲の向上につながるように事後指導を計画することも、キャリア教育のねらいを実現する上で大切である。このようなことから「事前指導－体験活動－事後指導」に対する一体的な実施計画と指導実践が強く求められる。

　中学校段階でのキャリア教育における体験活動は、生徒一人ひとりの自己理解を深めながら、他者とのかかわりにより人間関係形成能力を高め、望ましい勤労観・職業観を育成する学習の場である。体験活動のねらいを明確にしつつ、事前・事後指導の充実を図りながら、各中学校の創意工夫により特色ある体験活動を実施することは、生徒一人ひとりの社会的・職業的自己実現に向けたキャリア教育を進めるために不可欠である。

2　具体例

　現在各中学校において、「学ぶこと」「働くこと」「生きること」について総合的、包括的に学ぶキャリア教育が実践され、その学校の特徴や地域性等に応じ、特色ある体験活動が実施されている。その活動内容は、キャリア教育の理念や考え方、機能等の広さにより、その基盤となる生き方を包括的にとらえた体験活動（福祉、奉仕、国際理解、環境、生徒指導等をねらいとしたもの）から、職場体験に代表されるような、働くことや職業を通して勤労観・職業観を育成することを直接的なねらいとした体験活動まで、その活動内容は多種多様である。

資料　中学校におけるキャリア教育にかかわる体験学習事例

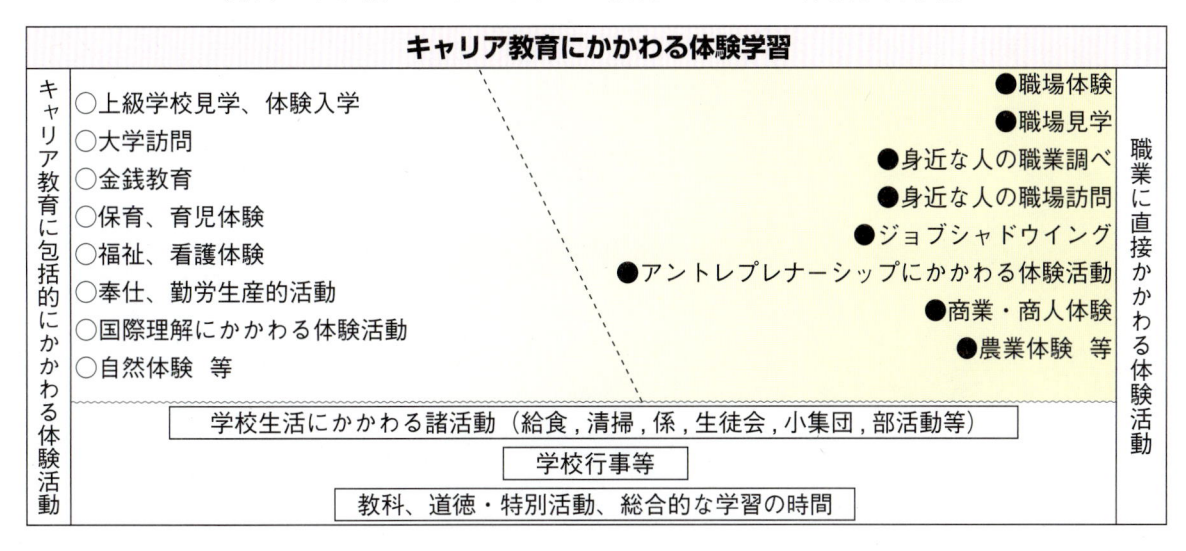

キャリア教育にかかわる体験学習

キャリア教育に包括的にかかわる体験活動:
- ○上級学校見学、体験入学
- ○大学訪問
- ○金銭教育
- ○保育、育児体験
- ○福祉、看護体験
- ○奉仕、勤労生産的活動
- ○国際理解にかかわる体験活動
- ○自然体験　等

職業に直接かかわる体験活動:
- ●職場体験
- ●職場見学
- ●身近な人の職業調べ
- ●身近な人の職場訪問
- ●ジョブシャドウイング
- ●アントレプレナーシップにかかわる体験活動
- ●商業・商人体験
- ●農業体験　等

学校生活にかかわる諸活動（給食，清掃，係，生徒会，小集団，部活動等）
学校行事等
教科、道徳・特別活動、総合的な学習の時間

現在、公立中学校での職場体験の実施率は94％を超え、その他多種多様な職業にかかわる体験活動が実践されている状況にある。本資料に紹介されている3つの中学校においても、すべて職場体験学習が実施され、学校全体のキャリア教育の中での位置付けや職場体験のねらいや目的、学校や地域の教育環境等によって、その工夫の在り方に特色が表れている。その特色は職場体験の内容を含めて、キャリア教育にかかわる体験活動の充実に向けての視点となり、次のような点が改善の工夫のポイントと考えられる。

> ○学校教育全体における位置付け（学校の活性化に向けてのキャリア教育の推進）
> ○指導計画の改善と見直し（工夫ある全体計画、指導計画、題材系統図等）
> ○学びと社会とのかかわりの視点
> ○体験活動のねらいの明確化
> ○体験活動等の在り方の工夫（日数、回数、複数学年での実施、体験先との連携等）
> ○地域性を生かした体験活動（伝統、文化、歴史、自然、地域等）
> ○関係諸機関、行政、NPO団体等との連携（コーディネーター等の配置と連携）
> ○保護者との連携や活動参加への工夫
> ○学校の指導体制、組織の工夫
> ○体験活動の事前・事後指導の充実
> ○体験活動の評価の在り方　等

　各中学校におけるキャリア教育にかかわる体験活動は、このような視点を充実に向けてのポイントとしてとらえながら展開されている。これらの視点を参考にしながら本事例集を活用していただきたい。

高等学校における体験活動

1　体験活動の意義

　高校生のキャリア発達段階は「現実的探索・試行と社会的移行の準備の時期」にあって、そのキャリア発達課題は「自己理解の深化と自己受容」、「選択基準としての勤労観・職業観の確立」、「将来設計の立案と社会的な移行の準備」、「進路の現実吟味と試行的参加」にあるとされている。

> 　高等学校においては、生徒一人ひとりが自己の個性をできるだけ的確に把握すること、インターンシップ等による試行を通して、職業の世界の現実をしっかりと認識し、将来の生き方や職業を適切に選択することなどができるようにするための取組を進めることが大切である。また、自己の希望や能力・適性等に照らして、現実に行おうとしている選択が妥当性を持つかどうか等についても十分検討できるよう、指導・援助することが求められる。
> 「児童生徒の職業観・勤労観を育む教育の推進について」調査研究報告書（国立教育政策研究所生徒指導研究センター　平成14年11月）

　そこで、高校生の体験活動が、その事前・事後の適切な指導を含めて、どのような意義があるのかを、「現実的探索・試行と社会的移行の準備の時期」にある高校生のキャリア発達課題に照らしてみれば、次のように指摘することができる。

　まず第1に、高校生の職場訪問・見学やインターンシップといった体験活動は、中学校における職場体験学習などを基盤として、改めて、社会人・職業人としての勤勉さや責任感あるいはルールやマナーを学ぶとともに、職場での異年齢、特に年齢差の大きな大人との交流を通して、言葉遣いをはじめとする礼儀など、異年齢の人々とのコミュニケーションの仕方を身に付け、社会人・職業人としての能力、態度を一層高めることができる。また、このような体験を通して、規則正しく、かつ、節度ある言動で学校・家庭・社会生活を送ることの意義や大切さを理解することができる。

　第2に、上記の職業にかかわる体験活動及び上級学校に関する体験活動は、近い将来における社会参加を視野に入れながら職業に対する理解を一層深めて、明確な進路希望としての職業の選択に役立てたり、その希望する職業に就くための進路としての進学先の選択に役立てることができる。また、このように明確な進路希望を形成し、その実現の方途を探索することは、今、学校で何を学ぶべきか、学ばなければならないかを理解し、教科・科目やコースの選択に役立てたり、

学習や活動の意欲を高めることにもつながる。これらのことは、キャリア発達の課題に照らせば、「進路の現実的吟味」であり、「試行的な参加」とみることができる。しかも、明確な進路希望としての職業選択は、職業や働くことを通してどのように生きていくのかという「生き方」を考え、選択決定することでもあり、それは、「将来設計・進路設計」に基づく「選択基準としての勤労観・職業観の確立」というキャリア発達課題を達成するということでもある。また、希望する進路を実現するために、上級学校とその学部・学科や分野及び教科・科目やコース等を選択して、学習や活動に意欲的に取り組むことは、「社会的な移行の準備」の過程とみることもできるのである。加えて、専門高校等の生徒が、デュアルシステムによって実際的・実践的に職業に関する知識や技術・技能を学ぶ体験的な学習活動や、地元企業の熟練技術者を学校に招いて高度な技術について指導を受ける体験は、「進路の現実吟味と試行的参加」であり、「社会的な移行の準備」でもあるといえるであろう。

　第3に、高校生の体験活動は、生徒が自己の個性や職業適性を改めて考えたり、今まで気が付かなかった自己の特性や長所を見出すことにもなったりするなど、「自己理解の深化」を図るまたとない機会でもある。また、インターンシップやデュアルシステムでの勤労体験の過程で、職場での働きぶりを高く評価されたり、顧客から誉められ、感謝されたりする経験は、自己の社会的な存在意義を感得し、社会参加への自信を深めて、「自己受容」する機会となる。

　派生的には、地場産業などの職場におけるインターンシップ等は、生徒の地元産業・企業に対する理解を深めるとともに、地元への愛着を高めて、地元企業への就職率を高め、地場産業の発展に貢献するという成果も認められる。また、生徒を受け入れた企業等にあっては、地域ぐるみで若者の成長を見守り、その自立を支援する気運が醸成されるといった成果も報告されている。

2　具体例

　高等学校における体験活動には、職場や研究機関の訪問・見学、インターンシップ、デュアルシステム、熟練技術者を学校に招いての技術指導、地域の職業人に職業・生き方を学ぶ調査活動及びアントレプレナーシップ教育としての商品開発や空き店舗経営など職業に直接かかわる体験活動、及びオープン・キャンパスや高大連携等に基づく大学等での授業の受講など上級学校に関する体験活動などがある。これらの体験活動は、高等学校では特別活動の学校行事、総合的な学習の時間、専門学科や総合学科における課題研究、総合学科の原則履修科目である「産業社会と人間」、専門教科の科目及び学校設定科目など、多様な教育課程上の位置付けで実施されている。

　① 職場や研究機関の訪問・見学

　　職場の訪問・見学は、職業理解あるいはそれと上級学校理解とが組み合わされた学習活動の一環として、勤労生産・奉仕的行事や総合的な学習の時間の体験活動といった位置付けの

下、多くの高校で幅広く実施されている。そうした中で、普段接することができない、遠く離れた場所で活躍する卒業生の職場や研究機関などを修学旅行を利用して訪問・見学し、卒業生の生き方、進路などについて話を聞き、将来の生き方、進路の多様な選択可能性を理解する特色ある取組もみられる。

② 地域の職業人に職業・生き方を学ぶ調査活動

　生徒が興味・関心を抱いたり、憧れている地域の職業人にインタビューをして、その職業や生き方について学ぶ学習活動は、「産業社会と人間」や総合的な学習の時間における職業・進路理解あるいは進路研究の学習として取り組まれている。

③ インターンシップ

　インターンシップは、教育課程上多様な位置付けで、専門高校を中心として多くの高校で実施されている。そうした中で、市の商工会議所がインターンシップの受入先の開拓など、学校と事業所とのパートナーシップ構築のコーディネーターを努めている取組や、市の発注工事の入札条件に高校生のインターンシップの受入れを定めるとともに、市の建設業協会が工業高校建築科の生徒による、市発注の建設現場でのインターンシップを全面的にバックアップするというユニークな取組もある。

④ デュアルシステム

　デュアルシステムは、本来、ドイツにおける職業教育の方式である。我が国では、企業等の現場で実際的・実践的に職業に関する知識や技術・技能を学ぶ「日本版デュアルシステム」として、キャリア教育の推進事業の一つである「専門高校等における『日本版デュアルシステム』推進事業」では、平成16年度、17年度に指定を受けた20地域の25校の専門高校等で取組が行われた。

⑤ 熟練技術者を学校に招いての技術指導

　インターンシップやデュアルシステムは、生徒が学校から職場に出向いての学習活動であるのに対して、この取組は、いわば逆方向の取組で、地域の教育力を学校教育に組み入れようとするものである。具体的には、専門高校における「課題研究」などとして、高度な資格取得や高校生ものづくりコンテスト及び技能五輪地方大会等で求められる高度な職業知識・技術を地元企業の熟練技術者に学ぶ取組である。平成19年度から文部科学省と経済産業省とが共同で実施している「ものづくり人材育成のための専門高校・地域産業連携事業」（クラフトマン２１）では、このような取組が積極的に推進されている。

⑥ 学校オリジナル商品を開発し、それを商店街の空き店舗を利用して販売

　商業高校におけるデュアルシステムあるいはアントレプレナーシップ教育として、学校オリジナル商品を開発、製造したり、他の専門高校が製造した商品を取り寄せたりして、それらを地元商店街の空き店舗で、商店街の商店主などの指導を受けて販売する学習活動

で、「課題研究」や学校設定科目に位置付けられて取り組まれている。

⑦　オープン・キャンパスや上級学校の授業の受講（出前授業・出張講義を含む）

平成11年の中教審答申（いわゆる「接続答申」）以降、初等中等教育と高等教育との円滑な接続を図るための体験活動が、多くの高校と大学等との間で実施されている。

⑧その他の体験活動

高等学校では、職業に直接かかわる体験活動ばかりではなく、キャリア教育に包括される多種多様な体験活動も幅広く行われている。ただ、高等学校における体験活動は、それが職業に直接かかわる体験活動であるか、キャリア教育に包括される体験活動であるかは、例えば、福祉体験や看護体験は、福祉科や衛生看護科では前者に位置付けられるが、他の学科では後者に位置付けられるなど、それを実施する学科によって位置付けが異なる。

○奉仕体験

高等学校段階における地域・社会の一員としての役割理解とそれに基づく実践活動として、奉仕体験に取り組む地域が増えている。また、学校での奉仕体験に啓発されて、ボランティア活動として奉仕体験に取り組んでいる高校生も少なくない。

○保育体験や育児体験及び福祉体験や看護体験

上述のようにこれらの体験活動は、専門教科の学習としてばかりでなく、これらの職場ではインターンシップとして、あるいは子育てや命の大切さを学ぶ体験活動として多くの高等学校で実施されている。

○自然体験や農業・漁業体験

これらの体験活動もまた専門教科の学習としては無論のこと、「生きる力」を育成する体験活動として、多くの高校の移動教室や修学旅行などで実施されている。

○国際理解にかかわる体験

異文化理解の学習の一環として、地域の外国人を講師に招き、諸外国の食文化や生活などを学ぶ活動が行われている。

地域における取組

1　学校と家庭や地域との連携・協力

　改正教育基本法第13条「学校、家庭及び地域住民等の相互の連携協力」には、次のように書かれている。

「学校、家庭及び地域住民その他の関係者は、教育におけるそれぞれの役割と責任を自覚するとともに、相互の連携及び協力に努めるものとする」

　このような教育基本法及び学校教育法等の改正を踏まえ、中央教育審議会答申「幼稚園、小学校、中学校、高等学校及び特別支援学校の学習指導要領等の改善について」（平成20年1月）においては、学習指導要領改訂の方向性が示され、その中で、家庭や地域との連携・協力について、以下のように述べている。

１０．家庭や地域との連携・協力の推進と企業や大学等に求めるもの（抜粋）

（１）　家庭や地域との連携・協力の推進
○　これまで、家庭や地域の教育力の低下を前提に、学校教育がそれにどのように対応するかについて述べてきたが、本来、家庭や地域で果たすべき役割のすべてを学校が補完することはできず、仮にできたとしても、子どもの心の満足は得られないなど、家庭の教育力は学校で代替できる性質のものではないと考えられる。
○　このため、特に、豊かな心や健やかな体の育成については、家庭が第一義的な責任をもつものであり、その自覚が強く求められる。「早寝早起き朝ごはん」といった取組を通して、家庭教育の充実を求めていく必要がある。
○　さらに、現在、学校教育は、勤労観・職業観の育成や道徳教育、環境教育、伝統や文化に関する教育、体験活動の充実など多岐にわたる課題に直面している。
　このため、まず、時代の変化等により共通に指導する意義が乏しくなった内容を見直したり、教職員定数といった教育条件の有効な活用を考慮する必要があるが、それとともに、すべてを学校で抱え込むのではなく、学校の教育活動と家庭や地域、企業、ＮＰＯ、青少年団体などによる学校外の教育活動の役割を明確にした上で、例えば、職場体験活動の実施などを連携して行う必要がある。
○　なお、将来的な課題として、子どもに対する学習や体験活動の提供についての教育委員会等の責任を明確化することや、地域、企業、大学などの高等教育機関、ＮＰＯ、青少年団体などによる学習や体験活動の提供といった取組を奨励する仕組みの構築などについて検討することが必要である。

（２）　企業や大学等に求めるもの
○　４．（１）で指摘したとおり、非正規雇用が増大するといった雇用環境の変化は、子どもたちの学習意欲などにも影響を及ぼしている。企業等にあっては、子どもたちが将来を見通して希望をもって学習に取り組むことができるよう、人材を育てることを重視した雇用環境の整備を強く求めたい。
○　（１）で示した職場体験活動などの学校外での学習や体験活動の実施には、企業等の協力が欠かせない。他方で、大人が家庭や地域で子どもたちの教育や安全の確保に十分役割を果たせるようにするためには、大人の働き方の問題がかかわっており、この点についても企業等の協力が必要である。また、企業等の社会的責任が重視される中で、学校教育活動への協力・参加に企業等がより組織的に取組むことやこれらの取組が円滑に学校に受け入れられるための教育委員会等の仕組みの充実も期待したい。
　なお、男女共同参画社会において、子育てと職業が両立できるようにするための行政や企業等の取組や環境づくりが求められる。

〈 小学校・中学校・高等学校の連携と家庭・地域との連携 〉

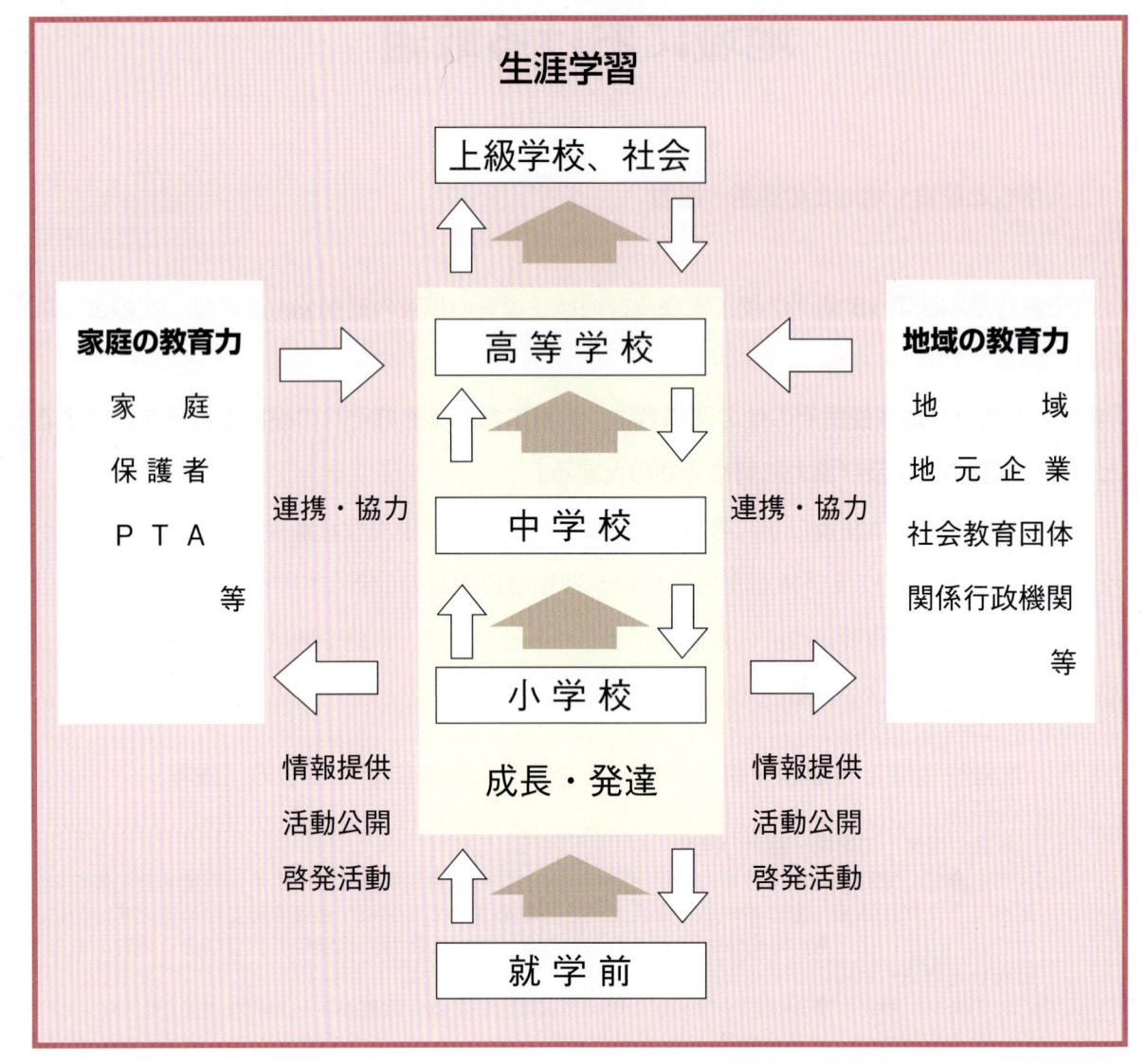

生涯学習

```
         上級学校、社会
              ↑↓
家庭の教育力  →  高等学校  ←  地域の教育力
家　　庭         ↑↓         地　　　域
保 護 者                     地元企業
Ｐ Ｔ Ａ   連携・協力  中学校  連携・協力  社会教育団体
　等                ↑↓                関係行政機関
              小 学 校                    等
           ←            →
              成長・発達
情報提供                        情報提供
活動公開         ↑↓          活動公開
啓発活動                        啓発活動
              就 学 前
```

キャリア教育推進の手引（平成18年11月　文部科学省）

　職場体験やインターンシップ等のキャリア教育にかかわる体験活動の実施については、受入事業所等を十分確保できなかったり、実施校が増えてきたため受入事業所等の確保をめぐる競合等が課題となっている。現状では、受入事業所等や講師等の開拓をそれぞれの学校で行っている場合が多いが、体験活動をより円滑に実施し普及していくため、また、息の長い取組として定着させることができるよう、学校と関係機関が一体となって取り組むことが大切である。このため、ハローワークや経済団体、ＰＴＡ、地域の自治会等の協力を得て、体験活動推進のための協議会を組織するなど、地域のシステムづくりに努める必要がある。また、体験活動の前後はもちろんのこと、入学時期から家庭・地域と学校とが連携を図っていくことが重要である。

　教育については、学校のみならず家庭、地域に対してもその役割と責任を自覚することが求められたのであり、その上で、三者の連携・協力が求められる。学校が「地域社会の教育力」を活用し、かつそれを形成していくとともに、地域が学校を通して教育に参画する新たな方途を探索

していくために、学校と家庭、地域との連携・協力、いわゆる「ヨコの連携協力」が重要となる。すなわち子どもたちの発達段階に応じての組織的、系統的な学習、いわゆる「タテの接続」とともに、もう一つの視点として学校と地域が効果的な連携をし、地域の教育力を活用しているという「ヨコの連携・協力」という視点が重要なのである。

このような中で、地域で体験活動を円滑に実施するためには、学校は家庭や地域にある企業等との積極的な連携を図り、地域の教育資源を有効に活用することが必要である。さらに、子どもたちを地域社会全体で育てるという気運を高めるとともに、学校・家庭・地域が一体となった取組となることが望まれる。

2　市区町村の取組

市区町村教育委員会においては、学校、ＰＴＡ、ハローワーク、商工会議所、商店会や農協等により構成される、キャリア教育にかかわる体験活動を実施するためのより具体的な協議や情報交換、体験先の開拓などを行う場を設けるなど、効率的なシステムづくりに積極的に取り組むことが求められる。地域と密着した実効性のある協議の場として、この実行委員会において市区町村教育委員会は中心的な役割を果たし、都道府県教育委員会との緊密な連携の下に、学校現場における展開に際し、指導・助言を行い、また、コーディネーターとしての役割を積極的に果たすことが求められる。

例えば、各学校での体験活動前後での取組として、事前では、事業の企画、立案、事業所の確保、ボランティアである支援スタッフの募集など、事後では、学校、事業所、家庭等に対するアンケート調査の実施及び分析などを行うとともに、次年度への協力を要請することなどがある。これら一連のことにより、次年度の協力体制をさらに充実させ、ひいては、地域全体の教育力を掘り起こし、活性化につながっていくのである。

なお、その際には、市区町村における観光課、産業課や商工課等の各関係部署と連携し、各学校に対し、都道府県教育委員会から提供された国が実施する施策等に関する各種情報を十分に理解した上で各学校に周知を行い、各学校で円滑に体験活動が実施できるよう具体的に指導・助言することが重要である。さらに、広報啓発活動などを通じて地域ぐるみで体験活動を実施する気運を醸成することが求められる。

キャリア教育体験活動事例集

2009年9月15日　初版第1刷発行

著作権
所　有　国立教育政策研究所生徒指導研究センター
発行者　増　田　義　和
発行所　実　業　之　日　本　社
　　　　〒104-8233
　　　　東京都中央区銀座1－3－9
　　　　電話 [編集]　03-3535-5414
　　　　　　 [販売]　03-3535-4441
　　　　http://www.j-n.co.jp/

印刷所　東京研文社

2009,Printed in Japan
ISBN978-4-408-41662-5 C0037（教育図書）

落丁本・乱丁本は発行所でお取り替えします。
小社のプライバシーポリシー（個人情報管理）は上記ホームページをご覧ください。